国家出版基金项目
NATIONAL PUBLICATION FOUNDATION

国家社会科学
基金项目

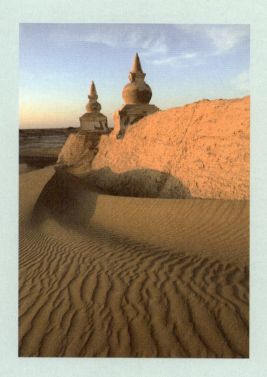

西夏研究论丛（第二辑）

英藏黑水城出土社会文书研究

YINGCANG HEISHUICHENG CHUTU SHEHUI WENSHU YANJIU

中古时期西北边疆的历史侧影

许生根◎著

新 华 出 版 社

图书在版编目（CIP）数据

英藏黑水城出土社会文书研究：中古时期西北边疆的历史侧影 / 许生根著.
——北京：新华出版社，2018.4
ISBN 978-7-5166-3451-6

Ⅰ.①英… Ⅱ.①许… Ⅲ.①出土文物－文献－研究－西夏
Ⅳ.①K877.94

中国版本图书馆CIP数据核字(2017)第212614号

英藏黑水城出土社会文书研究：中古时期西北边疆的历史侧影

作　　者：许生根

责任编辑：王晓娜　贾允河　　　　　责任校对：刘保利
特约编辑：龙城顺　张东祥　　　　　封面设计：臻美书装
责任印制：廖成华

出版发行：新华出版社
地　　址：北京石景山区京原路8号　　邮　　编：100040
网　　址：http://www.xinhuapub.com
经　　销：新华书店、新华出版社天猫旗舰店、京东旗舰店及各大网店
购书热线：010－63077122　　　　中国新闻书店购书热线：010－63072012

照　　排：臻美书装
印　　刷：三河市君旺印务有限公司
成品尺寸：170mm×240mm
印　　张：31.5　　　　　　　　　　字　　数：420千字
版　　次：2018年4月第一版　　　　印　　次：2018年4月第一次印刷
书　　号：ISBN 978-7-5166-3451-6
定　　价：128.00元

伦敦大学亚非学院威特菲尔德先生（左二）、英国国家图书馆东方部吴芳思女士（左一）和作者（右一）在英国国家图书馆查阅西夏文献

作者在英国小镇

作者在伦敦大学亚非学院图书馆

作者在黑水城考察

序一

　　就像我们面前的黑水城出土文书那样，人类对自己历史的记忆也永远是一堆凌乱不全的残片，而历史学家的任务就是尽力分拣并且缀合这些残片，力求最大限度地重现那些湮灭已久的事实。

　　在科兹洛夫的考古报告发表之后约 40 年，学界重新开始了对黑水城历史的考察，当时的论文有卡津的《哈拉浩特史》和鲁勃—列斯尼琴科的《哈拉浩特城的历史学和考古学研究》。其后的文献整理工作证明，黑水城的古代居民没有为我们留下一份完整的社会状况记录，当前所见出土文书的时间跨度也极其有限。如果试图依据黑水城最后一两百年间的零散文字纸片来描述那一地区上千年的历史，实在是一项难以完成的任务。为了弥补出土文书的不足，许生根先生在他这本书里除了参证传统史书里的有关记载外，还大量运用了地理和考古领域的知识，从而努力为读者展示了一个从自然环境到民众生活的相对完整的图景。这称得上是一个可喜的尝试，甚至可以说是接近了区域历史研究的理想目标。

　　无论所用的资料多么丰富多样，黑水城文献的头等重要性都是毋庸置疑的。然而人们目前只能从中得到有限的知识，尤其令人感到无奈的是，黑水城的西夏文献资料还不能满足作为基础史料的条件，这是因为西夏文献研究者还没有能力为历史学界提供一套完美的汉译文——现有的译文不但读来佶屈聱牙，而且对许多关键的词语都迫不得已而采用了字面的硬译，并没有提供它们的实际所指，可以说是从译者到读者都不知所云。例如，《天盛改旧新定律令》里经常提到的"农迁溜""柱趣"之类，我们只感觉到前者指的是某种民间组织单位，后者指的是政府官员的某个等级，却完全想不出来它们应该与哪个汉语词对应。近年来，通过广泛的文献研读，我们仅仅大致悟出了个别的译名。例如，知道"使军"应该译成"部曲"，"茂寻"相当于"团练使"，而大量疑难问题的解决还要等到遥远的将来。面对这种窘境，包括许生根先生在内的历史学家不得不硬着头皮把我们的译文当成原始材料使用，尽管有翻译就聊胜于无，但糟糕的翻译往往会把研究者引入歧途，这或许是本书没有大量引用俄藏黑水城文书的原因所在吧。

最后需要指出的是，许生根先生这本书完全摆脱了传统上写作王朝史的俗套，书中对于西夏的君主更迭和政府组织几乎未置一词，而是集中介绍了普通士卒百姓、下级官吏的生活及法律制度在基层社会的实施情况。这样观察历史的眼光值得赞许。

聂鸿音

2017 年 6 月

序二

19 世纪末至 20 世纪初，是我国西北地区大量写本和印本文献出土的重要时期。众所周知，敦煌石窟和新疆诸地如和田、吐鲁番、楼兰与库车发现了各种写本和印本。对这些文献的研究，历经百年，已使敦煌吐鲁番学成为当今的显学，并大大促进了相关学科的研究，其中包括印度学、伊朗学、突厥学、吐火罗学以及丝绸之路史等。

同在这个时期，俄国人科兹洛夫率领的考察队于 1908—1909 年在废弃的黑水城发掘出大量文物，其中有为数甚巨的西夏文和汉文文书。1914年，匈牙利裔英国人斯坦因又在当地发现了一批西夏文书残卷。这些发现促成了西夏学的诞生。

中国学者很早就积极投入西夏学的研究。1932 年出版的《国立北平图书馆馆刊》第 4 卷第 3 号即是"西夏文专号"。专号发表了国内外学者的重要研究论文，代表了当时国际西夏学的学术水平。

此后中国学者又多次对黑水城地区进行考察，获得了不少文书。甘肃武威和宁夏一些地区也陆续有文书被发现。不过由于懂西夏语言的学者寥寥，研究成果非常有限。直至 20 世纪 80 年代，这一情况才有了根本性的改变。中国学者与英国、法国、俄罗斯、日本等国学者合作，将藏于国外的西夏文献陆续整理出版。与此同时，国内的文献也得以不断刊布，迄今已公开出版十多种。再加上通晓西夏文的中青年学者迅速成长，中国学界已是世界公认的西夏学研究的主力。

　　近年来，宁夏的西夏研究取得了很大成绩，在国内外有广泛的影响，涌现出了一批卓有建树的专家，许生根先生就是其中颇有代表性的一位。他毕业于兰州大学历史系。2008 年在日本京都大学、东京大学和大阪大学访学；2012—2013 年，由国家留学基金委选派，前往英国伦敦大学访学。访学期间，他直接接触并深入研究了日本、英国所藏西夏文文书原件，将其运用到西夏史和民族学、边疆学领域的探索。许先生参加了上海古籍出版社《英藏黑水城文献》1—4 册的编纂工作，并担任常务副主编（2005 年）；还与日本学者荒川慎太郎等合作，编纂《日本藏西夏文献》（上下册），担任副主编，该书于 2010 年由中华书局出版，荣获宁夏社科优秀成果奖二等奖。

　　经过作者数年来的不懈努力，《英藏黑水城出土社会文书研究》已经完成，并得到 2016 年国家出版基金项目的支持，即将出版。社会文书研究是西夏学研究中极其重要的一个领域，以往从事这方面研究的有国内的史金波、杜建录、李华瑞、牛达生等诸位先生，还有俄罗斯著名西夏学家克恰诺夫，日本学者小野裕子、佐藤贵宝等。国内关于西夏社会经济文书的研究论文逐年增多，但从宏观上进行考察的专书极其罕见。作者在书中，除了对西夏文的谷物文书、马政文书、军事典籍、権场文书等一一予以认真考释外，同时通过这些文书，对西夏农业生产和屯田的真实状况，汉、唐、宋马政在西北边疆的传承，西夏的兵民合一及军事制度，宋、夏、辽、金的边境贸易，西夏与陆上丝绸之路等诸多问题进行了比较深入的论述，提出了一系列富有启发性的观点。书中还结合西北地区的自然环境及人文互动，对西夏兴起之前的人群活动、中国北方游牧业的起源、黑河流域的自然地理环境对繁衍生息于下游的古代居民的影响、黑水城的生态变化与农耕活动的关系等问题展开了讨论。以上内容说明作者具有广阔的学术视野，相信通过今后更为深入的钻研，必定能对西夏史和北方民族史研究做出更大、更具开创性的贡献。

　　为了展示西夏文明的全景，许先生计划以这些文书为基础，结合各种史料，综合国内外学者的研究成果，对西夏国的农业和屯田、畜牧和马政、军事、商业贸易、科技（包括医方和占星）、佛教、艺术等社会生活的各个方面进行考述，无疑将对西夏研究做出重要的贡献。

　　在许先生的著作即将问世之际，蒙作者盛情，征序于予。笔者对作者探索之辛劳深为感动，故略谈个人体会如上，敬请读者指正。是为序。

汉语大词典编纂处编审、复旦大学文史研究院特约研究员　徐文堪

2017 年 6 月于上海

序三

　　千年来，延绵不断的古烽燧、戍堡、敌楼、营寨、关隘、卫所与雄伟壮阔的长城连成一条线，将狭长贺兰山下的"党项人"与身处农耕带的"中原人"隔开，使得我们总是以中原王朝正统的视角去看待塞外游牧的生活，总是以中原优势文明心态去看待边疆戎狄的文化，总是以难以突破的夷夏观去看待四周族群，传统诗书礼乐之邦的华夏王畿束缚固定了我们的天下观，对西北族群建立的政权总爱用藩属、羁縻的地理空间和政治秩序去理解。

　　现在却是到了改变我们看法的时候了。因为宁夏社会科学院的许生根先生推出的《英藏黑水城出土社会文书研究》专著即将面世，带给了我们许多意想不到的收获。众所周知，党项族的西夏与氐族的后凉、匈奴族的北凉以及赫连勃勃的大夏，都是西北地区显赫一时的王国。公元1038年，党项族利用宋、辽对峙无法顾及的缝隙，摆脱了吐蕃、回鹘和宋朝的臣属关系，于兴州（今银川东南）建立起东尽黄河、西界玉门、南接萧关、北控大漠的独立王朝，并在这二万余里的幅员中与宋、辽、金等强邻对峙189年之久，创造了中华文明中独特的分支文化。在这片辽阔广袤的土地上，近一个世纪来最引人瞩目的就是始建于公元11世纪初的黑水城。这座西夏王朝设在北部边境的重要军事城堡，是河西走廊通往漠北的必经之路和交通枢纽。公元1227年，成吉思汗的铁蹄将西夏践踏毁灭后，鉴于黑水城极为特别的战略地位，仍然在这里驻防有大量军队，继续固守着西北的军事、经济、文化重镇。14 世纪因战乱浩劫、黑水河改道等诸种原因，黑水城终究被狂沙飞石吞噬，成为荒无人烟的寂静死城。

当 20 世纪初西方探险家来到这里时，他们发现黑水城位于东西方交通要道上，有着丰富的多元文化元素，残留的 11—13 世纪文书记录着欧亚大陆的联动，于是碎片也被收罗殆尽并迫不及待地带回欧洲，从而引起了国际学界的关注，这些文书就是大英图书馆珍藏的黑水城文书。透过这些第一手记录文书，我们才知道了自己最初对党项印象的肤浅，才认识到我们并不了解真正的"西夏"。其中有西夏马政文书，是历史上遗留下来的现存唯一一件游牧民族马政文书。有西夏军籍等级文书，首次使人了解到游牧军事力量的管理状况。有谷物文书，是真真切切边塞生活与仓储补给的写实史料。有出土榷场文书，是历史上遗留下来的唯一的西北边境贸易文书。尤其是西北榷场一度是世界东西方商业的中转站，是欧亚大陆东部多种货物的集散地，也是丝绸之路陆上交通线的重要贸易点。

然而，随着学者们的观察越来越广、思考越来越深，各种解读也越来越展开五彩斑斓的图卷。许生根教授通过文书描绘的中古时期西北边疆社会侧影，既有边塞垦殖拓荒的戍卒身影，又有汉人西迁农业文明的扩散；既有粮草消耗的真实记录，又有谷物输入对边塞供给的支撑作用；既有马草料文书的原始记录，又有西夏承袭宋官牧制源流的比较；既有完备的军械装置登记，又有军籍文书反映的征兵及兵种状态。如此种种，都激发着我们的思维向周边四散，校正着我们大脑中原有的西夏游牧管理体系，启发着我们对宋、夏、辽、金边境堡寨互市产生新思考，"居民生资唯榷场，南客北客相经商"；宋、夏抚蕃策略与边境贸易的真相浮出水面，榷场文书的考释不仅显现出贸易的管理，更重要的是说明了通往巴格达国际贸易的兴衰命运，其中最具有理论色彩的问题就是游牧民族在世界历史发展进程中的作用以及他们与农耕民族的关系。

对黑水城文书考释解读这样"死功夫"的贡献，应该而且必须受到学界的重视。出土文书的记录有着官方不纳入史书的细节与碎片，但是不加修饰的记录比史书的撰写更具有现场感，而且往往超越史书成为宏大叙事中最为生动的文字，具有记忆遗产的文本价值。由此，我们还想到了农业成为西夏的主导生产类型，那么游牧与农耕世界的关系是否应该重新进行梳理呢？游牧民族从事的商业贸易为古代欧亚世界的联系所做的贡献是否应该得到更多重视呢？我们无意推倒历史纵横发展的传统理论，而是希望对长期以来学界奉行的正统理论进行修订和补充，进而完善我们关于人类历史波澜壮阔发展的宏观思考。

我每次看到西夏文物，不由得总有一种苍凉悲怆的历史感迎面而来，毁于战火的废墟，破烂衰败的驿镇，偏处一隅的村落，阴冷凋敝的古墓，载体失魂的庙宇，即正在积极"申遗"的西夏王陵，虽然被称为"塞外戈壁上的金字塔"，但这座有着 9 个帝王、近 200 个陪葬臣僚的陵园，也曾被蒙古大军的兵火毁为碎片，未能幸免。这不仅是家族史、国族史的变幻，还勾连起我们透视时代的历史思量。

仿如汉字的 6000 多个西夏文字，河西走廊汉藏兼收的佛教艺术，品类繁多的西夏工艺物品，遗留下的西夏文民间契约、经书，反映社会生活的木版画，都一一展示在博物馆陈列里，仿佛余风犹存，影响不灭。我们无法穿越时空去复原西夏王国的原貌，可是通过出土文书这类文化遗产的珍稀品做到真实地"重生"，借助历史学家和考古学家的结合，借助黑水城文书和历史典籍的结合，将西夏瑰丽的画卷展示在世人面前，是责任也是承担。

国家文物局文物出版社原总编辑、北京师范大学历史学院特聘教授　葛承雍

2017 年 6 月于北京

目 录
CONTENTS

绪 论

一、中国历史上的游牧民族

在亚洲大陆中纬度及其附近地区，北纬 30°—60°，东经 50°—115° 的范围内，存在一个连成片的干旱、半干旱地带，位于亚洲腹地。这个地带是全球地理纬度最偏北的一条干旱和半干旱地带，中国西北地区是其主要组成部分。西北大地处于我国黄土高原、青藏高原和内蒙古高原三大高原的边缘和交会地带，自然区域分布为大兴安岭以西，昆仑山、祁连山以北的地区，地表沙漠广布，以草原荒漠为主，植被较少，土壤贫瘠。历史上，这片广袤的区域繁衍生息着众多的游牧民族，剽悍、善骑射、逐水草而居是他们的特征，生产力低，分布广阔，民族来源复杂。

南下占据较为丰美的草场，从中原王朝获取更多生活物资，注定是游牧民族生存发展的天然法则。游牧制决定了游牧民族在漫长的时间里从草原不断迁徙，一直逼近生长庄稼的田埂。在长城两边，驰骋的马匹和犁地的黄牛对目而视，从而在中国古代形成了游牧文明和农耕文明的广泛而深刻的联系，对社会文明的进步影响巨大。人类的发展就是这样，落后和先进，文明和野蛮，两者往往交错在一起，在交流和冲突中社会历史磕绊前行，最终共同发展。

中国的黄河流域、长江流域是中华文明的发源地，宏伟的大唐都城长安城坐落在关中，这里的关中平原南界秦岭，北接渭河北山，呈地堑式构造，经渭河及其支流泾河、洛河等冲积而成，历史上一度是世界文化经济的中心；在亚热带向暖温带的过渡地带，长江和钱塘江之间的近海地区，气候温和，雨量适中，古代人们开垦出了富饶的江浙鱼米之乡。汉、隋、唐、宋四代，社会经济、科技文化高度发达，不仅养活了众多人口，还制造出丝绸、瓷器等精美的奢侈品供给上流社会。从秦始皇统一中国开始，中原王朝统治者陆续修建了坚固的长城，试图从地理上隔开北方游牧民族。这项庞大的工程收效甚微。

就在公元前 209 年前后，以匈奴部落联盟为基础，征服了漠北周边诸部落联盟，中国历史上第一个强大的游牧军事帝国兴盛起来，对中原开始了入侵掠夺。两汉军队大规模抗击，引发农耕文明和游牧文明的一次剧烈冲突，最终导致了匈奴分裂。一部分匈奴人远走欧洲大陆，剩下来的匈奴人经过中国历史出现的民族大融合高潮，在魏晋南北朝时期战乱中，匈奴、鲜卑、羯、羌、氐等大批定居中原，和汉人融合，一批游牧民族就此消亡了。匈奴和很多消亡的古代民族一样，就像是历史长河的过客，以至于历史没有记载下他们的外貌、语言。有专家研究说匈奴是黄种人，有专家讲是兼有欧罗巴人和黄种人的混合人种。

隋、唐时期，中国古代文明达到了辉煌的程度。西北地区两个影响力极大的游牧民族突厥人和回鹘人，一步步来到了历史前台。他们人数众多，分布广泛，其语言属阿尔泰语系突厥语族。6 世纪中叶，突厥崛起于漠北，建立突厥汗国。唐朝与突厥之间有交流，也有战争。公元 8 世纪，回鹘替代突厥成为北方草原霸主。这个时期正值丝绸之路的大繁荣阶段，欧亚大陆的商贸和文化交流进一步扩大，从事贸易让回鹘得到了比战争手段更实在的经济利益，他们与唐朝大致保持和平相处，西北边陲有了一段难得的安宁。

从唐末开始，中国西北地区又开始进入游牧民族迁徙的活跃期。来自

西夏力士志文支座　藏宁夏博物馆

　　西夏陵各帝王陵的碑亭遗址中出土了独具特色的石雕力士志文支座，均为砂岩质裸体跪坐人像，呈方体，人像竖眉咬齿，鼓目圆睁，双乳肥硕下垂，双臂粗壮有力，似乎预示出西夏王朝将近 200 年的兴盛。

黄河九曲的一支党项羌人，操着接近古羌语的独特语言，悄然迈上历史舞台，揭开中古时期西北边疆游牧民族和农耕民族的又一次交会与冲突。隋、唐时期以来，在西北地区散居着为数众多的少数民族，其中主要是吐蕃、党项、羌。五代时期，西北的少数民族进一步向内地迁徙。到北宋初，党项、吐蕃部落分布在西北地区，大都聚族而居，不相统一，分布的地区主要包括仪州（甘肃华亭县）、渭州（甘肃平凉市）、泾州（甘肃泾川县）、原州（甘肃镇原县）、环州（甘肃环县）、庆州（甘肃庆阳县）、秦州（甘肃天水市）、镇戎军（宁夏固原县）、灵州（宁夏灵武县）、盐州（宁夏盐池县北）、夏州（陕西靖边县境）、绥州（陕西绥德县）、银州（陕西米脂县境）、宥州（陕西靖边县东），以及今天的甘肃河西及内蒙古河套一带。公元 1038 年，李元昊建立夏国，设都兴庆府，宋、夏爆发大规模军事冲突，宋、夏、辽（金）长期对峙，历史上再次形成三足鼎立局面。

西北大地处于我国最大高原——黄土高原、最高高原——青藏高原和最干旱高原——内蒙古高原三大高原的边缘和交会地带，历史上众多游牧民族驰骋在这广阔的草原上，创造了古代的光荣与梦想，可谓英雄辈出。在中古时期纷争冲突中，一代天骄成吉思汗横空出世，以他卓越的政治和军事统帅的才华，于 1206 年被推为蒙古帝国的大汗，建立了统一的蒙古政权，成为世界历史上著名的横跨欧亚两洲的庞大帝国。1226 年，成吉思汗南下进攻西夏，次年在西夏病死。成吉思汗统一蒙古，攻灭西夏，顺应了当时中国各族交往日益密切的客观趋势，为元朝的建立奠定了基础，中国再次进入国家大统一的历史轨道。

二、中国内陆边疆的动荡时期

古代中国作为欧亚大陆上最伟大的文明中心之一，中原农耕文化创造的辉煌的农业经济造福东亚，惠及整个欧亚大陆东部。不同于欧洲、西亚地区古代文明的发展轨迹，古代中国没有出现刻意征服其他发展相对滞后的文明社会的行为，同时也没有被其他文明扩张的力量所摧毁。延续发展的中国古代文明是世界历史的奇观，在世界文明史上非常罕见。不论中华文明延续不断的原因是地理位置造成的，还是其他偶然因素带来的意外收获，对中华民族都是一件幸事，奠定了中国统一的、多民族国家的基础。中国疆域形成与中华古代文明起源、扩散密切相关，是中华文明延续所决定的。

自古以来，中国辽阔的地域范围和庞大的人口举世无双，注定其疆域构成不可能局限于单一的地理单位和民族构成。我们认为，中国古代版图由四种"地域兼文化组合"构成：一是大中原版图区，包括黄河中下游、长江中下游和珠江流域等农耕地区，以操汉语的汉人为主；二是北方草原版图区，包括大兴安岭、蒙古高原、河西走廊和天山南北等牧耕地区，以操阿尔泰语系的游牧民族为主；三是高寒人口稀疏版图区，包括青藏高原、川西高原等农牧地区，以操缅藏语系的民族为主；四是南海海洋版图区，包括南海、东海、黄海的海域圈，以及海上岛屿链组成的农渔地区，以汉语为主。大中原版图区从黄帝、颛顼、帝喾、尧、舜时代就在中原地区奠定了中国古代文明的基础，孕育了中国古代文明的诸多特点，扩展到大江南北，是中国古代疆域的中心地区；北方草原版图区首先由匈奴在秦汉时期统一草原诸部，西汉击败匈奴帝国，中原王朝开始西进，北方草原逐步进入中国版图。唐朝时期，整个北方草原成为中国领土，奠定了中国疆域的基础。经过汉唐的发展，中原王朝长期在西北边疆地区行使行政管辖，驻扎军事力量，西北和内地已经达到法缘相随。

隋唐时期，西北边疆的最大变量出现于安史之乱以后。天宝十四载（755年）安史之乱爆发，西北边疆陷入混乱。唐朝重用的胡人安禄山纠结契丹、室韦、突厥等游牧势力，组建了一支强悍的军队，大举侵入中原。叛军长驱直入，短短时间内就控制了北方的大片郡县，轻而易举地攻破潼关。洛阳、长安失陷，唐朝危在旦夕。后因叛军内乱，唐朝召集了包括边疆民族政权在内的各路兵马艰难讨伐，于宝应二年（763 年）春天平定叛乱。安史之乱是唐朝的一次空前浩劫，叛军每攻破一处，"城中人衣服、财贿、妇人皆为所掠。男子，壮者使之负担，羸、病、老、幼皆以刀槊戏杀之"[1]；《旧唐书》记载："宫室焚烧，十不存一。百曹荒废，曾无尺椽，中间畿内，不满千户。井邑榛荆，豺狼所嗥，既乏军储，又鲜人力。东至郑、汴，达于徐方，北自覃怀，经于相土，人烟断绝，千里萧条。"[2]几乎整个黄河中下游满目疮痍，城弃田废，一片荒凉。前后七年的战乱足以耗尽大唐积累的财富和自信，取得惨胜的唐廷沦入不可挽回的衰败之中。唐朝由盛而衰，进入藩镇割据时期。唐朝军事力量从西域和河西走廊的大部分地区撤离，吐蕃势力乘虚控制西北大部分地区，盛唐营造的统一、繁荣和民族和谐的盛况不复存在。在中原王朝淡出西北的历史背景下，唐末五代西北边疆多种政治势力展开剧烈角逐，以吐蕃、回鹘、党项为主的边疆民族政权和西北汉人政权相互冲突、整合，中国北方边疆出现大动荡。控制西北百年的吐蕃因内乱而衰败，居住在西北的汉人在张议潮的指挥下起义反抗吐蕃的统治，建立起以河西地区敦煌为中心的西北汉人地方政权，史称归义军节度使。张议潮派遣使者，历尽艰难，赴京师长安向唐朝报捷，受到长安官民的夹道欢迎。他们接受中原王朝的管理，政权一度统治河西地区 11 个州，后来统治收缩在瓜州、沙州两州，历经唐朝末年、五代十国，直到宋朝初年，11 世纪时被回鹘吞并。归义军节度使政权存在 170 余年，推翻了垂暮的吐蕃在河西的统治，在动荡的西北再度闪现中原王朝边疆治理之光。虽然归义军最后以失败告终，但可以表明一个重要的历史事实，西北即便某个历史阶段不在中原王朝的直接管控之下，但唐、宋文化仍然在西北广为传承，西北边疆和内地已经形成文缘相承。

---

[1] [北宋] 司马光.资治通鉴：卷二百一十九 [M].北京：中华书局，1956：7006.
[2] [后晋] 刘昫.旧唐书：卷一百二十 [M].北京：中华书局，1975：3457.

回鹘文《弥勒会见记》 藏新疆博物馆

　　《弥勒会见记》是维吾尔族第一部戏剧文学,1954 年在新疆哈密县一座古房废地中发现。《弥勒会见记》是我国少数民族现存的最早的戏剧文学作品,在我国文学、艺术发展史上占有重要地位。

回鹘供养人 敦煌榆林窟壁画

　　回鹘文化兼有草原型与农业型的双重属性,在发展游牧业的同时,农业、商业和手工业也都得到较快发展。

　　回鹘崛起是中古时期西北边疆的重要事件。回鹘，原称回纥，最初活动于色楞格河和鄂尔浑河流域，分布于新疆、内蒙古、甘肃、蒙古以及中亚的一些地区。公元840年，回鹘汗国瓦解，大批回鹘人迁入西北。一支迁到吐鲁番盆地，他们被称为高昌回鹘或西州回鹘，一支迁到葱岭以西的楚河一带，即葱岭西回鹘，还有一支迁到河西走廊，称为河西回鹘。强悍的回鹘在西北呈现扩展之势。晚唐时回鹘在今新疆与中亚一带建立喀喇汗王朝，经济文化发达，骑兵强大。1004年，灭于阗国，占领和田地区。北宋初期，回鹘在西北的势力扩张似乎呈现不可阻挡之势，回鹘风暴震撼西北，远及中亚。

　　宋朝被推到历史转折的风口浪尖，大汉盛唐在西北边疆的政治遗产面临持续丢失的危险。宋初推行重内轻外政策，边疆防备松弛，在游牧民族侵扰之下处处被动，北方边疆经略走入不测之渊。首先把宋朝逼到绝境的是来自东北的契丹。公元10世纪，契丹族兴起于东北，建立辽帝国，从后唐掠夺北京、天津以及山西、河北北部的燕云十六州，东北、蒙古、河北及山西北部一带均为其所控，势力扩展到长城沿线。1004年（宋真宗景德元年），辽20万骑兵大举南侵，直逼宋朝都城开封。宋军在澶州（今河南濮阳）激烈抗击，双方签订澶渊之盟，宋朝以巨额赔偿换取辽退兵。北方边疆暂时的安宁给了宋朝一段喘息的机会。

　　宋朝全力应对契丹之际，党项在西北强势崛起。1028年，党项发动突然袭击，攻克甘州，甘州回鹘灭亡。1032年，党项攻陷宋朝在宁夏平原的重镇灵州，随后建立西夏王朝，建都兴庆府（今宁夏银川市）。11世纪，西夏王朝成为控制西北的强大力量，东尽黄河，西至玉门，南接萧关（今宁夏同心南），北控大漠。西夏王朝的建立使得西北政治格局发生了巨大变化。首先，西夏王朝消除占据河西走廊的甘州回鹘势力，沉重打击了回鹘力量，回鹘西迁后遭受到第一次重创，遏制住回鹘在西北大规模扩展的势头；其次，西夏迫使宋朝军事力量退出西北主要区域，安史之乱唐朝军队退出西域后，中原王朝势力最终退缩出西北边疆。至此，整个宋、元两代，西北地区主要由边疆民族政权掌控。宋朝统治的噩梦还未结束，12世纪，东北渔猎民族女真兴起，打败辽朝，建立大金帝国，剑指中原。宋朝国力已在宋、夏百年军事冲突与对峙中消耗殆尽，面对金人的入侵，北宋的防御能力崩溃。1127年，北宋被金灭掉，金朝统治黄河流域的大部分地区。南宋败退长江以南，命运危在旦夕。以抗金英雄岳飞为中坚力量的南宋军队艰难抗击金人，南宋朝廷暂时偏安一隅。此时西夏在西北军事存在的战略意义再次凸显，已过巅峰但军力犹存的西夏军队对金朝构成强大的牵制力量。建炎以后，西夏和南宋在一定程度上结成松散的联手抗金的准同盟关系，西北地区首次和长江流域建立起具有实质意义的战略联系。西夏王朝全面汉化，在西北推崇儒家文化，对华夏文明在西北的传承起到积极作用，有利于中华文化的整体性、共同性和一致性。南宋时期，由西夏统治的一个稳定的、多民族的西北地区有利于中国历史多元一体格局的形成。

　　中国北方疆域形成过程中北方诸多游牧民族功不可没，游牧民族凭借着强大的军事力量在边疆建立民族政权，并大规模进入内地，客观上促进了北方草原和中原地区的相连程度不断加深。北方草原最早的统一政权是匈奴建立的，其统治溃散之后，北方边疆地区先后由西汉、东汉接管，有利于中国疆域向西拓展。鲜卑建立的北魏政权把北方草原正式纳入中华版图。吐蕃在唐代统一了青藏高原地区，西夏在宋代统一了西北大部，辽、金统一了东北，回鹘政权、西辽政权在天山南北的活动对拓展中国北方边疆均起到重要作用。元代建立的统一国家结束了唐末以来的分裂割据局面，继承汉、唐以来的中国疆域，西藏正式进入中国版图，北部边疆地区与内地的联系更为密切。历史上西北地区一直处于民族融合、民族交流的过程中，中古时期形成你中有我、我中有你的民族格局，西北边疆和内地已是血缘相亲。

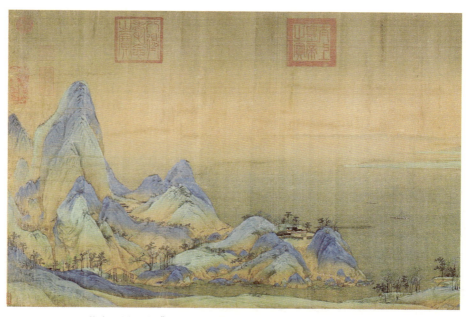

北宋王希孟作《千里江山图》（局部）　藏北京故宫博物院

作品描绘出华夏大好河山，在壮丽的群山冈峦和奔腾的江河湖水画卷里，坐落着秀美的亭台楼阁，散落着恬静的茅居村舍，描绘精细，景物繁多，气象万千。1113 年，北宋画家王希孟创作出《千里江山图》，14 年后，金兵攻陷开封府。

三、11—13 世纪中华和欧亚大陆的联动

11 世纪是中古欧亚大陆历史的新起点，以大唐帝国、阿拉伯帝国和沉寂的中世纪西欧为代表的旧秩序开始向崭新的世界转变，商贸活动成为欧亚大陆上最活跃的因素，经济发展取代军事征服成为影响欧亚大陆各国的主要力量。东西方世界在地理上相隔遥远，分别被限制在欧亚大陆的东西两端，历史上形成东亚经济文化中心和欧洲经济文化中心。11—13 世纪，宋朝的经济成就和商业革命对欧亚大陆产生深刻影响，西亚、中亚继续传承阿拉伯、波斯的商业精神，西欧经济贸易恢复发展，一直到蒙古帝国时期欧亚陆上大通道的建立，东西方世界进入更为全面、广泛的大交流时代。11—13 世纪，欧亚大陆各民族密切联系进一步加深，通过丝绸之路大商道，欧亚大陆古代经济文化交流空前热络，极大地促进了东西文明的连接，呈现全球化端倪。

宋朝建立之初，即失去对东亚国际秩序的控制权，宋、辽、金、夏长期分足而立，中华帝国不再是众人拥戴的宗主国，所谓的海外贡使团不过是商人借机获取暴利的机会，欧亚大陆东部政治格局和民族关系出现巨大变化。军事上虚弱的宋朝在农业生产、科技工艺和商业活动方面领先世界，古代中华的经济实力在欧亚大陆的影响力不断扩大。宋朝的经济实力依然无比强大，种植面积、谷物产量和技术超过唐朝盛世。在农业优势的基础上，宋朝的手工业制造全面发展，在瓷器、矿业、纺织、木材、造纸、制茶等方面表现突出。不同于汉、唐，宋朝的商业高度发达，城市人口稠密，商品交易空前活跃，是当时经济最发达的国家。宋朝和世界的联系更多的是通过商业贸易的途径，商贸之路显然更有活力，宋朝国际贸易的范围和规模超过了前朝。宋朝初步建立了以陆路榷场、海洋市舶司为主的国际贸易体系，在陆地和海上推进欧亚之间的贸易活动。"除文化上的成就外，宋朝时期值得注意的是，

发生了一场名副其实的商业革命，对整个欧亚大陆有重大的意义。商业革命的根源在于中国经济的生产率显著提高。技术的稳步发展提高了传统工业的产量。同样，水稻早熟品种的引进，使作物在过去只能一季一熟的地方达到一季两熟，从而促进了农业。此外，宋朝兴修的新的水利工程，大大扩大了水田灌溉面积。据估计，11—12 世纪，水稻产量增加了一倍。生产率提高使人口的相应增长成为可能，而人口增长反过来又进一步推动了生产。经济活动的迅速发展还增加了贸易量。中国首次出现了主要以商业，而不是以行政为中心的大城市。对外贸易突飞猛进，这一点比国内贸易更为显著。从汉代起，中国对外贸易的规模已相当大。到了唐朝，尤其是宋朝，对外贸易量远远超过以往任何时候。这一贸易迅速发展的基础，当然是中国前所未有的经济生产率。"[1] 在 11—13 世纪，宋朝成为世界最大的商品出口地和进口地，中华大地再次成为世界贸易活动的中心。可以说，宋朝确立商业革命是中古时期欧亚大陆建立起开放、彼此密切交往国际关系的最重要推动力量。日本学者杉山正明先生指出："从安禄山举兵到蒙古帝国解体，经过了六百多年。中华和欧洲大陆，都发生了大变化。首先，中华发展巨大了，而欧亚大陆从陆地和海洋两个方面打破文明圈的框架实现对接，形成了一个系统。中华和欧亚大陆的联动，是确凿的事实。换句话说，中华不是一个封闭的世界。实际上，原本就是一个开放空间的中华，经历了这六百多年后，更加鲜明地变成了一个开放的世界。虽然在唐初形成短暂的世界帝国前后，也可以看到这样的情况，但是只有到了与时光共进、形成全无草原和中华之界限的名副其实的世界帝国蒙古，整个欧亚大陆才基本上成为一个开放的世界，一时打开了远远超越陆地和海域界限的往来和交流。作为其支撑的核心地区，

---

[1][加] 斯塔夫里阿诺斯 . 全球通史 [M] . 吴象婴，等，译 . 北京：北京大学出版社，2006：438.

无疑是中华。这不能不说是中华史上引人注目的事情。"[1]西北边疆和
内地商缘相连，在中古时期，陆上丝绸之路的欧亚贸易继续在东西方
经济文化交流上扮演重要角色。西北地处欧亚大陆东部战略重地，扼
守陆上丝绸之路的咽喉要道，历来是中国古代和中亚、西亚及欧洲商
贸的前沿地带。

　　与此同时，阿拉伯帝国四分五裂，趋于瓦解，各地封建主拥兵割据，
西亚陷入混乱无序之中。阿拔斯王朝时期波斯人在中亚地区建立的波斯萨
曼王朝在 10 世纪强盛一时之后，1005 年，被突厥人的哥疾宁王朝吞并。原
来臣属哥疾宁王朝的突厥塞尔柱人逐渐兴起，1037 年，在中亚、西亚建立
军事帝国，1055 年，突厥塞尔柱人攻陷巴格达，解除了哈里发的政治权力，
仅给其保有宗教首领的名义头衔。1071 年，在凡湖以北的曼齐卡特打败拜
占庭军队，俘虏拜占庭皇帝，占领小亚细亚；塞尔柱把首都迁到巴格达，
将最高统治者苏丹的名字与阿拉伯哈里发并列。11 世纪末，塞尔柱人的版
图东起中亚内陆地区，与中国西北部的新疆地区接壤，西至叙利亚及小亚
细亚，南达阿拉伯海，北至基辅罗斯边境，形成强大的军事封建帝国。塞
尔柱曾是欧亚大陆古代世界的无情破坏者，一度彻底扰乱了陆上东西方贸
易。在建立起庞大的帝国后，他们凭借帝国实力维护丝绸之路的贸易秩序，
推动贸易活动，赚取高额利润，成为丝绸之路上的新贵。塞尔柱帝国境内
的商路繁忙，陆上丝绸之路商人活跃，从中国西北经中亚、西亚、小亚细
亚的国际商业干线得到了塞尔柱帝国的有效保护。"这个大帝国所有的大
路都是安全的，从河外地到叙利亚的商队，可以十分安全地往来，即使一
两人旅行，也不需要特别的保护。"[2]他们重新修建商路，增加贸易交易站
点，欧亚陆上贸易大通道是从塞尔柱帝国开始，到蒙古帝国完成。中亚、

[1] [日]杉山正明.疾驰的草原征服者[M].乌兰，乌日娜，译.南宁：广西大学出版社，2014：4.
[2] [俄]巴托尔德·中亚历史：第二卷第一册第一部[M].张丽，译.兰州：兰州大学出版社，
　　2013：173.

中亚贵族骑马图　1360 年细密图　藏土耳其老王宫

　　贵族骑马图是一幅精彩的波斯细密画，贵族青年胯下有宝马，头戴冠，身穿华丽长袍，腰系带，足穿长鞋，意气风发。

西亚诸多民族维护商道的努力和他们善于经商的特点，是欧亚大陆商贸联系中不可或缺的力量。

　　影响 11—13 世纪欧亚大陆经济贸易的另外一股强大力量来自中世纪欧洲的变化。中世纪很长一段时间西欧大部分国家社会经济落后，封建割据，战争频繁，商业尚处于一种不发达状态。中世纪的早期在欧美史学界普遍称作黑暗时代。11 世纪后，西欧城市逐渐复兴，手工业有较大发展，庄园农业发展，剩余农产品日益增多，商品交易开始活跃，到 12—13 世纪，西欧商业空前发展。1096—1291 年，由西欧的封建领主和骑士以收复阿拉伯入侵占领的土地名义，发动对小亚细亚旷日持久的侵略战争。他们垂涎富庶的东方土地，攫取大量的金银财宝，发展滞后的西欧在短时间内积累了较大财富。中世纪西欧第一次看到东方高品质的生活水准，立刻迷恋上琳琅满目的奢侈品，西欧人积极开展贸易活动，换取丝绸、香料和珠宝等。美国学者汤普逊这样描述东方丰富商品对西欧社会的影响："东方的灿烂文明，在基督徒看来，是如此新鲜，如此不同于他们在西欧城堡里所过的窄狭而又单调的生活，所以，不久他们向它屈服了。东方的宽大服装，在他们看来比他们的民族服装似乎是更适合于气候。在他们的头上，他们缠着阿拉伯头巾，即一种防御日光的绕头巾；他们力求穿用金线或珍珠来装饰着的丝绸衣服，着弯曲足尖的鞋子；他们对于精细的烹饪、对于奢侈的室内布置以及对于东方人的豪华宴会，也已习惯而成自然。总之，西欧人已知道使自己适应于他们新的生存条件。"[1] 在欧亚大陆西端，除君士坦丁堡，西欧出现新兴的威尼斯、热那亚、比萨等欧洲商业城市，组成中世纪新的利凡得大市场。在罗马帝国灭亡导致的欧洲贸易衰落之后，欧洲贸易在 11—13 世纪重新走向辉煌，成为欧亚国际贸易发展的重要推手，对欧亚大陆贸易繁荣具有积极意义。

---

[1] ［美］汤普逊. 中世纪经济社会史：上册［M］. 耿淡如，译. 北京：商务印书馆，1961：583.

威尼斯的阿拉伯使团（油画） 藏英国维多利亚博物馆

威尼斯号称最东方的欧洲都市，中世纪深受来自拜占庭、萨拉丁在埃及和叙利亚建立的艾优比王朝以及波斯、奥斯曼帝国的影响。

四、走向世界的黑水城遗址

黑水城遗址坐落于中国内蒙古自治区额济纳旗旗政府所在地达兰库布镇东南 12.5 千米处，蒙古语称此地为哈拉浩特（黑城）。黑水城始建于公元 11 世纪初，是西夏王朝设在北部边境的一座重要的军事城堡，是河西走廊通往漠北的必经之路和交通枢纽，战略地位极为重要。在西夏建立以前，黑水城一带已有大量居民在这里繁衍生息。西夏建立后，为加强这一地区的管理，以防东面辽国和漠北蒙古的侵入，将大批人口迁到黑水城一带定居，黑水城迅速发展起来。成吉思汗率领大军征伐西夏，首先攻克黑水城。元朝建立后，黑水城划归甘肃行省，称"亦集乃路"，元朝在这里设置亦集乃路总管府，管辖这一地区及西宁、山丹两州。14 世纪，因战乱、黑水河改道等多种原因，黑水城被沙漠吞噬，成为无人居住的死城。

20 世纪初，欧洲各国的探险家纷纷来到中国西北探险，他们带着先进的照相机、地图和地理测绘工具，闯入戈壁沙滩，拍摄照片、标注地图、挖掘遗址，有许多鲜为人知的废墟、洞穴、古墓、甘泉、河流、沙丘被他们发现。他们沿途关注地理、文化和考古，取得了巨大的地理和考古成就；而与之相比，他们收获的文物文献亦绝不逊色，敦煌、楼兰等遗址的珍品大量流失到欧洲诸国。

今天，对斯坦因这样的探险家在中国西北的活动，我们需要思考和评说的问题有很多。他们大都是现代文明社会培养出来的学术精英，具有很高的科学知识水平，也有各方面的社会见识。他们在西北黑水城等地考古挖掘时，也表现出了考古学者的学术素养，在勘察、标注、清理和收集文物方面，确实做了有效的工作。百年前，他们身处异国他乡，在人迹罕至的西北戈壁的艰苦环境里，学术考察做得相当细致，所进行的学术工作是难能可贵的。

　　但他们对待考古和文物文献的很多做法，甚至他们对待古代文化遗产的态度，又不能不引起我们的质疑。从学术角度看，一个专业的考古学家、历史学家，面对具有文化、自然价值的遗址，都应该充满敬意。最好要让这些遗产安全地保存在保护层下，等待完整的保护挖掘条件具备时，再从事考古发掘。而他们没有遵循发现遗址首先是就地保护的准则，往往是匆忙挖掘，破坏性获取。斯坦因在黑水城获取的文献有汉文、西夏文，还有数量可观的波斯文、藏文、回鹘体蒙文等，还有部分绘画、雕塑、丝织品和钱币等文物，共计5000多件，内容广泛涉及官府文书、军法兵书、典当契约、韵类辞书、诗歌艺文、医学药方、星历占卜、佛经，写卷书体主要有行书、草书、楷书、篆书等，装帧形式主要有卷子本、蝴蝶装、粘叶装，还有梵、夏、藏、汉、蒙、回鹘文注音对照残卷，极富研究价值。斯坦因的黑水城一行可谓满载而归，这些文献被他盗运到伦敦。黑水城绝大部分文献归大英博物馆收藏，印度方面只取得若干样品，收藏于印度德里中亚古物馆（今在新德里的印度国立博物馆）。1973年，大英博物馆的这部分黑水城文献移入英国国家图书馆收藏。

　　斯坦因第三次中亚考察的详细报告书名是《亚洲腹地》。在《亚洲腹地》的第一册第十三章中，他介绍了黑水城及其周边地区的考察发掘情况，详尽介绍了各个地点的出土情况，并对数百件文物进行了描述。他对时间、地点等信息记得很完备，让我们对他在黑水城的探险有了清晰的认识。从现实的角度看，又不能不认同斯坦因的行为在后期，实际上一定程度上对文物文献的保护起到了积极作用，毕竟当时的中国远远没有保护文物的能力和意愿，这一点无须回避。不管怎么说，运抵伦敦后，他们对文物文献的保护做得可圈可点。原始登录号是按照这批文献最初运抵英国卸装时文物取出的先后次序进行编排的，即发掘编号，进入博物馆再编写收藏编号，辨别相互接近的材质、文献的外在形式，将文献文物放入标准的收藏室，按照文物保护的要求，用最好的设备来维护。

斯坦因探险队在中亚

斯坦因探险队横穿中国西北沙漠

学术大师陈寅恪感慨于当时敦煌文献的流失，因有警句曰："敦煌者，我国学术之伤心史也！"黑水城文献何尝不让我们感慨。19 世纪末 20 世纪初，我们的民族积贫积弱，大批国宝流失海外，给国人留下百年的创伤。现在，早已物是人非，中华民族走上了复兴之路，我们对流失的文化遗产开始倾入极大的关注。这批文献文物历尽劫难，终于得到社会的珍惜，作为世界文化遗产的一部分，成为人类共同的精神财富。

一段痛心的记忆，永远绽放的文化精神，这就是黑水城文物文献永恒的价值所在。

五、黑水城文书的价值

黑水城文献分为佛经部分和世俗部分两大类，黑水城社会文书是黑水城出土世俗文献中保存的非书籍类文献的总称。英藏黑水城社会文书可分为官府文书和民间文书两大类。官府文书中元代的文书占了其中的大部分，包括地方政府部门发布的告示、政府机关的往来公文、官员给上级的禀帖，以及官方统计的户籍、账户等。民间文书包括买卖、借贷、典当器乐，以及私人信件、日常杂记等，内容涉及政治、经济、军事、文化、科技等。

黑水城文书的出土被公认为是继安阳殷墟甲骨文、汉晋简牍、敦煌吐鲁番遗书发现之后的第四次重大考古发现，受到海内外学者的广泛关注。20 世纪初，随着中国考古发掘和文献档案的几次重大发现，中国历史文化的研究从理论和研究方法上出现新的发展。大批出土的契约文书、民间信札等珍贵的原始资料全方位地拓展了史学研究的众多领域，在中国古代历史文化研究中发挥出重要作用，其学术价值被越来越多的学者所推崇。黑水城出土的社会文书具有与一般西夏史料不同的价值和特点，在此基础上，推动了西夏历史的研究，形成一门综合性的西夏学，黑水城文书资料的出土可以说直接催生了西夏学的诞生和发展。国学大师王国维先生在总结中国学术发展史时提出，古来新学问的出现基本上都建立在考古和档案的新发现基础之上。陈寅恪先生说过："一时代之学术，必有其新材料与新问题，取用此材料，以研求问题，则为此时代学术之新潮流。"黑水城文书的大量发现再次证实了大师的著名论断。黑水城文书和典籍文献、文物遗存一起，并列为西夏学的三大组成部分，黑水城出土的文书内容广泛涉及社会、政治、经济、文化各个方面，其中保存丰富的契约文书成为最有特色的一个部分，对西夏学乃至宋、元历史研究具有不可估量的学术价值。

黑水城出土的文书非常有特点。第一，数量大。一个地方同一时间出土大量的文献。黑水城出土的社会文书数千件，尤其是1000多件草体西夏文的社会文书，其中包括户籍、租税账、借贷契约、买卖契约、诉讼状等构建西夏社会的重要材料。第二，时间段集中。文书时代跨度主要包括西夏和元朝。另有清朝咸丰年间文书一件，内容为西北民间婚嫁契约。疑为斯坦因在西北民间收购的，因他本人不懂中文，误将文书编入黑水城文献中。第三，类型丰富。官府文书、寺院档案、日用杂字、星历占卜等。丰富的内容引起了国内外学者的关注。第四，涉及面广。包括历史学、历史地理学、民族学、文学、语言文字学、艺术、民俗学、科技史等方面。第五，反映准确。西夏统治时期和元朝建立初期西北边疆民族社会历史的基层结构方面的文书主要包括官府公文、民间私人信札等，其中以西夏及元朝初期的社会文书为主，以元代的文书为多，为我们提供了元代边疆治理的珍贵资料，对宋、夏、元史研究具有特殊的价值。第六，黑水城社会文书中保存有相当数量的契约文书。这对研究西夏、元朝的经济制度和商业活动弥足珍贵，特别是保存完整的西夏时期系列借贷契约、天庆年间典押契约是学者研究西夏经济史不可或缺的史料。这批借贷契约文书不仅数量多，而且所表现的契约内容、形式、制度都显示出较高的立契水准，展示出了我国西夏和元初民间社会运用契约规范借贷关系的原貌。更重要的是，民间借贷契约中表现出的契约理念与契约精神，构成了古代北方游牧民族法律文化传统的重要内容。通过黑水城社会文书中的家书和私人信件等文献的整理，学者们可以清晰地看到在西北党项民族统治地区，汉文化从中原流传到民族地区的情况，这些资料成为古代民族文化交流的见证。

黑水城文书对中国历史文化研究的价值是多方面的，是研究西夏历史的重要资料。西夏是一个极具特色的少数民族政权，具有极其鲜明的文化特色。这批文书为我们提供了西夏社会、政治、经济、军事、宗教、文化、民族等方面丰富而具体的资料。既可以通过文书本身的具体内容微观剖析出西夏和元初西北边疆地区社会发展和宗教文化的详细脉络，也可以通过系统分析整理，对当时游牧民族政权的政治、经济、文化进行宏观概括。黑水城社会文书具体史料价值是极其珍贵的，这里我们主要谈以下五个方面。

第一，保存了丰富的宋、夏、元时期的军事制度、军事装备和军事后勤供给的史料。西夏军队的兵制留下的史料稀少，我们对其无法准确了解掌握。西夏军籍文书，让我们看到了西夏宗族兵制、西夏军队基层编制"军抄"的历史情况。

第二，通过黑水城出土的社会文书中科技史的资料，可以直观了解到宋、元、明时期西北地区科学技术的发展状态，这方面的资料可以说在传统的典籍文献中几乎是空白。党项族作为中华民族的一员，长期与宋、辽接触，学习到先进的科学技术。我们以冶炼为例，当时宋朝钢铁冶炼世界领先，宋、夏战争中有大量的工匠把先进的技术带到西夏。西夏的钢铁冶炼由最初的学习、仿造，逐渐过渡到技术熟练、工艺创新，并在许多方面超过了同时代的宋、辽。

第三，黑水城榷场文书等边境文书是宋、夏边境百姓经济生活、政府民族政策的生动写照，反映出宋、夏抚蕃边贸政策的差别。北宋初，党项、吐蕃部落分布在西北地区，宋人称这些居住于西北沿边的少数民族为"蕃部"，对缘边蕃部的争夺是宋、夏战争的另一战场，特别是西夏中后期，宋、夏军队角逐的重点逐渐落在争夺边境地带及沿边蕃部上。抚蕃制度在西夏边疆防御中的意义是十分重要的。黑水城社会文书反映出宋、夏边境各族人民经贸交往、民族融合的历史场景。

第四，从这批社会文书可以看出西夏帝国物资供给匮乏的特点。这批社会文书反映出战争对社会经济的巨大破坏，底层农牧民典当衣物获得粮食度日的艰辛生活。西夏推行军事掠夺的政策，给社会带来了沉重的负担。在长年的征战中，西夏耗尽国力，人员伤亡也比较严重。西夏落后的军事掠夺制在一定程度上阻碍了其建立起先进的、完整的封建军事后勤供给制度，使西夏的总体国力始终屈居于宋之下，并最终被后起的蒙古军队灭掉。

第五，反映出元代西北边疆军事重镇开发的历史过程，包含丰富的政治、经济和军事信息。英藏黑水城出土元代社会文书数量庞大，研究价值极高，主要是元初西北边疆区域变迁的情况。英藏黑水城元代社会文书涉及军政、经济、法律等各个领域，较为全面、生动地反映出当时西北边陲社会生活真实的历史场景。我们将这批文书和流传下来的汉文史料进行比较研究，可以更全面地反映历史的全貌。

第六，反映出西北自然和人文环境的历史演化。从人类发明劳动工具来维持生存发展伊始，人们在获取有价值的自然资源的过程中，有意识或无意识地把自身活动的痕迹留到了周边环境，导致自然环境的多种变化。随着农业文明的诞生，人类的双手改变陆地表层环境，通过有目的的劳动实践，开展大规模的土地利用，这种凝结着智慧和辛劳的人类活动始终贯穿在历史各个发展阶段。现在我们回首地球上不同地区、不同阶段环境和社会变迁的历程，黑水城的研究价值就会充分体现。在中国历史上，荒漠

西夏文佛经　藏英国国家图书馆

西夏语是汉藏语系的四大古典语言，是从原始汉藏语演变而来的。西夏大臣野利仁荣等创造了记录党项族语言的民族文字西夏文，这种文字借鉴汉字的笔画和构成原理，独具特色。

区域的游牧民族社会是独特的，在干旱、半干旱区域，物种面临几乎是生存极限的挑战，以强者自居的人类一再突破生态环境承载力，我们的先辈早已把生命的轨迹留在大漠，他们的生存经验和由此形成的人地关系，是一笔让后人无法割舍的厚重遗产。随着人类社会的变迁及周围环境的演化，人的生活和自然景观面貌发生了巨大变化，从时空角度上对历史时期的人类劳动场景进行复原和重建研究是困难的，同时也是必要的。通过对黑水城文书残件的考证，层层推进，进一步探究 11—13 世纪西北边疆自然环境和人类活动，以求达到滴水观沧海的学术目的。黑水城文书研究可以为西夏、元朝的社会经济研究提供第一手资料，反映出西北自然和人文环境的历史演化，可谓弥足珍贵。在今天建设祖国大西北、维护边疆安全的进程中，这批文书具有重要的借鉴作用。

陈高华先生对黑水城文书评价说：黑水城"新出土的各个时代官私文书，是一种真正的原始文献，对于研究该时代的社会面貌具有重要的价值"[1]。可以说黑水城出土的社会文书是宋、元时期保存下来的最集中的社会文书，是中国文献遗存重要的组成部分，是中华民族珍贵的文化遗产。

六、黑水城文书研究概况

（一）国际学者对黑水城社会文书的整理研究

欧洲学者最早开始研究英藏黑水城文献的是法国学者马斯伯乐，他对英藏黑水城文献的部分社会文书做了初步的整理，1953 年出版《斯坦因在中亚细亚第三次探险的中国古文书考释》。[2]其中著名的西夏时期的文书《天庆十一年（1204 年）用衣物典麦契》（亦称《西夏天庆间典当残契》）就

---

[1] 陈高华. 黑城元代站赤登记簿初探［J］. 中国社科院研究生院学报，2002（2）.
[2] ［法］马斯伯乐. 斯坦因在中亚细亚第三次探险的中国古文书考释［M］. 伦敦：英国国家博物馆，1953.

是他最先刊布出来的，对黑水城文书研究具有开拓性的贡献。

瑞典学者格林斯蒂德也考证了英藏黑水城文献的个别文书，主要是对其中《将苑》残片和个别佛经残片做了初步研究。

俄罗斯汉学家克恰诺夫在黑水城社会文书研究方面成绩斐然，20 世纪 50 年代末，他开始整理东方学研究所圣彼得堡分所的西夏文文献。1963 年，他和戈尔芭切娃女士共同发表了《西夏文写本和刊本目录》，完整著录出俄藏黑水城出土西夏文文献目录。其中对世俗文献著录详备，包括大量的社会文书，让人们对俄藏黑水城文书有了全面的了解，揭开了黑水城文书的面纱。他的《黑水城发现的 1224 年西夏文文书》《天盛庚寅二十二年土地买卖契约》《黑水城副将禀帖》《黑水城发现的西夏土地借贷文书》等研究社会文书的论文水平极高，具有重要的学术价值。

克恰诺夫精通西夏文字，在西夏文文献的翻译方面成就巨大。自 20 世纪 60 年代起，克恰诺夫教授即致力于西夏法典《天盛改旧新定律令》的译释和研究，翻译出版整个法典共 20 卷。1990 年，克恰诺夫与德国的傅海波先生合作出版《11—13 世纪西夏和中国军事法渊源（贞观玉镜统）》。

俄罗斯汉学家孟列夫对俄藏黑水城文献的中文部分进行了整理和研究。1984 年出版《黑城出土的汉文收集品注记目录》，该书于 1994 年由王克孝翻译，宁夏人民出版社出版，书名为《黑城出土汉文遗书叙录》。对俄藏黑水城汉文社会文献进行全面、系统的整理，对汉文社会文书编号、定名和注解说明，为研究黑水城出土汉文社会文书研究奠定了基础。

黑水城出土的蒙文文献中包括元代社会文书，俄藏黑水城发现的文书中有 17 件蒙文文献，现藏东方学研究所圣彼得堡分所。柯立夫是美国蒙古学的开山鼻祖，以译注蒙古古代文献文物著称。他最早开始研究这批蒙古文文书，对其进行深入考证。1955 年，发表《黑城出土一件早期蒙古文借贷文契》一文。匈牙利著名蒙古学家、突厥学家捷尔吉·卡拉先生出版《东方学研究所圣彼得堡分所收藏哈喇浩特及西域出土中世纪蒙古文文献研究》[1]，对其中的 16 件文书做了全面系统的研究。

　　日本学者对黑水城蒙文元代社会文书的研究成绩骄人。1983—1984 年内蒙古自治区考古研究所与阿拉善盟联合进行考古发掘所获非汉文文书（西夏文文书除外），经内蒙古大学和早稻田大学签署协议，由中日双方多位学者（齐木德道尔吉、乔吉、乌云毕力格、宝音德力根、吉田顺一、井上治等）联合进行释读，2006 年在日本发表了研究成果报告书。他们对 86 件蒙古文文书进行了释读，其体例包括拉丁文转写、中文和日文的注释、译文及解说，其中含有 15 件蒙古文契约文书。乌云毕力格所著《一份黑城出土畏兀体蒙古文文书释读与汉译》对黑水城出土的一件畏兀体蒙古文契约文书进行了释读与汉译。[2]

　　日本学者研究黑水城西夏文社会文书的主要有两位。2010 年，松泽博在《东洋史苑》上发表《武威西夏博物馆藏亥母洞出土西夏文契约文书》[3]。2006 年，佐藤贵保出版《西夏末期的黑水城状况——根据两件西夏文文书》[4]，都有较高的学术水准。

　　综上所述，从事黑水城社会文书的国际学者来自欧美和亚洲的多个国家，黑水城社会文书研究早已国际化，成为国际学术界的一个重要的研究领域，诸多国际学者积极参加，极大地提升了黑水城社会文书研究的深度和广度。

（二）黑水城文献比对缀合及俄藏、英藏黑水城文献对照问题

　　研究黑水城文献首先应考虑的是，对在同一遗址黑水城出土，由不同的考古发掘者，在前后不同时间发掘，后来收藏在不同地点的文献进行归

[1]［匈］捷尔吉·卡拉.东方学研究所圣彼得堡分所收藏哈喇浩特及西域出土中世纪蒙古文文献研究［M］.敖特根，译.北京：民族出版社，2006.
[2]乌云毕力格.一份黑城出土畏兀体蒙古文文书释读与汉译［C］// 黑水城人文与环境研究——黑水城人文与环境学术讨论会论文集.北京：中国人民大学出版社，2007.
[3]［日］松泽博.武威西夏博物馆藏亥母洞出土西夏文契约文书［J］.东京：东洋史苑，2010（75）.
[4]［日］佐藤贵保.西夏末期的黑水城状况——根据两件西夏文文书［M］// 黑水城两千年历史研究.北京：中国人民大学出版社，2013.

类整理和分析比对，是黑水城文献研究整理的特点。黑水城文献可以分为俄藏、英藏和中国藏三大部分。俄藏黑水城文献有 8000 多个编号，其中有西夏文文献、汉文文献及少部分其他少数民族文字文献；英藏黑水城文献总量为 4000 余件，全部残页编号约 7000 个，文字种类除西夏文外，还有数量可观的藏文、回鹘体蒙文等；中华人民共和国成立后，1983 年和 1984 年，内蒙古考古工作队在黑水城的两次挖掘中，共清理出文献 2000 多页，大多是残片或纸屑。

黑水城文献人为地被分为俄藏、英藏和中国藏三部分，客观上给研究整理带来一定的难度。20 世纪 90 年代初，中国社会科学院民族研究所赴俄罗斯取得出版权。从 1992 年起，中国社会科学院和俄罗斯东方文献研究所合作陆续出版大型文献《俄藏黑水城文献》。2005 年，西北第二民族学院、宁夏社会科学院和英国国家图书馆合作出版《英藏黑水城文献》。内蒙古考古工作队在黑水城两次挖掘的文书经过整理，20 世纪 90 年代公布，由李逸友出版《黑城出土文书：汉文文书卷》。目前专家学者的相关研究主要针对俄藏黑水城文献和中国藏黑水城文献，对英藏部分涉及不多。西夏学专家白滨先生指出："如何拼接与缀合，复原其文献的本来面目，这是黑水城文献整理与研究者肩负的重任。"[1]

在学术价值上，虽然科兹洛夫探险队所获材料具有绝对地位，但是由于斯坦因所获文献门类丰富以及严格的现场记录，也是科兹洛夫所获的最主要补充。克恰诺夫在《俄藏黑水城文献》序言中对科兹洛夫的发掘评论道："无论哪次发掘，都事先没有计划，没有详细或者简要的记录，造成文物和出土地点信息的分离，使得后人无从追溯，所有的文物都混淆在一起，甚至对著名大塔的发掘，也仅留给后人一些互相矛盾的描述，如果我们比较一下（科兹洛夫）6 月 12 日和 6 月 15 日的日记，可以发现，随着发掘

---

[1] 白滨.黑水城文献的考证与还原［J］.河北学刊，2007（4）.

的进展，科兹洛夫时而说扔得乱七八糟，时而说放得井然有序。"[1]斯坦因所获虽以碎片为多，但因其发掘程序的严格而留给后人以可信的信息。特别是他在黑水城发掘的过程比较严谨，对发掘工作有完整的考古记录，对我们研究黑水城考古和黑水城文献具有极其重要的作用。

中华人民共和国成立后，黑水城所在的额济纳旗先后归属甘肃省和内蒙古自治区，两省区文物考古部门先后对黑水城进行多次调查发掘。1962年和1963年，内蒙古自治区文物工作队调查古居延时，在黑水城采集到部分文书，现藏内蒙古博物馆；1976年和1979年，甘肃省文物工作队两次到黑水城调查，分别采集到部分文书，现藏甘肃省博物馆。1983年和1984年，经国家文物局批准，内蒙古自治区文物考古研究所会同阿拉善盟文物工作站对黑水城遗址进行大规模的考古发掘，出土近2000件文书，包括汉文、西夏文、畏兀尔蒙古文、八思巴蒙古文、古藏文、亦思替非文和古阿拉伯文等多种民族文字文书。2008年，由宁夏大学西夏研究中心、内蒙古自治区考古研究所和甘肃古籍文献整理编译中心共同整理编译《中国藏黑水城汉文文献》出版发行。《中国藏黑水城汉文文献》10册，共收录原始文献4213件[2]，为宋、夏、金、元历史，宋、元佛教史，古代医药史，丝路贸易史，文书制度史以及文献版本学等研究提供了珍贵的原始资料。

1949年以前国内学者研究英藏黑水城文献还是比较零散的，多是涉及佛经文献。最初将英藏黑水城文献介绍到国内的学者是向达先生。1932年，向达先生节译其中的主要内容，取名为《斯坦因黑水获古纪略》，刊于国立北平图书馆馆刊西夏学专号上。[3]王静如先生在《西夏研究》1—3辑系列丛书中，对英藏黑水城文献部分佛经进行了研究。[4]陈寅恪

[1] [俄]克恰诺夫.俄藏黑水城文献：第一册[M].上海：上海古籍出版社，1996：9.
[2] 宁夏大学西夏研究中心，内蒙古自治区考古研究所，等，编.中国藏黑水城汉文文献[M].北京：国家图书馆出版社，2008.
[3] 向达.斯坦因黑水获古纪略[J].国立北平图书馆馆刊，1932.
[4] 中央研究院历史语言研究所.西夏研究：1—3辑[M].1933.

先生发表的《西夏文佛母大孔雀明王经夏梵藏汉合璧校释序》等，对英藏黑水城部分出土佛经做了考证。[1]

中华人民共和国成立后，国内学者研究英藏黑水城文献取得较为丰富的成果。国内学者最早对英藏黑水城文献社会文书进行整理研究的是陈国灿先生。20 世纪 80 年代，他根据法国学者马斯伯乐公布的文书，考证了《西夏天庆间典当残契》。[2]史金波先生对英藏黑水城文献的西夏文部分做了大量的整理研究工作，内容涉及西夏经济、文化诸多方面。[3]聂鸿音先生是中华人民共和国成立后，国内第一位研究英藏黑水城出土佛经文献的学者，他对英国藏西夏译本《佛为海龙王说法印经》做了考证，为西夏佛教史研究补充了一份新资料，从而将国内西夏佛教文献整理研究的领域延伸到英藏黑水城文献。[4]20 世纪 90 年代，郭锋对英藏黑水城文献的部分汉文文献进行整理，出版《斯坦因第三次中亚探险所获甘肃新疆出土汉文文书》，其中涉及英藏黑水城文献，他主要刊布英藏黑水城文献中法国学者马斯伯乐未整理的汉文部分。[5]

国内在 21 世纪初开始大规模整理出版英藏黑水城文献的工作。从 2001 年开始，宁夏社会科学院、西北第二民族学院和英国国家图书馆合作开始研究工作。经与英国国家图书馆协商，西北第二民族学院最终获权自由使用和出版所拍的英藏黑水城西夏文献的胶卷。研究人员对其内容进行整理，相继完成英藏黑水城文献的初步数字化，将成果整理成 22 册打印图本，记录文献的原始数据进行文献版本鉴别等工作。研究人员实地前往内蒙古阿拉善额济纳对黑水城遗址进行了考察拍摄，将斯坦因当年的照片

[1] 中央研究院历史语言研究所.西夏研究：1—3 辑［M］.1933.
[2] 陈国灿.西夏天庆间典当残契的复原［J］.中国史研究,1980（1）.
[3] 史金波.简介英国藏西夏文献［J］.国家图书馆学刊,2002.
[4] 聂鸿音.对英藏黑水城出土的佛经文献英藏西夏文《海龙王经》考补［J］.宁夏社会科学,2007（1）.
[5] 郭锋.斯坦因第三次中亚探险所获甘肃新疆出土汉文文书［M］.兰州：甘肃人民出版社,1993.

和地图进行实地勘察、对比、补充。

2004 年，宁夏社会科学院、上海古籍出版社、西北第二民族学院和英国国家图书馆正式签订协议，合作整理研究英藏黑水城文献。2015 年出版《俄藏黑水城文献》，海外西夏文文献以出版形式回归国内。

2005 年，中国人民大学沙知先生主编的《斯坦因第三次中亚考古所获汉文文书：非佛经部分》，收录斯坦因第三次西域（中亚）考察，在新疆、甘肃境内（和田、楼兰、吐鲁番、敦煌、居延黑水等地）通过发掘搜查到的大批各种语言文字的古文书和文物，包括黑水城出土的有关社会内容的汉文文书。[1]

随着英藏黑水城文献的陆续刊布，学界逐渐对黑水城所出土文献有了深入的认识，并取得较丰硕的研究成果，为英藏黑水城社会文书整理研究奠定了基础。中国社会科学院民族学与人类学研究所史金波先生在《创建黑水城出土文献研究新的里程碑》一文指出，以黑水城出土文献为主的《俄藏黑水城文献》《英藏黑水城文献》和《中国藏西夏文献》的整理出版推动了西夏研究，黑水城出土文献中固然以西夏文献为多，其中所含的为数不少的汉文文书尚有很重要的文物、文献和史料价值。他认为，整理黑水城出土汉文文书，"少量的残页尚可拼接，多数情况下要利用这些不完整的资料需要丰厚的相关历史文化知识，经过细致的释读，烦琐的考证研究，才能使这些支离破碎的材料变得生动鲜活，显现其价值"[2]，并以实例指出录文、定名以及断代作为黑水城出土文书整理的基础环节尚存在很多问题，整理黑水城汉文文献是一件细致而复杂的工作，也是一个长期的过程，任重而道远。

俄藏黑水城文献是黑水城文献研究中重要的部分，文献数量丰富，学

---

[1] 沙知.斯坦因第三次中亚考古所获汉文文书：非佛经部分［M］.上海：上海辞书出版社，2005.

[2] 史金波.创建黑水城出土文献研究新的里程碑［J］.河北学刊，2007（7）：85.

英国国家图书馆黑水城文献收藏室

　　威特菲尔德先生（右）是伦敦大学亚非学院的汉学家，吴芳思女士（左）是英国国家图书馆的汉学家，他们致力于研究中华古代文化和中国西北出土文献。

术界开展研究的时间较早，水平较高。英藏黑水城文书研究必须建立在对俄藏黑水城文献研究的基础之上。所以，本书在每个专题上，都对俄藏黑水城文献的收藏和研究状态进行了必要的叙述，在此基础上，便于学术界对英藏黑水城文献有更全面的认识。

七、黑水城文书断代、编号和定名

英藏黑水城文书的整理研究可以分为录文释读、断代和定名三个步骤。首先，对英藏黑水城社会文书完整录文释读，是整理研究的基础工作。黑水城出土的文书多为写本，有些民间文书的书写多有不规范之处，有些文书是行书，甚至是草体字，还夹杂着异体字，特别是英藏黑水城社会文书中保存大量的西夏文文书，完整准确地录文释读有很大困难，往往需要多位专家反复释读，多次改进，以解决文书中断句难题，理解原文语义。英藏黑水城西夏文文书的翻译是整理研究的难点，中外专家学者的翻译往往有一定差异，我们在引用他们的成果时不涉及其中争议较大的部分，对目前学术界尚没有解决的西夏文草书文书，我们也采取慎重的态度，一般只收录已经得到学术界承认的成果。

其次，对文书的断代。英藏黑水城社会文书跨越漫长的历史时代，包含唐、宋、西夏、金、元等多个王朝，有文字记载的最早文书是唐代，最晚的文书是清代的一件婚书，对所有文书的断代是一项复杂而困难的工作。英藏黑水城社会文书大多没有明确时代标志，对其断代容易出现失误，"西北诸地马步军编册"一般学术界都定为"西夏写本"，但从人名、地名、职官、军名等来看应该是金代的军事文书。黑水城出土文书中元代文书多是残片，西夏文书多是长卷，所以对元代文书的断代可能更困难一些。

再次，对文书的定名。定名是整理研究文书的一项重要内容，需要综合考虑各种要素，既要符合文书本身的内容，还要考虑历史语言的变迁，以及前人研究中已经形成的习惯名称。英藏黑水城社会文书的契约文书中，最著名的天庆契约残片的定名就存在这些问题。陈国灿先生早年将其定名为《西夏天庆间典当残契》，学术界一直沿用此定名，影响非常大。现在沙知先生重新定名为《天庆十一年（1204年）用衣物典麦契》，从文献整理专业看，定名为《天庆十一年（1204年）用衣物典麦契》可能更准确，反映出的文书信息也更完整，语言较符合古代的历史环境。在涉及以往相关研究的时候，我们也适当采用陈国灿先生早年的定名。故在本书中同时使用两种定名。

本书收录的英藏黑水城社会文书均注明编号情况。英藏黑水城文献的编号比较复杂，现有三个不同的编号体系：英国国家图书馆东方部收藏编号、斯坦因第三次中亚考古发掘原始编号和马斯伯乐编号。

首先，英国国家图书馆东方部收藏编号。英藏黑水城文献保存在英国国家图书馆东方部，截至目前，尚没有对其系统整理，收藏编号是按照当时接受这批文献时的自然状况制定的，我们将收藏编号定为英藏黑水城社会文书编号的首选编号。根据英国国家图书馆东方部的收藏编号，可以在英国国家图书馆直接查找到相应的文书，便于研究者将来查找原始文献。

其次，斯坦因第三次中亚考古发掘原始编号。斯坦因在黑水城发掘时较为科学严谨，对出土的文献都做了一套编号，就是英藏黑水城文献的考古发掘原始编号。本书中作为社会文书的第二套编号使用，可以和英国国家图书馆东方部的收藏编号相互对应。斯坦因第三次中亚考古发掘原始编号很有价值，主要反映出该文献出土的地点和其他考古现场的第一手信息，对深入整理研究有重要的意义。但斯坦因第三次中亚考古发掘原始编号有一部分残损，仅仅遗存 K.K. 开头的字母。

再次，马斯伯乐编号。沙畹著名的学生马斯伯乐在《斯坦因中亚细亚第三次探险的中国古文书考释》一书中，按照敦煌、楼兰、吐鲁番、塔里木、黑水城顺序，对斯坦因所获汉文文书共 607 件进行介绍，这是一部奠基性的成果。这是马斯伯乐在整理斯坦因第三次中亚考古发掘文献时，根据他的研究方法编排的一套编号。马斯伯乐编号有很大的局限性，他仅仅收录英藏黑水城社会文书的一小部分，不能和英国国家图书馆东方部的收藏编号相衔接，目前已经不适用。本书将其定为辅助性的编号，只在个别必要之处引用。例如，《天庆十一年（1204年）用衣物典麦契》使用马斯伯乐编号。这是因为英藏黑水城社会文书《天庆十一年（1204年）用衣物典麦契》是马斯伯乐首先刊布的，在过去相当长的一段时期，学术界看不到英国国家图书馆东方部的收藏编号，引用该文书原件的内容时，往往根据马斯伯乐的编号。所以，本书在收录《天庆十一年（1204年）用衣物典麦契》时，注明马斯伯乐编号，以免专家学者产生疑惑。

黑水城契约文书中有大量西夏文字写的文件，有些还是极难辨认的西夏草书，在目前学术界未能完全释读西夏文的情况下，研究人员正确地理解和运用黑水城契约文书面临诸多困难，客观上影响了这批文书的研究实用性。黑水城社会文书中有大量的古民族语文字，黑水城文献以西夏文数量最多，占总数的百分之九十。汉文次之，不足百分之十。也有零星的藏文、蒙古文、回鹘文文献，还有其他古西域文字。在社会文书部分，汉文文书较多，对整理研究工作比较有利。

西夏文社会文书有一部分是用难以识别的草书写就的，涉及西夏社会的户籍、账目、契约等，是西夏社会生活常用文书。作为死文字的西夏文，识读笔画清晰的西夏文楷书尚有一定难度，要识读草书就更加困难。此外，文书多缺头少尾，很多只是残页或残片，这给识别、定题带来很大困难。这些年学术界在摸索西夏文草书释读中取得了进展，我们还请教了专家史金波、聂鸿音等，在反复阅读文书的同时，草书识别能力有所提高。但有一部分西夏文草书书写的文献，学术界目前只能鉴定其文书的题名，尚不能对其做出准确的全文释义，为保持研究的科学性，本书有一部分西夏文草书文书只进行定题。

八、本书收录文书格式

文书整理的内容包括文书定名、题解、录文标点及校正，不能定名的文书直接定为不知名文书。文书图片和文书录文相对应，释文汲取前人相关研究成果，对已经发表的有误释义，书中直接校正，不再一一指出。对于文书原件中行数残缺的，释文中依据残缺位置用（前缺）（后缺）（中缺）表示，上缺、中缺和下缺均用省略号表示。中间缺字或者模糊不清的，用□表示。

本书收录的西夏文书写的文书翻译时采用意译，均译为现代汉语，反映文书原始信息，不加主观推测，目前不可释义部分的内容直接注明无法释读。汉文文书中的俗体字、异体字均改为简体字。部分西夏文草体书写的文书无法释读，收录在附录，供研究人员参考。

英藏黑水城社会文书保存下来的大多残损严重，有一部分几乎是碎片，散落于浩瀚的文献中。社会文书收集甄别的原创是以具有清晰信息量为主，故本书没有将残损严重、无基本内容的文书残片收入其中。另外需要说明的是，俄藏黑水城社会文书也很丰富，特别是西夏晚期大批文书被用于装裱佛经，后经俄国学者从佛经的护封中拆出，加上原来未及用于装裱的零页和成册的文书残片，其存量至今无法统计，将来如果在这方面的整理研究取得了进展，对黑水城社会文书研究将具有重要的意义。

第一章

瀚海阑干

第一节　干旱沉积的西北

一、山脉高原隆升

我国西北干旱区指 250 米等雨量线以西北的广大区域，以青藏高原边缘山地为界和东部季风区干燥度 1.2—1.5 等值线为界，约占全国陆地总面积的 24.5%，地域辽阔，包含今天的新疆、甘肃西北部、宁夏、内蒙古西部（贺兰山以西）四个地区，土地总面积 219.05 万平方千米，和东部季风区、青藏高寒区并列为我国三大自然区。西北干旱区深处内陆，高山峻岭环绕，海洋季风影响甚微，年降水量在 200（干旱）—400（半干旱）毫米以下，沙漠和戈壁广布。西北绝大部分属内陆河流域，地表径流主要为源自暴雨的暂时性水流，主要水资源来源于山地径流，依靠祁连山等山地的雨水、冰雪融水补充水源。西北干旱区是横跨欧亚大陆中心的广阔荒漠草原区的重要组成部分，是东北亚沙漠的主要区域，覆盖了中国境内的大多数沙漠。中国沙漠面积较大、分布较广、沙漠化危害严重，沙漠化面积已经达到 262 万平方千米，占国土面积的 27%，集中分布在西北地区（本书所提及的西北地区均指中国西北干旱区）。了解中国西北干旱环境形成过程对认识环境演化有重要作用，是我们研究该区域人类活动及人地关系的重要内容之一。

对塔里木、河西走廊、陕甘宁等盆地地区干旱沉积地层的情况研究表明，西北气候在地球的早期演化阶段普遍湿润。李孝泽、董光荣研究认为："早侏罗世各盆地干旱沉积少见，主要发育灰色煤系地层。如塔里木盆地的阳霞组，准噶尔盆地的八道湾组、三工河组，柴达木盆地的小煤沟组，河西走廊的大山口群、大西沟群，陕甘宁盆地（或鄂尔多斯盆地）的富县组等均为灰黄、灰绿色含煤层、炭质泥岩等陆相地层，说明当时西北气候普遍相当湿润。"[1]西北地区出土的中生代时期恐龙化石数量和分布范围很大，证明西北地区曾经遍布湖泊和沼泽，长满各种乔木、灌木。沿着新疆天山、甘肃河西走廊到内蒙古的额济纳、宁夏的灵武等大片区域，曾是恐龙生活的乐园。以宁夏为例，位于银川市灵武磁窑堡煤矿南1000米处，距今约1.6亿年前，栖息着中生代中侏罗纪大型新蜥脚类食草恐龙群，它们生活在温暖湿润的沼泽和湖泊地带，以植物为食。灵武共挖掘出8只恐龙化石个体，包括头骨、牙齿、肩胛骨化石，其中一号坑内恐龙化石骨骼关联程度较好，占一只完整恐龙椎体骨骼的61%。

远古时期的喜马拉雅地质运动对我国地质构造面貌影响重大，造成青藏高原升起，印度板块向北移动，在挤压、褶皱和隆起为主的作用下，中国西部形成山系与盆地相间排列，塑造了西北的地貌形态和现代地势格局。这个时期青藏高原的快速隆升，造成区域气候的变化，形成西南季风、东南季风和北方的冬季风。中新世（距今2500万—1200万年）该区域从行星风系演化到季风风系，奠定了西北现代气候的基本格局。

距今约250万年，西北以灰、黄色干旱沉积与温带干旱环境为主，此时第三次大冰川时期开始，全球气候环境出现明显的冰期和间冰期交替的现象，全球进入一段持续低温的漫长阶段。地球表面覆盖有大规模冰川，大陆冰盖大幅度向赤道延伸，导致部分物种灭绝，这是地质史上出现的第四纪冰川。伴随极端的严寒，在地球神奇的生命界里，原始人作为普通的

[1] 李孝泽，董光荣.中国西北干旱环境的形成时代与成因探讨［J］.第四纪研究，2006(6)：895.

新物种不约而至，加入生物进化的蜿蜒行列。人类的起源究竟是一次生物界的偶发事件，还是地球自然环境的演化导致了人类进化为高智慧生命，这个问题仍然是个无法解开的谜团。因为有了人类群体的活动，第四纪冰川期间的气候演化特征对我们来说显得格外清晰。在冰雪覆盖的陆地，我们的始祖面对复杂多变的生存环境，分成孤立的小群体群居在山洞里或树上，使用粗糙笨拙的打制石器，采集植物的果实、坚果和根茎为食物，同时捕猎野兽、捕捞河湖中的鱼蚌以维持生活。宋兆麟先生等研究了北京猿人艰难的生存状态，他们认为："从我们发现的北京猿人遗址看，北京人的平均寿命为 15 岁，根据牙齿和骨骼的化石来推算，在所发现的北京人的 40 多个个体中，可以推知年龄的有 22 人，其中 14 岁以下的有 15 人，占 68.2%；30 岁以下的 3 人，占 13.6%；40—50 岁的 3 人，占 13.6%；50—60 岁的 1 人，仅占 4.6%。"[1]在北京猿人群体，超过一半的人活不到成年，只有个别的人寿命超过 50 岁，其余的成年人都在青壮年时期就死亡了。大型食肉动物常常把人当成捕食对象，急剧低温干燥的气候使得可食之物所剩无几，饥饿、伤残、蔓延的疾病和被猛兽袭击的意外，严重威胁着他们的生存，人类进化之旅从一开始就充满了危险和困苦。

二、西北干旱化及沙漠形成

地质学界对中国西北干旱环境形成的时代有不同看法，从地层反映基本上能够认定西北干旱环境的形成时代，西北各大盆地的干旱环境沉积序列在总体上基本是完整的，各种学术观点大体上都倾向于西北干旱气候始于亿年前。西北出现大范围、持续性干旱化的节点是中新世（距今 2200 万年）到第四纪（距今 250 万年）。在延伸将近 2000 多万年的时间里，西北从

---

[1] 宋兆麟，等 . 中国原始社会史［M］. 北京：文物出版社，1983.

亚热带干旱环境为主向温带干旱环境逐渐过渡，留下了红色干旱沉积与向灰、黄色干旱沉积的变化。

关于西北干旱区形成的原因，科学家普遍认为是喜马拉雅造山运动的结果，青藏地区成为陆地剥蚀区，随后青藏高原整体强烈上升，西北地区因内陆性不断增强而处于干旱环境。李孝泽等专家认为，"白垩纪中期之后，特别是新生代，全球气温波动式递减，亚热带北界向南撤退。当它向南跨过我国西北内陆时，强大的西风带气流本来会使水汽自西而东运移，并使沿途变得湿润。因此，新近纪我国西北本应向类似早、中侏罗世的温带湿润环境转化，但事实是转向温带内陆干旱环境。究其原因，新近纪温带干旱环境的形成主要与古特提斯海关闭、青藏高原及盆地外围山脉的隆升等构造运动引起内陆盆地干旱效应的加强有关。"[1]晚侏罗世西北干旱环境与全球气温回升、北亚热带北界北推有直接关系，后来西北干旱化加剧的原因之一是西北及周边地形变化，外围高原、山脉隆升是西北干旱化的主要原因。地质学家将西北干旱区荒漠化的类型、结果和发生地区做了总结："我国西北干旱区的荒漠化可以归结为荒漠的荒漠化和绿洲的荒漠化两种类型。其中，荒漠的荒漠化主要表现为沙漠化，主要发生于土质荒漠和沙质荒漠。土质荒漠沙漠化的最终结果将由土质荒漠演变为沙质荒漠或砾质荒漠或风蚀劣地，沙质荒漠的沙漠化是由固定、半固定沙质荒漠演变为流动、半流动沙质荒漠的过程，其最终结果是形成流动沙质荒漠。绿洲的荒漠化主要包括绿洲的干旱化、沙漠化和盐渍化3种类型。其中，干旱化常导致绿洲植被的衰退和死亡，致使绿洲萎缩，其边缘地带常和沙漠化叠加，导致流沙对绿洲的入侵。如果绿洲水源完全断绝，其绿洲将会消失，最终演变为沙质荒漠或风蚀劣地。绿洲盐渍化主要源于过度灌溉导致地下水位抬升，下层土壤盐分聚集地表所致，其结果是形成盐渍化绿洲。我国西北

---

[1] 李孝泽，董光荣 . 中国西北干旱环境的形成时代与成因探讨 [J]. 第四纪研究，2006（6）:900.

地区土质荒漠的荒漠化主要发生于内蒙古阿拉善地区的东部、天山南麓冲积扇上的土质荒漠带，以及准噶尔盆地北侧的荒漠草原带；沙质荒漠的荒漠化主要发生于准噶尔盆地的古尔班通古特沙漠。"[1]西北地区干旱化在第四纪冰川时期进一步加剧，温带干旱环境愈加明显。自第四纪以来，在距今 260 万年、110 万年和 60 万年分别有三次干旱化加剧事件，西北地区气候特征就是在干冷—暖湿波动中干旱化不断增强。60 万年以后气候变化过程中北方沙漠同步扩张，西北地区的沙漠化快速发生。

距今 2 万—1.4 万年前，是地球历史发展的重要时期，全球气候发生了急剧的变化，形成了末次盛冰期和全新世适宜期环境空间格局，其间发生的一系列的地质事件对人类生存发展造成了重要的影响。距今 2 万年前，地球进入末次盛冰期，全球气候发生急剧变化。随着气温的普遍降低和降水量的明显减少，海岸线东移，森林南移，夏季风明显减弱，冬季风却十分强劲。中国北方地区气温骤降，雨量锐减，草原和沙漠带急速向南转移。这是距离现在最近的一次大低温时期，冰川再次向低纬度扩展，年均气温比现今低 6℃左右，高山及高纬度地区的冰川大范围推进，局部地区冰盖厚可达 3000 米，一些地区冰盖延至北纬 40° 以南。

末次盛冰期时西北东部地区形成了范围广大的沙漠分布，向东一直扩展到了大兴安岭一带。全新世适宜期时，温度比现在高，降雨量普遍比现在大，大部分沙漠后退，塔里木和巴丹吉林地区留有一定面积的沙漠，距今 4000 年前，西北沙漠景观大致固定下来。

关于沙漠形成的原因，科学家认为是随着构造运动水系发生变迁，在干旱气候作用下，逐步形成了广阔的沙漠，黑河流域沙化过程比较典型。刘蔚等专家总结了地质学界对黑河流域地质历史时期土地沙漠化过程的研究成果："在自然因素包括气候、地质地貌、风沙活动、自然灾害和人类

---

[1] 赵哈林，等 . 中国西北干旱区的荒漠化过程及其空间的分异规律 [J]. 中国沙漠，2011（1）:3.

活动等影响下，历史时期黑河流域绿洲和沙漠化土地交替发展。施雅风通过对西北干旱区全新世大暖期，15—19 世纪小冰期及本世纪的气候变化影响地表水资源的研究表明气候的影响是十分显著的。董光荣等对 15 万年以来西北部沙区的气候与沙地、沙漠演化关系研究认为，沙漠的扩展退缩与气候变化之间存在总体上的同步性。冯绳武根据湖水矿化度和盆地土壤类型分布，推测当时的居延海是黑河的河道湖，直到全新世干旱时期，山地冰川普遍退缩，径流量减少，黑河才变成内陆河，居延海始变成终端湖了。气候转干必然导致河流水量减少、河流流程缩短、上下游用水矛盾加剧、绿洲范围趋于萎缩和沙漠化进程加剧。气候环境变化可能是本区域沙漠化土地发展和减弱的重要原因之一。"[1]西北地区降水少、风力大，植被覆盖低，地表沙源暴露后，易被风扬起而造成扩大分布，造成难以逆转的沙漠化。西北干旱化带来的沙漠化的危害是持久和深远的，直接或间接影响动植物的生存，影响人类的生产、生活。沙漠化导致的直接后果就是可利用土地资源减少，土地生产力严重衰退。风蚀会造成土壤中有机质和细粒物质的流失，导致土壤粗化、肥力下降，自然灾害加剧。

[1] 刘蔚，等.黑河流域土地沙漠化变迁及成因 [J].干旱区资源与环境，2009（1）：35.

第二节　史前西北自然环境和人文活动

一、人类活动向西北扩散

在旧石器时代早期，北半球人类向北迁徙的范围是有限的，一般不具备在高纬度生存的能力。"根据目前的考古材料分析，截止到50万年前，人类第一次向欧亚大陆迁徙的最北界限在亚洲大致未能超越北纬40°。在欧洲部分遗址的分布突破北纬40°，然而欧洲旧石器最早期的遗址数量很少，并且在测年及遗存判定方面存在较大争议。由此可见，人类最初走出非洲，迁徙扩散的范围主要限于欧亚大陆的中低纬度地带。"[1] 如果按照北纬40°作为50万年前人类活动的北方界限，中国西北干旱区系指北纬35°以北、东经106°以西的内陆干旱区，处于人类第一次向欧亚大陆迁徙的边缘地带。中国西北地区最早出现人类活动的时间是旧石器时代早中期，就在直立人向智人进化的阶段。冰期之间存在一段相对温暖时期，称为间冰期，为人类的进化提供了间断性的适宜环境。人类不断改进自己的劳动工具，发明打制手斧等复杂石器，并掌握了火的使用，提高了适应自然环境的能力。在黄土高原中部秦陇交界处的甘肃泾川大岭上，位于北纬35°11′—35°31′，在西北发现一处属于旧石器早期的遗址，距今60万年以前，

[1]Klein, R.G.The Human Career: Human Biologica land Cultural Origins, 3rd Ed [M].Chicago 2009: The University of Chicago Press:279-312.

属于晚期智人阶段。该遗址共发现石制品 41 件，石器 8 件，包括尖状器、砍砸器、刮削器等。内蒙古呼和浩特市境内的大窑遗址距今为 50 万年，考古发现 2 处古代洞穴遗址以及出土的石器、动物化石等文物，其位置刚超过北纬 40°。约在 20 万年前人类进入智人阶段，他们的大脑增加了一倍，达到现代人的三分之二，人类在进化之路上取得了突破性发展。经过漫长的阶段，人类初步具备了对寒冷环境的适应能力，西北地区大量草食性的有蹄类动物可为人类提供赖以生存的肉食类资源，成为史前狩猎采集人口向西北扩散的动力因素。

西北成为中国历史上人类早期活动的区域之一，体现出人类适应干旱、寒冷环境能力的一次进步。中高纬度的西北干旱区生物量低，食物来源有限，资源分布稀疏，旧石器时代早中期，人类向西北的迁移扩散范围十分有限。当人类积累经验发展出更加精致的工具组合，采集水平、狩猎能力的可靠性与精准性方面均有大幅提升的时候，西北地区的人类活动范围不断扩大。距今约 10 万年至二三万年，相当于地质史上的晚更新世，这一时期处于间冰期，中国内陆大部分植被是森林草原或半干旱的草原，自然条件仍然比较恶劣，但人类活动留下的痕迹逐渐多了起来，在生产实践中打制工具的技术有所改进，进入了旧石器时代中晚期。人类发展具有凝聚力的氏族社会组织，在克服困难和开辟新生环境方面显示出强大的能力，体质上更加适应严寒环境，人类向高纬度地区广泛扩散的脚步在加快。

中国西北干旱区在旧石器晚期人类扩散的范围更加广泛，西北地区发现的旧石器时代晚期遗存数量大幅增加，地理范围扩大。甘肃陇东泾水流域有环县刘家岔等 8 处，陇西黄土高原的渭河和洮河流域分别有 4 处和 1 处，河西走廊有 1 处，宁夏灵武水洞沟和中卫长流 2 处，新疆吐鲁番交河故城沟西台地、塔什库尔干吉日尕勒、柴窝堡湖、鄯善七克台等地也有发现。当西北成为人类生息地的时候，人类已经在进化之途上缓慢而坚定地走过了 200 多万年，这块辽阔的地域终于成为早期人类活动的重要地区。人类活动在中国西北的广泛扩散，在东亚地区与欧亚大陆西侧建立起了文化交流的通道，对中国旧石器时代西北、东北及华北地区的文化面貌格局产生了不同程度的影响。

到了第四纪的更新世，人类开始强大起来，最早的原始群被较为复杂的部落社会所替代。这是一种完全不同于动物界的组织形式，具有能够有效地调动群体协作觅食和繁衍的行为；加工精良的细石器已经普及，这种小型化的打制石器更适宜于狩猎和采集，新的社会组织和打制工具技术推动人类不断向不同环境区域拓展生存空间，人类几乎遥望到了文明的第一丝曙光。

二、短暂的气候适宜时期

末次冰期终于由极盛期转为冰消期，地球渐渐走出冰川时代，气候慢慢变暖。进入冰后期，人类出现大规模向中高纬度和严寒地带扩散的趋势，中国西北的人类活动也较为活跃。中国西北干旱区温和干燥和半干燥、生长有落叶阔叶林的草原环境适宜于当时人类的生活，这里可食用的植物资源种类与数量相对较少，但群体性食草动物随处可见，从而导致狩猎经济对生存的依赖度大幅度提升。面对草原栖居的群居性草食动物，人类需掌握成熟的捕猎技术，打制更为先进的劳动工具，以细石器为代表的新旧石器文化过渡时期在草原环境得到迅速的发展，加工精良、适宜于狩猎和采集的小型打制石器取代了粗笨的大型旧石器。末次冰期中晚期，仅仅宁夏、甘肃地区就发掘出大量古人类活动踪迹，有甘肃的长尾沟遗址、武山人遗址，宁夏的水洞沟遗址等。

距今 1 万年地球进入间冰段期，称为全新世气候适宜期，气温达到了温暖程度，中国北方很多湖泊相继进入末次冰期间冰湖期，多数地区降雨量比现在大，森林带北移，大部分沙漠后退，仅塔里木和巴丹吉林地区留有一定面积的沙漠。青藏高原的大冰盖解体，祁连山和阿尔金山地区雪线上升，冰川退缩，山区雨水和融冰化雪水猛增，自末次盛冰期开始的陆上草原面积向南大幅扩展，使西北地区生长有落叶阔叶林的草原环境适宜于人类的生活。大量草食性的有蹄类动物聚集，如驯鹿、马鹿、野马、野牛、羚羊等体量较大的群居动物，可为人类提供充足的食物来源。虽然距今8490—8200年出现了一次幅度不大的降温事件，在温暖的冰后期气候背景下，气温忽然下降，但持续不过200多年。之后地球进入数千年的大温暖期——距今8000年左右直到4000年左右结束的全新世适宜期。空气变得湿润起来，天气不再寒冷，降水和地表流水增多，水资源一下子丰富起来，西北干旱区的面貌焕然一新。

地球这次大温暖期前后延续4000年左右，虽远远不足以改变西北干旱化的自然进程，但仍然构成西北干旱区一段美妙的时光，大地植被茂密，温暖湿润，马、鹿和大象等大型哺乳动物生息在这里。在优异的自然环境里，西北人类新石器时代文化色彩斑斓，遗址分布广泛，文化类型丰富多样，主要有甘、青、宁地区的新石器农业文化，宁夏北部、青海大部和新疆地区以细石器工艺为突出特点的采猎文化。西北主要新石器文化遗址如下：

1. 前仰韶文化遗址，距今8220—6900年，遗址分布在渭水上游的西山坪、师赵村、大地湾、西旱坪石关桃源，西汉水流域的黑土崖、徽成盆地。

2. 仰韶文化半坡类型遗址，距今6800—6000年，主要分布于渭河和泾河流域、陇南地区和宁夏中、南部地区；仰韶文化庙底沟类型遗址，距今6500—6000年，主要分布于本区西至黄河九曲，北至宁夏中、南部，东至泾河上游；马家窑类型遗址，距今5300—4700年，主要分布地区东至泾、渭上游，北入宁夏清水河流域，南经陇南至岷江流域的四川汶川县，西至甘肃酒泉。

3. 齐家文化遗址，距今4400—3600年，分布于甘、青、宁、陕，远及内蒙古自治区。大致分为兰州以东的甘肃东部地区、甘肃西部和青海东

斜线三角纹彩陶盆 藏甘肃博物馆

　　斜线三角纹彩陶盆属于仰韶文化半坡类，距今 6000 年，出土于天水市。仰韶文化的日用陶器以泥红陶和夹砂红褐陶为主，彩绘有几何型图案或动物型花纹。

部地区、宁夏南部和平凉地区、陇东地区四个类型。

　　这几处遗址是西北地区新石器或细石器文化类型的典型代表。其他的遗址也比较有特色，这里就不一一列出了。

三、欧亚荒漠草原演化

　　欧亚草原是世界最大的草原，位于北半球中纬度地区，自欧洲多瑙河下游起，呈连续的带状东伸，经东欧、俄罗斯，连接中国西北、西南及东北部分地区。欧亚大陆广泛出现草原景观的时间是距今 2330 万年—约 530 万年（中新世时期），在第四纪之后，草原面积逐渐扩大，至少在距今 10 万年（晚更新世）前，目前的草原类型已经形成，成为地球表面最主要的陆地生态系统之一。在欧亚大陆辽阔的平原、高原和台地上，天然草原几乎是连续地分布，形成完整、宽广的一个草原地带，在地域上可以划分为黑海—哈萨克斯坦草原亚区、亚洲中部草原亚区和青藏高原草原亚区。

　　草原地带是地球演化到一定阶段的产物，成为包括人类在内多种生命体赖以生存的家园。地球经历了约 46 亿年的演化过程，其本身由于受到某种能量（外力、内力、人为）的作用，从而引起地壳组成物质、地壳构造、地表形态等不断地变化与改造，进行过错综复杂的物理、化学、天文变化，并不断重塑地表形态，多种生态系统类型按照一定的自然规律存在于特定的空间，最终形成某一时期特定的地貌。草原地带是地球最重要的地貌形态之一。在地球的特定区域，植物发展到一定阶段自然形成草原地带。今天我们所见的草原起源于一种称之为被子植物的不断繁茂。被子植物属于植物界高级的一类，是地球上最完善、出现最晚的植物。从遥远的白垩纪末期开始，地球上被子植物繁盛起来，逐渐发展成最大的一个植物类群。现知被子植物共 1 万多属，约 30 万种，占植物界的一半。其中禾本科作为被子植物的一个大科从第三纪中期分化出来，很多种类是草地、草甸和草原的建群种或优势种，构成了草原植被的主体成分。庞大的禾本科植物现在约有 4500 种，广泛分布于我国西北部至东北部的是一种旱生植物针茅属，包括长芒草、长舌针茅、长羽针茅、大针茅等约百种。经过了适应环境的演化，这些柔嫩、坚强的小草经受住高原风霜的磨砺，铺垫出绿色的北方草原。我国北方草原是欧亚大陆草原的重要组成部分，主要包括蒙古高原、松辽平原和黄土高原，以及东北地区西部、内蒙古、黄土高原北部、西北荒漠地区山地和青藏高原大部分地区。我国草原区主要集中在干旱、半干旱的北方地区，现在包括的行政区域有内蒙古、吉林、黑龙江、辽宁、新疆、宁夏、青海、四川、陕西、山西、河北、甘肃 12 个省、自治区，总土地面积 416 万平方千米，占国土总面积的 43.3%，占草原区总土地面积的 60%。其中以东北、西北的温带草原最为地域辽阔、牧草茂密，数千年来一直是发展草原牧业的适宜地区。

距今 4000 年前，出现了迄今为止地球最后一次较大的气候降温波动。这是一次全球性的气候降温事件，在我国和世界各地都有气候表现。我国以温度降低、降水减少、气候带南移、北方地区气候恶化为特点，这次气候降温波动给西北地理气候类型带来很大影响，定格了草原大漠的地貌特征。我国北方草原地带气候具有显著的大陆性气候特点，其特征表现为冬季寒冷漫长，夏季炎热短促，年均气温低，温差大，有效积温高，降水少，蒸发量大，气候干燥，日照充足。中国北方天然草原面积约 3.13 亿公顷，占全国天然草原面积的 79.7%，为国土面积的三分之一，草原带分布在大兴安岭、阴山、贺兰山和川西山地一线以西，受地貌、气候、土壤等自然因素影响，中国北方草原从东到西依次分布着温带草甸草原、温带典型草原、温带荒漠草原、高寒草甸草原、高寒草原和高寒荒漠类草原等多种草原类型。中国西北干旱区主要是荒漠草原，分布于内蒙古中北部、鄂尔多斯高原中西部、宁夏中部、甘肃东部、黄土高原西部和北部、新疆的低山坡等地区。在欧亚草原上，荒漠草原是中国特有的一种草原类型，对中国北方经济文化、社会民族等产生了重要的影响。在结束气候适宜期和人类社会进入农业时代的同时，中国北方草原地带大致形成，内蒙古中南部、陕北、晋中北、甘青等地区畜牧业成分明显加大，利用较大草场牧牛放羊已经成为北方地区的普遍现象。早期从事游牧经济的人群是该区域养殖和后来的游牧经济的开创者，他们在人口扩展过程中陆续来到北方草原地带，为畜牧业发展和游牧社会文明奠定了基础。

大草原是地质史上的一幅杰作，是大自然给我们这个星球的珍贵馈赠。由于欧亚草原在地理上和人文上具有广泛而深刻的联系性，在不同历史阶段和不同的地域之间，欧亚草原历史上一直延续着多文化的碰触、各民族之间的交往。在人类步入文明社会之始，大草原就当仁不让地成为欧亚大陆上文化传播、科技扩散和民族迁徙的纽带，演绎出历史文化的多样性，唱响出人类共同家园的序曲，体现出人类文明交融和共同进步的历史规律。

第三节　青铜时代的记忆

一、游牧业起源

畜牧业是前工业时代人类社会最主要的经济类型之一，是农业文明的组成部分，与种植业并列为农业生产的两大支柱。人类利用被驯化的动物，通过人工饲养、繁殖，形成集中化、规模化的生产，以取得肉、蛋、奶、毛等畜产品，发展出畜牧业经济。畜牧业可以分为有舍饲畜牧业和草地畜牧业两大分支。历史上草地畜牧业一直居于主导地位，利用草地直接放牧牲畜，或将草地作为饲草刈割地以饲养牲畜，长期以来就是北方大草原的主要生产方式。北方草原一般地势开阔，气候凉爽，灌木林和宜牧草地较多。几千年来，居住在草原上的人们在长期的劳动实践中积累了牧养牲畜的丰富经验，充分发挥草原畜牧业的优势与特征，创造出了草原经济的历史辉煌。草原畜牧业作为一种资源开发型经济活动，紧紧依托大草原的自然资源，根据其气候、水资源、土壤结构、植被群落及相关的自然因素，在干旱寒冷、水源匮乏、土壤沙质化的自然条件下，仍然获得较高的、稳定的经济收益，其成就足以和农耕文明相媲美。

游牧经济是畜牧业发展到一定阶段一种高度专业化的、非自足性的经济类型，真正意义上的社会大分工应该以游牧经济出现为标志。恩格斯在《家庭、私有制和国家的起源》中提出了"第一次社会大分工"的概念，

"游牧部落从其余的野蛮人群中分离出来——这是第一次社会大分工"[1]。首次对游牧业起源的历史意义做出了阐释，将畜牧业起源与人类社会发展进程联系起来，对研究畜牧业起源具有普遍的指导意义。

19世纪学术界最早开始探讨畜牧业起源，那是进化论流行的年代，人们关注于动物驯化与植物种植哪一种最早出现，探讨历史上农牧关系及畜牧业文化地位和作用。美国学者摩尔根先生明确提出，东方的畜牧业早于种植业，农业种植更多的是源于驯养动物的需要而不是人的需要，"无论是雅利安族或闪族，当他们一旦习惯于畜牧生活以后，势必要学会种谷物，以便在远离草原的地方维持其大群牛羊的饲料，然后才有可能带着他们的畜群重返亚洲西部和欧洲的森林地带。因此，如前所述，谷物的种植看来很可能是出自牲畜的需要，并与这些部落向西方迁移的运动有关；而且，他们由此获得的知识终于使他们自己得到了淀粉食物"[2]。他创造性地把史前人类发展归纳为狩猎、放牧、农业三阶段。这种论断对后世影响甚大，他的观点在相当长的时期里盛行在欧美的学术界。但他断言种植谷物起源于为畜牧提供饲料，这种观点并没有足够的考古发现。

公元前2000年，欧亚草原进入草原青铜文化，属于畜牧和农业混合经济。在黑海北岸、中亚和中国西北出现定居国家的时候，畜牧业和农耕业在经济、社会和政治上是联系在一起的，早期牧民和农民携手创建了农业社会。草原有些地区土壤肥沃，水资源亦可保持一定范围农业的需要，小麦、燕麦、黍子等耐旱作物通常年景长势喜人，但较低温度会抑制农作物生长，造成作物成熟期长。草原地区降雨少，主要依靠河流灌溉，水源补充单一，客观上限制了农业种植面积的扩大。季节性迁移的畜牧大量啃食自然生长的牧草，草资源很大程度上可以自我完成能量

---

[1] [德] 马克思，恩格斯 . 马克思恩格斯选集：第4卷 [M] . 北京：人民出版社，1972：156.
[2] [美] 路易斯·亨利·摩尔根 . 古代社会：上册 [M] . 杨东莼，张栗原，等，译 . 北京：商务印书馆，1983：21.

循环，草地对土壤和气候等其他环境要素要求较低。但牧场饲养牲畜的承载量较低，单位面积的产出能力不高。综合起来看，农产品和牲畜产品通过交换，可实现社会大分工，为人类提供稳定可靠的生计途径。

发展以农耕和畜牧为代表的食物生产经济都是有前提的，需要人类的食物供给达到有一定剩余的阶段。问题很简单，种植粮食要有种子，如果人类每天采集的植物性食物不够维持起码的生存，就不可能节省部分食物储存下来，不会等到来年开春播种到田间地头，再等秋后收获果实；饲养动物要有小动物，如果人类处于饥饿状态，捕捉到动物就会分食，不会等到养肥了食用。与种植粮食作物相比，牧草是一种饲养牲畜非常廉价的营养源。特别是天然草场牧养动物（畜牧业起源时不会有人工草场），几乎是没有成本的。而粮豆作物的种植生产首先要投入宝贵的种子，一般是把食物中最优颗粒选为种子。

畜牧对牧草的高效利用成本甚微，最主要的原因是牛、羊、骆驼反刍家畜和马、骡、驴对粗饲料的消化利用率高。这些动物对天然牧草的能量转化构成草原畜牧业的基本生产环节。家畜瘤胃中的特殊酶，对粗纤维有较高的、专门的分解功能，消化含有高纤维素的植物，喜食草、干草、灌木、树叶等，因此牲畜通过自身生理机能就可以高效地为人们提供肉、皮、毛绒等多种多样的产品，无须灌溉。我们可以这样假设，注意到昂贵的种植业发展条件，畜牧业的低成本运营完全有可能成为人类最早发展的生产经济类型。

二、黄河流域劳动群体大分工

从原始人采集渔猎的野蛮时代开始，黄河流域逐渐成为世界文明的发源地。黄河流域西起巴颜喀拉山，东临渤海，南至秦岭，北抵阴山，流域面积 75.2 万平方千米，流经现在的青海、四川、甘肃、宁夏、内蒙古、陕西、山西、河南、山东 9 个省区，覆盖温带大陆性气候和温带季风性气候地区。北方游牧业的出现是黄河流域的人类第一次社会大分工在地域上的表现，在中国历史发展上具有分水岭的指标意义。

由农牧分离带来的黄河流域这次地域分工是稳定、持久和生产特征明显的过程。温带大陆性气候覆盖的西北走向以游牧经济为主的区域，实行专业化生产的畜牧业，利用马匹、马车和青铜器的技术力量，在干旱地带发挥出自己的经济优势。根据经济学原理，地域分工发展的必然结果是导致经济区的形成。在中国青铜时代，黄河中下游地区经济类型分布上出现巨大的变动，畜牧业区域向西北退却，农牧业在地理空间上呈现隔离现象。罗琨、张永山先生从第一次社会大分工的角度明确论述了中国上古畜牧和农耕发展的过程："畜牧民的出现是第一次社会大分工的标志，畜牧社会生产力的发展与孕育了它的母体确实属于两个不同的生产阶段，但它们并没有长时间并存。随着青铜时代的到来，当一些既种植谷物又驯养家畜的人群去开拓新的生产场所、着重发展起畜牧业时，另一些人群则将锄耕农业发展成犁耕农业，成了主营农业的群体。正是这样的分工保障了经常交换的条件，推动了第一次社会大分裂。虽然农业部落并不比畜牧部落落后，在中原，他们甚至更早地建立了国家、进入文明。……在我国整个新石器时代，原始畜养都是和锄耕农业结合在一起的。到了青铜时代，适宜农业发展的地区形成灌溉农业或田野农业，而适宜放牧的地区则在锄耕农业的基础上发展游牧或畜牧经济，从而实现了第一次社会大分工"。[1] 他们对中国上古畜牧和农耕发展分离的历史阶段的判断是正确的，青铜时代农牧经济分离的结论已经成为学术界的共识。

在距今 5000 年前黄河流域的温带季风性气候下的中原地区，一个世界著名的农业文明中心逐渐发展起来。炎黄部落及周边部落繁衍、生息在

---

[1] 罗琨，张永山. 从我国早期畜牧民的产生看第一次社会大分工 [J]. 历史研究，1988(5)：27.

东亚大陆季风区的平原、盆地、丘陵之间，远离海洋和大陆通道，在地理上处于半隔绝的状态，客观上有助于形成相对固定的共同地域关系。在走向农耕社会的历史阶段，他们选择以农桑为衣食之本。到公元前5世纪，中国古代经济、地理完成历史重大转折，以农耕业为代表的中原封建经济迅猛发展，铁器农具的出现和牛耕技术的使用，结合气候温暖适宜的环境，耕地不断扩展。

农耕大多数情况下需要建立农业灌溉工程，耗资巨大，费时费力，其投入要远远高于草场放牧。为了原始农业发展的需要，中国新石器时代就开始了沟洫水利，新石器时代中期，灌排水利工程产生。中国土地辽阔，地形地貌多样，气候变化万千，既有逶迤起伏的丘陵山地和东部季风湿润区，又有西部内陆干旱半干旱区，对水利灌溉的要求不尽相同。无论是在一望无际的平原，还是在壮阔的高原，在缓坦的盆地，我们都可以看到有不同技术类型的灌溉工程。"堰""坝""陂""堨"等建在河流处拦蓄水流；"塘"或"荡"建于谷口及高地水所汇归处；丘陵水流易流失，古人创造了陂塘堰坝工程；后来出现引、蓄水密切结合的水利系统。北方兴修引渠灌溉，南方山丘区建蓄水塘坝，低洼平原修水网圩田，江淮地区位于南北过渡地区，多修建陂渠串联工程。这些劳动群体来自不同血缘的氏族部落，他们之间有些是长期敌对的邻居。就中原地区而言，有姬姓群，如虞、杨、韩、魏氏等，有姜姓群，如申、吕、齐、许氏等。炎黄两大群落及周边其他部落最后联合，势力扩大至今日的山东境内，并与山东境内的东夷等其他部落组成了更庞大的部落联盟。他们有了共同的语言，脱离了以血缘关系之力来维系群体的状态，黄河流域若干区域进入地缘关系为主的社会阶段。他们自称为华夏，这个劳动群体成为远古时期人类社会单位中发展较快的成员之一。这些黄皮肤的群体面对共同的生存环境和地域关系，其成员在观念、行动方面显示出来一致性和协同性，产生了共同心理特征，形成一种社会凝聚力，有效地将这个新的集体有机组合起来。生存需要群居，发展需要集体，这是人类的物种特征。华夏显示出氏族部落活动时所不具备的组织规模和安全防御能力，成员互相协作，发展出庞大的农业灌溉系统，稳定了种植业的发展。华夏儿女在探求农业文明的历史进程中构成东方世界一个强大的民族共同体。

　　在世界范围内，公元前 2000 年左右欧亚大陆出现马、马车和青铜器，为游牧部落产生创造了成熟条件，养马业、精致马具的出现以及马用于骑乘、大型运输马车的普遍使用都是其发展必不可少的技术手段。美国学者孔斯莫·尼古拉先生指出："第三阶段是在公元前第两千纪时期，与草原地区青铜文化的鼎盛和马拉车辆的出现相吻合。带篷的四轮马车在游牧时能够作为交通工具并起到遮风挡雨的庇护作用，而轻型两轮无篷马车可能已用于战争和畜群控制。第四阶段从公元前第一千纪初期开始，与古代游牧民族的出现时间相当，这时骑马术已发展至成熟的时期。我们猜测马开始被骑乘发生在第三阶段期间，但它对于这些游牧民族日常的社会和经济生活的影响是如何广泛及何等重要，都需要作进一步探讨。"[1]

　　相比中原农耕民族，中国北方游牧民族的发展历程则要复杂、曲折得多。北方游牧人作为一个群体几经演变，商周时对其称谓有鬼方、犬戎、戎狄等，秦汉以后北方游牧民族分为东胡、西胡，各民族整合、社会变迁的过程和因素有较大差异。中国北方草原是游牧民族诞生的摇篮之一，是游牧生产形式在欧亚大陆东部逐步产生的重要环节，中国北方草原地带作为欧亚草原、沙漠半沙漠的组成部分，文化、自然条件和社会环境不尽相同，游牧作为渐进式社会经济形态，发展过程中受到气候变化、人口迁徙影响的现象特别显著。马匹使用、制造马

---

[1][美] 孔斯莫·尼古拉 . 中欧亚大陆游牧民族的兴起 [J] . 张文平，译 . 蒙古学信息，2000（4）：1.

车和青铜器是游牧民族发展的重要动因，掌握相关专门的工艺水平是必不可少的。中国学者通过对中国上古游牧部落研究，基本确定中国北方游牧部落产生时间是青铜时代。乌恩先生认为："游牧业离不开水源和草场，为此在一定的范围内逐水草迁徙，这就必须具备车和马，否则是无法生存的。而且，单一的畜牧经济不可能满足生活的必需品，他们需要用畜产品同相邻的农耕民族交换必需品，包括金属工具、粮食、衣物、装饰品等，或者通过战争的途径获得，所有这些活动都离不开交通工具。"[1]学术界对马、马车是从欧亚大陆西部传到中国北方的问题有争论。我们认为，马、马车传入北方草原的时间早于商朝，该时间段与北方游牧人发展时间大致吻合。春秋以前北方草原社会形态无法与中原农业区相比，故一定程度受到农耕民族的排斥和蔑视。中国游牧部落尚处于萌生和初步发展阶段，他们已经具备游牧经济的基本特征，但仍被称为夷，或蛮夷，成为化外之民。由此产生的"华夷之辨"观念影响中国数千年之久。

谈到中国北方游牧人在多大程度上接受来自欧亚大陆西部的工艺制造技术，就会涉及欧亚大陆的技术传播问题。欧亚西部青铜技术东向的传播途径、方式与过程亦为学术界长期争论的问题。中国上古青铜文化发达，目前已发现多处青铜器遗址。中原商朝青铜器无与伦比，商周时期鄂尔多斯的青铜文化独具特色。无论中国青铜冶炼技术是否来自西亚，无论中国青铜器最早出现在北方草原还是中原地区，中国都经历了灿烂的青铜时代。中国发掘的青铜器物内容丰富、造型生动、工艺娴熟，大方鼎、鬲、甗、瓿、簋等独特的器物在商朝遗址均有出土，鄂尔多斯考古发现有青铜短剑刀斧、动物纹装饰青铜器物，都是青铜时代遗留下的珍贵文物。青铜器完全手工制造，绝无任何两件完全相同，每一件都是

[1] 乌恩.欧亚大陆草原早期游牧文化的几点思考［J］.考古学报，2002(4)：437.

后母戊鼎　藏中国国家博物馆

　　后母戊鼎是商代后期王室祭祀用的青铜方鼎，1939 年在河南省安阳市出土，工艺高超，各部分主纹饰各具形态，是商代青铜文化顶峰时期的代表作。

独一无二的极品。青铜器冶炼出来时透出黄金般的土黄色，埋于土里时间太长，金属生锈颜色会变为斑斑点点的锈绿，映衬在博物馆的灯光里，显得那么尊贵、迷人。在那个远逝的年代，中原灌溉区五谷兴旺，西北草原地带六畜繁息，我们的祖先在农、牧和手工业上都取得了长足进步，但却是黄河流域人口群体在一起共同度过的最后时光。游牧人和农耕人到了铁器时代的春秋战国，决然选择了各自不同的社会形态，分别在草原文明和农业文明的两个世界里生息、发展。这次分离的时间是那么漫长，以至于在相当长的岁月里，历史一度忘记了他们本是一家人，而游牧人和农耕人在各自的生存环境里创造出了迥异的历史文明。中国上古时期发生的游牧人和农耕人分离不免有几分悲情，历史上双方剧烈冲突时有发生，使得彼此都难以释怀，但历史上的民族融合从未停止，争斗和交流混合，贯穿了整个中古时期。正如恩格斯的精辟论述，社会大分工是历史发展的必然趋势，是人类社会进步的标志。当社会经济文化发展到近代历史，工业经济成为主导，人类社会进入工业时代，社会进步的力量再次发挥出决定性的作用。中国的游牧经济和农耕经济重新回归一家，中华民族大家庭终于团圆。历史翻开了新的一页，近100年来，携手建设现代社会，已经成为包括边疆民族在内的所有中华儿女共同的目标。未来的路很长，旅途充满艰难险阻，以史为鉴，可以让我们勿忘初衷，倍加珍惜民族团结一家亲的和睦社会，这是现代世界各国都遵循的价值追求。

三、中国最早的游牧业

中原地区家畜饲养起源在中国与农业的起源大致同步。裴李岗、磁山、兴隆洼等考古学文化遗存中家畜饲养业已十分成熟。需要指出的是，在人类进入农业社会之初，畜牧业和种植业之间并不存在泾渭分明的鸿沟，两者之间的联系是密切的，其关联性达到了不可分割的一体化程度。在原始农业阶段，畜牧业和锄耕农业是结合在一起的，早期商文化、周文化和早期秦文化都是以游牧文化类型为主的。单一的畜牧经济无法满足生活的必需品，工具、生活用具、粮食、衣物、装饰品等，都要通过交换及其他方式从周边人群获取。从古代文献的确切记录来看，月氏、乌孙和匈奴等古代游牧民族登上中国古代历史文献舞台的时间不会早于战国时期，夏商周至春秋时期活动于北方地区的戎狄与战国时期出现于同一地区的游牧部落在经济类型和文化特征上差异很大，他们具有多少农耕的经济成分还不清楚，当时华夏群体与他们的贸易情况更是无从查考，但可以确定，中国历史上农牧分离的进程在逐步加快。

　　对游牧经济的定义比较困难，其中除气候因素和畜牧经济特有的管理方法之外，还需考量社会组织及财产和社会分配关系。游牧业的游动性和迁移性是游牧经济和游牧民族的特征，畜群、木箱、食物、工具等所有的生产资料和生活资料要适应游动的需要。日本后藤十三雄先生指出："游牧民共同体或团群的正常运动，每年并非不能越出圈地限界而永久墨守其范围，而是在规定时间绕特定路线进行循环的规则运动。促使游牧民移动的经济原因，是利用草场地带各个草地的季节差异，以在一定范围内获得最大限度的牧草而为目的。所以游牧民的循环运动周期是一年，而且其移动的地理方向南北达数百乃至数千英里。"[1] 这种情况使得古代游牧业产生阶段的历史活动痕迹很难被保存下来，记录早期游牧业产生过程的历史文献同样难以寻觅。美国学者拉铁摩尔先生认为马匹作为骑乘动物和真正游牧民族在中国边境的出现晚至公元前第三、第四世纪。[2] 王明柯先生提出，中国最早的游牧业发源于春秋晚期鄂尔多斯地区，他认为春秋晚期鄂尔多斯地区部分从事混合经济的人群完成向游

---

[1]［日］后藤十三雄.蒙古游牧社会［M］.布林，译.呼和浩特：内蒙古人民出版社，1990：39.
[2]［美］拉铁摩尔.中国的亚洲内陆边疆［M］.唐晓峰，译.南京：江苏人民出版社，2017.

牧专业化的转向，其有可能向阿尔泰地区的游牧民学习了游牧观念和技术，至战国时期形成游牧洪流。[1]中国最早的游牧人应该是来自北方和西北的戎狄群体，他们兼营农业。游牧业的形成有个过程，由农牧混合经济过渡到游牧经济，这一点需要考古发现来印证，目前相关的考古资料还不够充分。结合中国北方游牧民族的起源，我们应关注从食物采集到食物生产的转变机制是什么，这种适应性转变的时机、条件和受到外界怎么样的影响等问题。如果从人类发展农牧业的驱动机制来分析畜牧业的起源及农牧关系，我们可以认定，畜牧业早于种植业的论述虽然不完备，但大致是正确的。

中国北方游牧业源远流长，是整个欧亚草原游牧业发展的最早中心之一，其形成的过程及历史活动跨越时间长、范围广，游牧民族构成变迁复杂，对我们认识世界游牧业和游牧民族历史发展具有重要意义。秦汉时期中国古代游牧业进入成熟阶段，匈奴是中国第一个强大的游牧民族。司马迁在《史记》中对匈奴有较为详细的记载，"居于北蛮，随畜牧而转移。其畜之所多则马、牛、羊，其奇畜则橐驼、驴、骡、駃騠、騊駼、驒騱。逐水草迁徙，毋城郭常处耕田之业，然亦各有分地。毋文书，以言语为约束。儿能骑羊，引弓射鸟鼠；少长则射狐兔：用为食。士力能毋弓，尽为甲骑。其俗，宽则随畜，因射猎禽兽为生业；急则人习战攻以侵伐，其天性也。其长兵则弓矢，短兵则刀铤。利则进，不利则退，不羞遁走。苟利所在，不知礼义。自君王以下，咸食畜肉，衣其皮革，被旃裘。壮者食肥美，老者食其馀。贵壮健，贱老弱。父死，妻其后母；兄弟死，皆取其妻妻之"[2]。这段文字记载了游牧业的社会、经济、文化概况，勾勒出古老的游牧民族独特的生存状况，是古代文献中记载秦汉时期游牧民族的珍贵史料，司马

[1] 王明柯.鄂尔多斯及其邻近地区专化游牧业的起源［J］.中央研究院历史语言研究所集刊，1994（65）.
[2] ［西汉］司马迁.史记·匈奴列传：卷一百十［M］.北京：中华书局，1959：2879.

迁《史记》有关匈奴的章节成为后人了解古代游牧民族的经典文献。两汉以降，中国古籍大量记载北方游牧民族的活动，北方出土文献文物反映的丰富的游牧民族信息，为我们研究中国古代游牧业和游牧民族提供了可靠的资料。

第二章

呼啸的黑河

第一节　荒漠绿洲

一、黑河流域自然地理环境

在欧亚大陆中央地带，穿过巴丹吉林沙漠和大戈壁之间的狭长通道，有一条珍贵的约 821 千米的内陆河，造就了西北水草丰美的沙漠绿洲，这就是我国西北第二大内陆河——黑河。黑河流域构造蔚为壮观，流域面积 13 万平方千米，有 35 条小支流。上游在青海省祁连县，中游穿过河西走廊，下游流过阿拉善高平原南部，终点到达甘肃和内蒙古交界的额济纳旗。黑河流域地处西北内陆核心地带，流经青海、甘肃和内蒙古三省区，流域内包括适宜人居住的居民地、耕地、草地等土地利用类型，也有滩涂、沙漠、戈壁、裸地、冰川积雪区等不适宜人居住的土地。

祁连山地槽褶皱带显示出剧烈的地壳运动的余威，跨越阿拉善台隆和北山断块带及河西走廊坳陷盆地，中上游地貌有强烈褶皱断块隆升的高山及中高山、褶皱断块低山等组成的山地，包括梯状高平原、低山丘陵及走廊平原区。黑河径流深自祁连山的山岭，祁连山区存储着珍贵的冰川，冰储量 27.5 亿立方米，使得黑河有较为丰沛的降水补给。但出山以后径流深度逐渐减小，在山前冲积扇一带有部分水流渗补给地下水，再向前回归河流，还有一部分被沿途引灌并蒸发，在转换和重复利用过程中有所消耗，到下游河流尾闾区水流被进一步消耗。

　　黑河下游流出狼心山后，分汊形成宽阔扇形的三角洲，点缀出壮丽的湖泊群，以居延海最为著名。黑河下游地区由三种地貌组成，主要是冲洪积平原等组成的堆积地貌，以及固定、半固定沙丘等组成的风成地貌，还有一部分由低山丘陵、准平原组成的构造剥蚀地貌。中低山区有中低山、丘陵、山间的洼地、洪积扇群和洪积扇；山地丘陵区的基岩基本无植被覆盖，基岩裸露；冲积—洪积平原包括山前的湖积台地、洪积平原及冲积平原绿洲，其中洪积平原区为岩漠、荒漠景观，植被稀少。绿洲植被较多的只有冲积平原，但其中也发育大面积的风成沙丘、沙垄等地貌，风成地貌包括固定和半固定沙丘，流动沙丘零星分布在沙地边缘植被被破坏的地方，由于干旱缺水，湖盆周围的植被亦大面积枯死。

　　地质史上气候突发事件对黑河流域产生过直接影响，这里指的是新仙女木事件。距今 12900 年的一件气候突发事件对亚洲和欧洲早期人类文明的发展造成了空前的破坏，地球温度突然下降大约 7℃，气候返回寒冷时期。经历了一个长达 1300 年的气候强变冷的"春寒期"后，气温又迅速上升，可谓一次典型的气候突变。这次发生的气候强变冷称之为新仙女木事件，因丹麦哥本哈根北部黏土层中发现的八瓣仙女木花粉命名。"仙女木"是寒冷气候的标志植物，用来命名北欧地区出现的寒冷事件，耐寒耐旱，在森林上限的高山草甸冻原地带，呈大面积垫状生长。中国科学家通过对新仙女木事件的研究，发现该事件影响到了中国的很多地区，在我国晚更新世及全新世植被和气候的研究中也识别出这次降温事件的存在，青海的青海湖、内蒙古的呼伦湖、甘肃的若尔盖草地、新疆的艾比湖、青藏高原地区等均受到新仙女木事件的影响。初步的研究表明，这次气候突变对西北的晚更新世末和全新世初气候、植被、动物群分布的影响是巨大的，其中对黑河流域生态环境的影响比较明显。曹兴山先生等人依据晚更新世晚期地层岩性特征、植物群落中某些种属、植物生长需要的大气降水临界

祁连山冰川是黑河最主要的水源之一

值、动物群种属及其分布特征等，用比拟法推算黑河流域当时祁连山区降水量为 700—800 毫米，黑河流域为 138 亿米^3/秒左右，是现状河川径流量 37.2 亿米^3/秒的 3.7 倍。但到了新仙女木降温事件期间，遭受事件冲击的黑河下游的自然环境迅速恶化，曹兴山先生等专家对中国西北新仙女木事件进行了研究，认为："西北高压气流加强，气候更显寒冷干旱。河西走廊地区上升气旋范围扩大，风暴频起，在河西走廊北部低山丘陵区和山前地带及河西走廊南部诸盆地山前地区，形成大片基岩裸露的残山和戈壁。荒山秃岭和茫茫戈壁是风积沙和风积黄土的物源地。石羊河、黑河及疏勒河下游的民勤盆地、花海—金塔盆地、额济纳旗盆地和安西—敦煌盆地，普遍堆积了厚 0.5—1.2 米的巴丹吉林组风积沙。"[1] 现在没有考古发现可以证实，在新仙女木事件期间，额济纳地区有人类居住，但该气候事件无疑对额济纳动植物生长产生严重的威胁。

由于发现的地质证据有限，科学家对导致新仙女木事件的原因有好几种解释，如北美洲冰盖的崩塌、大型火山的喷发，或者太阳耀斑的爆发及天体撞击地球说等，都可能导致类似的气候灾难。比较新的观点，温盐环流认为气候改变是上一个冰期结束后，北美冰河大量融化，使得大量淡水向北流入北大西洋，表面海水因含盐量变小而变轻，降低了海洋调节高纬大气的功能，导致气温迅速下降。关于新仙女木事件对古环境和古人类文化发展的影响，目前科学家的研究还刚起步。新仙女木事件造成地球局部急剧快速降温，使生态环境突变，打断了古人类的发展进程。这次事件对西北和黑河流域史前人文发展带来的影响还需要做进一步的研究。黑河流域在距今 12000—10000 年前的人类活动遗址少有发现的情况，是否和气候事件有直接联系呢？这次事件后额济纳绿洲的生态环境是否完全恢复到晚更新世晚期的优良新状呢？对这些重要的问题我们现在并不清楚。

---

[1] 曹兴山，赫明林，曹炳媛.河西走廊地质记录中的新仙女木事件及其前后古地理环境演变 [J].甘肃地质学报，2002（1）：8.

额济纳胡杨林

在这次气候突发事件引发的自然灾难面前，已经走完进化史上最后一步的人类，是怎样表现出作为万物之灵的智慧和能力，如何成功避免同期动物灭顶之灾的命运，其惊心动魄的历史过程是我们远远没有知晓的。这次突发的气候灾难是空前的，但未必是绝后的，今天带着对地球所有生命的敬畏和诸多大自然谜团的疑惑，我们有必要进一步深入开展对新仙女木事件的研究，或许对处置未来不可预知的突发灾难事件具有不可估量的科学价值。

二、神秘的居延海

中国西北地域差异大，地形变化复杂。内蒙古高原西部是广袤的阿拉善高原温带荒漠区，从南部的祁连山到东部的贺兰山，存在着地质地貌类型递变的明显过程，跌宕的祁连山褶皱山地带坡度陡峻，显示出大自然的力量；山前拗陷带洪积冲积平原即为狭长的著名的河西走廊，连接着阿拉善地台边缘山地，这里是一片剥蚀石质戈壁，干燥的剥蚀山丘与山间盆地错综出现。进入地台边缘拗陷盆地，翻越马鬃山地无边的洪积砾石，远远可以望到流动沙地中的黑河下游冲积平原。

阿拉善高原大致与地质构造上的"阿拉善地台"相当，包括今内蒙古阿拉善左旗、阿拉善右旗、额济纳旗以及巴彦淖尔盟的一部分。阿拉善高原形成于一亿三千万年前的地质时期，在剧烈的地壳运动中，地势上升形成高原。阿拉善高原处于沙漠包围之中，从南到北气候逐渐变干，年降水量从200毫米、150毫米减少到50毫米左右，大多是荒漠土、粗骨土和盐土，或是稀疏地生长着灌木、半灌木为主的植被，或是寸草不生，巴丹吉林沙漠分布于高原西南缘，腾格里沙漠位于高原东南缘，位于高原东北缘的有乌兰布和沙漠。

黑河下游的额济纳绿洲坐落于巴丹吉林沙漠边缘。巴丹吉林沙漠是世界第四大沙漠，是中国第三大沙漠。巴丹吉林沙漠东部以雅布赖山为界，西部则与额济纳盆地相邻，南抵走廊北山，北至拐子湖，面积约3000平方千米，可谓浩瀚沙海。巴丹吉林沙漠地质构造上属阿拉善地块，密布着剥蚀的低山残丘与山间凹地，60%的面积是高大密集的沙丘，最高的沙山高度达500米以上，是世界沙丘之最，甚为壮观。

黑河下游河段称额济纳河，是黑河水系从地表和地下流出汇合而成的。额济纳绿洲是大自然的幸运儿，在巴丹吉林沙漠和大戈壁之间的狭长通道上，珍贵的黑河下游造就了水草丰美的绿洲，生息出古居延黑水城历史文化。

额济纳河古代最早称为弱水，后改称羌谷水，西汉末年以后的古文尚书家却称其是弱水，他们往往把《禹贡》中的远古地名重新解释认定为夏、商、周以后的行政范围中的地理位置，对此日本学者认为："认定额济纳河为弱水，可能是对这种说法的对抗。即对设置郡县，已经稳固编入中原的河西之地，套用《禹贡》等古典地名，这种西汉末年以后的古文尚书家的做法，其意在使儒家的经学世界与帝国现实趋于一致，这不外乎是当时所进行的所谓儒教国教化的一环。它似乎具有在追认帝国现状的同时，制止其进一步扩大的双重性。"[1] 我们认为日本学者的这种观点并不全面，地理学是一门严谨的科学，对地理位置的定名应该尊重传统上已经沿用的名称，保证名称中的一致性是地理学应遵循的理念。用弱水称呼额济纳河是遵循地理科学规律的一种态度。从居延名称的历史使用情况看，后人把流沙的传统地望从历史上切割出去的情况下，只有弱水保持了华夏丰富的地理学体系的传承，所以，人们接受弱水地名的使用，并不追究其出现误差是有原因的。黑河下游人类生息地区在上古称之为流沙，到了秦汉时期，中国古代史书上用居延代替流沙名称，居延是古代一个居住在西北的游牧

[1] [日] 井上充幸，加藤雄三，森谷一树.黑水城两千年历史研究 [M].北京：中国人民大学出版社，2013：14.

群体的名称，用居延替代一直使用的流沙的地名实际上并无地理学上的科学依据，表现得过于随意，完全割裂了人文地理中文化的概念，突然地任意用一个时兴的名词，替代固有的名词将会引起人们的认知混乱。经过历代专家的艰苦考证，我们才明白居延就是流沙。

居延海是黑河的尾闾湖，在古代面积达到数百平方千米。历史上的居延海水量充足，水草丰美，土地肥沃，在汉、唐、宋、元时期开发为西北著名的农垦区。古居延海以前比现在湖岸地貌推算的面积要大，"究竟是当时本区存在着一个统一的大湖呢，还是湖泊移动形成的沉积，还需要做进一步的研究，但不论是在史前时期还是人类历史时期，额济纳河下游一直存在着面积较大的湖泊，即使在人类活动强度较大的汉代，以及夏、元时期，古居延泽干涸之后，东西居延海还有几百平方公里的面积。可以认为，古代的黑河下游一直有一个面积较大的终端湖，其位置随构造运动、河道迁移特征而变动，其面积随上游来水量而扩缩"[1]，历史上的居延海由东、西、北三个湖泊组成，清代以来分成了东部的苏泊诺尔湖和西部的嘎顺诺尔湖。因额济纳河注入湖中的水量不断减少，居延海逐渐干涸。2002年7月，为保护居延海绿洲，引黑河水流入东居延海；2003年9日，引黑河水流入干涸42年的西居延海。目前东居延海水面面积达到38.5平方千米，蓄水量达到4720万立方米。

或许是它变幻莫测的特征，或许是环境太过优美，古代居延海充满神秘色彩，在很多的著名神话传说中每每出现。中国哲学家老子化仙的故事就是以西居延海为背景。传说老子修道成功后，晚年乘青牛云游天下，在函谷关被关令尹喜挽留著书，写下了伟大的《道德经》，之后悠然出关继续西行，来到烟波浩渺的西居延海，化身入海，踪迹不见，留下后人世世代代的仰慕和惊叹。不论这段神奇的传说究竟有多少历史根据，但一代宗

[1]胡春元，等.黑河下游生态环境变化及其与人类活动的关系[J].干旱区资源与环境，2000（9）：10.

居延海风景区老子雕塑

额济纳现已成为著名的旅游景区，这里独特的历史文化和地理风貌吸引着来自四面八方的游客。

师最终归宿都应该是美轮美奂的仙境，能够配得上老子化仙的地点，在古人心目中竟然属居延海，由此可见古居延海当年的环境之优异、人文之凸显。

三、点缀的绿洲

绿洲系统是干旱区地理系统的重要子系统，它可以被描述为具有特殊的非地带性生态特征，覆盖着繁茂的植被，有动植物等生物长期生息，有一定空间规模的地理单元，存在与周边环境明显不同的主体景观。在漫长的地质史和人类历史发展过程中，我国干旱区的环境和特殊的地理结构逐步演化形成。我国西北干旱区绿洲的形成与中生代、新生代以来的构造运动有密切关系，干旱区天然绿洲在史前就已出现。早在地质第三纪末到第四纪初，喜马拉雅运动和后来的新构造运动大幅度抬升青藏高原，强化大陆性气候。在气候和环流系统的作用下，西北的盆地、平原、谷地的干旱日益加剧，地势高峻的高山截留了较多湿润气流，发育了冰川，山地积累了雨雪等水分，成为干旱区的水源地，往往在局部地段出现水源充足的内陆河流，使得周边特定区域土地肥沃，植被摆脱干旱地带性的制约，其周边逐渐发展出一定规模的植物群落，形成绿洲景观的基本格局。

西北绿洲多分布于高大山系的山前拗陷带，天山、昆仑山、阿尔泰山、阿尔金山、祁连山等山系雄伟褶皱，与周边断陷盆地相间隔开来，绿洲就分布在跌宕起伏的构造地貌上，区域地理环境差异性较大。根据地势、大气环流与气候等因素影响，我国绿洲划分为东部河套平原绿洲区、西北干旱内陆绿洲区和柴达木高原绿洲区三大区，这里是欧亚大草原草原荒漠区最具生命活力的区域。

额济纳绿洲属于西北干旱内陆绿洲区，是黑河末端的大型冲积扇，绿洲面积达 3.16 万平方千米，额济纳绿洲的主要特征是深居内陆，受西风气流的控制，气候干旱，年降水量在 50 毫米以下。额济纳绿洲位于阿拉善台地，东为巴丹吉林沙漠，西为马鬃山山地，北到中蒙边界，南到黑河下游上端的鼎新绿洲，是西北干旱内陆绿洲区的典型区域，坐落在额济纳平原缓慢隆起带内的沉降区，其相对沉降幅度不大而且具有不均匀性，按生态地域划分，属于温带暖温带干旱荒漠区的阿拉善高平原亚区。

额济纳绿洲以黑河流域为单元，在这里水分的循环以局部循环为主。祁连山挺拔高峻，平行的山脉和宽谷显得深远、广阔，似乎伸展出无穷的力量，守护着西北干旱内陆绿洲区。作为内陆水体流域重要组成部分的黑河，一直是在西北干旱区集结成局地集水区，具备稳定的、较为充沛的水源，滋养、维系着绿洲较为适宜的生态。水系是荒漠绿洲的生命线，撑起绿洲生命的源头。额济纳绿洲水域主要是湖泊与河道，河流都是季节性河流，东西两个较大的支流在狼心山分开，成19条支流浇灌到绿洲。湖水主要有三部分，西居延海面积达266平方千米（1964年干枯），东居延海面积达336平方千米，分布在绿洲的最北部，其他较小的湖泊分布在绿洲东部和西部。额济纳绿洲与祁连山山地系统、阿拉善高原荒漠系统及黑河水系有机相连，进行着物质、能量和信息流交换，形成生机勃勃的一片绿色天地。

人类活动总是选择自然条件最好的区域，额济纳历史上的垦殖区就位于水土条件俱佳的绿洲，这儿覆盖了一层黏土质沙砾层及砂层，是来自晚更新世及全新世的沉积物，河流附近的植被在沉积层充分发育，勾勒出沙漠之中的一道湿绿色调，映衬在湖泊周围松散的风成沙丘、沙带里。绿洲呈带状分布，寓于荒漠地带，但景观完全异于荒漠；比邻巴丹吉林沙漠戈壁，但生态环境迥然不同，适于人类居住和进行农牧业生产，经过汉代、西夏、元代的开发，成就了古居延—黑水城的千年辉煌。

四、生息在黑河下游的远古人群

中华大地自古居住着众多民族，分布在多样的地理条件和生态环境下，多源多流且互有异同，在历史发展过程中，保持着类型多样的人群体质形态特征和种族属性，在选择各自生活方式和风俗习惯时终显差异。西北地区位于欧亚大陆东部重要位置，文化与环境多样性特征明显，人群集体相互交融，来自不同地域的文化类型相互影响。中国历史发展延续或演化着文化统一性及多样性和差异性，在民族共同体形成、变化和发展中，生息在北方大草原的游牧民族衍生出独特的游牧社会制度和相应的草原文化形态，为中国古代历史文化开辟了新天地。在长期的历史活动过程中，各民族实质上共祖同源或结成地缘紧密的亲密关系，深刻影响着农耕与游牧、各游牧民族之间的发展。民族融合、相互交往和共同发展是西北历史进程中一直保持的普遍现象。

中国西北地区古代人口种系来源繁复，人种地理分布有蒙古人种和欧罗巴人种两大成分，以蒙古人种为主。朱泓先生认为西北地区属于蒙古人种范畴的居民呈现扩散的范围，根据现有的古人种学资料，"中国西北地区先秦时期属于蒙古人种范畴的居民中大多数群体的种系特征比较一致，应当属于同一个种族类型。他们的基本体质特征为颅型偏长，高颅型和编狭的颅型，中等编狭的面宽，高而狭的面型，中等的面部扁平度，中眶型、狭鼻型和正颌型。这种体质特征与现代东亚蒙古人种中的华北类型显得颇为相似。该类型的先秦时期居民主要分布在黄河流域上游的甘青地区，向北可扩展到内蒙古额济纳旗的居延地区，向东在稍晚近的时期可渗透进陕西省的关中平原及其邻近地区"[1]。他推断黑河下游的额济纳地区最早的居住者属于蒙古人种范畴的人群，考古发现基本可以印证其观点。

由阿拉善博物馆、北京大学考古文博学院联合组成的阿拉善盟史前考古调查队在额济纳旗达来呼布镇周边的沙漠发现了一处面积较大的史前文化遗址——巴彦陶来遗址，该遗址位于达来呼布镇东南约 40 千米处的巴

[1] 朱泓.中国西北地区的古代种族［J］.考古与文物，2006（5）:60.

彦陶来农场内，南北长约250米，东西宽约80米，面积约20000平方米，属于额济纳绿城，推测年代约为距今3900—3400年，相当于夏代晚期和商代早期。发现的陶器有红陶、褐陶、灰陶和少量的白砂陶，器物与周边地区遗址的器形相近。这是考古发现的额济纳最早居住的人群。在西北地区属于该类型的古代居民主要包括：菜园墓地的新石器时代居民，柳湾墓地的半山文化、马厂文化和齐家文化居民，杨洼湾墓地的齐家文化居民，阳山墓地的半山文化居民，火烧沟墓地、核桃庄墓地的辛店文化居民，阿哈特拉山墓地的卡约文化居民。这批人群无疑是西北早期居民的一部分，他们的文化特征表明，额济纳在史前发展是完全可以进入西北新石器时代文化发展序列的。

为了证实黑河下游早期居住者的生物学身份特征，专家对该遗址出土的相对完整的两例男性颅骨进行了观察、测量与对比分析，认为该颅骨组与近代华北组以及甘肃史前组之间可能存在着较多的相似之处。魏东先生指出："上述两例男性颅骨的体质特征可以概括为长宽比例上的中颅型，长高比例上的正颅型，宽高比例上的中颅型、狭额型、中眶型与狭鼻型。上面指数属狭上面型，面突指数属正颌型。比较简单的矢状缝结构，鼻根凹陷浅，不发达的犬齿窝，心形的梨状孔与鼻前窝型的梨状孔下缘，低矮的鼻棘，较小的乳突与中等发育的枕外隆突。这些特点表明，绿城组青铜时代居民在人种的归属上应归入亚洲蒙古人种范畴。"[1]西北地区包括额济纳早期居住人群属于蒙古人种得到了考古证实，时逢中国古代文明初期，他们在畜牧业形成和发展过程中扮演了什么角色，他们在历史上何去何从，究竟在血缘和文化上与后来北方游牧民族是否存在演化关系，目前这些问题鉴于考古资料的缺失还无法梳理清楚。

中原地区的原始社会瓦解后，相继出现了夏、商、西周，春秋之际已

[1] 魏东.额济纳旗绿城青铜时代墓葬出土的人骨研究 [J].边疆考古研究，2004（3）:284.

出现华、夏单称或华夏连称的族名，和蛮、夷、戎、狄相区别，该地区人类群体的划分标准超越族类区划之外，文化的差异愈加被重视。在华夷之辨的历史背景下，额济纳绿洲出现的居住群体有了新的变迁。

羌戎狄部落民族曾经扮演过额济纳历史的过客，其活动范围涉及了额济纳地区。他们自古生活在中国北方草原，和历史上北方游牧民族保持着深厚的族源传承关系，同时他们和中原地区的华夏群体存在千丝万缕、若明若暗的复杂关系。商代甲骨文把"羌"这个字作为一种人群称号，这是最早的文字记载。战国时期，羌人部落活动于祁连山一带，进入河西走廊。秦汉之际，生活于河西走廊的羌人经常卷入河西四郡及周边军事要塞的战事，在汉简中多有记载。额济纳河又称羌谷水，羌人的活动范围涉及居延，包括内蒙古自治区额济纳旗和甘肃省金塔县境内。戎和狄主要分布在今黄河流域或更北的地方及其西北地区，戎、西戎主要是对古代西北地区各民族的称谓，戎最早指西北地区的羌族，西周以后的典籍鲜有关于羌族的记载，大量称谓改为戎。这时出现的戎人群是一个从事畜牧业为主的部落民族，融合了相当数量的羌人，羌原有身份已渐失。我们推断羌人部落曾经在额济纳生活居住过，可能成为戎的组成部分。狄人群体组成复杂，战国时称胡，以畜牧、狩猎为生。当匈奴帝国称霸草原时，他们中相当一部分融入匈奴，社会文化发展轨迹和中原王朝渐行渐远。秦汉以后，狄、北狄就演变成为对北方各族的一种泛称，当汉代出现汉族称谓时，这些古老部落的后人已经变化成北方游牧民族的一部分，在民族融合的大潮里起伏、变迁，在不同历史时期、以不同民族身份，他们的生活痕迹留在了包括额济纳在内的北方边疆。

中国历史上存在数量不大的外来人种为主的部落群体，中国史书记载先秦出现在额济纳的游牧民族还有乌孙和大月氏，他们是印欧语系的游牧民族，应该是从西迁徙到中国北方的。乌孙最早游牧于敦煌和祁连山之间，《汉书》颜师古注中提到："乌孙于西域诸戎其形最异。今之胡人青眼、赤须，状类猕猴者，本其种也。"[1] 乌孙的种属不清楚，提到乌孙种族形态学的资料很少，关于乌孙的体质特征和种族属性的考古材料已有出土，谭婧泽、韩康信先生认为："在伊塞克湖附近、塔什干附近、天山—阿莱地区、哈萨克斯坦、中亚七河等多个地区发现的乌孙人骨无不证明形成乌孙人类学类型的人种基础为欧洲人种，乌孙人骨的形态较明显地保持着更早时期原始欧洲人种安德洛诺沃类型的特点，同时也具有某种从安德罗诺沃类型向中亚两河类型过渡的形态，或明显的中亚两河类型的特点。此外，有个别人骨具有北欧型或地中海与北欧之间的类型。"[2] 根据史料记载和人骨标本检测，乌孙当属欧洲人种。

月氏公元前5—公元前2世纪初，游牧于河西走廊西部张掖至敦煌一带，后击破乌孙游牧部落，为匈奴劲敌，遭匈奴举兵攻击，月氏大多数部众遂西迁离开了河西走廊。月氏族属不清，月氏人骨标本迄今尚无考古发现。根据月氏建立的贵霜王朝钱币上的人面像和贵霜犍陀罗人物雕像，可以判断出其具有欧罗巴人种的特征。

北方大草原的第一个游牧帝国是匈奴建立的，强大的匈奴帝国一度控制了黑河下游。匈奴人早就生息和繁衍在我国北方的广大地区，后逐渐移居漠北，其遗留人类学资料稀少，学术界对匈奴的人种、语言等问题一直无法取得共识。匈奴墓地多有考古发现，分布在欧亚大陆东部的多处区域，但其人种呈现多种属性，十分令人疑惑。第一种情况是属于蒙古人种，检测分别出自内蒙古（春秋战国时期）和青海（东汉时期）考古点；第二种情况是属于欧洲人种，检测分别出自中亚和欧洲考古点；第三种情况是蒙古和欧洲人种的混杂性质，检测出自中亚考古区域。如果将其中发掘的人骨标本排列起来分析，我们对匈奴人种的归属和变化可以得出准确的判断。

---

[1] [东汉] 班固. 汉书·西域传：卷九十六 [M]. 北京：中华书局，1962：3901.
[2] 谭婧泽，韩康信. 中国北方几个古代民族的体征类型和种族属性 [J]. 现代人类学通讯,2007
　　（1）:58.

贵霜帝国钱币正面　藏上海博物馆　　　　　　　贵霜帝国钱币反面　藏上海博物馆

　　贵霜帝国的文化艺术对中亚产生了很大影响。由于贵霜帝国历史文献缺失，我们无法看到大月氏人对他们曾经生活在中国西北历史的记载。

犍陀罗佛陀坐像　藏大英博物馆

匈奴生长摇篮在今内蒙古自治区的河套及大青山一带，在其发源地出现的人骨检材应该是匈奴人种的本来属性。中国内蒙古桃红巴拉、崞县窑子两组匈奴人骨的体质特征以蒙古人种北亚类型因素为主，毛庆沟和饮牛沟匈奴人骨则更多一些东亚类型人种成分，青海大通匈奴人骨则具有较明显的北亚蒙古人种体质，同时也有少量东亚类型的混杂。匈奴西迁后，有一个和其他人种的混血过程，中亚及哈萨克斯坦发现的匈奴遗存和人骨可能主要是西迁后的北匈奴。从他们的骨骼形态测量研究来看，具有人种混杂性质，天山—阿莱地区和哈萨克斯坦的匈奴具有明显的欧洲人种性质。由此，我们可以断定匈奴起源于蒙古人种，在西迁过程中，出现和欧洲人的混血现象，最终匈奴人种变化为具有欧洲人种的特征，直到最后消失在茫茫的欧洲平原。

北方草原部落在历史上并不是单纯以一种人群组成，他们通过民族融合、同化等途径不断演变，后来形成的诸多游牧民族彼此都存在血缘及情缘关系，甚至中原华夏群体的部分成员亦进入这种同理同心同步的世界里，成为游牧民族的族源之一。西北大地是我们祖辈生息、繁衍的重要区域，在中古时期（秦汉至元明）的历史上，这里铭刻着一篇篇悲喜交加的史诗。汉武帝时期发生的汉朝军队与匈奴铁骑的剧烈冲突震撼了西北大地，由此拉开了中国历史舞台数千年来中原王朝与边疆游牧政权的冲突、交流和边疆内地一体化发展的序幕。黑河下游的额济纳绿洲以大漠锁钥的地理位置，成为西北边疆的重要军事、政治和经济重地，在民族交流和边疆治理开发中多次扮演了不可或缺的角色。

第二节　秦时明月汉时关

一、筑塞居延

秦汉时期，中原地区中国统一的封建集权国家形成，同时游牧帝国在北方草原崛起，开启中国历史上农耕民族和游牧民族冲突和交融的新时代，由此引发旷日持久的西北边疆社会动荡，一直持续 2000 多年。

元狩二年（公元前 121 年），汉匈之间的第二次战争在河西走廊爆发。骠骑大将军霍去病率领强大的汉军穿越千里戈壁，在居延地区与匈奴多次激战，打败了居延至祁连山地区的匈奴，降服匈奴万余人。"汉使票骑将军去病将万骑出陇西，过焉耆山千余里，得胡首虏八千余级，得休屠王祭天金人。其夏，票骑将军复与合骑侯数万骑出陇西、北地二千里，过居延，攻祁连山，得胡首虏三万余级，裨小王以下十余人。"[1]汉朝在居延广修要塞壁垒，移民实边，修筑亭障烽燧并驻兵戍守，形成一套沿额济纳河两岸的完整防御体系"遮虏障"，居延地区正式归汉王朝管辖。汉将霍去病重创匈奴，在西北先后建立酒泉、武威、张掖、敦煌四郡，确立西汉在河西走廊的统治。武帝太初元年（公元前 104 年）设立居延县，属张掖郡，中原王朝正式在居延设立行政管理机构。两年后汉廷就在居

---

[1]［东汉］班固.汉书·匈奴传：卷九十四上［M］.北京：中华书局,1962:3768.

汉代马踏匈奴石雕　陕西兴平县霍去病墓

霍去病墓石刻是留存至今的一组西汉时期具有代表性的大型石雕作品。汉朝抗击匈奴名将霍去病英年早逝，汉武帝将其安葬于此。石雕造型简洁，气势宏大。虽然历史上发生在西北边疆的硝烟早已消散，但战火铸成的勇敢精神将永世长存。

延修建边塞。《史记》记载："益发戍甲卒十八万酒泉、张掖北，置居延、休屠以卫酒泉"。[1]《汉书·匈奴传》载："使强弩都尉路博德筑居延泽上。"[2]汉廷在居延大量移民屯田，兴修水利、发展农耕，实施居延绿洲开发。额济纳绿洲是西汉边疆经略的战略地区之一，《史记》载："将军路博德，平州人。以右北平太守从骠骑将军有功，为符离侯。骠骑死后，博德以卫尉为伏波将军，伐破南越，益封。其后坐法失侯。为强弩都尉，屯居延，卒。"[3]东汉建安年改张掖居延属国为西海郡，治所在居延（今内蒙古额济纳旗东南）。辖境约当今居延海附近一带。屯田在居延逐渐发展，赵俪生先生据汉简考证，汉朝在居延地区已设有"居延农都尉"[4]。农都尉属郡一级屯田主管官吏，专门管理屯田事务，说明汉代居延屯垦已经开始制度化管理。

20世纪在额济纳旗和金塔县破城子地区出土的汉代简牍称为"居延汉简"，其最早的纪年简为武帝太初三年（公元前102年），最晚者为东汉建武六年（公元30年）。居延汉简关于汉代农垦屯田的记载很丰富，涉及屯田组织、农事系统、屯垦劳力等内容，对后人了解居延开发和防务具有重要意义。

西北边疆在中国历史发展上具有不同寻常的意义，折射出中国多民族融合、固定版图形成的历史背景，在很大程度上是我们梳理中古时期中华文明产生、传播的历史依据之一。西北疆域的概念包括地理、政治和民族历史的多重含义，西北地区复杂的地缘关系、丰富的民族交往以及曲折的社会历史变迁，对中华民族的形成与边疆治理产生了重大的影响。

[1][西汉]司马迁.史记·大宛列传：卷一百二十三[M].北京：中华书局，1999：3176.
[2][东汉]班固.汉书·匈奴传：卷九十四上[M].北京：中华书局，1962：3776.
[3][西汉]司马迁.史记·卫将军骠骑列传：卷一百一十一[M].中华书局，1999：2945.
[4]赵俪生，主编.古代西北屯田开发史[M].兰州：甘肃文化出版社，1997：25.

二、汉疆唐土

从西汉开始，黑河下游的边塞成为中原王朝对游牧力量作战的重要基地，在历代政权西北边疆防务中起到不可或缺的作用。历史上在这片边疆热土发生多次战役，有一代大将在此折戟沉沙，有军事新人一战成名。汉武帝天汉二年（公元前 99 年）九月，汉军骑都尉李陵率领 5000 步兵从居延出塞，被匈奴 3 万骑兵围困，汉军不发援兵，李陵战败被迫投降，全家老小被汉武帝灭门，令人无比惋惜。东汉窦宪出兵河西攻打匈奴，公元前 91 年，大将军左校尉耿夔率 800 精锐骑兵进至居延，以少胜多出塞凯旋，是汉出师所至最远处，耿夔一战成名，因战功封夔粟邑侯。在西汉、东汉强力打击之下，匈奴帝国瓦解。东汉后期国势渐衰，社会矛盾日益尖锐，西北边塞逐渐罢戍，居延的鼎盛时期成为过眼烟云。

汉献帝建安末年在居延改立西海郡，直至三国、西晋。魏晋南北朝时期，游牧民族之间在额济纳河展开了多次战争，北魏统治期间这里属凉州管辖，418 年春，北魏帝拓跋嗣率高车、丁零十二部北进，至额济纳河击败柔然。627 年，回纥军队沿居延道路至马鬃山，大破突厥。从此时算起，浩瀚的史籍对黑河下游边塞的记载总是一笔带过，对其军事防御、居住人口及经济发展等历史情况一概没有留下完整的史料。这段历史时期似乎是额济纳沉寂的时代，没人知道究竟为什么会出现这种情况。唐初有些起色，但直至西夏、元时期以黑水城兴起为标志，额济纳绿洲出现再次的大开发。

隋、唐时期，居延改属甘州、肃州，唐朝设立"宁冠军"，总领居延军务。当居延的名称再次闪现于历史的时候，人们没在史籍而是在唐诗的优美篇章里再次读到了居延的形象。开元二十五年（737 年）春，唐朝大诗人王维以监察御史身份从长安远行，奉使出塞宣慰，随团出使塞外抵达居延，壮丽的塞外景色让大文豪诗兴大发，挥笔写下了流传千古的著名诗篇《使至塞上》和《出塞作》。

使至塞上

> 单车欲问边，属国过居延。
>
> 征蓬出汉塞，归雁入胡天。
>
> 大漠孤烟直，长河落日圆。
>
> 萧关逢候骑，都护在燕然。[1]

这时候的额济纳黑河下游是祥和、美丽的，早已没了当年汉疆西陲的烽火。在和平年代，丰美的水草和完善的生产居住设施使其成为西北边疆的一方良土。唐朝武则天垂拱四年（688 年），安北都护府自碛北回纥部向南迁至今额济纳旗驻地西南 2500 千米的额济纳河畔，称为同城镇。铁勒九姓中的回纥、思结、契苾、浑诸部也追随安北府南迁，唐朝一度将其建成安置归附边疆民族的营地，古居延远离冲突的战场，绿洲明珠上牛羊成群，庄稼喜人，各族人民安居乐业。

出塞作（节选）

> 居延城外猎天骄，白草连天野火烧。
>
> 暮云空碛时驱马，秋日平原好射雕。[2]

《出塞作》的前四句描写居延的生活环境。诗人用形象的语言勾勒出生动传神、极具典型意义的塞上风俗画，一望无际的居延白草兮兮、云朵低垂，几处野火在广阔原野上燃起，疾驰而来一群人马射箭打猎，玩得兴致勃勃，他们嬉闹的声音打破了原野的寂静。这大概是一群上层社会的王孙公子，他们是在射猎游玩。日暮时分，城里有高贵的夫人、小姐备好宴席，迎接他们满载而归。《出塞作》朴实、精练的词句描写出的这段生活场景是史料记载下来的古代居延最温馨的一幕。

---

[1]［清］彭定求，等，编.全唐诗：卷一百二十六［M］.北京：中华书局，1980：1279.

[2]［清］彭定求，等，编.全唐诗：卷一百二十八［M］.北京：中华书局，1980：1297.

三彩女立俑　藏陕西博物馆

三彩女立俑是盛唐时贵族妇女形象具有典型意义的杰作，三彩女装扮典雅，鬟髻梳双，粉面朱唇，淡雅的外衣扎系成花形，外披帛带，长长的齐腰裙刚刚拖到地面，尽显丰满身姿。大唐盛世造就出了三彩女的那种尊贵气质。

三、黑水城兴起

关于黑水城始建的年代学术界有不同的观点，有人认为黑水城始建于唐代，有人认为始建于西夏，我们倾向于有建制和使用黑水城名称是在西夏初期，但黑水城及周边地区作为古代城邑，开始的时代是久远的。宋代时，黑水城所在的居延和河西地区都处于西夏的统治范围，黑水城在元代称为"亦集乃路"，这是西夏语"黑水"的音译。黑水城是西夏西北边防的重镇，在黑水城出土的大量西夏文献和文物，说明黑水城是西夏重要的政治、文化和经济城池。

中国历史上北方游牧民族，如匈奴、突厥等边疆政权在与中原王朝的对峙中，都没有建立起各自完整的边疆防御体系，因而在大规模军事战役中往往出现胜则大胜、败则大败的局面。西夏在和宋朝的长期对抗中，形成了一套行之有效的边防制度，主要包括两个方面：一是沿宋边界的南部防御体系，二是沿北部边界的防御体系。这两部分防御体系是西夏军事的核心部分。黑水城是西夏西部门户，也是西夏最重要的边防重镇之一。

西夏时期额济纳黑水镇燕军司驻地为黑水城。西夏边防的指挥机构是监军司，每个监军司设有（正）统军、副统军和监军使各一员，均由西夏贵族、皇室成员充任。西夏建国之初，元昊设置12个监军司，分别是置左厢神勇、石州祥佑、宥州嘉宁、韦州静塞、西寿保泰、卓罗和南、右厢朝顺、甘州甘肃、瓜州西平、黑水镇燕、白马强镇、黑山威福。后来，监军司的数量增加到18个。

边防监军司兵带有宗族兵的性质，部落首领为各级军事首领，并握有很大的权力，但皇帝和枢密院则通过用银牌约束部落首领、派遣边防特使、委任官员等形式控制边防军队，使其成为一支招之即来、挥之即去的有生力量。西夏建国前后军队总规模是50万，约50%的兵力驻守在宋、夏边境，约40%的兵力驻扎在夏、辽边境，防御西蕃的部队只占10%。元昊以后，边防部队的数量扩大了一倍多。西夏在宋、夏边境陈列重兵，进则可以重拳出击，退则可以稳固死守，从而在宋、夏战争中拥有了战略上的主动权。

西夏北部边防主要用来防备契丹，在西夏边防地位中仅次于宋、夏边防。北部边防地段的黑水城是西夏北境的重要门户。西夏北境全长约 1000 千米，依其自然地理环境，可分为东、西两大部分。东半部的前沿是位于内蒙古的阴山山脉，自西向东由狼山、乌拉山、大青山、大马群山组成。西半部位于戈壁沙漠地带，自西面的阿尔泰山余脉和北山到东面的巴丹吉林沙漠。

西夏在北部边防重要位置建立起较大规模的边防重镇，根据西夏北部边境的自然地理环境，西夏北境军事力量的部署相应地划分为东、西两部分。东部设有两道防线，第一道防线是沿着狼山、乌拉山、阴山（大青山）及黄河为屏障展开，主要用来防备契丹。第二道防线设在兴庆府西的贺兰山内。西部也设有两道防线，黑水城为第一道防线，是扼守西部咽喉的军事重镇。以肃州、甘州、丙州为第二道防线，驻扎兵力约 5 万人。西夏以上兵力部署形成了北部边境的两道防线，每道防线均以重兵把守，兵力的分布呈东强西弱的形势。

西夏北部边防重镇除了黑水城外，还有几座重要的城池，但没有保存下来，几乎完全破坏掉了，看不到多少残留的遗迹，也没有发掘出任何文物文献。这几座边防重镇如下：

宿亥古城位于内蒙古乌拉特前旗东约 40 千米处。古城东临辽国地界，南靠黄河，北依乌拉山，山河之间仅有一条宽约 60 千米的狭长通道，古城即扼守在咽喉要道的入口处。

高油房古城位于巴彦淖尔盟临河县东北约 40 千米处，北距狼山口 15 千米，处于由漠北和河套东部进入西夏的交通要道上。古城平面略呈方形，每边长 990 米左右。

高油房古城和宿亥古城是西夏两座重要城堡，规模宏大，地理位置重要。这两座城堡当然应该是驻兵设防的军事要地。

狼山口古城位于狼山隘口南约 6 千米处。古城平面呈"日"字形，东

黑水城佛塔遗址

西宽 110 米左右，南北长 300 米左右。城内中部有一隔墙，比城墙稍窄。城北部地势较高。

陶思图古城位于鄂尔多斯市鄂托克旗陶思图村东北 3 千米处。古城北临黄河，相距约 50 米，南靠沙漠。城址平面约呈方形，长 78 米、宽 73 米。

省嵬城位于宁夏石嘴山市南约 1 千米处，南距西夏都城兴庆府（银川市）约 50 千米。古城东靠黄河，西靠贺兰山，山河之间仅相距 10 余千米。该城呈方形，四面城墙长度均在 590 米左右。宋天圣二年（公元 1024 年），西夏第一个皇帝元昊之父李德明就曾在省嵬山西南麓建筑"省嵬城"，以御诸蕃。这里土地肥沃，人口较多，战略位置十分重要。

西勃图古城位于狼山中段，吉兰泰镇西北，平川东部 500 米的一座山丘上。古城由内、外两座城组成。

在河套地区赵、秦旧长城的城堡内，往往发现有西夏时期的遗迹，有的叠压于汉代文化层之上。例如，位于乌加河南沙金陶海巴音乌拉的哈日格乃山口两侧高地上的鸡鹿塞，发现有三个地层、文化层互相叠压：下层是汉代的文化层，中层为黄土层，上层是西夏的文化层。在西夏层中发现有房屋基址、甲片、弩机、陶瓷片等。有的地方则只有西夏文化层，如潮格旗的青库伦、乌兰库伦等地。"西夏文化层都很薄，遗物也少，说明活动时间不长。其中，库伦城为方形，每面墙长 130 米，墙基宽 5.7 米或 6 米，四角扩展出较大的圆土包。南、西、北三墙的正中，各有一个鼓包，原凸出于城墙，比城墙高厚些。东城正中有一门，宽 6 米，有瓮城，与黑水城的特点相似。乌力吉高勒城墙外加一道外墙，也与黑水城的现状相似。"[1]

西夏后期在黑水城驻防军队，是为防御蒙古军队。黑水城是从蒙古草原进入河西走廊的必经之地。成吉思汗攻打西夏的进兵线路大都在黑水城防线。1206 年春，成吉思汗铁骑第一次大举侵入西夏，先攻破黑水城，再

---

[1] 陈炳应. 西夏文物研究 [M]. 银川：宁夏人民出版社，1985:104.

进攻肃州。1209 年 3 月，成吉思汗第三次对西夏发动军事进攻，黑水城是主要攻打目标。1226 年春，成吉思汗第六次攻夏，蒙古军队攻破黑水城，消灭西夏大批有生力量，然后全面攻打西夏。

元朝建立后，在额济纳设立亦集乃路。《元史》记载：亦集乃路在"甘州北一千五百里，城东北有大泽，西北俱接沙碛，乃汉之西海郡居延故城，夏国尝立威福军。元太祖二十一年内附。至元二十三年，立总管府"[1]。经历了战火洗礼后，黑水城迎来空前繁荣的盛况。受到元朝统治者的重视，黑水城军事、经济和政治的体系依然沿用。元代实行行省制度后，这一地区划归甘肃行省，称"亦集乃路"。元朝设置了亦集乃路总管府，隶属于甘肃行省，管辖周边地区及西宁、山丹两州。元代亦集乃路在设立总管府的同时，还设有河渠司。黑水城是漠北通往内地的重要交通枢纽，元朝统治者高度重视，派遣大量军队驻防黑水城，从各地迁来大量人口，有汉族和蒙古族人等，发展农牧业生产和商贸活动。史料记载，各族人民利用额济纳河的水利资源开渠造田，屯田近万亩。黑水城在元朝时期发展成人口众多、经济发达的繁荣城市，北走岭北、西抵新疆、南通河西、东往中兴府，成为西北重要的交通要冲和元朝西部地区的军事、政治、文化中心。

元朝的黑水城在原有城池的基础上扩建改造，街道宽阔，建筑林立。扩建后的黑水城，东西宽 450 米，南北长 380 米，是原来城市面积的 3 倍。城里分布有街市、官署、驿站、学府、寺院、住宅区等，有东西和南北两条大街。黑水城同时加强了城市的防御能力，城墙高达 10 米，城内有登城马道 7 条，设有宽约 6 米的东、西城门两座，并加筑了瓮城。在四面城墙的外侧还修筑了马面、角台等御敌建筑。

得益于元代大建驿道的发展理念，黑水城交通空前发达，"元政府继承历代驿递制度，在全国设置了数以千计的驿站和急递铺。陕西等处行中书省、

---

[1] [明] 宋濂，等.元史·地理志三：卷六十 [M].北京：中华书局，1976：1451.

甘肃等处行中书省及西域的陆、水、马站接连不断。从内地到边疆的主要交通线上，每一二十里到百里就设一个急递铺，铺有士卒 5 人，专门传递文书政令。特别是元代新开的由嘉峪关经凉州、河套地区、大同，进居庸关到大都（今北京市）的道路，大大加强了元政府与西北包括西域各地的联系。"[1] 元代的黑水城街道两侧，布满了饭馆、酒店、客栈、钱庄、杂货店、衣帛行、马具作坊等各种店铺。居住在黑水城的固定人口有七八千之多，这里商贸发达，马市、柴市及农牧产品交易频繁。在 11—13 世纪，以黑水城兴起为标志，黑河下游迎来了历史上的又一个繁荣时代。

---

[1] 李清凌.元明清时期西北的经济开发［J］.西北师范大学学报：社会科学报，2003（6）：60.

20 世纪初的黑水城　斯坦因探险队摄

第三节　黑水城生态变化与农耕活动

一、气候时序与黑河下游农业开发

汉朝西进扩土，中华农耕世界开始扩展到西北地区，并逐步向亚洲内陆延伸。在中央封建王朝的领土统一和边疆治理过程中，重要的环节之一是先进的农业生产技术迅速普及到适宜农耕的西北干旱区绿洲。从额济纳绿洲在古代农业生产中遗留下来的历史遗迹可以看到绿洲长期耕种而形成的农业地域及坐落其中的军事设施、商业治所。古代在绿洲建设边塞重镇，如果没有农业经济的支撑，诸如黑水城这样的大型固定居住区将无以为继。我们强调绿洲农业生产的重要性，探究其经济模式、社会组织和文化发展等方面的影响，需要准确认识历史上荒漠地带生产开发中的生态环境问题，为绿洲环境里历史时期的人文活动和气候变迁提供直接证据资料。

从汉代开始，黑河下游处于农业开发和农业荒废、游牧业发展和农牧并蓄的交替中。在农荒期间出现一段时间以游牧经济为主的生产方式，是由于人们不再保存大型的军事设施，无大规模人口居住，这时候的游牧可以认定为开发低潮时期的替代经济，是边塞处于经济开发边缘地带的停滞状态，并不是人们主动选择了游牧生产。

中古时期开发农业区域主要分两汉时期、唐和西夏元时期三个阶段，分别集中在古居延和黑水城（包括绿城）周边。我们就要问，为什么历史上只在此三个阶段出现大规模农业开发呢？是边疆军事行动决定了这些边塞的存废吗？西汉以后的每个朝代在开发的时候是继承以前开发，还是完全另起炉灶？浩繁的历史文献给了我们很多线索，一般都认可是中原王朝边疆治理和边疆政策决定了黑河下游的农业开发，当需要防御游牧帝国的进攻时，人马聚集在边塞发展农业；当封建王朝实力衰退时，就干脆撤出人马使边塞空置，任由田地被风沙掩埋。但现在气候学提供的资料数据又在说明，气候变迁对荒漠绿洲农业发展的影响是非常巨大的，甚至到了天气左右边塞农业发展的程度。如果我们像大多数学者那样，承认是政治军事因素和气候因素共同导致了这些地区的农业经济周期性变化，我们就要知道，在居延、黑水城及周边地区，这两种因素中每一种因素产生影响的方式和程度究竟是怎样。

西汉农业区域主要在古居延三角洲中部，这里是最早开发农业的位置。古居延主要是用于军事攻守的基地，军事防线十分稳固，西汉戍边田卒大多屯戍于古代居延，护卫绿洲的建筑和田地，确保重要边疆基地的生产和生活，为出兵大漠作战的军队提供有力的后勤保障，是河西走廊最大的军事屯戍地区之一。黑河下游成为汉朝在黑河流域最重要的战略基地，在西北边疆治理方面具有极其重要的地位。汉时古绿洲东面依据居延海为防线，北面是珍北塞、西面是甲渠塞、南面是册井塞，护卫范围内分布大面积耕地、渠道和居民点。汉朝屯田兵大规模开垦灌溉农田，其面积最大时相当于居延海的一半以上，以后历朝历代的垦屯规模均没能超过汉代。

强大的匈奴帝国来势迅猛，对中原地区构成严重威胁，确实需要汉王朝倾尽全力打败匈奴。如果据此说汉代黑河下游农业开发辉煌时期的出现是抗击游牧军事入侵的结果，但不要忘记，魏晋时期北方边疆的威胁甚于两汉。匈奴、鲜卑、羯、氐、羌诸多胡人前仆后继，迁徙内地的浪潮一波高过一波，北方游牧民族吹起进入中原的号角。在残酷的征战中，他们的铁蹄踏碎了中原大地，推翻了中原封建统治，历史上游牧民族首次成为华

居延汉简　藏甘肃博物馆

居延汉简包括简牍之制、公文、历史事件、地理问题和边
塞社会生活。

夏的统治者。在这段动荡的历史时期，黑河下游的西陲重要边塞为什么没有起到护卫边疆的作用呢？因为河西走廊很多边塞重地早在汉朝后就废弃不用了。我们不禁要问，面对来自边疆的严重威胁，魏晋的王朝为什么对具有重要战略地位的西北军事基地弃之不用呢？对此史书没有记载，后人从军事上也无法解释。

220—589 年，中国进入魏晋南北朝，这是历史上大动荡的时期。封建割据战争和游牧民族入侵不断，经济文化遭受毁灭性打击，从魏晋至隋有30 余个大小王朝交替兴灭。匈奴人攻占长安，灭掉西晋，北方游牧民族纷纷进入中原建立政权，前后 135 年里，共有六个民族各自建立王国，包括匈奴人的前赵、氐人的前秦、羯人的后赵和鲜卑的前燕等十六国，直到公元 386 年被鲜卑拓跋氏所建立的北魏统一北方，中原地区完全成为游牧民族统治的世界。

逃亡江南的汉族政权在南方残喘，经历了宋、齐、梁、陈四朝，由于内部腐败，无力恢复汉族对天下的统治。华夏文明在北方虽因北魏孝文帝的汉化运动得以留存，而且和北方游牧民族的文化结合，产生胡汉融合的新兴朝代，但作为中原政治制度组成部分的西北边疆治理体系，早已是明日黄花，边塞防御基本上被放弃了。汉代和魏晋在黑河下游边塞用弃差别之大，折射出历史进程的复杂性，对此不能仅从边疆经营思路的分歧来解释，也不能简单说是军事方针上的不同。关于居延废弃的问题，我们可深入社会体系之外的领域来找寻答案，气候这个自然界力量应该成为我们考量的目标。历史上温度高低、干湿度变化、河流流量大小等自然环境的客观因素，对人类社会的影响都是不可忽视的。可以肯定地说，历史进程的确与气候变化密切相关，在西北边疆历史上，很多历史事件甚至就是气候变化的产物，气候变化对历史的影响愈来愈受到国内外学者的关注。

竺可桢先生《中国近五千年来气候变迁的初步研究》一文发表以来，我国历史气候变化研究不断深化。现在学术界对中国距今 2000 年的温度变化序列重建取得了突破。在历史文献、树轮、湖泊沉积、冰芯、石笋等多种资料的支持下，研究方法日趋完善，取得了一系列的成果，基本描绘出中国过去 2000 年气候变化的总体趋势与冷暖波动情况。尽管这些成果在一些细节上还存在分歧，但各家的结论大同小异，不影响我们从气候变化的百年尺度角度对中国历史问题开展研究。

如果按照现代通用的把气候变化以 100 年时间作为一个长度单元，我们综合过去的研究，可以把近 2000 年来中国气候变化在百年尺度上归纳为 4 个暖期和 3 个冷期。在"秦汉暖期"（前 210—180 年）、"隋唐暖期"（541—810 年）、"宋元暖期"（931—1320 年）、"20 世纪暖期"（1921—2000 年）有 4 个相对温暖阶段；在"魏晋南北朝冷期"（181—540 年）、"唐后期至五代冷期"（811—930 年）、"明清冷期"（1321—1920 年）有 3 个相对寒冷期。下面我们分别就历史上的气候变化期，结合黑河下游的边塞建立和农业开发，分析气候对黑河下游历史发展的影响。

在时间节点上，开发黑河下游的时间与距今 2000 年的第一次暖期是吻合的。"秦汉暖期"（前 210—180 年）与汉居延开发（前 121—220 年）的时间节点基本对应。秦汉气候相对温暖，年代尺度冷暖波动不大。前 121 年，骠骑大将军霍去病到达居延地区，居延的大开发开始。181—540 年，中国气候进入第一个冷期，居延边塞逐渐废弃时间是东汉末期的 220 年以前，也就是说气候转冷后不到数年，居延就被废弃，这不能完全说是一种巧合吧？

气候变冷状态延续会直接危害农业，冷期低温的强度大、持续日数长，没有气温回暖的出现，作物无法获得对寒冷的适应性准备。农作物在生长发育季节里，气温下降到低于作物当时所处的生长发育期阶段的下限温度，作物生长受到障碍，严重时可使某些作物受到危害而最终导致严重减产或颗粒无收。黑河下游主要作物是小麦、大麦等，这些作物在出苗期和生育后期对冷害抗御能力较强，但抽穗、开花、受精及灌浆初期对冷害最为敏感，一旦遭到冷害，作物养分的吸收和输送受阻，在低温持续时间比较长的情况下，作物就会因细胞质的停止流动而停止生长发育。另外，冷期河流水源大量减少，破坏了干旱区的灌溉。黑河多以冰雪融水补给为主，从气温来看，内流河径流的季节变化特点取决于气温的变化；气温低则内流河水变少，造成的干旱对农业灌溉的影响非常大。

魏晋设置西海郡治所，管理黑河下游，说明魏晋还在古居延行使管理职权。他们清楚边塞的重要地理位置，但没有在此处屯兵，一如汉代那样建立军事基地，其中原因可以考虑为气候变冷所致。"魏晋南北朝冷期"经历 500 年左右，其间黑河下游的开发一直停滞。当时处于西北干旱区的居延无法养活庞大的军队，即便游牧入侵的危机之时，中原王朝还是无奈地放弃边塞防卫。

"隋唐暖期"（541—810 年）黑河下游的开发同时恢复。隋朝时期在黑河流域下游同城镇，唐朝时在黑河下游的古居延地区驻扎兵马，恢复军事设置；唐垂拱二年（686 年），黑河下游的政治地位一度大有提升，唐朝将位于漠北的安北都护府移至同城镇，恢复了屯田戍边活动，同时安置北方内附的少数民族。

到了"唐后期至五代冷期"，即 2000 年来的第二个寒冷期，黑河流域先后为吐蕃、回鹘和契丹等少数民族统治，古居延绿洲原有的农业屯垦区荒废，气候变迁和边塞荒废在历史节点上又一次契合。

黑河下游的第三次农业开发在西夏、元时期，西夏于 1038 年建立，黑水城成为重要的军事重镇，周边得到大规模的农业开发，强度仅次于汉代，此时黑水城开发遇到了历史上的"宋元暖期"。西夏、元是游牧民族政权，他们在黑水城的军事和农业活动证明，游牧民族仍然十分热衷边塞的军事和经济模式。十六国时期和北魏时期，同样是游牧民族政权，却放弃黑河下游农业开发，气候变冷是对此现象唯一合理的解释。

"明清冷期"开始于 1321 年，在进入寒冷期的第 8 个年头，即 1329

年，黑水城及周边地区彻底废弃。"明清冷期"延续到 1920 年民国时期，而黑河下游在清朝、民国时期再也没有恢复城镇建设和农业开发。

二、历史上的沙化

现在的黑河下游地区大面积被新月形沙丘、沙丘链及灌丛沙堆所占据，其实在历史上西北干旱区就存在严重的沙漠化问题，古居延三角洲中部农业区土地严重退化。西夏、元时期大型城池黑水城早已被沙海掩埋，黑河下游成为绿洲沙漠化的典型区域。

沙漠化是干旱区基本地理过程之一，干旱区始终面临着沙漠化的威胁。由于气候变化和人类不合理的生产活动等因素，干旱、半干旱和发生干旱灾害的半湿润地区的土地出现了退化。黑河流域的沙漠化是世界上荒漠化危害最严重的地区之一，对周边生态环境的影响广泛、深远。历史上黑河流域绿洲受到气候、地质地貌、风沙活动及自然灾害等自然因素的影响，气候转干的影响因素最大，干燥导致河流水量减少、河流流程缩短，绿洲范围萎缩带来土地沙漠化。

黑河流域历史时期沙漠化发生的区域广泛，大风吹蚀，流水侵蚀，土壤盐渍化就像瘟疫般徘徊、游荡，使土壤生产力下降或丧失，带来令万物窒息的沙化。耕地、草场和砾质、沙丘都可以变为沙漠区，其中以砾质沙漠化面积分布最为广泛，占全球沙漠化土地面积的 89.75%。胡宁科先生运用遥感技术对黑河下游荒漠化进行了研究，他指出："历史时期人类农业屯垦区在实地景观方面主要表现为地表形态的变化、地面组成物质的变化和地表植被的变化。长时间的风蚀作用，使得古绿洲大部分区域地表层的风蚀破碎化现象非常严重，地表面极其不完整，不少区域内分布着条带状的风蚀垄槽。野外实地调查发现部分风蚀垄槽高出原有地面 0—2 米，还有些区域的风蚀垄槽与灌丛沙包或流动沙丘交错分布。在以风积作用为主的区域，经常分布有密集的灌丛沙包、沙丘，或二者交错分布。此外，除了因风蚀作用而形成的垄槽和破碎地块外，还有部分区域因极干旱和强劲的风力演变为白板硬地面，这些白板硬地面或单独分布一片、或与灌丛沙包交错分布、或与流动沙丘相间隔分布。"[1]河西地区的居延、骆驼城、锁阳城，新疆的楼兰、精绝、米兰等古绿洲，现大多沦为沙漠、戈壁、风蚀劣地、盐碱滩。

黑河流域下游地区的土地沙漠化以额济纳地区为典型，占沙化土地面积的84.65%，下游三角洲总面积11.5万平方千米，其中不含天然沙漠及戈壁的沙漠化面积1.23万平方千米。专家经过研究认为，早在东汉末，额济纳绿洲的下部东侧周边便开始沙化，元代黑水城废弃之后绿洲的中部中心段出现沙化。[2]我们可以把风蚀比喻为额济纳沙漠化最凶狠的刀手。风剥表土，地力减退，地表松散物受到风吹扬，干燥的土壤发生严重风蚀，风蚀化造成的沙化达0.68万平方千米，超过沙化面积一半。在绿洲内部，干旱造成的植被退化可以造成沙漠化。另外，西北干旱区由于降水量小，蒸发量大，溶解在水中的盐分容易在土壤表层积聚，随着潜水蒸发盐分积累于地表，发生次生盐碱化，占额济纳沙漠化总面积的22.41%。

额济纳旗的戈壁边缘，沙化形势最为严峻。额济纳古绿洲沙漠化和古湖泊沙漠化同时或者交叉发生，古城池、古农业区域和城防设施等被沙漠吞噬，居延塞、黑水城及绿城等著名历史遗迹均已被沙化；历史时期的湖泊萎缩或干涸，湖床暴露，古湖泊形成沙漠化地区，古居延海的部分干涸区沙化。原有沙漠周围部分地区在不同时期还存在着沙漠向外蔓延的趋势，这种大面积流沙覆盖因无法观察其下层的地表特征，可以称之为隐蔽性的沙化，其危害相当大。

---

[1] 胡宁科.黑河下游历史时期人类活动遗迹的遥感调查研究［D］.兰州大学博士论文，2014：88.

[2] 朱震达，等.内蒙古西都古居延——黑城地区历史时期环境的变化与沙漠化过程［J］.中国沙漠，1983（2）.

　　农牧业过度开发对生态的威胁是显而易见的，历史上人类活动也是西北干旱区沙漠化的诱因之一。不论是种田的农民，还是放牧的牧马，在西北干旱区这样的生态脆弱地带，只要是密度过大，就会使其地力不支，对当地的环境造成破坏。在人类社会对环境影响的问题上，农耕生产方式控制在适当的范围，不一定对西北干旱区生态环境具有更大的破坏力，如果游牧生产方式过度发展，也不完全适合荒漠草原的自然环境。

　　沙化是气候变迁和人类过度开发造成的，人们对此已经有了共识。沙化的阴影在地球的不同地区、不同时间四处游荡。更令人恐慌的是，在今天乃至以后很长的岁月里，地球上沙化的阴影依然徘徊不散。

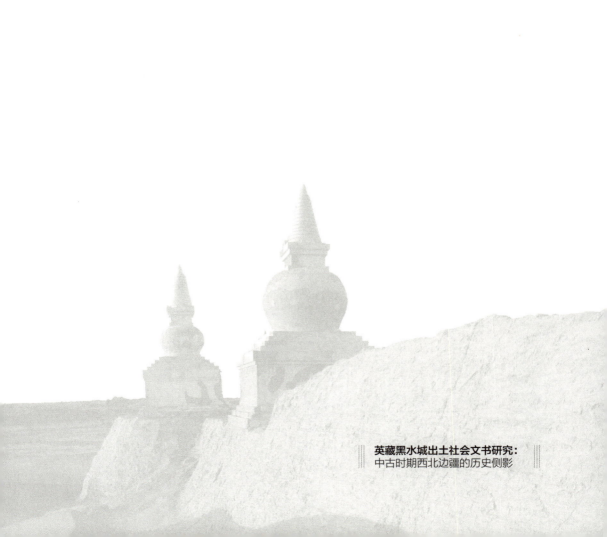

第三章

边塞垦殖

第一节 西北拓荒者

一、边疆屯垦戍卒

河湟旧卒

少年随将讨河湟，头白时清返故乡。

十万汉军零落尽，独吹边曲向残阳。[1]

这是唐朝诗人张乔诗作《河湟旧卒》，咏叹一位早年戍守边疆的白发老兵，辗转返乡后追忆当年随大军挺进西北的往事。安史之乱爆发的危急时刻，唐朝北庭节度使李元忠、安西节度使郭昕率领唐朝屯垦戍卒军坚守西北边疆。叛军声势浩大，唐朝统治岌岌可危，已经无暇经略西北边疆。贞元年间，西北重镇北庭、安西相继被游牧民族攻陷，驻守唐军被打散，无人能够返回中原，大批戍卒在战火和艰险的荒漠垦殖中命断边陲。有个别兵卒在西北多年飘零之后，侥幸从边疆返逃回家乡时已年近垂老，更多的当初幸存的戍卒不得不在西北边疆永久生活下去。诗歌通过一位戍边老兵的遭遇，反映出动乱时代边疆戍卒挣扎的身影。

屯垦戍卒主要是被朝廷征召的兵卒，长期驻守留戍西北，他们无疑是驻守边疆、保家卫国的优秀儿女。汉唐时期，边疆屯垦戍卒带着当时先进

---

[1] [清] 彭定求，等，编. 全唐诗：卷六百三十九 [M]. 北京：中华书局，1980:7326.

的农具、种子和耕牛，举家安扎在自然环境恶劣、军事冲突不断的边塞，成为汉人西北边疆拓荒的先驱。这些来自中原的汉人一手拿着武器执行军事任务，一手握着锄头播种，防守边陲的同时耕耘一方沃土，用辛勤的劳作改变了西北边疆的面貌。他们都是中原地区拥有丰富耕作经验的庄稼户，可以熟练地在边塞推行农业活动。经过中原汉人在边疆的农业开发，汉、唐时期西北地区的农区范围不断扩大，河套平原、河西走廊和天山南部农区构成了西北干旱区连绵不断的农业经济体，和草原畜牧经济互为补充，加速了西北边疆社会经济的发展。

西北边疆在地理位置上和中原地区相距较远，游牧民族政权众多，汉、唐在西北行使管辖后，广阔的西北在政治上、经济上和中原建立起密切的联系。从汉代开始，中原王朝在西北边疆大规模修建边塞。塞的字义包含隔开的意思，边塞可以视为一种具有城池功能的边界隔离建筑设施，一般建设在交通要道和战略要地，自然地理环境较好，可养活众多人员。

汉朝军队西进抗击匈奴，打通河西走廊，建立武威、张掖、酒泉、敦煌四郡，大批兵卒将官及家属涌入西北进行屯田，仅汉武帝时期，在河套、河西的屯垦戍卒就有 60 万人。两汉约 400 年时间里，奉朝廷之命屯田的戍卒遍及西北各地，河西走廊、河套地区、陇西等地成为屯田重点区域，其中河西四郡、金城、朔方、五原的人口主要由汉人构成。汉朝时期，葱岭一带已留下屯垦戍卒的足迹。公元前 105 年，一批汉军护送担负和亲使命的细君公主嫁乌孙王到西域，后来在伊犁河谷留置屯田。公元前 60 年，汉廷设西域都护府，辖区为天山南北和巴尔喀什湖以东、以南直至帕米尔高原的广大地区，调遣屯垦戍卒奔赴西域开疆拓土。隋、唐时期，边疆屯垦再次兴起，全国有屯田 992 屯，各道合计为 1039 屯。西北是屯田的主要地区，陇右、河西有 326 屯，关内道有 240 屯，合计566 屯，占全国屯田半数以上。经过屯田兵卒及家属的艰苦开垦，屯田成为西北边疆重要的粮食生产基地，在满足戍边人员自身生存所需之余，一定程度上还可以支撑边塞城池的供给，传播中原先进的种植技术。在历史上，形成以边塞重镇为重心，经济活力向西北全域辐射的局面，带动西北整体经济发展。

古代屯田的推广是西北治理的重要环节，在制度层面支撑整个中古时期西北边疆的开发。关于古代西北边疆屯田的性质、功过等相关问题，学者们各有所见，观点并不一致，涉及西北干旱区历史上生态环境的内容，问题更为复杂。在黑水城开发过程中，屯田同样是最为重要的制度结构、行为主体与基层行政管理内容。以屯田戍卒为代表的汉人以劳动者和士兵的身份迁入边疆地区从事经济活动，成为中原王朝或边疆民族政权统治下从事劳动的社会基本成员，从踏入边疆就自觉地成为边疆民族的普通成员。西迁汉人在任何时候都没有享受丝毫特权待遇，他们从来不是边疆土地的征服者，他们永远是西北大地的开拓者、守护者。

汉人屯垦戍卒应该是国家的功臣，但他们的命运却十分悲惨。屯垦戍卒实际上不能随便返回中原故地，他们往往被超期滞留边疆，为与亲人团聚，他们的妻儿只得追随来到西北。最后在改朝换代之后，屯田的兵卒及家属往往被抛弃在偏僻的边疆，返回中原已无可能，永远留在西北大地成为他们的唯一选择。在民屯中包括一定数量的流犯，他们因犯罪被流放西北，至于这些犯罪之身在待遇和处境上究竟和屯垦戍卒有何区别，我们翻遍史料亦无法知晓。既然流入西北荒漠是惩罚犯人的手段，不知封建王朝让他们忠诚的士兵留戍边疆有何说辞。根据现存史料，我们没有看到哪位皇帝或大臣对屯垦戍卒流露出赞扬之意。其实，无论谁主朝政，历代统治者均无须考虑百姓的感受和切身利益，封建集权国家对百姓人身永远拥有绝对支配权，百姓之生死安危从不在他们的统筹考量之内。

史书对封建王朝屯田制度的记载很丰富，但对这些屯田军民的描述并不多。他们在边疆戍守、垦殖的日子过得如何呢？他们在环境恶劣的西北经受了怎样的磨难呢？中国古代伟大的唐诗给我们留下了有关屯垦者生活

的珍贵资料。唐代著名诗人戴叔伦创作了一首传世之作《屯田词》，描写
屯垦者一年的辛劳，从开春时节一家老小艰难耕作，到隆冬天寒地冻的肃
杀，字里行间刻画出屯垦劳动者的绝望生活。

屯田词

春来耕田遍沙碛，老稚欣欣种禾麦。

麦苗渐长天苦晴，土干确确锄不得。

新禾未熟飞蝗至，青苗食尽馀枯茎。

捕蝗归来守空屋，囊无寸帛瓶无粟。

十月移屯来向城，官教去伐南山木。

驱牛驾车入山去，霜重草枯牛冻死。

艰辛历尽谁得知，望断天南泪如雨。[1]

　　这是一首边塞纪实诗篇，真实讲述了西北屯垦的场景。第一句交代出
事情发生在西北戈壁滩，耕种条件艰苦，遍地布满沙砾。第二句描写劳动
者在春耕时充满希望，欢欢喜喜地播下种子。值得注意的是诗中特别写到，
有老人和孩子参加耕种，说明屯垦量很大，青壮年劳力不够用；应该是遇
到了旱灾年份，土地干燥，在麦苗生长的节气却无法下锄，种下的秧苗没
有熟，又闹了蝗灾，田地新长出的青苗都被铺天盖地的蝗虫吃掉，地头只
留下干瘪的一片秸茎，人们处于饥饿之中。后几句叙述这些驻屯兵到了冬
季，没有粮食，只好移屯到靠近城市的地方。应该是生活得好些了，谁知
又被长官派去南山中伐木。于是驾着牛车进山去，在霜重草枯的严寒气候
里，牛都冻死了，人的命运可想而知。诗人真实表达了边疆驻屯人的艰辛
生活，他们在灾荒、饥饿和被人无情驱使的困境中挣扎，流泪仰望南天，
有家而不能归，驻屯人的那种无奈、绝望在荒芜的土地上弥漫。

---

[1]［清］彭定求，等.编.全唐诗：卷二百七十三［M］.北京：中华书局，1980:3071.

二、汉人西迁

历史上汉人流入西北边疆的途径是复杂的，被朝廷以征召方式迁徙的人占多数，以来自中原的汉人屯垦戍卒为主，他们服从中原封建国家军事调遣，有组织、成规模地迁徙西北。其次，在北方农牧交界处，大批汉族青壮年人口常常被游牧政权掳掠至西北，战争中往往有被俘的汉族兵卒被游牧政权强制劳作。为数不多的自愿迁徙者是躲避战乱或因土地兼并而破产的中原百姓，他们在不同时期逃亡到遥远的西北讨生活。汉人躲避战乱流入西北，以魏晋南北朝时期为典型。西晋灭亡后中原长期陷入战乱，大批中原汉族南迁的同时，一部分汉族迁入较为安定的河西走廊。十六国中汉人建立的前凉立国 76 年，其统治的河西政局稳定，农业生产有所发展，汉人迁入人口增加。前秦苻坚灭前凉，从长江中游徙万户、中原地区徙 7000 余户于敦煌，后凉时期，吕光西征从中原调动 7 万多人来到西北，其中多数是汉族，这些人口永久留在河西走廊。南凉、西凉、北凉各政权都有过一定规模的人口迁移。

逃户和政府招募的贫民属于自愿迁入西北的人群。中原地区的百姓承担着繁重的赋税劳役，在遭受灾荒的年景，官府的横征暴敛导致大批农民破产，他们被迫逃离家乡。以种田为业的中原百姓还面临一个可怕的威胁，少数大地主、大官僚采用各种卑劣手段兼并土地，封建王朝一般是听任土地兼并的不断加剧，致使耕地愈来愈集中到官僚、富人手中。破产和失地的农民走投无路，有些私自结伴逃到西北，有些是由官府出面招募流入西北等偏僻地区。唐甘肃庆州怀安县是安置党项部落的地区，但有汉族逃户大量迁入，汉族人口渐多，开元十年（722 年）设县。另外，还有少数的潜逃罪犯、出使和和亲不归者，他们在整个汉人流入西北过程中所占比例不高。

前往边疆生存是富有冒险性的选择，包括逃户或者政府招募的贫民等流入西北的汉族人口，都是古代勇敢拓荒者大军的成员。他们充分体现出华夏农耕民族吃苦耐劳的精神，他们擅长耕作的传统、随遇而安的适应能力，加之封建王朝执行的严密的边疆治理，这一切促成了中原汉人如小溪、似洪流，生生不息地流入广袤的西北边疆。

边疆垦殖者的浩荡队伍里当然不能遗忘少数民族的成员。从羌、氐、匈奴、乌桓、鲜卑等，到柔然、敕勒、突厥、回鹘、奚等，再到吐蕃、契丹、沙陀、女真、党项、蒙古等，中古时期的众多边疆游牧民族生息在西北地区，都参与到边疆垦殖的活动中。羌、氐是西北古老的民族，从东汉初年到三国末期，大量羌人与汉族杂居，到隋初时羌人已全部汉化；氐人原住在今陕、甘、川交界处，西汉后期，氐人分布在西北地区，甘肃东南部武都氐人最为集中，至隋唐西北的氐人亦汉化。被匈奴击败的大月氏人的一部分迁至敦煌定居，最终和汉等其他民族融合，还有被称为小月氏的部落融入其他边疆民族。此外，匈奴、鲜卑等消亡的边疆民族后裔中，有一部分融入汉人或其他民族，一直生活在西北地区，从事农业或游牧活动。

被掳掠、被俘是汉人流入西北的另外一种残酷的途径。我们以西夏时期为例。西夏境域辽阔，劳动力不足，西夏统治者对外推行掠夺宋、辽、吐蕃、回鹘人口的政策，主要目标是北宋。西夏政权在宋、夏边界大规模掳掠汉人，在宋、夏多次战争中俘获大批宋兵，把他们强行带到西北边疆，迫使他们从事谷物种植。西夏有专门掳掠人口的军队，曾"摛生10万"，将掳掠人口多安置于作为其后方基地的河西走廊。《宋史》记载："得汉人勇者为前军，号'撞令郎'。若脆怯无他伎者，迁河外耕作，或以守肃州。"[1]河外者指黄河以西以北之地，当然包括河西的广大地域。西夏将掳掠、被俘的汉人送往边塞从事垦殖，这些汉人成为西夏屯田的成员。西夏军队把战俘视为战利品，在宋、夏战争中，西夏向宋方交还俘虏的情况极少，史

---

[1] [元] 脱脱，等.宋史·夏国下：卷四百八十六 [M].北京：中华书局，1977：14028-14029.

书记载的只有两次。1087 年，西夏归还五年前在永乐城之役中俘获的北宋士兵 318 人，第三年又归还吏士 149 人。1040 年，元昊进攻延州之前，在金明一带掳户便有四五万口，又掠河外属户殆尽，以致造成延州到丰州的夏、宋缘边地带不见人烟的现象。公元 1082 年的永乐之役，宋朝的将吏兵夫除死亡脱逃外，其余"或为部落所得，或为主者转鬻"[1]。其后 7 年，宋、夏双方谈判的条件是以战俘换土地，即宋朝归还西夏米脂、安疆和葭芦等，西夏归还部分汉人俘虏。政府要求归还俘人时，除以地界进行交换，还得另付赎奴钱财。

掳掠人口是边疆游牧政权长期推行的一项国策，辽、夏、金都存在掳掠汉族人口从事劳役的现象，直至西夏后期同金国交往中仍然采取各种手段掠夺、招诱对方人口。金海陵王正隆年间（1156—1160 年），西夏从金国掳掠了大批人口，其中大部分是汉人。在天盛十六年、十八年（1164 年、1166 年）西夏两次遣使乞求之后，金国才放弃对这批被俘人口的追索。西夏后期还从法律上鼓励招诱邻国军民，用以补充军队的兵源和劳力不足。

唐末以后，汉人成为西北最大的族群，进一步巩固了汉唐以来中原文化在西北根深蒂固的局面。唐朝末年、五代十国直到宋朝初年，西北地区被吐蕃占领。河西汉人张议潮起义，反抗吐蕃在西北建立政权，以归义军节度使的名义统治了河西地区十一州。归义军节度使的胜利是西北汉族人口高度聚集的结果，在归义军政权全面恢复和倡导中原文化的背景下，西北汉人再次和中原建立起直接联系。虽然西北在一段历史时期由少数民族政权割据，但西北汉人完整保持了中原的风俗习惯和文化传统。他们说汉语，耕田织布，温习儒家经典，在西北边疆传播华夏文明，发展先进的农业种植。归义军节度使政权的历史意义重大，此时华夏文明已经扎根西北边疆。迁入西北的汉人是中华文明扩散的践行者，他们传播华夏文化生生

---

[1][清]戴锡章.西夏纪：卷十九［M］.罗矛昆，点校.银川：宁夏人民出版社，1988：247.

张议潮统军出行图（局部）　敦煌壁画

　　《张议潮统军出行图》是一幅当时的现实题材作品，真实描绘出张议潮收复敦煌的重大历史事件。

回鹘贵妇人　敦煌榆林窟壁画

　　回鹘服装颜色以暖色调为主，高高的发髻上戴一顶缀满珠玉的桃形金冠，在唐宋贵妇及宫廷妇女中广为流行。

不息，在稳固西北疆域方面起到中流砥柱的作用。

　　回鹘西迁之后势力大增，成为西北主要的游牧民族之一。回鹘的一支迁至河西走廊，称为河西回鹘或甘州回鹘。归义军节度使于 11 世纪被河西回鹘吞并，不久后河西回鹘被兴起的西夏王朝攻灭。归义军政权治下的汉族民众大多留在河西，接受了西夏政权的统治。大部分河西回鹘部众留居河西，后走上了"汉化"的道路。在西夏社会中，汉人始终是人口最多的民族，其次是党项人、吐蕃人和回鹘人等。中古时期，汉人群体稳居西北地区人口数量第一，西夏、元朝少数民族政权直接管辖西北，庞大的汉人群体再次投身西北边疆开发，屯田制依然传承，宋朝先进科技源源不断传入西北，汉、唐开发西北的进程得以继续推进。11—13 世纪，尽管中国历史处于群雄争霸，但西北地区纳入中华版图的历史进程已经不容逆变。

三、中原农业文明向西扩散

　　中原地区的平原农业种植文明地理范围呈现不断扩大的趋势，对东亚社会发展起到重要的促进作用。中原汉人创造的人工灌溉系统和精耕细作的种植技术，使得农业生产可以在多种气候环境里蓬勃发展，大大降低了进入人类文明的门槛。不同于征服和殖民其他民族或他人家园，汉人农业文明以种植技术上的先进性及农业经济社会结构的成熟度为优势，吸引周边民族纷纷主动将他们贫乏的社会纳入中原地区的农业文明中。当亚洲季风气候地区普遍接受中原农业文明，广泛建立起农业经济后，古代中原农业文明在东方传播的使命才得以完成。

　　西北内陆干旱区的自然环境特别适宜接受中原农业种植技术，西北农业发展史是古代农业生产方式在干旱、半干旱区的成功实践，是荒漠绿洲开发的艰辛探索。边塞地区垦殖发展方式是独特的，不是从早期个体简陋的耕种成长壮大，而是从一开始就直接进入大规模、田亩成片的发达农业生产。在农业经济时代，随着农耕技术的发展和传播，农业生产范围不断扩大，这是古代历史发展的潮流，西北地区接受中原农业文明势在必行。自春秋战国以来，北方游牧民族因草原经济形态不能完全满足生活需求，他们需要从中原农业地区索取粮食等生活资料。有时他们通过民间贸易换取生活物资，有时依靠武力直接掠夺农业区，都为最后引入农业经济创造条件，把北方游牧民族融入更为先进的华夏文明。华夏农业文明不仅是汉人社会的骄傲，其卓绝的成就足以震撼周边，从干旱贫瘠的西北、高海拔的雪域高原，到渔猎的大兴安岭、刀耕火种的南方，均无法抗拒华夏农业文明的魅力，西北边疆多民族地区和中原地区统一在共同版图是不可避免的趋势。游牧民族虽然几度入主中原，但华夏文明却能世代相传；边疆地区数次出现少数民族割据政权，但中华多民族统一国家牢不可破。由屯垦带动的农业文明向西扩散把游牧民族和农耕民族深刻地联系起来，奠定了幅员辽阔的中华版图。

历史上汉族人口向西北、向南方迁徙是中古时期的重要历史现象，从社会地理学角度分析，应该是华夏文明扩散的结果。中原农业文明扩散及汉人西迁的历史作用突出，他们在西北传播先进农耕技术以及中原手工业工艺，传播儒家文化和汉地佛教文化，推进西北经济文化发展。在中原农业文明向西扩散的过程中，边疆屯垦戍卒功不可没。从他们踏上戍边之旅开始，个人一生的命运将彻底改变，他们中的大多数人是一去不返，再无缘看到家乡熟悉的庄稼地，再无法给年迈的高堂养老送终，对于从小接受儒家文化的中原农民子弟来说，这是他们生际莫大的悲哀。但我们通观史料，在历朝边疆戍卒征召中，没有看到中原农民有任何抗拒的记载，没有发现边疆戍卒成建制从边疆逃跑回乡的记载，足以证明中原农民履行国家职责、勇于西北拓荒的勇气。这个特殊人群最后的归宿是变身为生活在西北的永久移民，西北成为他们的新家园。屯垦戍卒成为西北普通的封建编户，他们的子孙已经完全从事生计性的经济活动，或军或民，都以西北边疆百姓的身份承担当地官府的赋役。他们的个体身份在融入边疆社会的同时，不自觉地完成历史上汉人拓展疆土和西北边疆民族融合的历程，实现了古代中原农业向荒漠干旱区扩张的创造性生产活动。

西北屯垦及汉人移居边疆对中古时期中国历史发展的积极意义是不可估量的。我们有必要认真思考研究古代屯田制和成千上万奔赴边疆的屯垦戍卒，因为屯田广泛而深刻地影响到西北边疆的政治军事和社会经济。通过这场持续数千年的波澜壮阔的农业扩散运动，把整个西北干旱区正式纳入了中国历史发展的进程。尽管西北边疆的游牧民族在行政管辖方面拥有更大的自主性，有些甚至"建国称帝"，但中华文明在西北边疆世代传承。在内地和边疆之间，各民族的成员经常在中华大地流动、移居，历代王朝的统治者无论是哪个民族，都不约而同地接受民族和睦的生存之道。从欧亚大陆的温带东部、高原山地和秦岭—淮河线南北，一直到亚热带季风性湿润气候区及部分热带的海岛，中古时期已经属于统一封建国家的不同地区，其中展现出的内在凝聚力是无比强大的，汇成了国家统一、民族团结的历史潮流，直到当代依然发挥着巨大作用。

历史上汉族人口无比庞大，但从来不具有对外的侵略性。世代自给自足的小农经济环境决定了汉人封闭的生活方式、内敛的性格特征。汉族源于上古中国的华夏部落，兴起于中原地区。从春秋战国开始，中原农业经济迅猛发展，形成傲视周边的华夏农业文明优势，开启华夏农业文明的长河。以精耕细作为核心的华夏农业第一次在食物供给上具备养活高密度人口的能力，土地上生长着喜人的庄稼，村邑、桑田处处坐落，鸡犬之声相闻，中原大地成为当时世界上人口最稠密的地区之一。中原地区安居乐业，人丁兴旺，在经济规模、人口数量上一直走在世界历史的前列。秦汉时期建立统一的封建王朝，汉族的族称得以确立，历史上和周边民族长期交融过程中，共同凝聚为以汉族为主的多民族的华夏儿女。"春耕夏耘，秋获冬藏，伐薪樵，治官府，给徭役。春不得避风尘，夏不得避暑热，秋不得避阴雨，冬不得避寒冻。四时之间亡日休息。又私自送往迎来，吊死问疾，养孤长幼在其中。"[1]这段讲述农人的经典文字出自西汉大臣晁错的《论贵粟疏》，道出耕农一年里的日常生活。农人一年到头在田间地头忙碌不停，风里来，雨里去，服从官府的管理，完成各种封建税赋徭役；他们充满人情味儿，百姓之间送往迎来，相邻间谁人有难，大家都要去探望，谁家有人亡故，都去上门吊唁。特别重要的是，这段叙述中指出，乡亲们有责任养育失去父母的孤儿，高尚的民间道德风尚洋溢出友爱、和善。四季耕作，承担赋役，养育家庭，邻里和睦，这是自古汉族男女一出生就具有的秉性，无论历史背景怎么变化，难以改变他们的这种心理感知特性及行为趋向。他们用精湛的种植技术来满足个体生存，营造出群体互助的社会氛围，充分实现种族繁衍，扎根于农耕文明的沃土，收获古代社会丰富的物质产品，这样的历史环境养育出汉族温和、自我满足的天性。

朱陈村（节选）

家家守村业，头白不出门。

生为村之民，死为村之尘。

田中老与幼，相见何欣欣。

一村唯两姓，世世为婚姻。[2]

这是唐朝大诗人白居易的诗句。唐代诗人白居易笔下的农耕生活是如此恬淡，充满和平、宁静，甚至略有些封闭、保守。如此汉族聚集村落历史上普遍存在于黄河流域、长江流域、珠江流域等大江南北。我们可以把华夏的农耕生活视为一种典型的、封建的、宗法的和田园诗般的关系，在人与人、人与自然之间达到了一种和谐。有人不无贬义地视其为小农经济作祟的社会状态，认为是封建专制的经济基础。无论如何，以实用技术发明和宗亲关系为标志，汉族的生存竞争能力在世界古代史上一路领先，他

[1] [清] 吴楚材，吴调侯，编.古文观止：卷之六 [M].北京：中华书局，1959：247.
[2] [清] 彭定求，等，编.全唐诗：卷四百三十三 [M].北京：中华书局，1980：4780.

们没有理由通过对外扩张来完成族群的生存之路。事实上，他们面临的严酷挑战是如何保卫自己丰厚的劳动成果，封建统治者的贪婪之手不停地搜刮百姓的粮帛，"急政暴虐，赋敛不时，朝令而暮改。当其有者半贾而卖，亡者取倍称之息，于是有卖田宅、鬻子孙、以偿债者矣"[1]，这是西汉大臣晁错《论贵粟疏》揭露的事实。

---

[1]［清］吴楚材，吴调侯，编.古文观止：卷之六［M］.北京：中华书局，1959：247.

第二节　西夏、元时期西北社会面貌

一、唐末五代西北的凋敝

在盛唐统治时期，西北边疆社会经济高度发达。从唐太宗开始，唐朝统治者对西北地区十分关注，成功地将王朝的实力拓展到西北的广大区域。经过魏晋南北朝民族大融合之后，到隋、唐的统一，边疆民族政策趋于开明、平等，不同程度地摒弃了以往"夷狄兽心，不与华同"的民族歧视。唐朝在西北设置行政管理机构，640年设安西都护府、北庭都护府等机构管辖天山南北及葱岭以西，716年设安西节度使管理河西走廊，西北边疆开发迎来高峰。唐朝国力雄厚，其进步的民族政策和治边理念迅速实施。西北边疆在大唐的有效治理之下，社会安定、民族关系和谐，推动了边疆经济的发展，对西北地区开发大有裨益。北宋司马光在《资治通鉴》中记载了唐天宝十二载（公元753年）的盛唐情况："是时中国盛强，自安远门西尽唐境凡万二千里，间阎相望，桑麻翳野，天下称富庶者无如陇右。"[1] 这段记载并无夸张，更多的史料记载证实了"富庶者无如陇右"的真实性，在中国封建社会的顶峰唐朝时期，天下最富庶的地方有西北的一份。西北边疆的稳定发展是唐朝丝绸之路繁荣不应忽视的地理人文因素，沿途不断

---

[1] [北宋] 司马光.资治通鉴：卷二百一十六 [M].北京：中华书局，1956：6887.

的军镇城邑把中原、西北和葱岭外的广大区域联系起来，中西亚游牧民族的商队尤为活跃，一直是商贸活动的骨干力量，一串串珍珠散落般的绿洲能安排人马车队的食宿和沿途交易，和平稳定的政治环境是贸易安全的有力保障。西北边疆得力于丝绸之路贸易大通道，在盛唐时期，经济文化空前发展，欧亚大陆东西方商队络绎不绝，兴起敦煌等世界著名的国际文化交流中心。

安史之乱给唐朝带来空前灾难，西北边疆地区的防务全面瘫痪，吐蕃乘唐朝边备空虚之机，相继以武力攻占河西、陇右诸州。《旧唐书》记载："及潼关失守，河洛阻兵，于是尽征河陇、朔方之将镇兵入靖国难，谓之行营。曩时军营边州无备预矣。乾元之后，吐蕃乘我间隙，日蹙边城，或为虏掠伤杀，或转死沟壑。数年之后，凤翔之西，邠州之北，尽蕃戎之境，淹没者数十州。"[1] 吐蕃大肆掠夺人口为奴，驱赶家畜，烧毁人们居住的房舍，破坏了农业地区小农经济为主的封建生产秩序，西北边疆经济生产遭到毁灭性的打击。唐末五代吐蕃统治西北时期，西北农业经济全面倒退，气候变化的原因是不可忽视的。811—930 年，属于中国气候变化的"唐后期至五代冷期"，气候变冷导致北方农业圈东移，对西北经济影响严重。河西走廊等农牧交会地带农牧业艰难支撑，精耕细作的种植方式难以为继，取而代之的是落后的粗放耕种；传统优良牧场的牲畜承载力大幅下降，只得把以前耕种的田地转为牧场。在此历史背景之下，吐蕃奴隶制开始大行其道，生息在西北边疆的百万民众置于吐蕃统治，成为吐蕃奴隶主的奴婢，西北社会重新倒退回奴隶制时代。唐朝著名诗人张籍的《陇头行》描写了当时凉州（今甘肃武威市）陷落时的惨状：

---

[1]［后晋］刘昫.旧唐书：卷一百九十六［M］.北京：中华书局，1975：5236.

陇头行

陇头已断人不行，胡骑夜入凉州城。

汉家处处格斗死，一朝尽没陇西地。

驱我边人胡中去，散放牛羊食禾黍。

去年中国养子孙，今着毡裘学胡语。

谁能更使李轻车，收取凉州属汉家。[1]

凉州是河西走廊第一大州，人口众多，经济发达，但安史之乱后已是道路中断，行人不见，黑夜里骑兵闯入城中杀人越货，西北处于社会秩序混乱之中。奴隶制的特征就是视人为劳动工具，漠视老幼生命和剥夺奴隶所有的劳动成果。唐人沈亚之的《沈下贤文集》卷十中载："自轮海以东，神乌、敦煌、张掖、酒泉，东至于金城、会宁，东南至于上邽清水，凡五十郡六镇十五军，皆唐人子孙，生为戎奴婢，田牧种作，或丛居城落之间，或散得野泽之中。"[2] 从记载看出，当时百姓以奴婢的身份劳作，不论是种田还是放牧，有的散布在荒郊野外生活，有的流落在村落或城邑的外面，劳动者的实际处境几近于原始社会栖身丛林荒野的野蛮时代，难以想象这种社会环境里的生产会落后到何种地步！

二、西夏农业成为主导生产类型

在西北建立政权的众多游牧民族里，党项人最初不曾生息在欧亚大草原上，他们的起源地不在亚洲内陆，而是在黄河上游的青藏高原一带。《旧唐书》载："其界东至松州，西接叶护，南杂春桑、迷桑等羌，北连吐谷浑，处山谷间，亘三千里。""畜犛牛、马、驴、羊，以供其食。不知稼

---

[1] [清] 彭定求，等，编. 全唐诗：卷三百八十二 [M]. 北京：中华书局，1980：4284.

[2] [唐] 沈下贤. 沈下贤文集：卷十 [M]. 上海：上海古籍出版社，1960：66.

稿，土无五谷。"[1]党项人是游牧民族，生产力落后，早先不从事农业种植。中古时期北方边疆民族可以分为两大族属：一支是活动于中亚和蒙古高原的阿尔泰语系民族，即西域、漠北的"诸胡"；另一支是青藏高原上的"诸羌"。在隋、唐时期"诸胡"被突厥统治的时间较长，"诸羌"一直接受吐谷浑的控制。党项和其他少数民族在广阔的地域混居，处于氏族部落阶段。各部落之间的联系还不够密切，党项人尚处于松散的部落联盟阶段。党项人和他们的宗主吐谷浑的关系还算融洽，他们在吐谷浑的领地里继续保持着自己的风俗习惯和部落组织。

北周、隋末党项部落逐渐内迁至西北，最初迁徙的原因可能与吐谷浑受到中原王朝军事打击而势力削弱有关，吐谷浑控制党项的能力减弱。党项族拓跋部拓跋赤辞当年在吐谷浑政权的扶持下势力大增，已具政权雏形。在大唐强盛的背景下，党项采取了务实的归附唐朝策略。青藏高原的吐蕃政权急剧扩张，对党项构成直接威胁，部分部落又一次向内地方向迁徙。贞观十年，党项人大举迁入陕北一代，唐王朝把党项人安置在夏、绥、银、宥四州，在唐朝开明边疆政策的庇护之下，党项成功地摆脱了吐蕃的打击和压迫，在新的土地上不断发展壮大，原本由血缘、风情维系的党项部落，开始形成独立的地方政权。部落贵族把持的财产显著增多，阶级分化严重，农业得到发展，党项人势力渐大。《金史》称西夏人，"风气广莫，民俗强梗尚气，重然诺，敢战斗"[2]，他们民风强悍，充满尚武精神，预示着党项人将成为11—13世纪西北边疆的一支重要力量。

在党项崛起的唐末五代，以河西地区敦煌为中心，西北的汉人建立归义军节度使政权。归义军在辖区内全面恢复唐制，废部落制，重新登记人口、土地，制定新的赋税制度，西北开发的进程出现恢复的迹象。在吐

[1][后晋]刘昫.旧唐书·党项羌：卷一百九十八[M].北京：中华书局，1975：5290,5291.
[2][元]脱脱，等.金史·西夏传：卷一百三十四[M].北京：中华书局，1975：2877.

西夏王　藏俄罗斯艾尔米塔什博物馆

西夏历史上有李继迁、李德明和李元昊三位著名帝王。

蕃向青藏高原退缩和回鹘力量壮大时，党项首领李继迁于咸平五年（1002年）集结重兵攻陷灵州城，掌握了富庶的银川平原，走向称霸西北边疆之路。后继者李元昊依靠出色的军事才能打败回鹘，成功占领河西走廊后建国称帝，疆域范围在今宁夏、甘肃西北部、青海东北部、内蒙古以及陕西北部地区。西夏是来自青藏高原的党项人建立的，他们和吐蕃语言同系，族源相近，地域衔接，双方具有千丝万缕的历史文化渊源，且西夏社会的发展程度比起吐蕃还要落后。西夏帝国给西北大地带来的究竟是经济持续倒退的灾难，还是恢复经济、传承汉唐的西北开发呢？党项人选择了效仿北宋制度的发展之路，西夏的国家体制和统治深受儒家政治文化影响，西夏社会迅速向封建制度过渡，而吐蕃对他们的影响仅仅局限在佛教等几个方面。西夏采用封建生产方式恢复了西北开发，在其统治的200年时间里，西北经济有了长足的进步。

西夏发展农业经济有气候变化的原因。西夏建于1038年，中国气候变化再次进入"宋元暖期"（931—1320年），有利于西夏经济发展。党项人积极学习宋朝的农业生产技术，稳定了西北的社会秩序，在各族农牧民的劳作下，西夏开垦荒地，改善种植，经济逐渐恢复。西夏农业彻底摆脱了吐蕃统治时期的粗放式生产，全面向宋朝精耕细作农业靠拢，搭上唐、宋农业精耕细作技术扩展历史阶段的顺风车，把西北开发的进程再次引入历史发展的快车道。先进的农具是精耕细作技术发展的基础。西夏广泛使用配套有型、样式多种的农具，以适应农耕的实际需要。专家根据出土文物，发现西夏的犁铧、镰刀较为先进，"如犁铧有大、中、小三种，有深耕用的大型犁铧，浅播、中耕用的小犁铧等。翻土用的犁竟也有两种形制，这些结构日趋完善、配套成龙的农具，可适用于开荒、起垄、播种不同作物、中耕等不同作业。镰刀也有两种形制，一种是伊金霍洛旗牛其圪台窖藏出土的平刃半圆形背，类似于肇东八里城出土的金代手镰，另一种是月牙形带有銎，可以安装手柄，既可收割高矮不同

西夏酿制图 敦煌榆林窟壁画

酿制图是当时厨房内加工和制作食物的一个场景，说明西夏人的饮食已达到较高水平。

作物，又能完成收割、掐穗等不同工序"[1]。水利灌溉是影响农业生产的主导因素之一，通过修建灌溉系统来改变农业环境，提高土地生产率，是中国古代农业技术的精华之一，尤其在西北干旱区发展农业生产，兴修水利工程是必不可少的关键环节。西夏建国后，大力修整唐代的水渠系统，西夏中期法律明确制定了有关水利的条款，《天盛改旧新定律令》卷十五对水利工程管理做出了较为完备的规定，虽然西夏时期主要是修缮和恢复使用汉、唐遗留的水利设施，开发的新渠不多，西夏开凿的"昊王渠"属未完工的水利项目，但西夏的水利灌溉仍然比较发达。史书记载对西夏灌溉给予较高评价，诚如《宋史》所说："其地饶五谷，尤宜稻麦。甘、凉之间，则以诸河为溉，兴、灵则有古渠曰唐来，曰汉源，皆支引黄河。故灌溉之利，岁无旱涝之虞。"[2] 可见西夏时期河西走廊黑河流域灌溉和银川平原的引黄灌溉相当成功，达到旱涝保收的水平。西夏时期银川平原沿黄灌区有耕田 100 万亩左右[3]，开创了历史新高。河西走廊的耕田接近唐朝的 50 万亩左右，赵俪生先生考证："甘州屯田 2 千顷，凉州屯田 1.8 千顷，肃州屯田 0.6 千顷，瓜、沙二州无数字记载。"[4]

　　辛勤开垦的农田是古代文明的标志之一，长势喜人的庄稼和大草场成群牲畜相毗邻，修建的管道流淌着略带沙土的清水，土地平整划一，这里春耕夏耘，秋收冬藏，农牧民人丁兴旺，抹去了唐末五代的荒芜场景，一度废弃的城池再现官府、居所，西夏疆域处处呈现兴旺发达的发展势头。

---

[1] 李玉峰. 从考古资料看西夏农业发展状况 [J]. 西夏研究，2015（2）：60.

[2] [元] 脱脱，等. 宋史·夏国下：卷四百八十六 [M]. 北京：中华书局，1977：14028.

[3] 陈明猷. 贺兰集 [M]. 银川：宁夏人民出版社，1994：75.

[4] 赵俪生. 古代西北屯田开发史 [M]. 兰州：甘肃人民出版社，1997：179.

西夏流铜壶　藏宁夏西吉博物馆

西夏存在一批自耕农阶层，他们拥有少量的土地，生活较为稳定。农户在田间劳作休息时可用流铜壶喝水。

西夏铁锄　藏内蒙古鄂尔多斯博物馆

党项族在迁居西北地区后逐渐学会了农耕生产，西夏设农田司管理农业生产。西夏在农业生产中普遍使用铁制农具和牛耕，农具有犁、铧、镰、锄、锹等。

西夏铁铧镜　藏内蒙古鄂尔多斯博物馆

西夏铁铧镜体量较小，降低了犁铧的耗材，减少了牛对犁具的挽力，便捷易制。

三、元代西北行政变迁

在成吉思汗一系列征战和元朝统一中国的过程中，西北边疆经历战火摧残。蒙古军队的对外战争具有征服性质，在战争期间执行残酷的镇压政策，敢于英勇反抗的地区被屠杀和奴役，经济生活遭受破坏，给欧亚大陆文明带来巨大的冲击。《蒙鞑备录》载："蒙古兵攻城，城破，不问老幼、妍丑、贫富、逆顺，皆诛之，略不少恕。"[1]但蒙古帝国的建立客观上有利于欧亚大陆东西交通畅通无阻，很大程度扫除了东西方文明交流的地域障碍，在战争平息后，蒙古随即退出了世界征服者的角色，他们在欧亚建立的政权纷纷融入所在区域的文明进程中。元朝和钦察汗国、察合台汗国、窝阔台汗国与伊儿汗国四大汗国及各宗藩政权彼此之间存在着密切关系，从而使得中国、中亚、西亚和东欧的联系进一步密切起来，欧亚大陆上各个文明的交流出现空前活跃的新局面。借助欧亚大陆通畅的劲风，西北地区在欧亚交流中的地理位置再次凸显。

元朝一直把漠北作为统治中心，从成吉思汗斡难河（今鄂嫩河）被拥戴为大汗，到窝阔台、贵由、蒙哥三代大汗，都坚持以北方草原为国家本位，"太祖皇帝，肇定区夏，视居庸以北为内地"[2]，窝阔台于1229—1241年继任大汗前后12年，试图有所改变，但效果不明显。1260年忽必烈建立元朝，其统治地区延伸到中国整个农耕区，开始接受中原王朝的政治制度和文化及生产技术。北方草原仍然在蒙古贵族的视野里占有核心区的地位，对漠北草原历史及西北垦殖产生重要的影响。

元朝统治者在西北等边疆设宣慰司、行省等机构进行治理，元代扫平了西北地区各政权并立的局面，在陕西、甘肃设立行省，直接管辖青藏地区、新疆东部地区建立的行政机构，西北与内地的经济交流达到了历史新阶段。

---

[1] 王国维.王国维遗书·蒙鞑备录笺证［M］.上海：上海书店出版社，2011：12.

[2] ［元］袁桷.清容居士集·华严寺碑：卷二十五［M］.四部丛刊景元本，2015：290.

元朝政府在西北复杂的地理环境下修建了规模宏大的驿道交通系统，在西北地区交通建设上取得很大成绩。元代邮驿可上溯到成吉思汗征战时期，在河西走廊等地建立通向中亚的驿道，大交通系统是元代分享到的蒙古帝国纵横欧亚大陆的最优质遗产。元代建立马匹递送为主的驿站和步递为主的急递铺，仅甘肃驿站、递运所就有 200 多个。每驿额定有驿马、驿夫及粮草、银两等，为经济开发提供了很大的方便，元代西北交通建设达到了历史上的高峰。

元朝军队把进攻的方向指向南宋，这是横扫欧亚的蒙古军队最后的辉煌。他们把西北等北方草原地区发展为进攻南宋的基地之一。元代首先在西北解决西夏原统治区的问题，中统二年在西夏故地始设西夏中兴等路行中书省，治中兴府，管理宁夏平原一带。在西北形势稳定后，至元三年（1266年），罢省立西夏宣慰司（后改西夏惠民局）。后又复立西夏中兴等路行尚书省，改立甘州行中书省，治甘州。元初西北行政管辖的多次变动可能是元对西北统治政策不明确造成的。在西夏故地有两部分重要的地段，一个是河西走廊，另一个是宁夏平原，哪个地方应该为西夏故地的行政中心，元代一时无法确定，元西北行政区划多变和朝廷限制诸王特权有关。到了至元二十二年，又罢甘州行中书省，设西夏行中书省。次年，徙省治于甘州，改名甘肃行中书省。至元三十一年，分设甘肃、宁夏行中书省。元贞元年（1295年），撤销宁夏路行中书省建置，以宁夏府路隶属甘肃行省，元代最后把河西走廊区域定为西夏故地的行政中心所在。

元代在西北设立交钞提举司等机构值得一提。为了加强西北地区和内地的经济交流与互补，元朝中央政府在西北地区设立交钞提举司等机构，印造和发行纸钞，在西北地区积极推行钞法。钞作为一种纸币是元代全国唯一通用的法定货币，钞印初用木版，至元十三年（1276年），改铸铜版，其后每年均改铸新版印钞。元代朝廷强制纸币大流通，对促进商品经济发展的作用不明显，但给社会造成的危害触目惊心。元钞发行后就出现贬值，

1307—1353 年，钞法愈坏，滥印钞币，人视之如废纸。至正十六年以后，公私所积之钞一律作废。元在西北地区发行钞币、推行钞法，无论如何不能得出其在促进西北地区和内地经济交流及商业发展方面起到重要作用的观点。

征服者特征是元朝统治的本色，元朝统治家族把其管辖的地区和百姓视为自己的掠夺品，就像自己抢夺到了一只肥羊，或者一件华丽的外套，除了任意宰割、咀嚼，就是用来炫耀自己的功绩。元代建国以后，蒙古完成了对中原农耕地区的征服，统治集团的内心仍然延续大蒙古帝国的征服意识，蒙古贵族提出将汉族农业区改为牧场，"汉人无补于国，可悉空其人以为牧地"[1]，从成吉思汗到蒙古的四任大汗，都坚持实行草原本位政策，"视居庸以北为内地"，而将中原只看作帝国的东南一隅，从未考虑过针对汉地的特殊状况，采用历代中原王朝的典章制度加以统治和管理。在大蒙古国统治下的半个世纪中，中原法制不立，缺乏秩序和稳定感，贵族军阀剥削残酷，竭泽而渔，平民百姓"虐政所加，无从控告"，其根源就在于这种间接统治方式和草原本位政策。窝阔台时耶律楚材当权，试图改变上述状况，但以失败告终。直到 1260 年，忽必烈即汗位后，定都汉地，改行汉法，并击败其弟阿里不哥的竞争，夺回漠北，才将蒙古国家的统治政策由草原本位变为汉地本位。大蒙古国由此正式变成了元王朝。

蒙古贵族在这段时间里不仅继续巩固、强化千户百户等新的制度体系，而且充分利用被征服地区的社会资源，包括物质财富、劳动力等，为漠北草原服务，使荒远的亚洲腹地进入一个暂时繁荣的黄金时期。波斯史家志费尼在极言当时草原生活变化幅度后说："蒙古人的境遇已从赤贫如洗变成丰衣足食。"[1]这种持续稳定而繁荣的局面，大大促进了蒙古族社会发展进程。即使到忽必烈定都汉地以后，由于草原本位政策的残存影响，元朝统治者对漠北依然予以超常的重视，在行政上设宣慰司、行省等机构进行治理，在军事上派大量军队屯驻，在财政上不断给予巨额经费拨赐。终元一代，漠北一直由中央牢牢控制，与前代王朝（如唐、辽等）治下羁縻约束、叛服不常的情况截然不同。在国家一统的大形势下，漠北的社会结构不会再顺着成吉思汗时期的道路发展下去，元朝虽然在 14 世纪下半叶灭亡，但漠北已经不再出现新的游牧民族政权。

---

[1] [波斯] 志费尼 . 世界征服者史：上册 [M] . 何高济，译 . 呼和浩特：内蒙古人民出版社，1980：22.

第三节　黑河下游最后的垦殖

一、黑河下游人类活动区南移

　　黑河下游历史上农业开发时断时续，农田区域呈现迁移状态，在空间位置上逐渐由额济纳河下游向古绿洲的中上游转移。汉代以居延为中心，人类农业屯垦活动几乎遍布整个古绿洲，农业区域位于额济纳河干流左岸，在河流干流右岸也有开垦。西夏、元时期，分布于额济纳河流域的古遗址数量总计为 89 处，利用遥感数据新发现约 70 处古遗址，其中绝大部分位于古绿洲南部。西夏、元时期，汉代耕田的一部分早已荒废，西夏耕田部分使用汉代的，部分是新开发的。西夏、元为什么不是大量直接使用汉代开垦的农田而重新在周边新开垦的原因尚不清楚，可能是黑河流域水量下降，额济纳绿洲可以开垦的土地减少，西夏、元农田区被迫向上游方向移动。学者在古绿洲南部采集到小麦粒和灌丛叶子开展测年研究，测年结果表明古绿洲南部的古垦区和灌溉渠道是西夏、元时期，而北部区域的绝大部分农业区应该是汉代的。在绿洲北部区域是否存在西夏、元重复使用汉代农业垦区的天地和水利设施，还需要进一步研究，一般说来，被弃用农田难以复耕，其对生态造成的破坏是不可逆转的。西夏、元时期的农耕区以黑水城为中心，农业区域在绿洲的南部，主要在额济纳河干流右岸，河流左岸有零星分布。学者利用遥感影像重建了额济纳绿洲历史上农业灌溉渠系的空间分布，胡宁科先生对该地区的古渠道进行了测绘，"人工灌溉渠系通过一级灌溉渠、二级灌溉渠和三级灌溉渠等至少三个级别的渠系构成了层级农业灌溉系统，渠系的宽度 1.5—9.0 米，最长的一级渠系超过 20千米，最短的三级渠系只有几米。其中，农业灌溉系统中的一级灌渠累计总长约 170 千米，二级灌溉渠累计总长超过 220 千米。农业灌溉方式主要是通过不同级别的灌溉渠系互相传导将河流水引进最终灌溉的地块中，此种农业灌溉方式与中国现代干旱区施行的农业灌概引水方式基本类似。遥感重建的历史时期农业灌溉渠系的空间精细化分布，为研究该地区历史时期灌溉农业的发展规模提供了更多的直接证据。绿城垦区内现存的历史时期人工农业灌溉渠系是古居延绿洲上保存最为完好的区域，可通过高分辨率遥感影像辨识出古代整体的农业灌溉系统，是研究垦区历史时期农业灌溉方式的缩影和典型代表，此垦区内绝大多数人工农业灌溉渠系推测主要修建和使用于西夏、元时期"[1]。专家对黑水城附近绿城的人工农业灌溉渠系的观测结果是否对整个西夏、元时期的额济纳绿洲都有效，目前还不能下结论。但可以肯定的是，西夏、元时期，额济纳曾经有过较大规模的水利修建活动。灌溉系统是古代农业发展的核心问题，光学遥感对被风沙和沙包所掩埋部分古灌溉渠无法观测，古代灌溉的流量、夯土筑灌渠的渗透率、灌溉水量等详细的信息还无法获取。

　　西夏、元朝时期，黑水城农业屯垦活动的范围大大减小。专家对古代农业地域面积的计算不尽相同，汉代农业地域面积为最多，唐代较少。史书对元代黑水城屯垦面积和人数记载不全。李逸友先生根据渠灌溉地估计500 顷，《元史·地理志》所记"合即渠可灌溉九十余顷，其余各渠灌溉土地数字不明，初步估计应在五百顷以上"[2]。吴宏岐先生根据合即渠屯田新军 200 人和黑城文书中所见吾即渠、本渠的户口数推断出亦集乃路

---

[1] 胡宁科.黑河下游历史时期人类活动遗迹的遥感调查研究 [D].兰州大学博士论文，2014.
[2] 李逸友.黑城出土文书：汉文文书卷 [M].北京：科学出版社，1991：20.

西夏耕牛图 敦煌榆林窟壁画

西夏在农业生产中已普遍使用铁制农具和牛耕，西北经济得到进一步发展。

的农业人口接近 5000 人。[1] 专家依据水渠推断屯垦面积和人口的方法是科学的，其得出的结论可以在研究中作为重要的参考。

黑水城的适宜耕种土地十分有限，受到周边环境的影响，农业活动的范围仅仅局限在绿洲的部分地区。绿洲活动区域中包括一定数量的非耕地，主要有建筑用地、灌溉渠、道路、田埂及小面积的林草地等，现代中国干旱区农业绿洲的耕地系数平均在 15%—25%，按此推算，古代额济纳绿洲耕地面积要在农业面积的基础上减去 20% 左右为宜。位于西北荒漠边塞的黑水城，受到地理空间限制和以水源缺乏为表征的自然资源稀缺的影响，农业开发受到很大制约，开垦面积并不是无限制地扩展。目前的研究不能解决黑水城历史时期农业发展的诸多问题，无法形成对黑水城农业开发的完整认识。我们对古代额济纳绿洲气候、水资源等多方面数据的认识是间接的，主要是根据现代额济纳的自然环境推测出来的，与历史上不同时期的真实情况会有较大出入。在自然因素不断变化与不同历史阶段人类活动背景下，历史上西北干旱区的农牧业生产和环境变化的关系是极为复杂的，我们不能简单地把农业区域的变迁视为有害于生态环境。

当西北荒漠绿洲进行农业开发时，不可避免地面临自然环境的挑战，黑河下游农业区域迁移必然涉及生态问题。额济纳绿洲历史时期经历多次开垦、弃耕、复耕、废弃，对当地生态环境产生的影响到底有多大呢？自然环境具有在一定程度上进行有限自我修复的功能，自然环境可以通过大气、水流的扩散、氧化以及微生物的分解作用，将遭受破坏的环境加以适当恢复。人工开发土地改变地貌特征，大气、水流和微生物等均发生变化，自然环境的自我修复功能被严重削弱。人工开垦的农田被废弃的话，对生态的破坏比不开垦时更严重。造成额济纳绿洲农业开垦、弃耕交叉出现的原因有两个：一是战争爆发引起的短时间内土地种植全面的破坏；二是气

[1] 吴宏岐.《黑城出土文书》中所见亦集乃路的灌溉渠道及相关问题 [J].西北民族论丛：第一辑.北京：中国社会科学出版社，2002：145.

候变冷导致的种植业逐渐衰落。如果开垦的农田撂荒，由于天然植被已经人工改变，弃耕的土地极易沙化。历史上西北边疆战火不断，农田水利屡遭破坏，战争等人为因素导致的农业生产中断，对生态环境的破坏更为致命。战争极大干扰黑水城及周边地区的环境自净能力。首先是水利灌溉设施屡遭破坏。农田水利工程可借助调节农田的水资源，实现生态环境的改良，促进农作物的生长。农田水利设施被破坏就会破坏人们对水资源进行有效的调控和分配，人们失去了利用技术保障措施来调节土地中水分的能力，加速了沙漠化进程。

气候变冷导致种植业逐渐衰落，由此导致的生态危害是有限的。比较起来，气候变冷是一个渐进的缓慢过程，周期性的气候变化单位时间是从一百年算起，完成整个气候变化一般是多则四五百年，少则二三百年，这就使得人类有充足时间去做应对性的保护处理。居延居民不会碰到年景不好就逃跑，面对气候变化周期慢慢降临，农牧民会主动应对变化，就像我们的祖先面对冰川时代一样。黑水城居民从自身生存出发，当风沙危害严重、粮食产量低而不稳出现，人们会分步骤地停止耕种，坡耕地、沙荒地等先被遗弃，对尚可生产的优质地段，人们会倍加珍惜。在逐步收缩农业生产的过程中，人们会适度调整经营方式，维护复杂的水利灌溉系统，对那些退耕的田地，会适当地掩埋、平整，尽量减少沙化的程度，以便来年复耕。居住的人们可以因地制宜地发展牧业，或者有序撤离。这里说的有序撤离是指人们逐步撤离原生产区域，原有生产、生活设施完整保存下来。历史上黑河下游出现农业荒废的时候，游牧业就顶替农业成为主要经济生产方式。唐朝时期农垦的面积并不大，最多 3 万多亩，畜牧业较为发达。唐朝把居延地区作为安置归附的游牧民族的场所，实行农牧混合经济，人口继续生活。总之，如果没有战争的破坏，古代开垦出来的农田随着气候变冷而逐渐废弃，不可能导致一个地区的生态灾难。

在额济纳历史上生态问题演变研究中，农田怎么废弃、人们怎么离开的问题更为重要，其研究意义超过当初如何开发这片地方。因为过去建设成功的经验随着时代发展大部分已经过时，但人类面临灾难时求生的欲望却永远不变。可惜的是，历史文献没有留下居延塞、黑水城居民如何撤离的具体资料。现代考古在黑河下游人类活动遗址发掘出了瓷器碎片、砖瓦片等，遥感探测出淹没在沙漠里的残垣断壁，但我们目前无法还原古代屯垦者放弃生产、逃离家园的过程。被沙漠掩埋的废墟出土文物中，有一副石磨和石碾子保存大致完好，就像是以前冬季北方农村谁家院落里闲置的农具，主人来年还要使用似的。我们不知道为何它们被遗弃了，是主人走得匆忙没来得及带上，还是不大值钱就丢掉了，抑或是主人特意留下的，他们准备过段时间还要返回来？环顾漠漠黄沙，黑水城环境演化的很多问题可能永远无法找到答案。

二、来自江南的耕人

　　元朝时期是历史上黑河下游最后一次大范围农业开发，同时黑水城迎来最后一次大规模的屯田。元代屯田的地域范围遍及全国，河西走廊、宁夏平原、黑水城一带及西北其他地区是屯田的重点区域。元代的军户跟随屯田迁移是移民的主要形式，大批收编入元朝军队的汉人兵卒、新附军无疑是屯田移民的主要成分。元代的正规军军士主要有蒙古军、探马赤军、汉军和新附军四种，屯田军户中大部分是新附军，其次为汉军，蒙古军和探马赤军数量不多。新附军是元朝在原南宋统治区强制性充军而成的。"国初，用兵征讨，遇坚城大敌，则必屯田以守之。海内既一，于是内而各卫，外而行省，皆立屯田，以资军饷。……由是而天下无不可屯之兵，无不可耕之地矣。"[1]

　　黑水城屯田人口中包括大批来自内地的屯垦戍卒，他们当中大部分

---

[1] [明] 宋濂，等.元史·兵志三：卷一百 [M].北京：中华书局，1976：2558.

是熟悉农业耕作生产的南方汉族人。大批收编入元廷军队的汉人兵卒是屯田移民的主要成分。元初亦集乃路的屯田已经开始，新附军陆续被调遣至亦集乃路屯垦。史料记载的第一批新附军200多人，于至元十六年（1279年）抵达。至元二十二年，第二批新附军200多人从甘州调归屯田，至元二十三年，应亦集乃路总管的要求，第三批新附军来到亦集乃路。在1279—1286年7年的时间里，元朝征调三批新附军数百人在亦集乃路屯田。元代史料对此有明确记载，《元史》记载："亦集乃屯田：世祖至元十六年，调归附军人于甘州，十八年，以充屯田军。"[1]这是新附军屯垦亦集乃路的开始。至元年间从甘州调亦集乃路的新附军的人数记载有出入，《元史》载有200人，"二十二年，迁甘州新附军二百人，往屯亦集乃合即渠开种，为田九十一顷五十亩"[2]。《甘州府志》记载是300人，"分甘州新附军三百人屯田亦集乃，徙戍甘州新附军千人屯田中兴，千人屯田亦里黑"[3]。新附军到达亦集乃路首先开凿合即渠，为大规模屯田修建必需的水利灌溉工程。第二年元朝再次加派人员200修渠屯垦，《元史》记载："二十三年，亦集乃总管忽都鲁言：'所部有田可以耕作，乞以新军二百人凿合即渠于亦集乃地，并以傍近民西僧余户助其力。'从之。计屯田九十余顷。"[4]根据这三条史料，我们知道新附军开凿合即渠，垦殖面积有数百顷。

　　元代屯垦的兵卒和劳动者从最初被安置在屯田地点，就没有再放回原籍的说法。以军户为例，元朝军户的成年男子到军队服役，世代相袭，他们的户籍另造为军户，和原籍已经分离，直接迁往屯田地落户，屯田的劳动者成为永久移民。元代对屯垦者的管理是残酷无情的，规定屯垦人员不得离开屯田之处，否则按有罪论处。"诸防戍军人于屯所逃者，杖

[1][明]宋濂，等.元史·兵志三：卷一百[M].北京：中华书局，1976：2569.
[2][明]宋濂，等.元史·兵志三：卷一百[M].北京：中华书局，1976：2569.
[3]王希隆.甘州府志：卷一十六[G]//中国西北文献丛书续编：西北稀见方志文献卷（第2册）.兰州：甘肃文化出版社，1999：540.
[4][明]宋濂，等.元史·地理志三：卷六十[M].北京：中华书局，1976：145l.

一百七，再犯者处死"，"诸军官军人不归营屯……辄于民家居止，为民害者，行省行台起遣究治"[1]。可见屯垦人员是没有人身自由的，他们是被强制安排屯田。屯田人逃跑时有发生，平凉府"有南人二十余辈叛归江南"[2]，后被遣返原地。《元史》记载有逃跑的屯田兵被诛杀的血腥事实，"以甘州、中兴屯田兵逃还太原，诛其拒命者四人，而赏不逃者"[3]，这就是屯垦者的真实处境，实与囚徒无异。西北屯田之处确实是发配罪犯的地方，"诸为人子孙，为首同他盗发掘祖宗坟墓，盗取财物者，以恶逆论，虽遇大赦原免，仍刺字徙远方屯种"[4]。在官府无情的压迫下，屯田军死亡率很高。《通制条格》载："大德七年十月，中书省甘肃行省咨：征西元帅府呈，所管军马内，常有身死在逃军人，逐月粮数开除。"[5]

元朝统一后屯田实施过程中，移民的倾向十分明显。中国历史上出现的这次伴随屯田而来的移民潮，是元朝统治者精心策划的一场政治算计。元朝实施屯田移民以充实西北政策的起因和目的都不是为了开发西北。严格管控数十万南宋投降将士，把这些具有战斗力的人员分散到荒漠地带，最终使之消亡在戈壁荒滩，这是元代稳定统治的高招，元代屯田的真实目的决定其最后的结局。元代在南方战事刚结束就匆忙把新附军征调到西北，史料记载的第一批新附军抵达时间是至元十六年（1279年），距元代建立仅8年。这一年爆发崖山大战，南宋抵抗蒙古军队的最后努力失败，南宋大臣文天祥兵败被俘，南宋被彻底打败。王晓欣先生对此的分析一针见血："元统治者开始系统地整顿处理南宋灭亡后的宋军问题是在至元十五年（1278年），该年元廷接连发布了几个招诱拘新附军的文件。元廷在二十多年里威胁强制与经济利诱双管齐下，整编、拘括了超过20万的南宋降

[1][明]宋濂，等.元史·刑法志二：卷一百三[M].北京：中华书局，1976：2639，2642.
[2][明]宋濂，等.元史·何荣祖传：卷一百六十八[M].北京：中华书局，1976：3955.
[3][明]宋濂，等.元史·本纪第十二：卷十二[M].北京：中华书局，1976：241.
[4][明]宋濂，等.元史·刑法志三：卷一百四[M].北京：中华书局，1976：2652.
[5][元]黄时鉴，点校.通制条格：卷七[M].杭州：浙江古籍出版社，1986：111.

军和散布在民间的前南宋军人，一方面减轻了元朝对江南统治中的危险因素，同时也为自己的统治机器补充了武力。……元廷无法解散原南宋军队，因为南宋旧军必须控制，不能放归社会；而出于稳定的考虑又不能采取重新普遍计户签军这样的北方征兵方式，元统治者也不想大幅变动复杂的南宋体制，于是便在又要长期利用又要稳定社会的思路下，将包括北方军户制和南宋募兵制生硬地混合在一起，这样新附军被强制编入军户体系"[1]。元代统治者借口屯田西北之名，实为借机瓦解收编的南宋旧部，这是元代新附军西北屯田的主要政治目的。日本学者爱宕松男、寺田隆信等认为："由于佣兵制怎么也不符合军户的原则，加上对南人的戒心，元朝从一开始就没有让新附军永久存在的打算，因此实行不再进行补充的方针，这样不到二十年新附军就会因老朽化而自然消灭，而元朝也只有以江北汉人组成的汉军军户存在。"[2]元成宗大德初年的 20 多年里，元朝采用大分散、小集中的方式，将超过 20 万的新附军原有的编制打散，在元军万户、千户、百户的编制之下重新进行了编组，在侍卫亲军和各地万户府元帅府之中，新附军与元汉军户几无差别。

有人提出元代因为西北战乱造成人口稀少而实施向西北移民的观点，此说法缺少起码的历史知识。首先，元初大量蒙古人及色目人从西北迁入内地，其中主要人员是蒙古南下攻打宋朝的蒙古军队及家属，还有历史上新出现的汪古人（今内蒙古大青山一带）、西夏人（又称河西人，今宁夏、甘肃一带）、畏兀儿人（即今维吾尔先民，当时主要在新疆东部）、哈剌鲁人（中亚巴尔喀什湖南一带）等其他逐渐消亡或正在形成的边疆民族。这些蒙古人及其他边疆民族迁居在内地，为元朝统治者看家护院，下层兵士及家属同时在当地从事生产。元朝顽固推行民族压迫、民族歧视政策，蒙古贵族集团对广大的农耕区百姓采取赤裸裸的压迫剥削，有元一代，社

[1] 王晓欣. 元代新附军问题再探 [J]. 南开学报：哲学社会科学版，2007（2）.
[2] [日] 爱宕松男，寺田隆信. 中国历史：第六册 [M]. 东京：讲谈社，1974：180.

会矛盾不断加剧。元朝把大批年富力强的蒙古人从草原迁到内地，这足以说明元朝移民政策是为了维持对广大汉族地区的统治。其次，蒙古灭宋之战在蒙古征服史上费时最长、耗力最大，从公元 1235 年全面爆发，至 1279 年崖山之战宋室覆亡，延续近半个世纪，造成内地人员巨大伤亡，其惨烈程度绝不逊于西北地区的局面，元代初内地急需恢复经济、休养生息，内地比边疆地区更需大量劳动者，而西北地区战事结束已经 50 多年，社会经济已经基本恢复，此时从刚结束战火的内地向安定的西北调动人口完全是非经济原因在起作用。其实，元代统治者把蒙古人迁到内地，再把内地汉人迁到边疆，这是封建统治者惯用的通过折腾社会以暂时缓和社会矛盾的拙劣政治手腕，移民屯田不过是元代统治的一个道具，以掩盖其幕后民族压迫的粗鄙面目。元朝西北屯田的狭隘目的不会影响新附军等屯垦劳动者的贡献，不会影响边疆屯垦对西北开发的积极作用。

第四节　谷物文书：边塞生活的真实写照

一、谷物文书考释

西夏、元时期，黑水城是西北重要的军事和商业重镇，虽然经过西夏、元时期修建灌溉渠道和迁来熟练劳动人口开展屯垦，但黑水城实际上依靠周边其他地区来供应粮食，黑水城谷物文书对此有准确的记载。黑水城文献种类丰富，其中保存有相当数量的军粮及军政文书，内容涉及宋、元时期西北地区重要的军事、政治和社会经济方面的内容，具有珍贵的史料价值。我们注意到，目前学术界主要研究的是俄藏黑水城文献，作为黑水城文献的重要部分，英藏黑水城文献军政文书中也保存了一定数量的粮食谷物文书，本章选择整理黑水城文献中的夏、元谷物文书的残片，并结合宋、夏、元时期的西北历史，比对英、俄藏黑水城文献的相关文书，对其内容进行初步的整理研究。英藏黑水城出土军政文书中有直接涉及元代初黑水城驻军和军粮问题，反映了中世纪西北地区军队粮食供给、运输和储藏等历史状况，是黑水城文书中最有学术价值的文献之一。

（一）黑水城屯戍支用官粮册

黑水城屯戍支用官粮册，存一页，反映的时间是从元大德十一年（1307年）到至大四年（1311年），文书宽 24.1 厘米，高 16.2 厘米，写本，行书体，

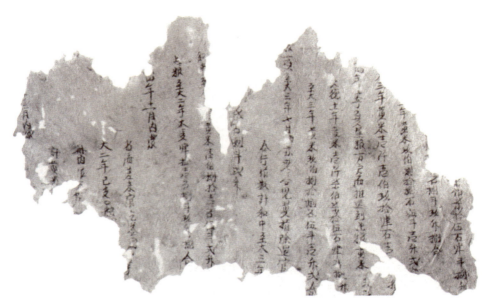

图 3-1 黑水城屯戍支用官粮册

前后部分残缺。收藏编号为 Or.8212—753，发掘编号为 K.K.。

（前缺）

1. □□柒佰柒拾伍石肆斗捌升□□

2. □□石捌斗玖升捌合□□

3. □□二年黄米玖佰捌拾捌石伍斗一升贰□

4. 大三年黄米壹阡壹佰玖拾肆石（斗捌）□□

5. 至大四年宁夏运粮万户府推送到（屯）粮黄米贰阡□□

6. 大德十一年黄米壹阡柒佰柒拾伍石肆□□升□□

7. 至大三年黄米玖佰捌拾捌石伍斗壹升贰合□□

8. □一（项）至大三年七月□亦老合儿翼揩除还官□□

9. 合行作数计合中至大三年□□

10. □□贰石捌斗贰升

11. 和中至大□□黄米陆佰捌拾壹石伍斗贰升

12. 屯粮至大贰年大麦肆拾壹石捌斗玖升捌合

13. □□四年十一月内蒙

14. 省府差来官乞答□□

15. 大二年已支□粮□□

16. 册内作至□□

17. 计黄米□□

18. 十二月内蒙

（二）亦集乃路广积仓具申季报粮斛并放支军人季粮事呈文

亦集乃路广积仓具申季报粮斛并放支军人季粮事呈文，存一页，反映的时间是元代至正十九年（1359 年），文书宽 13.6 厘米，高 20.8 厘米，写本，行书体，后部分残缺。收藏编号为 Or.8212—754，发掘编号为 K.K.0150。

1. 呈□□□禀亦集乃路广积仓照得至正十九年正月至三月终春季三个

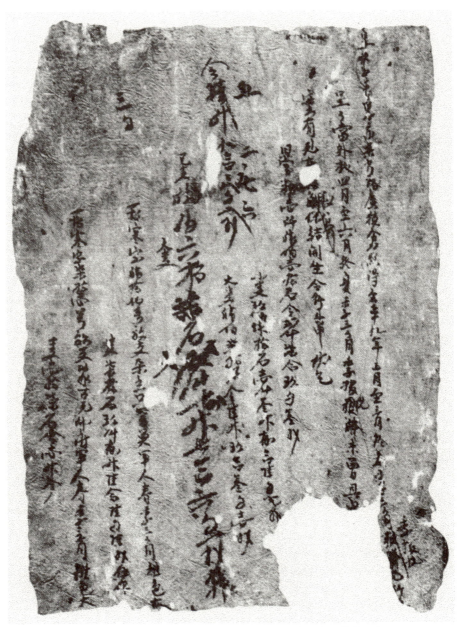

图 3-2 亦集乃路广积仓具申季报粮斛并放支军人季粮事呈文

月季报粮斛已行

2. 呈了当外，据四月至六月终夏季三个月季报粮斛未曾具申

3. 实有见在粮斛取八年保结开坐合行具申付乞

4. 旧（营）粮壹仟肆佰壹拾石令二斗柒合玖勺叁抄

5. 小麦玖佰肆拾石壹斗叁升捌合陆勺贰抄令陆（五）升九（二）合三（七）勺一（六）抄

6. 大麦肆佰柒拾石令陆升玖合叁勺壹抄

7. 已支陆佰六拾柒石五斗柒升柒合六勺一抄□作大麦

8. 三勺一帖寒字陆拾伍号放支朵立只（等莫）

9. 麦柒拾石玖拾捌升陆合陆勺陆抄伍作

10. 一帖寒字柒拾壹号放支蒙古元帅府

11. 军人春季三月杂色大麦壹拾柒石令壹升三合

（后缺）

每一件呈文，每一件官粮册，都是记载军队粮食供应和保存情况的珍贵史料。黑水城当地军民的粮食消耗量是相当大的，这些文书直接反映出西夏末、元代初黑水城谷物供给情况。

二、黑水城粮草消耗

黑水城是西夏黑水镇燕监军司所在地。作为西夏军事重镇，长期驻守大批军队。西夏强盛时有军队50万，分布在全境有12个监军司。西夏军力部署针对四个战略目标，西部防范回鹘、吐蕃，南部侵扰北宋，东部以备契丹，京畿周边保卫首都。黑水城位于西夏东北方向，黑水镇燕监军司和兀剌海黑山威福主要用于防御契丹，史料记载共有7万军队，黑水城比兀剌海的规模要大，驻军应该更多，我们估计西夏防备辽而部署在东部至少有军队35000人以上，包括黑水城一带的驻军。

西夏军队需要大量的粮食供应。监军司掌管纳粮、囤粮之事。西夏《天盛改旧新定律令·库监派遣调换门》载：地方监军司，依路程远近，每六个月或一年行文派遣库监前来磨勘司核交账册。地方监军司库局分人任职三年应迁转者，直接由磨勘司办理。西夏国家直接供给常备军和特种部队粮食。《宋史·夏国上》载，元昊称帝时组建了 5000 人的护卫军，"选豪族善弓马五千人选直，号六班直，月给米二石"[1]。护卫军每人每月要供给粮食二石，随着中央护卫军的规模越来越大，护卫军发展到25000 人，"别副以兵七万为资赡，号御围内六班，分三番以宿卫"[2]。供给 25000 人需要大量的粮食。实行宗族兵制的地方监军司以宗族为单位，平时生产，戍边以及点集出征时，则由官府提供粮食，如黑水城戍军从鸣沙调运窖粮。西夏的"装甲"部队"铁鹞军"、负责保卫京城和西平府的"卫戍军"以及为他们服务的"负担"，均由国家供应军粮。另外，西夏境内地处僻远的边陲守军，也要由国家供应军粮，黑水城驻军属于国家供给。

元代黑水城的军事地位有所下降，但作为边疆商业和文化中心，人口总数仍然较大。13 世纪黑水城居住有军人、农牧民及其他职业者，还有一批依靠国家供养的政府官员及蒙古贵族。黑水城从事屯垦的农业人口估计为 5000 人，亦集乃路屯住的诸王、妃子、驸马等，所管牧民人口应不会少于 2000 人。除了农业、牧业和军人的人数，还有亦集乃路城内从事其他职业的人，按亦集乃路城市规模以及从事的行业类别，其他职业人口估算为 1000 人。与《元史》所记邻近路甘州路 23000 余人，肃州路 8600 余人相比，黑水城及周边常住人口应该有 1 万—2 万人比较符合实际。

元代驻军是黑水城粮食消费的最大集团，除了新附军之外，其他军种

[1] [元] 脱脱，等.宋史·夏国上：卷四百八十五 [M].北京：中华书局，1977：13995.
[2] [元] 脱脱，等.宋史·夏国下：卷四百八十六 [M].北京：中华书局，1977：14029.

一般不从事屯垦。元代驻守黑水城的军队包括征西元帅府、蒙古元帅府、北庭元帅府等在亦集乃路的驻军以及屯田军等性质不同的军队。蒙古和元朝的禁卫军怯薛起源于草原部落贵族亲兵，后来发展成为封建制的宫廷军事官僚集团，成为元代官僚阶层的核心部分。元以后，大都和皇城的一般军事防务改由五卫亲军担负，但怯薛的待遇依旧保留，备受优遇。元代侍卫亲军和镇戍军官按职务享受俸禄。元军分为宿卫军和镇戍军两大系统，蒙古帝国到至元之前，蒙古军、探马赤军、汉军军官都没有俸禄。至元三年（1266 年），忽必烈确定汉军各级将官的俸禄，至元七年（1270 年），除了新附军，其他各军种都享受俸禄。元世祖在至元十一年（1274 年）曾经确定过新附军的军官品级。至元二十一年（1284 年）元世祖颁布了各级汉军军官的军衔。至元二十二年（1285 年）朝廷重新制定各级官员的俸禄，军官的俸禄分上、中、下万户府。怯薛宿卫的支俸拥有蒙古特色，不实行品秩制度，同样也不按俸禄制度支俸，一直保持着编制外的独立给养体制。到至元二十九年（1292 年）对宿卫口粮做出明文规定，元仁宗延祐二年（1315 年），政府正式确立宿卫支取口粮制度，供给元军也是黑水城谷物消费的重要部分。

亦集乃路官员俸禄是另一项重大粮食支出。元代朝廷及甘肃行中书省委派的官员"以蒙古人充各路达鲁花赤，汉人充总管，回回人充同知，永为定制"[1]，路总管府达鲁花赤必须是蒙古人。元朝建立后，俸禄制度逐步确立，中统元年确定随朝大小官员的禄秩，中统二年确定六部官吏及路州县官的禄秩，俸米是俸禄的组成部分之一，整个元代禄米在俸禄中的比例越来越大。

黑水城军民的口粮主要有四种：一是粟，即小米；二是糜，即糜子；三是麦屑；四是大麦。这四种口粮的热量值不同：粟达到 3550 千卡 / 千克、

[1] [明] 宋濂，等 . 元史·本纪第六世祖三：卷六 [M] . 北京：中华书局，1977：106.

糜达到 3510 千卡／千克、麦屑达到 3500 千卡／千克、大麦达到 3070 千卡／千克。一个人如果按照 50 千克体重计算，每天需要摄入热量 3500 千卡才可满足低标准的生理需求。成年人的平均体重一般均超过 50 千克，对于从事高强度劳动或者打仗的兵卒来说，给每天保障 2—3 千克谷物的摄入量是正常的水平，否则军队就要处于饥饿状态，时间长了就没有作战能力了。口粮在保存、发放和加工成熟食过程中会有一些损耗，加上一定量的蔬菜、肉类等副食品作为补偿，每位将士每天提供 2—3 千克谷物是必不可少的。

西夏、元时期黑水城驻扎大批军队，故军马喂养消耗的粮草数量很大。西夏黑水城军队和元代亦集乃路所辖的站赤马匹，加上骆驼等大牲畜，消耗量很大。西夏军队骑兵数量大，是西夏军事的核心力量，其重甲的铁鹞子兵战斗力很强。元代陆军中有骑兵、步兵、炮兵等兵种。以骑兵为主的部队是蒙古军、探马赤军及蒙古、色目侍卫亲军，汉军、新附军及侍卫亲军中的汉人卫军是以步兵为主。元代黑水城驻军构成没有明确记载，但考虑地处荒漠边塞，军用马匹及大牲畜的数量应该相当可观。黑水城地处交通要道，是重要的驿站交通枢纽，需承担饲养大批的马、骆驼等驿畜的重责，所以为军用或官用役畜提供食料是黑水城物资供给的重要内容。黑水城文书中有亦集乃路所辖的站赤马匹情况的内容，专家估计约有 200 多匹马，还有少量的骆驼，需消耗大量草料和谷物饲料。力畜以马匹为主，马的草料消耗最大，占到一半以上，在黑水城牧养中，天然草和人工种植草的比例没有记载，草料是草场天然生长或种植的，夏季直接放牧，秋天要收割储藏。特别是马匹等大牲畜要喂食谷物，当时谷物饲料完全要占用人的口粮。虽然牲口食用的谷物是未磨碾脱粒带有皮壳的原粮，按照出粮率最高达到 70% 的比例，原粮的耐用度可以超出精粮的 30%，牲畜消耗的谷物量和人的口粮相比，可以在总量上减少约 1/3。即便如此，喂养大牲畜每年消耗的大麦、燕麦和豆类等谷物数量也是惊人的。

三、屯田生产的制约

屯田可以为黑水城带来相当产量的农产品，但不能满足边塞谷物供给，黑水城地理环境特征决定自身的农牧业无法支撑其庞大的人口消费。黑水城地处中亚荒漠东南部，西、西南、北三面环山，属内陆干燥气候。额济纳东与阿拉善右旗毗邻，地形呈扇状，总势西南高，北边低，呈中间低平状。地域大部海拔 1200—1400 米，最低点西居延海，海拔 820 米。主要山脉、山峰为马鬃山，海拔 1600 米。黑水城所在的区域是农牧业生产和居民生活聚集区，水资源的消耗与散失严重，降水稀少，蒸发强烈，气候极为干旱。干旱是黑水城开发的主要障碍，造成其生态环境极度脆弱。黑河下游流域处于干旱荒漠气候地带，多年平均降水量 38.2 毫米，年内降水量有 60%—70% 集中在 7 月至 9 月，这期间正好是春小麦的生育需水高峰期，其需水量占小麦全生育期的 70%—80%，对粮食生长极为不利。

黑水城地区水资源组成单一、转化复杂。黑水城作为沙漠绿洲区降水稀少，地表水资源主要是来自山区的地表径流。降水补给量很少，地下水的天然补给量在水资源总量中只占很小的比例，无法提供丰富的水资源。在黑水城开发的历史上，在水资源开发利用方面存在一系列的基本矛盾，首先是居住人口增长和农牧业开发大量消耗水源，对该地水资源承载力产生严重威胁，同时存在用水的地域矛盾，黑河中上游用水量总体持续上涨，下游用水大受影响。上游地区引水方便，引水量不断增加，河道下泄水量大幅度减少，河道水量分配发生了质的变化，上下游矛盾十分尖锐。黑河下游水资源系统所能提供的水资源量决定该地的水资源承载能力。黑河流域的水资源能够持续支撑农牧业发展规模是有限的，人类是水资源承载能力的客体，在很大程度上影响着水资源承载能力。随着 11—13 世纪西北开发进程持续加快，黑河流域人口众多，水利灌溉日益发达，黑河中上游消耗水量不断增大对下游经济活动影响很大。地处西北干旱区的水总量承载能力弱，地表径流有所减少，雨雪补充不够，地下水和地表水资源都比较缺乏，属于原发性缺水地区，可用水资源的供给不能满足水资源的需求。

黑水城年平均气温为 8.2℃，最高为 42.2℃，最低为 -36.4℃，霜冻是该地区大面积危害流域农作物及天然林草生长的主要农业气象灾害之一。霜冻发生使小麦等农作物大面积受灾，灾面有时达到 80% 以上。黑水城盛行西北风，风大沙多，年均风速 4.2 米 / 秒，最大风速 15 米 / 秒，对农作物生长非常不利。由于受到蒙古—西伯利亚高原的影响，大风是西北干旱区较为普遍的天气现象，是危害农作物及林草正常生长的常见灾害之一，黑河下游地区年均大风日数 40—50 天。沙尘暴是风沙危害的主要形式，是干旱区特有的毁灭性自然灾害。包括气候变化和人类活动在内的种种因素造成的干旱、半干旱和亚湿润干旱地区的土地荒漠化，亦称土地退化，一般包括水土流失、植被衰败和土地沙化、土地盐碱化等。黑水城作为内陆干旱平原区土地荒漠化问题严重，由于自然环境变迁和水资源过度的开发利用，水环境发生演变，绿洲湖泊干涸、地下水位下降，下游河道萎缩。自然植被衰败与土地沙化的问题亦严重，随着水环境的变迁，河湖干涸断绝或减少了地下水的补给，自然植被衰败，形成土地沙化与沙漠扩大。

在此自然环境里，屯田生产的经济效益较低，谷物量生产不高，屯田在解决西夏、元驻军粮食方面作用有限，西夏、元实行屯田是其军粮供给的组成部分，大大缓解了边塞谷物输入的压力。中古时期的西北边疆地区，农业地带和草原地带并没有出现隔离和相互排斥的情况，游牧民族在西北建立政权后，并非强力推行自己传统的生产方式。魏晋南北朝及唐末时期西北农业发展滞后的主要原因应该是气候变冷，在 11—13 世纪中国历史上气候变暖之际，农业生产的收益出现较为明显的上升后，草原游牧政权在西北则推广收益更大的农业生产。西夏军俘获汉人迁往肃州耕种，正是民屯性质。至于军屯，则开始很早。元昊祖父李继迁在陕西抗宋时，多次攻麟州，掠地耕种之，这可能是军屯、民屯相杂。继迁又久围灵州，在其周围实行军垦以取军食。西夏地旷人稀，横山地区、河套、河西，均广有宜耕之地，军屯当长期实行。西夏在西北大力推行屯田，河西监军司的10多万士兵成为开发河西的主要劳动力资源，战争中掳掠而来的大量人口在这一后方地区安置得较多。西夏军队在战争中俘获的人口众多，使其在黄河以西、以北，也包括河西走廊在内的广大地区耕种。在西夏存续的200多年中，河西经济确有一定程度的恢复与发展，成为西夏与宋、辽、金各国周旋和军事抗衡的粮食供应基地。元代黑水城屯垦的情况前面已经论述了，西夏时期在黑水城地区是否发生过屯田呢？史书对此没有记载。我们在黑水城文书中发现了西夏时期黑水城屯田的信息。以俄藏黑水城编号8185文书为典型，该文书主要内容释义如下：

黑水副将、都尚苏嗦佛塔铁呈上。今月十一日，肃州持有金牌、效力于边人员的长官送来令文，传达了西部监军司的通知，持有金牌的使团长官出使敌营，并与持有银牌（者）及其下属使者商谈，领着一帮人畜前来。越过（国境）来到黑水，登记了名字，遂用快马口头报告了（辖内各地的部署），以作准备。实际上在令文送达以前，佛塔铁急速出发，提前到达，并担任了黑水副将，开展耕作、治水与守城等艰苦的工作。有敌方人员在边界附近，可在一天的行程内，夕发朝至。现在归顺者说要来，在庄稼种植期越境进来，如登记名字却又不（在固定的土地上）定居，将来干活出现停滞，是很不利的，所以关于接纳投降者的准备工作，一方面，往城镇的边检校、城监在长途的各个驿站做好等待接纳的准备工作，无有停滞。另一方面，先询问通判，再派遣知情者拿着书信前往。当持有金牌的长官莅临时，佛塔铁能不能迅速赶回来？一并请持有金牌的长官估量，发布命令予以告知。乾定酉年二月，佛塔铁。

文书前面提到"担任了黑水副将，开展耕作、治水"，后面说"现在归顺者说要来，在庄稼种植期越境进来，如登记名字却又不（在固定的土地上）定居"，说明黑水副将负责黑水城种植，利用归降人员开展耕作，应该是屯垦性质的活动。

元代建立时，蒙古统治者已经认识到农业的支撑作用："吾之所谓宝者，米粟是也，一日不食则饥，三日则疾，七日则死。有则百姓安，无则天下乱"[1]。忽必烈明确农业立国之道，"世祖即位之初，首诏天下，国以民为本，民以衣食为本，衣食以农桑为本"[2]。元初推行重农政策，抛弃蒙古帝国的游牧生产方式。元代成立甘肃行省，所辖地区大致相当于原西夏王朝的范围。元代通过兴修水利和屯田等措施，农业生产得到恢复和发展："腹里地区、陕西、甘肃、云南和岭北行省属于第三类地区，亩产麦、粟或稻米为1石、2石，也有少数地区水利田亩产高达3石6斗和6石4斗的。但多数地区亩产在1石左右，平均按1石计比较可靠。"[3]可见效果不如西夏。元代屯田的短期行为明显，官府在行政管理屯田中实现利益的短期化，眼前利益代替长远利益，地方官吏的私利代替边疆开发的长远大计。元代屯田后期屯田者负担超重，承受严重的剥削压迫，他们采用逃亡等方式来反抗。屯田官吏贪污、私占屯田等腐败、混乱的行为时常发生。到元武宗至大年间，元屯田大多废弛。屯田管理不善，官吏腐败，也是制约屯田生产能力的重要因素。

四、谷物输入对边塞供给的支撑作用

西夏、元代初期黑水城居住的军民数量庞大，即便黑水城地区农牧业经济相当繁荣，仍然不能达到粮食自给自足的程度。当地马匹消耗的

---

[1]［明］宋濂，等.元史·尚文传：卷一百七十［M］.北京：中华书局，1976：3988.
[2]［明］宋濂，等.元史·食货志一：卷九十三［M］.北京：中华书局，1976：2354.
[3]陈贤春.元代粮食亩产探析［J］.历史研究，1995（4）：179.

粮食所占比例较大，元代黑水城驻守军队配有大量马匹，这样，黑水城就需要提供大量的饲料用来喂养马匹，"广积仓所收大麦的绝大多数都用于充做马料，用来做粥的所剩无几。由本文书的纳粮数已经看出亦集乃路的税粮数很少，再除去三分之一的大麦充做马料，则本地的粮食就更少了"[1]。这种情况下，军队人员的粮食则需要从周边地区来调拨，以维持黑水城庞大的军政开支。

黑水城谷物文书表明，在西夏、元时期，黑水城军民的粮食供应要依靠其他地区，黑水城周边产粮区为主要粮食来源地。首先，宁夏平原是黑水城粮食供给的主要地区。俄藏黑水城文书保存有相关的资料，克恰诺夫对俄藏编号 2736 的《黑水守将告近禀帖》文书做了整理研究，发现其中保存有宁夏调运粮食入黑水城的记载。该文书是西夏文字书写，释读有一定难度[2]，日本学者佐藤先生对该文书进行了再研究。我们根据两位学者的研究，对该文书重新释义如下：

黑水守城管色持银牌赐都平宫走马波年仁勇禀。兹（有）仁勇有少出身学途，原籍鸣沙乡里人氏，因有七十七高龄老母在堂守畜产，今母病重，而妻儿子女向居故里，天各一方，迄不得见，故送次呈请转任，迄放归老母近处。彼时因在学与老弓都统相处情感不洽，未蒙见重，而原籍司院亦不获准，遂致离家多年。此后弓首亦未呈报。今国基已正，对上之德暨诸大人父母之功已显，卑职亦得脱死难，当铭记恩德。唯仁勇原籍司院不准调运鸣沙窖粮，远边之人，贫而无靠，唯恃食禄各一，所不足当得之粮无着，今食粮将断，恐致羸瘦而死，仁勇不辞冒犯，以怜念萱堂等，迄加恩免除守城事，别遣军将来此……仁勇则请遣往老母近处司（院）任大小职事，当尽心供职。是否允当，专此祈请议司大人慈鉴。乾定申年七月，仁勇。

文书中的鸣沙乡就在现宁夏的中宁县。这件文书证明从宁夏平原调运

[1] 马彩霞.关于黑水城所出一件元代经济文书的考释［J］.西域研究，2004(4).
[2]［俄］克恰诺夫.黑水城所出 1224 年的西夏文书［J］.匈牙利东方学报，1971（2）：24.

粮食入黑水城，供给驻守的西夏大军，宁夏平原是西夏时期黑水城谷物输入的主要地区。元代黑水城属于甘肃行省管辖，所缺粮食由甘肃行省供应，后改由宁夏调运。史料记载："甘肃岁籴粮于兰州，多至二万石，距宁夏各千余里至甘州，自甘州又千余里始达亦集乃路，而宁夏距亦集乃仅千里。"[1] 该条史料提及从甘肃运粮，可见甘肃的河西走廊亦为黑水城粮食供给的地区。

　　除了西北丰盈的宁夏平原、河西走廊之外，元代黑水城还从东部其他地区调入粮食。李逸友先生《黑城出土文书：汉文文书卷》中编号 F12：W1 的文书中有从河东运粮的记载："河东米粮叁仟石"[2]。河东泛指黄河以东的今山西地区，元朝属于河东宣慰司，这个地区是元代向北方运送粮食的一个重要转运地，史籍中常见从太原、大同向北方城市上都、和林运粮的记载。朱建路先生据此认为，"上都的粮食有很大一部分靠商旅贩运，其中太原和大同是商人的两个主要来源，每年运到的粮食数量很多，以致永盈、万盈两仓推称粮数已足，刁蹬不受。此处的河东米粮叁仟石，应指从河东宣慰司向亦集乃运送的粮食。河东宣慰司是亦集乃一个粮食输入地"[3]。我们把黑水城文书和《元史》记载的史料结合起来，可以确定，向黑水城输入粮食的地区就有宁夏、甘肃和山西，虽然每年实际向黑水城输入粮食的数量无法统计，但根据出现至少三个地区向其运粮的记载分析，输入黑水城的粮食数量应是十分庞大的。

[1]［明］宋濂，等.元史·列传第二十六：卷一百三十九［M］.北京：中华书局，1976：3351.
[2] 李逸友.黑城出土文书：汉文文书卷［M］.北京：科学出版社，1991：113.
[3] 朱建路.英藏黑水城所出两件粮食相关文书再研究［J］.宁夏社会科学，2010(1)：113.

第五节 漠漠平沙际碧天

一、昂贵的谷物驮负

唐朝诗人胡曾以咏史诗著称，创作出著名诗篇《咏史诗·居延》，描写出了唐朝时期沙漠绿洲居延的周边环境。

咏史诗·居延

漠漠平沙际碧天，问人云此是居延。

停骖一顾犹魂断，苏武争禁十九年。[1]

从诗歌反映的情况看，尽管唐朝时期中国处于温暖潮湿的气候阶段，额济纳周边仍然被沙漠环绕，路过的人瞭望一望无际的沙漠，不禁停下感慨一番。边塞屯田耕种和传统畜牧并不能保证城池人口的日常生活和军队的粮草消耗，黑水城谷物文书已经充分证明。西北边疆大型人口聚集城池无法自我解决粮食供给，必须依靠周边产粮区的谷物输入来维持充足的谷物供给，其粮草供给的路线和运输成本是十分重要的问题。古代社会如何保障荒漠边塞的供给，西北边陲的重要边塞黑水城处于茫茫沙漠戈壁，其物资运输是怎样地艰险，这是我们需要研究的问题。

---

[1]［清］彭定求，等，编.全唐诗：卷六百四十七［M］.北京：中华书局，1980:7419.

通过分析黑水城丰富的社会文书和相关史料记载，可还原出黑水城谷物供给的壮观史诗般的景象。通往黑水城的交通线主要有两种用途：一是人员往来，如官员任命、派遣，一般商人往返，军队调动及屯垦人发配等；二是畜力驮运大批物资，以军粮、兵器的运输最繁重。两者对交通道路的要求不一样，人员行走会走便捷之路，以距离短为第一考量；物资运输对路况要求很高，必须选择平坦、安全的交通路线。周边产粮区到黑水城主要有两条线路，从宁夏平原和河西走廊分别到达黑水城。日本学者佐藤贵保研究了黑水城交通路线，他认为："第一要考虑的路线是，从宁夏平原往西南进入河西走廊，到达黑河中游的镇夷郡（张掖）乃至肃州（酒泉），再分别沿着黑河北上。河西走廊是条东西交通的干线，西方各国的外交、通商使节也通过这条道路前往西夏国都中兴府……西夏时期大力整修了从黑河中游的肃州到黑水城的交通道路，之后到蒙古时代又修缮了从黑水城黑河到甘州的驿道（纳怜道）。《东方见闻录》（威尼斯商人马可·波罗著）亦载，从甘州（张掖）到黑水城需要 12 天。从外部通往黑水城方面的路线，这些道路是使用得最多的。从宁夏平原通向黑水城的道路，则稍微绕了个大弯儿。今天从宁夏平原到额济纳旗所走的道路是，从银川绕经贺兰山的南部以后，向西北进发，经过内蒙古自治区阿拉善左旗，再穿越巴丹吉林沙漠。当然，这条道路是近代修筑的，但古代的交通路线当与之类似。"[1]他得出的结论是正确的。元代前期走远道运输粮食，在至治二年（1322 年）改走近路，说明元代大力整修道路，宁夏至黑水城的交通状况有了提升，可以承担大量的物资运输，通往黑水城的驮畜运输更为便捷。宁夏通往黑水城的道路是运输物资的主要道路，陈炳应先生做出这样的结论："元初，由于黑水城地区（亦集乃路）划归甘肃行省管辖，因此，所缺粮食改由甘肃行省供应。但甘、肃二地粮食不够，粮食来源仍靠宁夏辗转运输，路程

---

[1] ［日］佐藤贵保.西夏末期黑水城的状况——从两件西夏文文书谈起［J］.敦煌学辑刊，2013(1)：167.

和费用都比从宁夏直接运去要多得多。乃蛮台恢复了西夏暑期的供应路线，大大节省了国家的费用。"[1]

古代畜力运输有畜车和畜驮两种方式，牲畜运粮主要利用马、驴、骆驼等力畜。"若以畜乘运之，则驼负三石，马骡一石五斗，驴一石。比之人运，虽负多而费寡，然刍牧不时，畜多瘦死。一畜死，则并所负弃之。较之人负，利害相半"[2]。除此，还有人力车运输，成本低，花费少。"每三人挽车，载物二百五十斤至三百斤"[3]，但运输量偏少。通往黑水城的道路平坦，适宜畜力车运行，我们认为主要都应采用畜力拉车来运输。

马、驴、牛、骡、骆驼等大批健壮的大牲畜被用于长途运输，是古代交通出现的壮观场面。挽力指健康的马在正常饲养管理情况下，在一段时间里挽曳不显疲劳所付出的力。马的体型、年龄、健康状况、饲养管理及调教程度对挽力影响很大。挽力大小主要靠马匹的体重，马的正常挽力一般为体重的 12%—15%。驮载使役载重量为马体的 25%—30% 为宜，最高为 32%—35%，且要慢步行进，日行程 30—35 千米。在中国马匹品种里，在路况良好和旅途顺利的前提下，河曲马适于长途负重，应该为运粮首选。河曲马原产黄河上游青、甘、川三省交界的草原上，躯干平直，胸廓深广，体形粗壮，其平均体高 132—139 厘米，体重为 350—450 千克。它驮运 100—150 千克物品，可日行 50 千米，单套大车可拉 500 千克重物，持久力较强，疲劳消除快。

阿拉善高原是骆驼产区，骆驼一直是沙漠戈壁的重要运输工具。双峰驼是塞外必不可少的驮畜，以性格驯顺、易骑乘，适于载重为优势，可运载 170—270 千克东西每天走约 47 千米路。骡要比马省草料，力量也比马大，省吃能干，常用于运输。它的弱点是不适合奔跑，不适于运输紧急物资。

[1]陈炳应.西夏文物研究［M］.银川：宁夏人民出版社,1985.
[2]［北宋］沈括.梦溪笔谈全译：卷十一［M］.贵阳：贵州人民出版社，1998:396.
[3]［南宋］李焘.续资治通鉴长编：卷一百二十八［M］.北京：中华书局，2004：3028.

西夏鎏金铜牛　藏宁夏博物馆

鎏金铜牛是西夏文物精品，体态健壮，形象逼真，活现生动，一双明亮的眼睛仿佛要将人们带入遥远的西夏时代。

驮载中牛和驴的优势比较明显。牛一般驮 100 千克左右，行走较慢，但仍是西北边疆的驮畜之一。特别是驮牛常用于驮运货物，为边疆民族所喜爱。驴体格矮小，分布在甘肃河西走廊，青海的农区、半农半牧区，以及宁夏固原、西吉一带的驴称为西吉驴。在甘肃河西走廊的武威、张掖和酒泉等地的驴被称为凉州驴。尽管它力量不够足，但饲养成本低，西北常用于驮运、乘骑代步，可作为运粮队伍的补充力量。

　　古代从宁夏平原、河西走廊把粮食运输到黑水城要多长时间呢？我们可以根据古代驿传制记载加以推断。历史上中国封建王朝都重视驿传制建设，在主要交通道路上每隔一定距离就设置驿站，以供人马休息、粮草补充。史书没有关于西夏驿站制度的详细记载，但零散的史料说明西夏确有较为发达的驿站交通。曾巩《隆平集》载："至德明，攻陷甘州，拔西凉府，其地东西二十五驿，南北十驿。自河以东北，十有二驿而达契丹之境。"[1] 黑水城的地界和契丹相邻，西夏驿站应该通达黑水城。蒙古帝国的驿站制度极为发达，黑水城是其主要的驿道之一。元代的驿站设置一般是，大概每 30 千米设置一个驿站，正常情况下驿传的速度为一日使用二驿，即一日行走不超过 60 千米。从宁夏平原至黑水城约 600 千米，尽管途经的驿站数目不大清楚，在没有意外的情况下，驮畜运输顺利到达目的地需要十几日。考虑到粮食为重物资运输，路途中可能会遇到风雨、车辆损坏、人畜病伤等意外，一日走一驿是稳妥的运输速度，人马车辆在 20 日内从河西或宁夏平原抵达黑水城是保守的估计。

　　向荒漠塞外大规模、长距离和定期运输物资是十分艰巨的工程。路途遥远，环境恶劣，其巨额的花费对任何王朝来讲都是沉重的负担。以宋军向西北调运口粮为例，"时大军驻西北，仰哺省者十数万人。自陕西陇右，河湟皆不可舟，惟车辇而畜负之，途费之余，十石不能致一，

[1]［北宋］曾巩.隆平集：卷二十［M］.台北：文海出版社,1967.

米石至百缗"[1]。根据古人统计结果，粮食长途运输途中的损耗高达90%，这是令人瞠目的数据。长途运输中力畜自身的粮草消耗是非常大的。我们以马为例，马拉粮车每日行程不会超过 50 千米。假设目的地的区域是 1000 千米以外，那么往返需要 40 天，向黑水城运送粮食的区域在古代交通状况下都是千里的范围。马每天要花费长达 12 个小时的时间吃草。为了满足马生长、服役，通常都需要饲喂以谷物为主的精饲料来维持马良好的肌体状态。日粮中需向马供应清洁、无泥土的草和谷物类精饲料。重役马每天需要 7—9 个饲料单位，我们设定马若 1 天吃 5 斤料、15 斤草，每匹马 40 天需要 400 千克的饲料，其中有将近一半的谷物精饲料，如果沿途有天然牧草可以牧马，能节约部分谷物饲料。这样计算下来，马拉车输送粮 1000 千米，其中有一半的载重粮食要留给马作粮草，或者说马车所载粮草被拉车的马吃掉一半。

古代向西北边塞运输粮食是非常艰难的。恶劣的天气、地质条件使得通向西北边塞的路途充满危险和多种不确定性。关于黑水城运输过程的史料稀少，黑水城出土文书对此亦无记载。我们可以通过宋朝军队向西北边界运输物资的史料记载，从侧面了解到黑水城运输的实际状况。宋、夏交战时期，宋军向西北边界运输粮食，发生过人员大量死亡的悲剧，"自鄜城、坊州置兵车，运粮至延州，二年之内，兵夫役死冻殍及逃亡九百余人"[2]。这条史料明确记载了运输人员出现大量伤亡的情况。"时河东夫闻鄜延夫言，此去绥德城甚近，两日中亡归者二千余人，河东转运判官庄公岳等斩之不能禁。"[3] 这是记载宋军在向陕北绥德运输中，由于寒冷和饥饿，一次就失踪 2000 多人。河东路"遣官属运粮于顺宁寨，兵夫冻殍，僵仆于道，

---

[1][元]苏天爵.元文类·姚隧·平章政事忙兀公神道碑：卷五十九［M］.上海：上海古籍出版社，1993：859.

[2][南宋]李焘.续资治通鉴长编：卷一百四十九［M］.北京：中华书局，2004：3613.

[3][北宋]司马光.涑水记闻：卷十四［M］.邓广铭，张希清，点校.北京：中华书局，1989.

未死，众已剐其肉食之"[1]，史料血淋淋的记载让我们不寒而栗，边塞运输的古道上出现过大量人员伤亡、失踪，上演过人相食的惨剧，回顾边塞运输这段历史，我们应该对古代运输的脚夫肃然起敬。

二、食物补充

西夏控制着西北辽阔地域，虽然统治者大力发展西北经济，但其粮食供给在整体上面临严峻的挑战，经常处于粮食供应极度紧张的状态。据《西夏书事校证》载：贞观三年（1112 年）春正月，"国家自青、白两盐不通互市，……兵行无百日之粮，仓储无三年之蓄"[2]。西夏军队的粮食供给时常发生困难，特别是一遇不可抵御的灾荒时更是艰难万状，宋咸平六年（1003 年），银、夏、宥三州饥馑；夏大安十一年（1084 年），银、夏等州大旱饥；天祐民安八年（1097 年），西夏"国中大困，民鬻子女于辽国、西蕃以为食"[3]。西夏不得不根据实际情况，多渠道筹集军粮供应，以保证军队对粮食的需求。

西夏境内的气候条件不是太好，可供耕垦的土地不是很多。西夏的粮食供应存在很大的隐患，如果遇到自然灾害或发生较大规模的战争，不时会发生饥馑的情况。

宋咸平六年（1003 年），银、夏、宥三州发生大饥荒。宋大中祥符元年（1008 年），绥、银、夏三州发生旱灾，导致饥荒。宋大中祥符三年（1010 年），绥、银久旱，灵、夏禾麦不登，发生饥荒。夏大安元年（1074 年），大旱，草木枯死，导致饥荒。夏大安十一年（1085 年），银、夏州大旱，

[1] [南宋] 李焘. 续资治通鉴长编：卷三百十八 [M]. 北京：中华书局，2004：7694.
[2] [清] 吴广成. 西夏书事校证：卷三十 [M]. 龚世俊，等，校证. 兰州：甘肃人民出版社，1995：340.
[3] [清] 吴广成. 西夏书事校证：卷三十 [M]. 龚世俊，等，校证. 兰州：甘肃人民出版社，1995：340.

5 个月不雨，发生饥荒。夏天仪治平四年（1089 年），河南大旱，发生饥荒。夏天祐民安八年（1097 年），国中大困，发生饥荒。夏贞观十年（1110 年），瓜、沙、肃三州旱，自 3 月至 9 月不雨，发生饥荒。夏正德二年（1128 年），发生大饥荒。夏大庆三年（1142 年），发生大饥荒。夏大庆四年（1143 年）3 月、4 月、7 月，兴震，夏州地裂泉涌，造成大饥荒。综上，可见西夏灾害和饥荒非常严重。

西夏军队为解决军粮的不足，常以两种食物替代品补充军粮，一是可食用的野生植物，二是畜牧品。西夏军民往往在不同的季节采食当地野生植物来补充食品，"西北少五谷，军兴，粮馈止于大麦、荜豆、青麻子之类。其民则春食鼓子蔓、碱蓬子，夏食苁蓉苗、小芜荑，秋食席鸡子、地黄叶、登厢草，冬则蓄沙葱、野韭、拒霜、灰条子、白蒿、碱松子，以为岁计"[1]。西夏军民可食用的野生植物的主要品种有：苁蓉，又名肉苁蓉，多年生寄生草本，全株无叶绿素，多长在盐碱地或干河沙滩，二至八月采食，具有滋补功效；白蒿，有水陆两种，二者形状相似，但陆生辛薰，水生香美可食；地黄叶，多年生草本，全株密灰白色柔毛和腺毛，根茎黄色，肉质肥厚；灰条子，又名灰菜，一年生草本，嫩苗及子实均可食；登厢草，沙生植物，藜科，俗称沙米，其特点是生长在新沙上；鼓子蔓，蔓生植物；沙葱，即山葱、野葱；野韭，即山韭，形性亦与家韭相类。这些土生土长的野生植物都可以用来补充军粮。

牛肉、羊肉、奶酪等畜牧产品应是西夏军民日常的食物。西夏的牧业主要分为游牧和放牧两种方式，鄂尔多斯高原中部、阿拉善及右厢瓜、沙诸州，大致属于以游牧为主的牧业区，党项人和其他边疆民族在这里长期过着逐水草而居的游牧生活，宋夏缘边山界，即东起横山，西至天都山、马衔山一带，水草丰茂，大片草场与小块农田相间，是西夏的半农半牧区。

---

[1]［北宋］曾巩. 隆平集［M］. 台北：文海出版社，1967：879.

活动在这里的蕃部族帐既从事畜牧业生产，又进行农作物的耕种。发达的畜牧业为西夏军队提供了丰富的畜牧产品，补充了西夏军队的给养。

此外，夏人亦通过和市向宋方换取粮食。双方关系恶化时，禁绝和市也就成了宋方困疲西夏的手段。西夏与北宋之间的商业贸易活动不仅仅是商业经济史的组成部分，也是宋、夏关系史的重要部分。西夏一般是用牧畜类产品、皮毛制品、青白盐、药物、玉石、硇砂、蜜蜡、宝剑、弓、宝镜及金银制品来换取战备物资和生活品，直接补充军粮的产品就是粮食。西夏建国前，地处银、夏之北的党项人民就用青白盐在缘边贸易粮食，德明时曾要求在榷场大规模籴粮或货粮于宋。西夏建国后，随着农业经济的发展，粮食的输入量有所减少，但仍要大量输入谷物。黑水城文献记载了西夏黑山威福军监军司所在地的居民大量典当借粮的事例。

西夏服兵役的边防军在较长的时期内驻守州城、堡寨，服役期间脱离农牧业生产，由政府直接发给粮饷，如驻守黑水的将士靠鸣沙等地储粮供给。[1]西夏定期服兵役的士兵平时居家从事生产，战时短期驻守堡寨，由政府供给兵器和粮饷。西夏边防军队"建官置兵，不用食禄"，同宋、辽比较，是其官兵制的一大特点，一部分军食由国家供给，一部分来源也和宋朝一样，靠缘边军民屯垦去解决。

宋、夏战争有一个明显的特点，即西夏没有表现出长期占领北宋领土的愿望，劫掠财富和人口常常是发动战争的主要目的。西夏军队经常进行所谓劫粮、盗割和侵耕之类的袭击行动。元昊时期是西夏大规模军事扩张的阶段，1040—1043年，元昊向宋朝发动了三次大规模的军事行动，定川砦战役中，夏兵长驱直抵渭州，破栏马、平泉二城，纵横驰骋六七百里。

西夏中后期，仍然执行对外军事掠夺的政策，谅祚往往在秋收时节发兵，派军队多次进攻秦凤、泾原一带，侵扰静边等寨，抄劫熟户，杀掠

---

[1] 黄振华. 评苏联近三十年的西夏学研究［J］. 社会科学战线, 1978 (2).

人畜以万计。西夏专事俘掠财物的"擒生军"，其军粮供给方式对社会的破坏比较大。西夏军队战时所带的资粮极少，一般不超过十天之需，大部分给养通过掠夺而获得。西夏利用军事打击的手段向富裕的北宋王朝勒索财物，其主要方式是接受北宋的"岁赐"。宋夏合约签订后，元昊于公元1044 年 5 月向宋朝称臣，接受宋朝的丰厚"岁赐"，北宋按规定每年要向西夏提供相当数量的银、茶、绢、帛，北宋为了缓和与西夏的关系，摆脱宋夏战争所带来的沉重负担，不得不接受西夏的军事敲诈。"岁赐"成为西夏一项重要的经济来源，获取"岁赐"也是西夏军队出外征战的重要目的之一。

西夏的经济基础相对薄弱，北宋在与西夏军事对抗的同时也采取经济制裁的手段。元昊对宋发动战争后，宋朝往往中断对西夏的"岁赐"，或时常停止同西夏的和市，西夏的经济受到严重影响。

西夏推行军事掠夺的政策，也给社会带来了沉重的负担。西夏落后的军事掠夺制在一定程度上阻碍了其建立起先进的、完整的封建军事后勤供给制度，这使西夏的总体国力始终屈居宋朝之下，并最终被后起的蒙古军队灭掉。

三、黑水城仓储

西夏、元时期在黑水城均实施仓储制度，在西北边塞物资供给制度建设方面具有重要意义。为了保证军粮供给，西夏在产粮之地广泛建立国家粮仓，就是所谓的"御仓"。西夏的"御仓"是直属国家的粮食生产基地，一般都处于平川沃土，便于灌溉，如摊粮城、西使城、鸣沙州、葭芦城、米脂寨、龛谷寨等地。为了保证边防军队的粮饷供给，官方米仓很多位于夏、宋边境一带。这些储粮的来源有两方面，通过对缘边百姓的赋税和缘边籴买，保证满足边境官仓粮食的来源。如宋庆历五年（1045 年），宋朝三司建言，担心夏国、西蕃于延、秦州、镇戎军沿路收买陕西粮草、交钞，请朝廷及时拿出对策。西夏还有许多国家直接掌握的"御庄"。御庄兼为农场和城堡，驻有戍兵，储藏粮食和武器。

元代十分重视仓储建设，在亦集乃路建立广积仓。《亦集乃路广积仓具申季报粮斛并放支军人季粮事呈文》是广积仓在放支完军队口粮向亦集乃路总管府呈交的书面汇报文书。元代仓库管理严格，规章制度明确，以防奸弊。

元代黑水城是西北重要的粮食仓储基地。黑水城文书中经常提到亦集乃路广积仓的问题，但元代史书中均不见有对亦集乃路府仓的记载，我们对其情况了解不多。俄藏文献中保存一件《申亦集乃路总管府验粮文》的元代经济文书，未染麻纸，高21.5厘米，宽33厘米，墨色淡，文书内容如下：

（前缺）

1. 六斗

2. 前申收粮一十五石□□

3. 小麦一十石□□

4. 大麦五石二斗

5. 今申二十九日实收粮三十二石七斗

6. 小麦二十一石八斗

7. 大麦一十石令九斗

8. 右具如前伏乞

9. 亦集乃路总管府

10. 照验谨具

根据文书的内容推测，该文书应为一个收粮机构的验粮文书，马彩霞在《关于黑水城所出一件元代经济文书的考释》一文中考证了这件文书，推断出广积仓是亦集乃路总管府的下属机构："F1：W32及后面的多个仓票均有广积仓副使、大使、监支纳的签名，都能说明广积仓为亦集乃路的府仓。因此，可以断定本文书为广积仓的申验粮文。这也证明了广积仓和亦集乃路总管府之间确实存在收粮、验粮的职能分工。"[1] 文中《亦集乃路广积仓具申季报粮斛并放支军人季粮事呈文》则明文记载了《亦集乃路广积仓》的字样，从而直接证明广积仓属于亦集乃路，从文书内容看，《申亦集乃路总管府验粮文》是亦集乃路广积仓征收税收时候的申验粮文书，本文中的《亦集乃路广积仓具申季报粮斛并放支军人季粮事呈文》是亦集乃路广积仓向军队发放粮食的文书，"呈□□□禀亦集乃路广积仓照得至正十九年正月至三月终春季三个月季报现粮斛已行"，说明广积仓和亦集乃路总管府之间不但存在收粮、验粮的职能分工，还存在发放粮食的功能，从中可进一步看出亦集乃路广积仓的重要性。

文书断代是整理研究文书的关键环节，《申亦集乃路总管府验粮文》由于残破，文书本身没有纪年，马彩霞根据黑水城文书《元史·地理志》和《至正廿四年司吏刘融买肉面等物呈文》推定，《申亦集乃路总管府验粮文》是至正廿四年（1364 年）前后的文书。"文书中提到了亦集乃路总管府据《元史·地理志》：'亦集乃路……至元二十三年，立总管府。'因此，该文书的上限应为至元二十三年（1286 年）。关于文书的下限可从其背面的纪年文书略作推定。本文书为正反两面书写，背面为宣光二年（1372 年）正月的文书。据图版可以看出：正面文书书写较工整，且没有字洇到背面；宣光二年（1372 年）的文书字迹较潦草，且有多个字洇到文书正面。可见，正面文书应为宣光二年（1372 年）以前的文书。另《俄藏黑水城文献》第六册第 135 页收录的《至正廿四年司吏刘融买肉面等物呈文》文书，文书背面亦为宣光二年的文书，具体时间为宣光二年（1372 年）二月。两件文书的背面均有'知事、经历李'的签名。两件文书的字体也极为相近，疑为一人所书，据此似可推断本文

---

[1] 马彩霞.关于黑水城所出一件元代经济文书的考释［J］.西域研究，2004（4）：96.

书很可能为至正廿四年前后的文书。"[1] 元代设立亦集乃路总管府是在至元二十三年（1286 年）。英藏黑水城文献中涉及亦集乃路总管府的文书保存相对完整，特别重要的是还有文书日期的记载，《亦集乃路广积仓具申季报粮斛并放支军人季粮事呈文》的第一行"呈□□□禀亦集乃路广积仓照得至正十九年正月至三月终春季三个月季报现粮斛已行"，明确记载文书的日期是至正十九年（1359 年）正月至三月。这证明，亦集乃路广积仓早在亦集乃路总管府设立之前就已存在，并开始承担向驻军发放粮食的职能。

　　我们对照俄藏《申亦集乃路总管府验粮文》和英藏《亦集乃路广积仓具申季报粮斛并放支军人季粮事呈文》，均是亦集乃路涉及粮食的官方文件，这两件文书合起来，就较完整地反映出亦集乃路广积仓的情况，给黑水城文书中长期以来悬而未决的问题一个准确的答案，也让我们对元代亦集乃路府仓的设置和运行情况有了更深入的了解。

---

[1] 马彩霞 . 关于黑水城所出一件元代经济文书的考释 [J] . 西域研究，2004（4）：96.

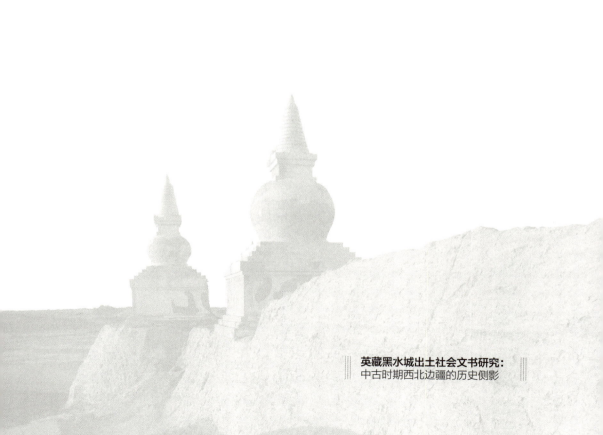

第四章

力畜之重

第一节　中古时期西北畜牧业的繁荣

一、西北农牧业相盛相荣

中古时期，在中原种植业向西扩散大大促进西北开发的同时，游牧民族对牧场的发展给予了极大的热情。中国西北干旱区广布的草原牧场主要有内蒙古、黄土高原北部、西北荒漠地区及甘南和青藏高原接壤的部分地区，呈连续带状分布，和中国北方草原一起成为欧亚草原的重要部分。该地区自古以来都是力畜和其他畜产品的重要产地，北方游牧民族在广大的天然牧区经营畜牧业，以天然草原为基地，主要采取放牧方式经营饲养草食性家畜为主。

司马迁在《史记·货殖列传》中首次提出中国农业和畜牧业的分界线，提出著名的中古时期碣石、龙门农牧分界线。碣石在今河北省昌黎县南，龙门在今山西省河津县和陕西省韩城县之间，是古代中东部地区的农牧南北分界线。分界线以北属于牧区，盛产畜牧产品及相关产品。"龙门、碣石北多马、牛、羊、旃裘、筋角；铜、铁则千里往往山出棋置，此其大较也"。"天水、陇西、北地、上郡与关中同俗，然西有羌中之利，北有戎翟之畜，畜牧为天下饶。"[1]按照司马迁的划分，从黄河峡谷（山西河津

---

[1]［西汉］司马迁. 史记·货殖列传：卷一百二十九［M］. 北京：中华书局，1959：3262.

和陕西韩城之间）到东部渤海之滨（碣石在今河北省东部），沿途以西、以北的区域是畜牧业高度发达的地区，即著名的龙门、碣石线，众多游牧民族在北方发展畜牧业，在秦、汉、隋、唐千年间这条农牧分界线大体保持不变，自两汉、南北朝至唐、宋、元时期，西北干旱区畜牧业一直持续发展。史念海先生指出，至东汉末年以后，"黄河中游大致即东以云中山、吕梁山，南以陕北高原南缘山脉与泾水为界，形成了两个不同区域。此线以东、以南，基本上是农区；此线以西、以北，基本上是牧区"[1]。司马迁对中国农牧区的划分是正确的，适用于整个中古时期。历史上农牧区的分界线虽然发生过些微变迁，但大体上中国的牧区包括了陇右、河西牧区，川西高原、青藏高原、滇西北高原牧区，陕西、宁夏、内蒙古牧区，晋西、晋北、冀北牧区，东北牧区。西北地区自古属于牧区的主要分布地带。唐太宗贞观元年（627 年）分全国为 10 道，其中陇右道主要是西北牧区。陇右一词则由陕甘界山的陇山（六盘山）而来。古人以西为右，故称陇山以西为陇右，其地域在今甘肃、新疆大部分地区和青海湖以东地区，包括秦州（今甘肃秦安县）、渭州（今甘肃陇西县）、武州（今甘肃武都县）、兰州（今甘肃兰州）、河州（今甘肃临夏县）、岷州（今甘肃岷县）、洮州（今甘肃临潭县）、叠州（今甘肃迭部县）、宕州（今甘肃宕昌县）、临州（今甘肃临洮县）、成州（今甘肃成县）、鄯州（今青海乐都县）、廓州（今青海化隆县）、凉州（今甘肃武威市）、甘州（今甘肃张掖市）、肃州（今甘肃酒泉市）、沙州（今甘肃敦煌市）、瓜州（今甘肃安西县）等，与唐朝设立在今新疆地区的安西都护府、北庭都护府同属陇右道。宋代欧阳修对唐朝畜牧区的范围之广念念不忘，时常对宋人谈起唐朝的辽阔牧场："唐之牧地，西起陇右金城、平凉、天水，外暨河曲之野，内则岐、豳、泾、宁，东接银、夏，又东至于楼烦。今则没入蕃界，沦于侵佃，不可复

---

[1] 史念海.黄土高原及其农林牧分布地区的变迁［C］// 河山集：第三集.北京：人民出版社，1988：66.

得。惟河东岚、石之间，山荒甚多，汾河之侧，草地亦广，其间水草最宜牧养，此唐楼烦监地。迹此推之，则楼烦、元池、天池三监旧地，尚冀可得。臣往年出使，尝行威胜以东及辽州、平定军，其地率多闲旷。河东一路，水草甚佳，地势高寒，必宜马性。又京西唐、汝之间，荒地亦广。请下河东、京西转运司遣官审度，若可兴置监牧，则河北诸监，寻可废罢"[1]。欧阳修时任北宋群牧使，这番思考可见他对发展大宋马政充满期待。北宋马政在西北边疆危机严重的局面下，顽强地发展出了一条全新的农牧社会经济优势互补的途径，我们将在本章的第四节详细论述。

　　中原耕人西移及发展种植业在西北边疆开发中作用突出，是推动西北经济发展的最重大事件之一。为什么农业发展占据了西北环境优异的一部分土地，不但没有影响畜牧业经营，反而迎来了西北古代牧场的繁荣时期呢？这是因为农业扎根西北可以为西北地区提供充足的粮食，在农业生产的强大拉动力之下，西北农牧业得以充分融合，农业起到催化畜牧业发展的作用，为畜牧经济的发展提供了重要的经济保障。在气候条件较为温暖潮湿的西汉、盛唐时期，农耕民族的农业活动出现从黄土高原向西北扩张的现象，但移民戍边的范围和规模是有局限的，主要集中在重要的交通要道和适于种植的绿洲，并没有在西北盲目开发耕田。

　　种植业的最大优势是其农产品单位产量高及集约性生产，客观上可以节约出大量的土地。放牧人没有了以往饥饿的威胁，也不存在土地资源被吞食的麻烦，畜牧业大发展变为顺理成章的事情。历史上西北的农业开垦面积是有限的，在西北望不到边际的土地上，当时的垦殖能力无法在更大的范围内修建水利灌溉设施和平整田地。农业种植主要集中在建有政治军事城池的荒漠绿洲周边，直接为城镇人口聚集区和行政中心服务。边疆地区的畜牧业经营历史悠久，游牧民族可以投入微小的成本在短期内取得较

---

[1] [元] 脱脱，等. 宋史·兵十二：卷一百九十八 [M]. 北京：中华书局，1977：4937.

为丰厚的经济回报。从西北开发的范围和经济影响力来说，畜牧业毫不逊色于农业，其重要性完全可以和种植业并驾齐驱，农牧并重是中国古代社会在生产实践中结合西北地理环境和畜牧经济特征而做出的必然选择。马克思在分析游牧经济的特征时指出："我们发现处于这一时期的土著部落有供给乳食和肉食的家畜，但他们大概没有园艺食物和淀粉食物。野马、牛、羊、驴、猪，这些动物的驯养，成群的繁殖，产生了巨大的推动力，成为不断进步的源泉。其效果只有到繁殖并维持家群的畜牧生活定型以后才有普遍的意义。但中亚的草原和幼发拉底河、底格里斯河以及其他亚洲一些河的流域则是牧畜部落的天然家园。"[1] 中国北方游牧经济发展就验证了马克思的论述。游牧经济和农业发展一样，需要一定的规模性经营和一定时间的稳定劳动活动。游牧民族的人口稀少，畜牧业开发不需要密集的人力，游牧民族依靠自己掌握的传统畜牧技术，在荒原上随时随地牧养牲畜，廉价的天然牧场慷慨地提供多种畜牧品。

在西北干旱地区，农牧交会特征是西北社会经济不断发展的关键所在。西北地区农牧结合导致不同产业间的有效组合，进而形成先进的产业组织形态，在西北开发历史上起到巨大的进步作用。在西北生态系统中，牧人放牧，耕人种植，人与环境之间达到高度适应、协调和统一，西北农牧经济开发的进程总体上说是成功的，生态系统内的产出和人居在较长的历史阶段趋于相对稳定状态。西北畜牧业是人类在西北干旱区自然环境里探索出来的经济发展道路，在西北开发中，随着西北畜牧业的不断发展，畜牧优势特色产业得到巩固。

中古时期西北农牧交会处农牧业并重，对发展畜牧业起到重要作用。汉、唐、北宋中央王朝对边疆采取羁縻政策，边疆民族部落拥有很大的自主权，南匈奴、突厥、党项、契丹等游牧民族都在农业文明的庇护下生活。游牧民

---

[1] [德] 马克思，恩格斯．马克思恩格斯全集：第四十五卷 [M]．北京：人民出版社，1985:386.

族可以在汉、唐、宋统治的西北广大区域自由自在地从事游牧，这些水草丰美的地域遍布内陆亚洲的广阔草原及农牧交会地带。北魏中期以后，传统牧区随少数民族逐渐汉化出现由牧转农的现象是缓慢的，畜牧业一直甚为发达，经济生产仍以畜牧业为主。魏、晋、隋、唐时期，整个北方的畜牧经济发展明显加快，在边疆和内地的农牧交会处和西北草原地带，畜牧业有所扩张，畜产构成日益丰富。他们牧养马、牛、山羊、绵羊、骆驼等五畜，形成均衡性的畜群结构。牲畜个体之间存在多方面的差异，饲养管理要求和经济性能上也有差异，种类、数量、质量的不同，繁殖能力的大小，对牧养条件的不同要求，这些畜牧业经济的特征使得视畜牧为副业的农耕区无法胜任。中古时期中原王朝没有在边疆地区推行全盘农业，边疆民族政权入主中原之后也没有迫使农业区泛牧化，这种无形的默契看来是至关重要的，形成了中国古代经济农牧兼蓄，即出现中国历史上农区和牧区并存，这是高级别的社会分工，是经济形态先进性的标志之一，在世界历史上是独一无二的。农牧并存、互相促进的结果是经济发展中一种难得的理想结构，农牧产品的差异性可以在一定程度上促进社会劳动资料和劳动方式的多样化，在有限的自然资源的环境里，人们将获得更多的劳动产品。

草原畜牧业体现出游牧民族的勇敢和智慧。自从春秋战国时期中国完成第一次社会大分工，游牧民族的草原畜牧业延续了数千年，在中古时期逐步走向了繁荣。在世界畜牧发展史上，中国草原畜牧产业无疑是古代一种成功的生产形式。在西北干旱区的大陆性气候条件下，地理单元差别大，沙漠、半荒漠面积大，年降水稀少且分布时间不均衡。草原游牧民族生存环境充满严酷的挑战，他们策马驰骋、建功立业，完全适应戈壁荒漠的地理背景。西北荒漠曾让来自欧洲平原的一位使者感到震惊。13 世纪意大利主教约翰·普兰诺·加宾尼为了向蒙古最高统治者传达教皇的和平信件，从欧洲到达蒙古高原的喀喇和林蒙古中央权力所在地，参加了蒙古大汗贵由的登基仪式。他记载了当时蒙古牧人的生存环境："山岭极多，在其他部分则是平地。但是，实际上它的全部土地是由含沙很多的沙砾构成的。在某些地区，有一些小树林，但是在其他地区，则完全没有树木。那里的天气是惊人地不合常规，因为在仲夏的时候，当别的地方正常地享受着很高的热度时，在那里却有凶猛的雷击和闪电，致使很多人死亡。同时也常常下着很大的雪。那里也常有寒冷刺骨的飓风，这种飓风是如此猛烈，因此有的时候，人们需付出巨大努力，才能骑在马背上。当我们在斡耳朵（宫帐，宫殿之意——引者）前面的时候，由于风的力量太大，我们只得趴在地上，而且由于满天飞沙，我们简直不能看见什么东西。那里在冬季从来不下雨，但是在夏季常常下雨，虽然雨是如此之小，以致有的时候连尘土和草根都没有润湿，那里还常常下大冰雹。在夏季，也会突然很炎热，而突然间又非常寒冷。"[1] 这一时期是蒙古帝国最辉煌的年代，他们的铁骑横扫欧亚大陆。在如此恶劣环境里能够崛起历史上最强大的帝国，我们研究其兴盛原因的时候，不由得流露出敬佩之意。西北是大自然考验人类耐力和生存能力的特殊环境，每一个游牧民族都是历史的骄子。

中古时期人类社会的生产力已经大大提高，游牧者通过发展畜牧业走上了文明之路，他们早已不是纯粹的掠夺者，他们期盼的不是战争而是幸福生活。"所以，蒙古人盼望的天气和憧憬的生活是，成群的野兽到处出没，肥壮的牛羊到处游动。那里没有干旱的春天，只有丰硕的秋天；那里没有风沙的灾害，有的是肥壮的畜群；那里没有严寒的冬天，只有温暖的夏天；那里没有贫苦的百姓，家家户户丰衣足食；那里没有可怜的孤儿，户户家家人丁兴旺；那里没有战乱的骚扰，代代过着安宁的生活。"[2] 和平时期，牧马人期盼的生活都可以变为现实。纵观历史，游牧民族和农业民族的和平交往和民族融合是主流，和平的时间远远超过征战的时间。民族战争只

[1] [英] 道森.出使蒙古记 [M].吕浦，译，周良霄，注.北京：中国社会科学出版社，1983:6.
[2] 黑勒.江格尔 [M].丁师浩，译.乌鲁木齐：新疆人民出版社，1988:365.

是历史的插页而已，著名的汉匈之战前后断断续续，其间多数时间是和平交往，唐朝和突厥的战争则规模更小、持续时间更短，宋前后与契丹、党项、女真、蒙古的 300 年对峙并存时期，长期以和平为主、暂短战争为辅，这是我们认识游牧社会历史的前提。农牧业发展对西北自然环境的影响非常有限，历史上发生的战事不时祸害边疆，破坏生存环境的罪魁祸首是战争。运行良好的生存环境包括自然和社会两个方面，在天灾出现时，人类社会本来有机会通过自我调节恢复稳定状态。但发生大规模战争时，生态系统内部对生产者、消费者、分解者和非生物环境之间的调节功能则显得无能为力，生态灾难就会降临西北大地。

二、西北畜牧业的种植要素投入

中古时期是农业经济占有绝对支配地位的历史发展阶段，广义的农业经济分为植物栽培业和动物饲养业两大类，分别指人类利用动植物体的生理机能，把自然界的物质和能量转化为人类所需要的有机物质资料的生产过程。畜牧业则是人们靠动物的生长繁殖等机能获得产品的生产过程，是自然与再生产结合的过程。在中古封建社会经济发展的整个历程，种植业和畜牧业始终相互交错，密切联系，共同促进。其中种植业对畜牧业发展具有重要的支撑作用，中古时期西北畜牧业中，农业种植的成分比较大。

中古时期西北畜牧草料分为牧草和农作物两部分，古代牲畜饲料成分构成可以反映出历史上农牧业密不可分的历史事实。实际上，草原畜牧业中已经融进了大量农业种植技术的成分。西北地区漫山遍野的青草是牲畜在夏季的美食。西夏谚语说，"有种种青草，利羊诸畜"[1]。西夏诗歌《月月乐诗》记载，"四月里，苜蓿开始像一幅幅紫色的绸缎波浪般摇曳，青草戴着黑发

[1]［俄］克恰诺夫，李范文，罗矛昆.圣立义海研究［M］.银川：宁夏人民出版社，1991:60.

帽子，山顶上的草分不清是为山羊还是为绵羊准备的"[1]。可见夏季草类之茂盛，牲畜在夏季主要的食物是牧草。但仅仅依靠天然牧草远远满足不了日益发展的西北牧业的需求，种植牧草是西北牧业进步的重要途径。苜蓿栽培就是采用种植生产方式获取超量牧草的典型，栽培苜蓿作为饲料在西北广泛用于牲畜牧养。苜蓿作为一种多年生开花植物，是优质的豆科牧草，适应性强，产量高，利用期长，亩产干草上千千克以上。其中最著名的有作为牧草的紫花苜蓿，当时是世界分布最广的栽培牧草，以"牧草之王"著称。其产量高，草质优良，各种畜禽均喜食。苜蓿作为世界上最古老的栽培作物之一，在汉代由张骞引入中国，种植范围逐步扩大，在中国历史上有悠久的栽培利用的记载。古人总结出苜蓿与粮食作物混作、林草间作、改良盐碱土壤等种植经验，已经形成一套完整的苜蓿栽培方法。我们以最主要的紫花苜蓿栽培为例，说明农业种植技术在牧草栽培方面的成功运用。紫花苜蓿喜温带半干旱气候，在日均 15—20 摄氏度的温度下最适合生长。高温高湿对苜蓿的生长并不利，故西北干旱区适合种植该植物。首先，要选择地势高、平坦、排水良好、土层深厚疏松的中性或微碱性土壤的土地，对种植土地要进行松土、肥土混合均匀、地面平整等工作，以保证苜蓿播种、出苗、生长发育；其次，播种前或播种时要施肥，使苜蓿汲取的营养物质多；第三，在春、夏、秋季节条播、撒播或混播，生长期间适当给予田间管理；最后，在始花期开始收割，每隔 30—35 天可以重复收割。苜蓿的加工和储存亦十分重要，一部分鲜草铡碎后青储，一部分需采取干储，将收割后的新鲜苜蓿晾晒干燥后打捆储存，可保持青草味，牲畜的适口性和消化率均很高。

　　有记载显示，唐朝在西北牧场内耕种谷物和牧草，《新唐书》载："八坊之田，千二百三十顷，募民耕之，以给刍秣。"[2] 这是在八坊的地域内，划出 1230 顷作为田地，募民耕种，以其收获物专供作饲料用。关于牧场

---

[1]［俄］克恰诺夫，李范文，罗矛昆.圣立义海研究［M］.银川：宁夏人民出版社，1991:5.

[2]［北宋］欧阳修，宋祁，等.新唐书·兵志：卷五十［M］.北京：中华书局，1975：1337.

里种植的作物品种，唐开元十三年的《陇右监牧颂德碑》有记载，时在陇右牧区，"蔚茼麦苜蓿一千九百顷，以荛蓄御冬"[1]。苜蓿是汉代从中亚引进的一种优良牧草，唐代已经相当普及。至于茼麦，不知为何种植物，茼显然也应是一种牲畜喜食的饲料。将这些饲料晒干、晾干称之为荛。"以荛蓄御冬"，是说将干饲料储存起来，以备冬天牲畜的需要。麦子应该是供应牧人食用，麦麸则可以作为喂食牲畜的刍料。西北牧场种植草料的范围广泛，规模大。《唐六典》记载："其关内、陇右、西使、北使、南使诸牧监马、牛、驼、羊皆贮藁及荛草。高原藁支七年，荛草支四年；平地藁支五年，荛草支三年；下土藁支四年，荛草支二年。"[2] 唐朝牧场均种植储存草料，对各种草料的分类已经相当细致。这些既切合实际需要又符合牲畜养殖规律的措施和办法，促进了西北畜牧业的发展。

　　中原发达的农业技术扩散到西北，并成功运用在牧草种植方面，对游牧经济发展具有相当大的促进作用。先进的农业种植技术引入畜牧业，西北畜牧的发展如虎添翼，可谓是畜牧业发展的一次技术革命，大力提升了西北畜牧业的水平，扩大了游牧经济的生产规模。游牧经济发展一直面临自然资源分布格局的影响，游牧社会被迫以长距离的移动放牧来规避经济风险。种植草业的出现使得游牧民族在各个季节皆能得到适宜的生产资源，一定程度上摆脱了游牧经济因资源匮乏而出现的畜牧生产的不确定性。中古时期北方游牧社会不再是大小、聚散无常的部落形态，而是纷纷建立起稳定、强大的封建政权，农业生产及其相关种植技术植入游牧经济是不容忽视的因素。在西北地区，苜蓿的大量栽培是种植和畜牧业结合的典范，从而使草原环境下大规模种植牧草成为可能，改变了游牧社会完全依靠天然草场牧养牲畜的历史，在古代西北畜牧业发展

[1][清]董诰，等，编.全唐文·陇右监牧颂德碑：卷二百二十六[M].北京：中华书局，1983：2282.
[2][唐]李林甫.唐六典·虞部郎中：卷七[M].北京：中华书局，1992：225.

史上具有重要的地位。

在天然草场放牧的牲畜需要喂养一定数量的谷物。成年用于力役的大牲畜需咀嚼消化草料和谷物两种，即需要采食草类和谷物类食物。畜牧草类以草本植物为主，包括藤本植物、半灌木和灌木，分为收割后可作为鲜草、干草、青储饲料使用和不收割直接放牧两种；牲畜刍料往往需要添加谷物作精料，特别是力畜在负重运动时，喂养谷物饲料是必不可少的。种植业生产的庄稼可为牲畜提供相当数量的精饲料，各种作物秸秆、糠壳、农产品加工后剩下的糟、饼等都是牲畜饲料的重要补充。我们以宋、夏、元马匹的牧养为例，西夏马匹除了草料外，还需要大量喂食谷物。古代的谷物饲料主要是大麦、燕麦和豆类，均为人工种植。宋代史书在讲述宋军后勤时，提到战马出征时的马料供给标准："每人给麦斗余，盛之以囊以自随。征马每匹给生谷二斗，作口袋，饲秣日以二升为限，旬日之间，人马俱无饥色。"[1]这里讲的马料供给不全面，每匹"饲秣日以二升为限"是指给征马每日二升的谷物，不包括马匹的草料供给。

军马食料消耗是比较复杂的，按照动物学的标准，一匹成年马每天自由采食的干料量一般为其体重的 2.5% 左右，一般的成年马体重 500—600 千克，每天需吃 12.5—15 千克干料才可维持其生命和活动能力。若马匹消瘦可在正常喂量基础上适当增加一些，过胖的马可适当减少一些。在此基础上，可以把马匹日粮再加以细化，在马匹作战时的日粮中，以谷物为主的精料的饲喂量应随着马匹运动量的增加加大比例，草料的采食相应减少。马匹在不做运动的情况下可以不吃谷物，但所吃草料不会大量减少。战马通常是以高营养浓度的谷物为主要营养来源，再给一定量的草料加以平衡补充。通常来说，马匹从事极重度运动时，谷物精料比例可占日粮的一半稍多；每天有 1—2 小时的运动量，马匹日粮中谷物要占到 1/3 的比例。一

---

[1]［清］徐松.宋会要辑稿・食货四二［M］.上海：上海古籍出版社，2014：6937.

匹作战的马需每天吃十几千克的草料和数千克的谷物。据此，我们可以知道，西夏、元朝马匹喂养需要补充大量的谷物饲料，如果没有农业的支撑，中古游牧帝国的铁骑根本无法奔跑起来。

西夏、元朝有关军马谷物消耗量的史料不多，英藏黑水城马料文书中保存有添加谷物饲料的记载。黑水城文书反映出西夏、元代马匹、骆驼等都要添加以谷物为主的精料。《永乐大典》卷一万九千四百一十九《站赤四》载有元代站赤饲养牲畜的情况："或三十五十以付站户饲养，秋夏牧以青刍，春冬取粟官廪。"[1] 中国收藏的黑水城文书有一件编号 F64：W7 的文书，记载用大麦饲养马匹，"除大德九年十月至十二月冬季马料……官和籴大麦"[2]。西夏、元时期马匹牧养应该投放一定比例的谷物饲料。

---

[1] [明] 解缙，等，编. 永乐大典：卷一万九千四百一十九 [M]. 北京：中华书局，1994：7219.

[2] 李逸友. 黑城出土文书：汉文文书卷 [M]. 北京：科学出版社，1991：91.

第二节　汉、唐、宋马政在西北边疆的传承

一、马政荣光

　　马政制度是封建国家对以马匹为主的畜牧业实施行政管理及沿革变化，关乎边疆安全和国家危亡的长远战略，涉及封建王朝的一系列政令法令举措，引发诸多重要的历史事件，涌现出各色重要历史人物。从夏、商、周至清，我国古代马政经历了一个不断发展、变化的过程，边疆民族政权效仿中原王朝，纷纷开展马政建设。游牧社会的马政是中国古代马政制度的重要组成部分。

　　中原农耕文化是典型的古代农业社会形态，具有自给自足的明显特征。农业社会不能没有畜牧业，发达的中原农耕文化在畜牧业方面同样取得了杰出成绩。中古时期黄河中下游和江淮一带经济走上以农业为中心的发展道路，但不能简单地把中原王朝归结为只会神奇地提高谷物产量，然后饲养鸡鸭猪之类温顺的小家畜。实际上，夏、商、周的畜牧业已经相当发达，在经历了春秋战国时期一段畜牧业衰退阶段后，汉、唐、宋在畜牧业生产、管理上的探索从未止步，在马匹等大型牲畜生产领域独具特色，一刻不停地与北方游牧社会并肩推动古代畜牧业向前发展。中原农耕社会积累下来了畜牧业管理体系、法律条款和大量的饲养技术等宝贵遗产，成功创建了先进的马政制度，是畜牧经济制度方面创造性的具体表现。马政制度为边

疆民族地区所效仿、继承和发扬光大。大量的史料可以证实，马政作为古代畜牧业的最重要制度之一，是从中原王朝创立、完善的，中古时期边疆游牧民族汲取其精华，在边疆经济中得到继承和发展。汉、唐、宋的政治经济管理制度伴随中国封建社会的发展逐渐步入成熟，是推动封建经济社会发展的支柱之一，虽然历史上多次改朝换代，但历朝历代的制度建设存在着密不可分的传承和发展。中古时期边疆草原社会始终参与中华深厚、博大的文明进程，中国历史上内地农业社会和边疆草原社会在政治制度、经济管理和经营方式上均保持着深刻而广泛的互相渗透和承袭，在马政制度演化及在西北边疆传承和发展过程中充分表现出来。

马政制度的渊源可以追溯到华夏文明早期的夏、商、周，以官牧制为核心的封建社会马政制度形成于秦、汉。国家政权设置畜牧管理机构和开辟国家大牧场集中牧养牲畜，在某种程度上是中央集权统治的产物，但在先秦的游牧社会找寻不到相关痕迹。在欧亚大陆东部第一个草原霸主匈奴帝国兴起之前，夏、商、周三朝就出现了专门的官方畜牧管理部门，甲骨文中也常见"牧正"与"牧师"的文字记载，这是官方管理畜牧业发展的职官。周穆王时已经设置太仆正，掌全国马政，封建社会马政制度沿着周朝的设置进一步演变发展。

秦汉时期是封建国家管理官牧之始。秦已经出现专掌皇室的车舆与全国的马政，由中央的太仆卿负责。秦廷实行三公九卿制，太仆卿为九卿之一，可见秦朝对马政的重视程度。秦朝的太仆下设二从，辅佐太仆，有专门的牧师令，主要在西北地区为国家养马。秦王朝的马政遗产并不丰厚，马政体系资料不全。西汉马政是中国封建社会国家管理畜牧的第一个高峰，培养出了一支战斗力极强的骑兵，对中古时期的军队建设和边疆战争具有重要意义。马政制度的影响堪与万里长城媲美，都是我国古代伟大的创举。长城是一项军事性建筑工程，在边疆军事防御方面发挥了重要作用；马政属于制度设计方面的社会工程，围绕古代边疆安全、

唐　韩干　牧马图　藏台北"故宫博物院"
韩干是唐代著名画家，尤精画马，所绘马匹皆有奋蹄疾奔脱绢之势。

军队战马来源等涉及国家安危的问题，中央政权进行制度改造，用制度来完成古代农牧经济关系的调整及封建社会边疆民族关系的协调，在游牧民族武力侵扰的社会历史条件下，封建王朝在马政制度的框架里，开展着卓有成效的社会实践活动。

西汉马政是逐步建立完善的。西汉以太仆掌舆马。太仆的官职始置于春秋，秦、汉沿袭，为九卿之一，是中央重臣。秦、汉的太仆为主管皇帝车辆、马匹之官，后转为职掌马政，专管官府畜牧事务，属官有大厩、未央、家马三令，其助手为初太仆丞，下属有养马厩的令、丞或长、丞，汉在郡县设马丞，是主持马政的地方官吏。从此，太仆职官历代沿置不革。王莽更名为太御，南北朝时期太仆不常置，北齐改称太仆寺卿，一直是马政管理的重要部门，至清朝废止不设。中国封建马政和边疆防御密不可分，战马供给关乎军队战斗力，在封建中央集权统治下，国家经营官方畜牧产业，针对战马来源而建立一套国家管理体制非常有必要。西汉初年缺乏马匹，没法建立强有力的骑兵，在抵抗匈奴的入侵中处于被动挨打的局面。西汉王朝从一开始就怀抱振兴骑兵的梦想，大力发展马政建设，从国家层面振兴养马事业成为当务之急。汉建立了一套国家马匹牧养机构，初步形成了马匹牧养管理体系。至汉武帝时，马匹十分兴盛。"众庶街巷有马，阡陌之间成群，而乘字牝者傧而不得聚会。"[1]汉朝马政有力地推动了西汉畜牧业的发展，为西汉王朝组建大规模的骑兵集团提供了充足的战马来源。西汉对匈奴战争的全面胜利，一定程度上讲，就是马政制度实行下的官牧制战胜了游牧社会的畜牧体系。

东汉坚定不移地发展马政制度，马政建设比西汉时略有省并。东汉设牧师苑主管养马，减少了凉州诸苑马的数量。在内地增设几处养马苑，大体布局和西汉相同。三国时期，魏、吴、蜀三国设置太仆卿掌管国家

---

[1]［西汉］司马迁.史记·平准书：卷三十［M］.北京：中华书局，1959：1420.

畜牧，魏承汉制，马政有所作为。晋循魏制，也以太仆卿掌马政，属官有典农都尉。

南北朝时期，游牧民族建立的政权首次接触到中原王朝的马政，畜牧出身的北朝统治者立刻对马政产生极大兴趣，马政制度扩展到游牧民族政权。北朝各代都积极发展马政，北魏、北齐都为马政制度发展做出了贡献，以国家专门机构管理畜牧业生产的理念和管理方式很快植入游牧民族主导的社会。马政制度从此成为中国历史上游牧民族和农耕民族在制度建设上最大的联系点，也是游牧民族接受中原王朝政治经济制度的最成功经历。

北齐、北周都延续了北魏的马政，马政建设多有建树。与之相比，南朝政权由于地理位置的关系，马政几乎名存实亡，中国古代马政在南北朝时期是由游牧民族统治传承和发展的。北魏全面接受了秦、汉马政体系，仍然是以太仆卿为中央最高主管马政的官员，官秩高为第二品上，后在太和年间添设少卿，作为太仆卿的副手。北齐在北魏马政基础上有重大改进，最重要的是设立太仆寺，辖下属有关畜牧的部门。北齐把太仆寺管辖的畜牧的部门分为骅骝署（掌舆马及各种鞍乘）、乘黄署（掌管皇室车马及驾驭之法）、司羊署（主管放牧羊群）、驼牛署。驼牛署是管理大型力畜的机构，包括饲养驼、骡、驴、牛，司羊署主管放牧羊群，各署都设有令、承各 1 人。北齐马政对不同牲畜由不同部门分别管理，对后世有一定影响。完备的隋朝马政建立在北朝马政之上，汲取了北朝官职的特点，添设少卿，设立太仆寺；隋、唐、宋都是以太仆寺为掌管马政的最高机构。北朝、隋朝时期是马政建设在游牧民族与农耕民族之间大交流的阶段，为唐朝马政盛世奠定了基础。

马政管理的范围不仅仅是马匹，还包括整个畜牧业。特别值得注意的是北齐专门设立左右牧署，这是主管牧放养饲马匹、骆驼等装备军队的大牲畜的部门。设立专门管理马匹的部门，这种思路在唐、宋马政中并未受到应有的重视，但在唐、宋时期西北游牧民族建立的割据政权中得到了充分发挥。

　　大唐在制度建设上是集大成者。唐代中央掌管马政的部门增加到3个，太仆寺、驾部、尚乘局共同管理马政，太仆寺设立卿1人为第一负责人，设副手少卿2人，承1人，主簿2人，录事2人，大致与隋朝相同。唐朝在总结前朝马政经验的基础上，走出马政制度建设的关键一步，即马政管理的权力开始由军事部门掌握，同时加强地方基层官营畜牧业管理机构建设，从此，加强军事管理和地方官营畜牧业成为马政制度的核心。唐朝在职官设置上第一次将军事部门直接介入马政管理，驾部隶属于尚书省兵部，设郎中1人，员外郎1人，主事3人，马政的国家防卫色彩愈加明显。尚乘局隶属于殿中省，有奉御2人，直长10人，奉乘18人，习驭500人，掌闲5000人，司库1人，司廪2人，典事5人。特别值得注意的是，唐朝设有兽医70人，掌疗马病。殿中省掌皇帝生活诸事，其中包括掌管全国医药的部门，尚乘局有一批兽医，说明唐朝把牲畜医疗保健放到了重要地位。医疗部门开始分管马政，在马政制度建设上具有划时代的意义。遗憾的是，开元年间闲厩使替代了尚乘局分管马政，闲厩使负责皇帝狩猎，兽医发展从马政制度中分离出来，古代兽医发展受到很大影响。

　　唐代基层官营畜牧业管理机构设立和顺畅运行的标志是监牧制的确立。监牧制始于唐，是隶属于太仆寺的基层畜牧业经营机构，有牧监、副监等职务。监牧制是唐朝马政的创新之处，形成了一套完备的地方官营畜牧业管理体系，设置有监牧使、牧监、牧尉、牧长，管理大批的牧养人员，保证了唐畜牧业的蓬勃发展。监牧广泛分布于西北各地牧场，前期监牧范围均在西北地区，贞观十五年（641年）前以固原原州为中心，原州刺史为都监牧使，下管东、西、南、北四使，每使下设若干监。管辖范围相当于当今甘肃省平凉、静宁、崇信和宁夏隆德、固原一带的数百平方千米。

贞观十五年以后牧监范围扩大到陇右，包括黄河以东的陇山东西，幅员千里，以太仆少卿张万岁领群牧，下管八使，统四十八监。后唐继续扩大牧监，官府牧地扩展到今陕北、晋北地区，以及今宁夏、内蒙古交界的河套地区。自从监牧制创立以后，马政管理的重心开始向基层倾斜，太仆寺的权力逐步削弱。牧马地区基层管理部门的完善及拥有较大的实际管理权，对发展官牧业无疑是有利的。历史上中原封建社会畜牧经济的发展有一个突出的特征，就是官牧和民牧向两个不同的方向分化。以养马为基干的大规模国营畜牧业的发展愈来愈重，民牧的大型牲畜饲养则不断趋于弱化。畜牧业发展要求各种牲畜饲养要保持一定的比例，如果大型牲畜饲养数量过低，就会影响其他牲畜的生息繁衍，最终导致中国中原王朝封建社会畜牧业长期处于亚发展的状态。

安史之乱以后，吐蕃攻陷西北多地，唐代马政从此一蹶不振。宋开国之际面临北方边疆的严重危机，草原游牧政权在唐末五代的混乱时代迅速发展壮大，掀起了入侵中原的一拨猛烈的攻势。宋朝远没唐朝强盛，但宋廷并没有束手就擒，举国上下是有所作为的，宋朝前期的马政建设就是有力的证明。宋朝继承唐朝马政制度，继续执行马政军事化的道路，宋朝马政管理权实际上是由中央军事机构枢密院及驾部负责。宋太祖初置左、右飞龙二院，以左、右飞龙二使领之，后又改建左、右骐骥二院。宋神宗时枢密院对马政的掌管进一步加重，由枢密院提议设立河南、河北二监牧群，京师之外的牧监均由这两个新成立的部门管辖，宋朝马政主要隶属于军事部门。宋朝时期的官营牧业主要局限于黄河沿岸及中原地区，宋南方也有马监牧地，但所产马匹低弱，不堪骑乘。从宋建立之初，马政建设就处于艰难之中。西北适宜牧场皆为游牧民族占据，势必造成宋朝畜牧业滞后和马匹供给严重不足的被动局面。宋朝最多时期拥有马匹20万，而唐朝在公元679年，夏州群牧使一次马匹死亡或丢失就达18.9万匹之多。宋朝军队没有足够的战马储备，即使在边疆从事完全的防御作战，也难以取得战场的主动权，常处于被动挨打的局面。

北宋初期的马政重心是监牧马，随着牧监养马相继失败，北宋倚仗雄厚财力，逐渐转从北方游牧民族输入马匹为主。宋廷改变最初从中原百姓买马及建设国家官牧场的制度，重点采取高价从游牧民族地区买马的政策。"其后诸州市蓄马，给直渐高，务增数以为课绩。"[1] 真宗咸平元年（998年），设置了买马的服务机构——估马司，"掌纳诸州所市马估直、验记、置牧养"[2]，"凡市马，掌辨其良驽，平其直，以分给诸监"[3]。面对北方游牧民族日益严重的威胁，朝廷制定出了一套严格的购买马匹的政策。宋朝马政是中国马政发展的重要时期，保障获取马匹资源需要庞大的财政支持，更需要和边疆游牧民族通畅的交流和贸易渠道。

唐、宋一直没有放弃建设骑兵力量的努力，但唐、宋王朝防御体系中忽视建设和利用长城，这是特别值得注意的历史现象。在唐、宋时期北方边疆的战争中，长城的作用微乎其微，没有一次重大战役发生在长城上。宋朝继承了唐朝战略防御的基本形式，虽然在边疆军事上完全被动，但从来没有依靠长城来防御。为什么长城的防御作用在唐、宋时期大幅下降呢？长城作用的下降毫无疑问提升了战马在维护边疆安全方面的影响力，这个问题仍待深入分析研究。

马政制度具有军事领域和经济领域的混合态特征，通过加强军事力量来刺激畜牧业发展，通过壮大畜牧经济达到提升军事力量的目的。北方游牧民族政权意识到了唐、宋马政制度的先进性，10—13世纪的辽、西夏、金和元代通过宋朝先后接受了马政制，结合其游牧民族勇猛的铁骑传统，使得马政在边疆地区传承、发展。马政制度融入各民族政权的军事、经济生活中，成为游牧社会和农耕社会联系的历史耦合。

---

[1]［清］徐松.宋会要辑稿·兵二十四［M］.北京：中华书局，1957：7159.
[2]［清］徐松.宋会要辑稿·兵二十一［M］.北京：中华书局，1957：7133.
[3]［元］脱脱，等.宋史·马政：卷一百九十八［M］.北京：中华书局，1977：4928.

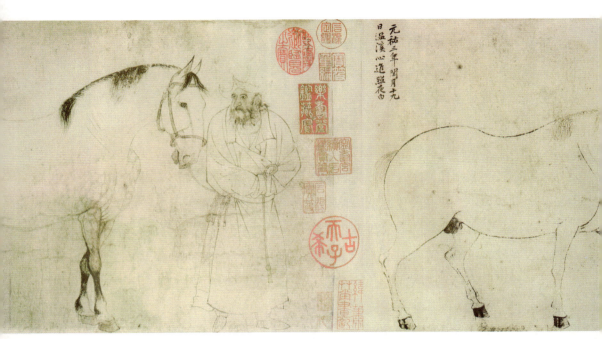

宋　李公麟　五马图（局部）　日本东京末次三次收藏

《五马图》描绘出了北方游牧民族纷纷前来贡马，换取朝廷丰厚回馈的历史。

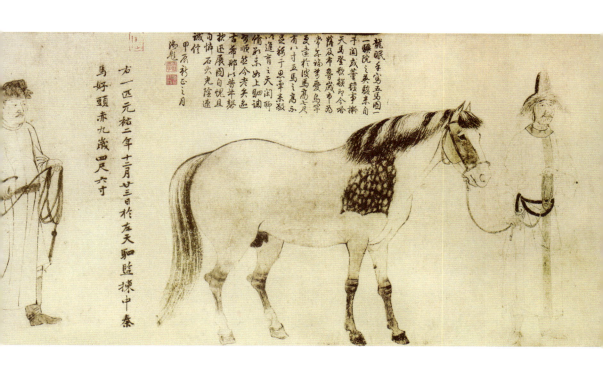

二、西夏马政源流

西夏马政直接继承汉、魏、唐、宋马政。西夏官牧业分中央、地方两级，形成了一套较为成熟的管理机制，主要通过军事指挥机构实施国有牧场的管理职责，为军队的后勤供应提供保障。西夏中央管理马匹的部门分属经略司、群牧司、马院、飞龙院，经略司、群牧司为主管部门，马院负责马匹刍料供应、马匹检查和登记，飞龙院为辅助机构，其他几个部门及行宫院、三司、磨勘院参与管理部分相关马政事务。群牧司是西夏官牧业的主要管理机构。这个机构有两项职责，一项职责是宏观上指导西夏官牧业生产，另一项职责是直接经营、管理国有牧场。经略司具有监管官牧业的职能，重大事项需经经略司报批，如此运作的结果是群牧司需听命经略司的派遣，经略司成为西夏马政的最高管理部门。西夏《天盛改旧新定律令·畜患病门》规定：马、牛、羊、驼四种官畜患病，隶属于经略司者，当速告经略司，不隶属经略司者，当速告群牧司。[1] 在马政事务管理上，重要的事项需先禀报经略司，经略司不管的问题，再转到群牧司处理。飞龙院分管皇室御用马匹，具有较大的独立性。下面我们从古代马政制度的演变来梳理西夏、元的马政制度源流，解析唐、宋马政在西北游牧政权的传承。

西夏马政延续了北齐对畜牧管理的细化，尤其是重视马匹管理的特点。西夏设立了专门管理马匹的机构，即西夏的马院。马院作为专门管理马匹的部门，其建制最早源于北齐的左右牧署，理念就是把马匹管理置于特别重要的位置。马院是西夏官府专门牧养军马的部门，在行政级别上位于群牧司之下，西夏《天盛改旧新定律令·司序行文门》将其列入下等司。马院至少分为东院、北院，但具体的史料记载得并不清楚。根据史料，马院的职能有两项：一是管理官库马料配发，西夏牧养的马匹有熟马、生马，

---

[1] 史金波，聂鸿音，白滨，译注.天盛改旧新定律令·畜患病门：卷十九［M］.北京：法律出版社，2000：582.

饲草由官库供给，并允许一定的耗损，精确到一斛可耗减七升的标准。[1]
马院的马料管理相当严格。牧人必须负责把马匹牧养好，如私自减少饲料，
就视为犯偷盗罪，如检畜失误，致使牲畜羸瘦，犯者要被判服劳役。二是
复核官马数额，对马匹病死、丢失等进行检查核实。马院中的马匹病死注销，
程序十分严格。首先要注明得病的原因和死亡的情况。注销死亡的马匹，
肉价分为两种，熟马一缗，生马五百。如出现马匹被盗、失职而导致马匹
死亡或马匹生病未及时上报这三种情况，饲养责任人须予赔偿。设立专门
管理马匹的机构是马政演化的一个趋势，对马匹进行重点管理的思路在北
齐、西夏这样的民族政权走得更为坚定，凸显出马背上民族的传统特点，
使得马政建设的目标愈加明确。

　　西夏马政完善于中后期，马政机构实际上是中央军事部门的下属机构，
马政首先为西夏军事服务。经略司是西夏中后期设置的军事机构，与正统
司、统军司组成西夏三个中央军事机构，天盛年间经略司属临时性机构，
到乾祐年间经略司成为正式的军事机构。西夏《天盛改旧新定律令·司序
行文门》载：上等司中书、枢密处理诸司呈案，以经略司为先，置诸司案
务之，经略司权力高于中央其他军事部门，成为军事大权的实际掌管部门。[2]

　　辽、金、夏、元承袭唐、宋马政，虽呈现各自的马政特点，但都遵循唐、
宋制度，延续唐、宋马政管理军事经济同步发展的趋势，中央建立直属机
构负责马政事务，运用朝廷集权管理马政。同时，这些北方游牧民族政权
均仿效汉、唐、宋的官牧制，积极发展地方官牧场，特别是直接继承了宋
朝的群牧司制，为马政在西北元、明时期的传承做出了贡献。

---

[1] 史金波，聂鸿音，白滨，译注. 天盛改旧新定律令·物离库门：卷十七 [M]. 北京：法律出版社，
　　2000：547.

[2] 史金波，聂鸿音，白滨，译注. 天盛改旧新定律令·司序行文门：卷十 [M]. 北京：法律出版社，
　　2000：362.

三、辽、金、夏、元承袭宋官牧制比较

对国营大牧场管理是马政的重要内容。宋朝在咸平三年（1000 年）置群牧司，归属枢密院，由知枢密院陈尧雯为群牧司制置使，又置群牧副使、都监，增判官二员，国家马政的政令均由群牧司制定发布。群牧司制置使以枢密使或副使任职，由军事部门的主管级大臣兼任，实际处理马政具体事务。从此，在中央最高军事部门指挥下的群牧司统管马政，由牧监管辖国家牧场的马政管理形式定型，成为封建社会最终的马政制度。早在宋初的太宗太平兴国年间，朝廷于诸州置牧龙坊 8 个，至真宗景德二年（1005 年），正式改称牧监，全国设有牧监 14 个。真宗大中祥符年间（1008—1016 年），宋代国家牧场大有发展，"凡内外坊、监及诸军马凡二十余万匹，饲马兵校一万六千三十八人。"[1] 太宗太平兴国四年前后收集民马 20 多万匹，始将马分置诸州水草之地牧养。宋真宗时各牧监饲马兵校共 16038 人，马共 20 余万匹，设有牧监 14 个，这是宋朝国营大牧场的鼎盛阶段。

宋熙宁年间（1068—1077 年），作为马政的主管部门，枢密副使邵亢建议把国家牧场的部分土地给佃民耕种，收租税来发展牧马业，群牧司将牧场良田 17000 顷租佃给百姓收取地租，各监牧地招募百姓租佃耕种，绝大多数官牧场名存实亡。宋朝收取到牧场租金投入市易司为茶贸易，充作市马的资金。北宋中期开始，市马的重要性日渐增加，马匹贸易成为宋军战马的主要来源，从唐初就出现市马，并逐渐形成制度化。市马是对宋朝马政的一种重要补充，以适应宋朝商品经济空前发展的经济形势。宋朝马市贸易主要依靠茶马互市，即用宋茶交易边疆的马匹。宋朝茶叶量大价高，有能力支撑市马，而宋朝牧场位于农牧交会处，种植谷物并不能大量交换到马匹。唐、宋以来，边疆一带农业经济相当发达，谷物价格不高，西北

---

[1]［元］脱脱，等.宋史·马政：卷一百九十八［M］.北京：中华书局，1977：4929.

西夏白石马　藏宁夏博物馆

　　马匹是西夏诸多牲畜中最为优先发展的资源，对西夏军事力量和对外贸易至关重要。这尊白石马出土于西夏王陵，外形线条流畅，造型优美，具有一种神秘感。白石马表情安静平淡，但表现出顽强的生命力，默默地见证着漫长的历史岁月。

地区的宁夏平原、河西走廊等地已经成为著名的粮仓，大量向周边输出谷物。

北宋后期，官牧场衰落，官牧场惨遭弃置令人惋惜。国营大牧场的生产形式是马政制度最明显的优势，其核心是建立高效的牧养方式，形成畜牧规模生产，提高畜牧业管理水平。命运多舛的宋朝群牧制得到辽、金、夏、元的赞赏，他们纷纷仿效宋朝设置群牧制。辽代建立群牧制度，辽太宗耶律德光继位后，群牧制度成熟。辽的北枢密院管辖群牧，下设主管群牧的机构和职官。有 9 个部门在各地设置机构，专管皇家和国营畜牧。官牧场主要分布在今呼伦贝尔大草原及燕山和张北一带。但史书没有记载辽群牧部门的具体官职，我们只是知道主管群牧的机构有"总典群牧使司"和"群牧都林牙"。

西夏在继承宋朝的官牧制方面成就突出，将其在西北边疆发扬光大。西夏仿效宋朝设置群牧司制。官牧场为西夏国有土地的重要部门。西夏法律规定：诸牧场之官畜在地界，原未入地册，因官私属界不明引发纠纷，当重划地界。官地之界标当与掌地记名，每年录于畜册之末，并纳地册，交官私地界不许相混。官地之监标志者当与掌地记名，如违律，徒一年。官属地界内原家主另外有私地，原家主不许复于官地内落窝。原家主若无落窝之地，或牧地荒瘠，未有清净水源则许原家主另择新地落窝。拥有私地诸家主，不许侵占官牧地之水源，不许侵冒官牧场之土地。如果出现违律情节，大小牧监不向上禀报的，一律有官罚一马，庶人杖十三。

西夏的官私牧场、农田相与交错，往往地界不明以致"官私交恶"。为此西夏律令规定，官牧场必须和私地划清界限，并年年登记造册上报。西夏官畜的保护则更加严格。由于文献的缺失，我们只能对西夏建国初期的官畜做一个大概的估计。元昊时全国约有 15 万军队，《宋史》记载了西夏军队的力畜配备状况："凡正军给长生马、驼各一。团练使以上，帐一、弓一、箭五百、马一、橐驼五。"[1] 若以此计之，雄性的军用驼、马至少各有 15 万，那么还应有 15 万母马和 7.5 万幼马；15 万母驼和 7.5 万幼驼（按50% 的繁殖率计），军马应为 37.5 万匹，若再加上马院中牧养的马匹，至少 40 余万匹。元昊以后随着军队数量的增加，估计能达到 60 余万匹。军用骆驼以运输为主，不限公母，其总数应在 15 万匹左右。假若元昊时军队中一半为正军，一半为负担，那么西夏军用马、驼乃至官畜总额，就要大打折扣。

官牧中的牧畜、牧场生产资料由氏族首领的大小牧监、牧首领、末驱、盈能等代表官府管理。广大牧人实际上没有自由承包经营的权利，没有官府的许可，更不能随便离开国有牧场。他们身受牧首领和封建官府的双重压迫与剥削，其人身地位类似西夏农区的佃耕者。

大多数西夏军队的粮饷、装备，要靠官兵们自己准备，这与金、辽基本相同。由于兵役负担苛重，作为交换条件，国家可能免除军员的一些徭役，但西夏史料没有这方面的直接记载。金朝和西夏的供给制度属于相同类型，可以参考史书有关金朝供军制的记载："金之初年，诸部之民无它徭役，壮者皆兵，平居则听以佃渔射猎习为劳事，有警则下令部内，及遣使诣诸孛堇征兵，凡步骑之仗粮皆取备焉。"[2] 对照金朝供给制度，西夏兵士也应是"无它徭役"。契丹军的供给制度史书也有记载，前期是"每正军一名，马三匹，打草谷、守营铺家丁各一人"，所需之物"皆自备。人马不给粮草，日遣打草谷骑四出抄掠以供之"[3]。与西夏十分相近。

金朝的群牧是在继承和仿效宋、辽的群牧基础上发展起来的，金马政官职有群牧使、群牧副史，特别设置译人的职位，负责民族语言交流。金群牧制比辽更为细腻，但没有完全仿效宋朝建立中央级的马政管理机构，

[1] [元] 脱脱，等. 宋史·夏国下：卷四百八十六 [M]. 北京：中华书局，1977：14028.
[2] [元] 脱脱，等. 金史·兵志：卷四十四 [M]. 北京：中华书局，1975：992.
[3] [元] 脱脱，等. 辽史·兵卫志上：卷三十四 [M]. 北京：中华书局，1977：399.

这可能是因为金灭辽后，如何统治人数众多的契丹人是重中之重，运用契丹的群牧管理被统治的契丹人不失为一种有效策略。有金史专家认为："金朝采用群牧这种社会组织来统治契丹牧民应该说有它的成功之处。这些契丹牧民用他们长期积累的畜牧业经验，为金朝国有畜牧业的发展作出了贡献，群牧所中大量的牲畜为金朝社会的很多方面提供服务，特别是马对金朝社会尤为重要。"[1]

　　蒙古灭金之后，首次接触到马政。中统四年（1263年），承金制忽必烈开始设置群牧所，元马政建设是从群牧制开始的。元统一全国以后，承袭参行唐、宋马政遗制，重新完善马政制度。元中央设置太仆寺、尚乘寺管辖马政，太仆寺级秩达从二品之秩，而唐朝太仆寺级秩为从三品，可见元朝对马政的重视。至元二十二年（1285年），在上都等路设立群牧都转运使司，后设立群牧监。元朝在全国设立了14个官道，牧场广阔，覆盖全国适于放牧之地。元代马政推行买马制，将商品交易引入马政，自世祖至顺帝买牲畜的数目极大，国家从民间大规模买马和其他牲畜，政策从民间自愿出售发展到国家强制收购，买牲畜的种类扩大到马、驼、牛、牦牛、羊等。同时元朝马政实施括马制，强征民间马匹。这两项宋朝弃而不用的制度却在元代泛滥，再次引发严重弊病，对元代畜牧业产生了消极的影响。

---

[1] 夏宇旭.浅析金代契丹人的群牧组织［J］.黑龙江民族丛刊，2008（5）：126.

带弓箭的蒙古牧民 藏土耳其老王宫

蒙古人骑着矮种马，擅回身射箭，这是典型的蒙古牧民形象。

第三节 马草料文书：西夏马政的原始记录

一、西夏马草料文书考释

英藏黑水城出土西夏官马草料汉文文书（发掘编号为 K.K.）是我们现在发现的关于西夏马匹的珍贵文书，具有重要的史料价值。写本，保存大致完整。

（一）Or.12380—3178 马草料文书

A.

（前缺）

1. 部署下马贰匹，内一匹拾分

2. 壹匹伍分：请十一月二十，一日食

3. 从二十六日至二十六日终，计二

4. 日；请二十八日至十二月五日终

5. 计七日，共计壹拾日食

6. 糜子贰石□斗贰升，草贰□

（后缺）

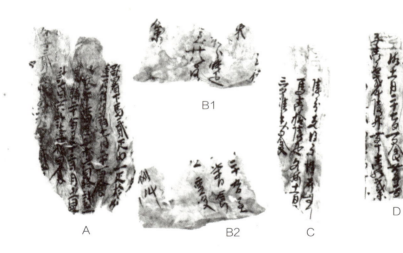

图 4-1　Or.12380—3178 马草料文书

B1.

（前缺）

1.……

2.……束

3.……□分肆匹

4.……至廿八日终

5.…… □束

B2.

（前缺）

1.……二十九日至

2.……柒日食

3.……□重哎

4.……捌斗

（后缺）

C.

（前缺）

1. 陆分，支□□□在等下

2. 马壹拾陆匹，各□十一月□

3. 三日，准□日食

（后缺）

D.

（前缺）

1.……

2.□一匹十分，二匹各五分

3.□十一月二十七日一日食，共计二日

4.□子壹石贰斗陆升，草壹拾贰束

5.……

（后缺）

（二）Or.12380—3179 马草料文书

A.

1.……壹拾□□……

2.□保万通等下马壹拾贰

3.匹，内叁匹草料十分，玖匹

4.各草料五分，从十二月四日至

5.五日，计准二日食

6.糜子贰斗，草贰束，支□□□

7.□□马三匹……

（后缺）

B.

（前缺）

1.……斗□升，草捌束……

2.……等下马壹拾……

3.……草料拾分，肆匹各……

4.……二月四日，壹日食

　（后缺）

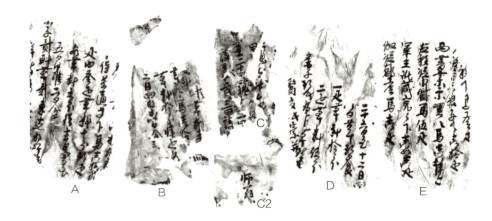

图 4-2 Or.12380—3179 马草料文书

C1.

（前缺）

1.……

2. 至二十四日终，计□日……

3. 请至十二月三日请……

（后缺）

C2.

（前缺）

1. □……

2. 师翁……

3. □……

（后缺）

D.

（前缺）

1. 二十六日至十二月四……

2. 八日共计玖日食

3. 一匹草料拾分

4. 二匹草料伍分

5. 糜子玖斗捌升，草玖束……

6. 医交张崇并……

（后缺）

E.

（前缺）

1.……□下马叁匹

2.……□子下壹拾匹

3.西蕃业示嘿八马壹拾陆匹

4.左移泥巾腻马五匹

5.军主讹藏嵬嵬下壹拾壹匹

6.伽泥都工舍马壹匹

（后缺）

这批马草料文书是西夏时期的马政文书，应该是西夏官牧场的牧人书写的账册，需要提交给官牧场官员。程序为：群牧司预先写明畜册、斤两总数、人名等送皇城、三司、行宫司所管事处，牧监、盈能处备案，核定数目，不许住滞一斤一两。群牧司人计议用度，经谕文批准，直接供应乳酥、酪脂等。[1]西夏官牧场的牧人，首先要有一定的经济能力，保证官牧场规定的每年幼畜的繁殖率。此外，牧人还要向官牧场交纳畜牧产品及幼畜。

该文书没有纪年，具体年代无法考证，专家只能大概认定为西夏时期。"黑水城出土的汉文文书主要是宋、夏、元三代，元朝不设军主，可以肯定该文书不是元朝的，宋朝缘边番兵自备战具粮饷，说明也不是宋朝的。至于西夏，虽然实行部落兵制，但给特殊军种和执行特别公务的人员马匹提供粮饷草料。由此推断，这批官马草料文书应是西夏文书。"[2]官马草料文书用草书书写，字迹潦草随意，可以判断是呈交官牧场低级别官员的账册。官牧场的官员有末驱、牧首领、牧监、盈能等，从牧首领中任选一名盈能，主持检交官畜。官牧场的劳动者分为三种：第一种是牧人，是名义上的承包经营人，但并没有完全的人身自由；第二种是牧助，他们是失去土地、牧畜的"无主贫男"，他们没有权利"承包"官畜，只能给牧人

[1] 史金波，聂鸿音，白滨，译注.天盛改旧新定律令·畜利限门：卷十九[M].北京：法律出版社，2000：577-579.

[2] 杜建录.英藏黑水城马匹草料文书考释[J].宁夏社会科学，2009（5）：97.

充当"牧助";第三种是苦役犯及其家属,因连坐移配到国有牧场的罪犯家属没有权利领取官畜,他们只能充当"牧助"之类的角色,但人身地位远远低于失去土地的"无主贫男",没有官府的许可,是没有人身自由的。西夏律令规定:官牧场之罪妇被偷卖给他人,卖者以偷盗法判断,买者知情,则比偷盗问罪,购款罚没,上交有司。买者未知情,不治罪,购款亦不罚没。罪妇不自告官,则杖十三,发还原地。主动告官,则不治罪,听许另择别处官牧地当。[1]

西夏非常重视马匹等大牲畜的牧养,西夏的马匹等大牲畜分为私畜和官畜两种。西夏法律规定:诸人杀自属牛、骆驼、马,不论大小,一匹(头)徒四年,二匹(头)徒五年,三匹(头)以上概徒六年。从犯比主犯减一等治罪。诸人杀自属牛、骆驼、马,知情而食肉,徒一年。前述三种畜坠亡、病死,则当告巡检、迁溜、检校、边管等处。所告属实,免罪。若擅杀,有官罚马一,庶人杖十三。故意推畜坠亡,依杀畜罪判断。行旅中,误杀牛、骆驼、马,或驮畜超载畜而死,且处地偏远,则免罪。出葬不准以畜陪丧。若杀自有牛、骆驼、马,依法判断。[2]西夏官牧业为西夏军队提供了包括战马在内的大批牲畜,同时为西夏军队输入了充足的畜牧食品,为建立一支强大的骑兵队伍奠定了雄厚的物质基础。

二、西夏力畜

这批马草料文书中关于饲养的是什么品种的马匹,并没有明确记载。西夏人马匹牧养知识十分丰富。《相马经》在西夏很普及,西夏法典和辞

[1] 史金波,聂鸿音,白滨,译注.天盛改旧新定律令·贫牧逃避无续门:卷十九 [M].北京:法律出版社,2000:599.
[2] 史金波,聂鸿音,白滨,译注.天盛改旧新定律令·畜利限门:卷十九 [M].北京:法律出版社,2000:576.

书中都有关于医治马病的条款和词条，西夏官牧场有专门的兽医。史书就记载过一位著名的党项人兽医昂吉儿："至元六年……时国兵初南，塞马当暑，往往疥疬，昂吉儿以所部马入太行疗之，所病良已。由是军中马病者，率以属焉，岁疗马以万数。"[1] 西夏《番汉合时掌中珠》共收集词语700余条，记载的主要牲畜有马、牛、骆驼、骡、山羊、绵羊、猪、狗等[2]；《文海研究》记载的牧畜主要有马、骆驼、牦牛、山羊等[3]。西夏占据西北大片领土，多有荒漠、草原、高山，平原占地少，区域内有中国历史上著名的良马出产地。河西走廊一代是著名的牧业区，甘州"水草丰美，畜牧孳息"[4]；焉支山水草茂美，宜畜牧。 宁夏平原及周边地区处于农牧交会地带，"水深土厚，草木茂盛，真牧放耕战之地"[5]。党项马自古有名，唐诗中就有"求珠驾沧海，采玉上荆衡。北买党项马，西擒吐蕃鹦"[6]。《旧唐书》和《旧五代史》中也提到党项马数量多、品种好，深受人们的喜爱，党项马的价格也非常昂贵。西夏的畜牧业发达，是中原王朝马匹的主要供应基地。

西夏战马的特征比较突出，我们现在能从西夏王陵出土的石马和甘肃武威西夏墓出土的驭马图中了解到有关西夏马的情况。西夏陵区出土的石马表现出了西夏马匹静态的卧姿形象，"双耳上耸，二目圆睁前视，有眼角刻线，口微启，唇略涂朱彩，额门鬃毛中分贴于脑际，颈上鬃毛较长，倒向后斜贴颈部，呈清晰的线条状"[7]。在甘肃武威西夏墓出土的彩绘木版画中，有一幅驭马图，图中的马呈现动态的形象：引颈翘尾，做飞奔姿态，让人可以领略出西夏战马驰骋战场的雄姿。

[1] [明] 宋濂，等.元史·昂吉儿：卷一百三十二 [M].北京：中华书局，1976：3213.
[2] [西夏] 骨勒茂才.番汉合时掌中珠 [M].银川：宁夏人民出版社，1998：33.
[3] 史金波，白滨，黄振华.文海研究 [M].北京：中国社会科学出版社，1983：3.
[4] [清] 吴广成.西夏书事校证：卷十一 [M].龚世俊，等，校证.兰州：甘肃人民出版社，1995：2879.
[5] [南宋] 李焘.续资治通鉴长编：卷四十四 [M].北京：中华书局，1995：947.
[6] [清] 彭定求，等，编.全唐诗：卷四百一十八 [M].北京：中华书局，1980：4611.
[7] 韩小忙.西夏王陵 [M].兰州：甘肃文化出版社，1995：65.

　　根据史料记载和现代出土文物分析，西夏马匹主要可分为以下三个品种：甘青马、大宛马、蒙古马。甘青马（也称契丹马）出产于祁连山南北两麓、青海湖周围等区域。元昊称帝后，西夏帝国占据着祁连山以北的广大地区。甘青马作为该地区著名的马匹，被西夏军队大量征用，成为西夏战马的主要来源之一。关于甘青马的情况，还可以将 1969 年甘肃武威东汉墓出土的马踏飞燕（铜奔马）的形象，与甘肃武威西夏墓出土的彩绘木版画中那幅驭马图进行比较。飞燕铜奔马和驭马图中的奔马有共同的特点，奔跑时都采用对侧步的步法，从而可以进一步证明西夏应该拥有甘青马这个品种。大宛马是中国古代史上最著名的良马品种之一。早在西汉时期，大宛马就已威震边塞，汉武帝本人特别喜爱大宛马，经常通过各种渠道从西域获取大宛马，有时甚至不惜动用武力。大宛马需要经过河西走廊才能流入中原地区，而西夏长期占据着河西走廊。西夏军队又是以骑兵为主，对马匹的繁殖饲养保护得当，也应会引进周边地区的良种马，所以可以推测西夏应该拥有一定数量的大宛马。西夏北邻辽朝的边界地区，正是蒙古马的生息地。蒙古马多生长在空旷的牧区，能忍受漫长的严冬，具有很强的适应性。西夏在与辽长期的经贸交往和军事冲突中，也获取了大量的蒙古马。

　　西夏军马草料供给的重要性仅次于粮食供给。军马草料基本上是由国家支出的，主要有两种形式：一种是官牧场供给军马草料；另一种是生活贫困的正军在家中牧养军马，官仓调配一定数量的饲料。

　　骆驼是西夏主要役畜之一。公元前 3000 年左右，双峰驼开始在土库曼斯坦和我国的内蒙古、新疆等地被驯化。公元前 17—前 12 世纪向西传播到乌拉尔和哈萨克斯坦，向东传播到西伯利亚。作为沙漠特有的大型牲畜生长在荒漠、半荒漠草原，骆驼在人类社会很早就被用于战争、运输、农耕和荒漠探水，还为人类提供肉、奶、毛等产品，被赞誉为"沙漠之舟"。西夏大量使用骆驼，西夏骆驼主要分布于阿拉善内陆高原及武威一带，在今甘肃酒泉以西至玉门关以东地区亦有分布。西夏骆驼品种丰富，包

西夏马具（上图为马镫，下图为马衔） 藏内蒙古鄂尔多斯博物馆
西夏马具制作精良，呈现游牧铁骑的风范，给西夏战马带来更好的策骑效果。

括我国骆驼品种中的阿拉善驼、苏尼特驼和新疆驼三大主要驼系的骆驼。西夏的阿拉善驼最多，主要分布于阿拉善的沙漠戈壁、山地、低山丘陵、湖盆、起伏滩地之间，河西走廊、青海等地亦有分布。阿拉善骆驼高大雄壮，体力充沛，常用于货物运输、边防巡逻等，成年雄性阿拉善骆驼体重可达 600—750 千克，体高达到 3.5 米，驼峰也达到 2.5 米左右。苏尼特驼是双峰驼中的优质品种，体大性驯，生长发育快，肉脂性能突出，绒毛密度大，繁殖快，主要产于今内蒙古锡林郭勒盟的苏尼特左旗和苏尼特右旗，每峰驼负重 150—250 千克，连续骑乘可日行 70—80 千米，因其耐寒畏暑，多役用于冬季。新疆驼主要分布在新疆的北部、南部，不在西夏统治区，当不属西夏主要驼种。

骆驼是西夏主要力畜，广泛用于战争、运输和耕地。宋皇祐元年（公元 1049 年），辽兴宗率军伐夏，北路军突入西夏的右厢地区，"至西凉府，获羊百万，橐驼二十万，牛五百"[1]。其重要性可以与马并列。西夏律令规定：旧驯之公骆驼年年当分离，当托付行宫司，人杂分用中。[2] 骆驼还是西夏国家运输的主要力畜。北宋太平兴国六年（公元 981 年），王延德出使高昌，经鄂尔多斯渡黄河，穿越乌兰布和沙漠，"沙深三尺，马不能行，行者皆乘橐驼"[3]。西夏在河西走廊一代使用骆驼耕地，史载张掖"以骆驼耕而种"[4]。牦牛在西夏亦普遍使用。牦牛是牛的一种，适于高寒地区生活，乳、肉、毛、役兼用。西夏牦牛主要分布于贺兰山、焉支山一带，牦牛用于山地运输、食肉，牦牛角可用来制造良弓，为西夏兵器制造的重要原料。

---

[1] [清] 吴广成. 西夏书事校证：卷十二 [M]. 龚世俊，等，校证. 兰州：甘肃人民出版社，1995：138.

[2] 史金波，聂鸿音，白滨，译注. 天盛改旧新定律令·供给驮门：卷十九 [M]. 北京：法律出版社，2000：575.

[3] [元] 脱脱，等. 宋史·列传第二百四十九：卷四百九十 [M]. 北京：中华书局，1977：14110.

[4] [清] 吴广成. 西夏书事校证：卷三十八 [M]. 龚世俊，等，校证. 兰州：甘肃人民出版社，1995：441.

第四节　古代马的异质性资源特征

一、马者兵甲之本

人类进入文明社会以来，通过开发和加工自然资源生产出大量的物资，用于人们的生活消费、发展再生产及对外作战，对国家统治、百姓生计和军事行动具有重要作用的物质资料列为战略物资。古代虽然没有战略物资这个名词，但实际上已经萌生对国计民生和边疆防御具有重要作用的物质资料进行管理和储备的意识。在不同的历史时期，随着生产力、科学技术和战争形式的发展，战略物资的构成变化非常大。中古时期的农产品、畜牧产品和手工业产品属于战略资源，其中马匹是最重要的军事物资之一。

力畜是古代国家安全和国民经济的主要动力来源之一。以力畜为代表的生物能，成为古代人们最为依赖、使用最为普遍和效率最高的动力形式。古代的机械需要借助人力或役畜才能运转，人本身的生物能是有限的，最大限度地借用其他能量是人类社会发展进步的必由之路。因此，在农业时代，牛、马等大型牲畜的被役用极大地提高了人们的劳动效率，在经济、军事等领域产生了重大影响。力畜与机械装置的结合则标志着人类文明史上的一次技术飞跃。机械是科学技术不断进步的集中体现，机械是用来传递运动和动力的特殊装置，是由一个或多个构件组成有相对运动的组合体。通常机械是一种人为的实物构件的组合，机械各部分之间具有确定的相对运动，天然形成的任何运动组合不在机械范畴。机械不但不同于人体或者动物体的运动，而且区别于单独一种零件为运动单元的手工工具，形成崭新的一般性的机械概念。在中国封建社会，农业生产部门早就发明了使用牛来耕种的技术，利用力畜代替人类的劳动以完成有用的机械功，为农业文明奠定了基础。但力畜的使用在军事领域具有特殊的要求，马匹作为军用力畜的功能不断增强，马匹的冲击力、奔跑能力在战场上的优势是其他牲畜无法比拟的。作为冷兵器的主要动力来源之一，中古时期马匹对国家安全的影响越来越大，建立一支突击能力强、灵活机动性高和可以远程奔袭的骑兵成为衡量一个政权军事力量的重要标志。

西汉时期形成统一大国，边疆游牧民族的匈奴帝国同时崛起，发展和存储战略物资的意识逐步强化。为了抗击匈奴，汉朝大力发展和储备战马，通过马种引进、牧养边疆马匹等途径，逐步实施了国家层次的马匹资源整合的完整方案，形成真正意义上的战略物资发展理念。在边疆军事冲突严重的背景下，汉朝名臣马援明确提出："马者甲兵之本，国之大用。安宁则以别尊卑之序，有变则以济远近之难。"[1]军用物资的供给是战略物资的核心，包括军事装备、粮草和车马。中古时期军队的铁制兵器已经普及，原料便宜、制造便利的铁质的刀枪迅速装备军队，当锋利的钢刀和游牧骑兵相结合后，冷兵器时代的军事力量空前壮大。中原王朝金属冶炼和手工业制造技术世界一流，提高军事能力的着眼点就放到战马资源上，战略物资种类中战马成为最重要的军事物资。中原王朝的资源状况特征明显，受到生物资源、地理资源分布的影响，中原地区农产品丰富但畜牧品稀少。中原地区马匹生产能力差、产量低，严重依赖周边地区的供应，在物资来源的可靠性上马匹被列入来源最危险物资的名单。边疆军事战略是为防御

[1][南朝宋]范晔.后汉书·马援列传第十四：卷二十四[M].北京：中华书局，1965：840.

北方游牧民族的侵扰，从秦汉开始，在选定战略物资的标准和具体分类时，以战马为主的力畜被划分为战略物资之首。战马物资和其他战略资源一样，是由地理环境、人口以及对资源的开发能力等多种因素构成的，是古代战争的物质基础之一，成为支持战争的潜在能力之一。游牧民族依靠其掌握的丰富战马物资，在对中原王朝的作战中占尽优势。同样，战马物资也成为秦、汉、唐、宋各朝代制定边疆政策和进行边疆军事部署的重要依据。西汉在对匈奴的作战中，培养起一支强大的骑兵，保障了西进大漠追歼匈奴的战略实施。继西汉后，北魏畜牧业再次大盛，北魏牧场当时马达到 200 万匹，橐驼 100 万匹，牛无数。发达的畜牧业可以提供充足马匹，北魏军队得以稳固北方的统治。在汉、魏时期，北方畜牧业不断向前发展。

唐朝在中国古代畜牧业发展史上具有极其重要的意义。盛唐时期是封建社会畜牧业的高峰，"用太仆少卿张万岁领群牧。自贞观至麟德四十年间，马七十万六千，置八坊岐、豳、泾、宁间，地广千里，一曰保乐，二曰甘露，三曰南普闰，四曰北普闰，五曰岐阳，六曰太平，七曰宜禄，八曰安定"[1]，畜牧业得到空前的大发展。但同时唐朝畜牧业经历由盛到衰的过程，安史之乱的严重后果之一就是导致唐朝畜牧业衰败。西北大片牧场被吐蕃占领，马政无法实施，史书记载了唐畜牧转折的过程。"唐自武德以来，开拓边境，地连西域，皆置都督、府、州、县。开元中，置朔方、陇右、河西、安西、北庭诸节度使以统之，岁发山东丁壮为戍卒，缯帛为军资，开屯田，供糗粮，设监牧，畜马牛，军城戍逻，万里相望。及安禄山反，边兵精锐者皆征发入援，谓之行营，所留兵单弱，胡虏稍蚕食之；数年间，西北数十州相继沦没，自凤翔以西，邠州以北，皆为左衽矣。"[2]广德元年（763 年），吐蕃尽陷兰（甘肃皋兰）、河（甘肃临夏）、廓、鄯、临（甘肃临洮）、岷（甘肃岷县）、秦（甘肃天水）、成（甘肃成县）、渭（甘肃陇西）等陇右之地，

[1] [北宋] 欧阳修，宋祁，等 . 新唐书·兵志：卷五十 [M] . 北京：中华书局，1975：1334.
[2] [北宋] 司马光 . 资治通鉴：卷二百二十三 [M] . 北京：中华书局，1956：7146.

安西、北庭、河西与中原隔断，吐蕃沿祁连山北上，广德二年（764年）后，吐蕃又先后占领凉州（今甘肃武威）、甘州（甘肃张掖）、沙州（甘肃敦煌）、肃州（甘肃酒泉）、瓜州（甘肃安西）等地，至此陇西、河西全部成为吐蕃人的天下。从此，西北天然牧场被游牧民族所占有。其后，北方牧场又让晋高祖割让给辽。唐朝丧失军马来源，威震四方的大唐军队在农民起义军和北方游牧政权的打击下逐步瓦解。宋朝基本上失去了这些传统意义上的畜牧业基地，马匹资源短缺日益严重。

中国历史上战马物资地理上分布不平衡，客观上造成战马的稀缺性特征。虽然游牧政权在经济实力和人口数量上远逊于中原农耕社会，但他们在战马物资方面优势特别集中，依靠适宜的地理条件和发达的畜牧技术，战马养殖成为其主导的绝对优势产业的范围。游牧政权大力发展畜牧业，培养优秀品种，继承汉、唐、宋马政制度，国有大牧场和民间牧养相结合，畜牧产品的经济体量不断提升，拥有很高的力畜生产能力和保障自身建设强大骑兵的军事潜力。

在中国封建社会，边疆治理是国家利益的基本内核之一。如何维护边疆稳定，保持疆域的拓展，达到农耕社会的长治久安，是历朝历代国家安全战略的重要内容。以调节民族关系为基础，以军事防御为保障，掌控战马资源成为战略实施的核心，从秦汉、隋唐、两宋，呈现出一脉相承的边疆安全链条。马政始终是中原王朝的重要建设内容，西汉和唐朝前中期战马物资运筹得当，就可以开疆扩土，宋朝、明朝的江山最后被游牧民族占领，中原地区的经济和人口优势不能转化为战略能力，由于缺乏战马来源，造成军队战力不强，最后导致边疆治理崩溃，历史教训十分沉痛。

马政制度始于边疆军事对抗，是双方智慧和勇气的比拼与交流。农耕民族和游牧民族都运用政治、经济和军事的力量维护自身利益，通过马匹资源在边疆和内地的有效配置，游牧帝国和中原王朝都变得更为强大，畜牧业获得更大发展，这是马政制度的荣光。明、清时期马政继续发展，一

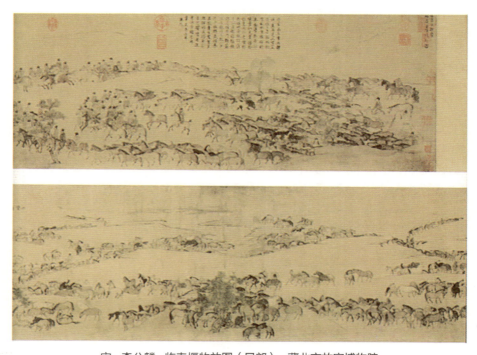

宋　李公麟　临韦偃牧放图（局部）　藏北京故宫博物院

　　《临韦偃牧放图》展现出了大唐帝国强盛时期的皇家牧放场面，气势恢宏。群马千姿百态，极富生活气息。

直延续到中国近代社会，是中国封建制度中实施最长久的制度之一。马政
2000 多年来长存于中国古代社会，在加强军事力量的同时，也起到促进畜
牧业发展的作用。马政实施的每一个环节都充满烈马奔驰、威武勇士的形
象，映衬在辽阔、美丽的牧场里，洋溢着牲畜蕃息的劳动场景，充分展现
出历代王朝建功立业的恢宏气象。马政意味着文治武功，古代边疆安宁之
大业不能没有马政，后人应该记住千年马政的历史功勋。

二、宋朝推进马匹贸易战略

古代马的异质性资源特征造成了历史上一种奇特的现象，中原的军队
拥有可靠的优质马匹，可以起到强军的目的，同时大量买入游牧者的马匹
等牲畜，使得游牧民族可以换取到粮食等必需的生活资料，马匹资源起到
了密切民族关系和加强军事力量的双重作用，这个历史上的独特现象在一
定程度上演绎出游牧民族和农耕民族数千年来的恩怨情仇，见证了中国历
史上各民族互相依存、共同发展的必然规律。

马匹贸易是不会在党项人和中原地区关系中缺席的。五代时期，马匹
是党项诸部与中原贸易的主要产品。五代后唐明宗时，史料称党项远赴洛
阳卖马，所获利润加上后唐政府给的赏赐，每年赚钱不下五六十万贯。后
唐天成四年（929 年）党项头人折遇明等来贡方物，另一头人进马 40 匹，
明宗亲自召见携马匹来进贡的党项头人折遇明等。明宗认为接受马匹事关
国家大事，不能简单以成本高而拒绝收马。"常苦马不足，差纲远市。今
番官自来，何费之有？"[1] 五代时期的马匹交易打着朝贡的旗号，但事实
上是党项等西北游牧民族和中原王朝的马匹交易。

澶渊之盟后，北方边疆战事平息，宋朝边疆军事威胁暂时解除，朝廷

[1]［北宋］王溥.五代会要：卷二十九［M］.上海：上海古籍出版社，1978：462.

上下边疆治理意识淡化。11 世纪初，党项在西北建立强大割据政权前夕，宋廷没有意识到边疆即将到来的巨大威胁，军备日渐松弛，朝臣屡屡酝酿减少马匹输入事宜。天禧年间（1017—1021 年），当朝宰相向敏中建议降低马匹收购价格，减少军队战马配备。"议者言罢兵之后，颇以国马烦耗，岁费缣缯，虽市得犹众，而损失亦多。"[1] 他认为战马已经很多了，削减战马的唯一理由是节省花费。向敏中是宋初的重臣，太平兴国五年（980 年）的进士，深得宋真宗赏识，咸平元年（998 年）升任兵部侍郎、参知政事，执掌北宋军政大权，在宋廷官场纵横 40 年之久。以向敏中为代表的这种从经济效益方面考量战马的思想一度在朝廷弥漫，最终宋廷制定出大幅度削减战马的政策。首先宋朝降低了从边疆游牧民族收购马匹的价格。宋朝初期确定的马值较高，"三十五千至八千凡二十三等。其蕃部又有直进者，自七十五千至二十七千凡三等，有献尚乘者，自百一十千至六十千亦三等"[2]。到了仁宗宝元二年（1040 年），即西夏建国的第二年，群牧司的买马价是第一等五十千，第二等四十千，第三等三十千，第四等二十五千。宋朝收购马匹的价格跌了一半左右，造成马的收购数量大幅减少。一般来说，马匹平均寿命 30—35 岁。使役年龄为 3—15 岁，有的可达 20 岁，宋朝军队原有的配备战马要求是 3—17 岁的马匹，应该说是科学的。景德二年（1005 年），真宗诏令："缘边诸州所市战马、旧自三岁至十七岁者，官悉取之。自今只市四岁至十三岁者，余勿禁。"[3] 收购马匹的标准从 3—17 岁，直降到 4—13 岁，使一批完全适龄的战马退出了军队编制，宋朝边疆马市的交易量出现萎缩。真宗时全国设 19 个市马务，后减至 13 处，再后减少至 9 处。

　　西夏李元昊称帝建国后，大举入侵宋朝。北宋宝元二年（1040 年）三月，

---

[1]［元］马端临.文献通考・兵考十二：卷一百六十［M］.北京：中华书局，1986：1389 下.

[2]［南宋］李焘.续资治通鉴长编：卷四十三［M］.北京：中华书局：1995：922.

[3]［清］徐松.宋会要辑稿・兵二十二［M］.北京：中华书局，1977：4933.

元昊派大军包围了延州，爆发三川口之战；康定二年（1041 年）二月，元
昊再次率领十万大军大举南下攻宋，在好水川口伏击宋军，数万宋军几乎
全军覆灭。宋仁宗庆历二年（1042 年），李元昊看到宋朝的精兵良将全都
聚集在宋、夏边境地区，派遣大军兵分两路大规模进攻宋朝。一路从刘燔
堡（今宁夏隆德）出击，一路从彭阳城（今宁夏固原东南部）出发向渭州
发动攻击。西北边疆战云密布，宋军战马配备严重不足的问题开始显露出来。

　　至仁宗嘉祐年间，北宋再度重视购买马匹，马政制度开始有效运行。
嘉祐五年（1060 年），诏令设置陕西估马司，隶属于陕西买马监牧司。陕
西买马监牧司的主要职责就是收买良马，为西北买马设置的机构，对宋廷
的马政影响甚大。在估马司设立之后，宋廷在很长一段时间内采取的市马
类型为券马。关于券马，据《宋史》记载："戎人驱马至边，总数十、百
为一券，一马预给钱千，官给刍粟，续食至京师，有司售之，分隶诸监，
曰券马。"[1] 宋廷还委派官员直接到边疆游牧民族地区招揽马匹，"委缘边
长吏差牙校入蕃招买，给路券送至京师，至则估马司定其价"[2]。券马是卖
马人以几十匹至百匹马为一券，宋政府每匹马先给一定数量的钱，缘边提
供刍粟一直到京师，然后政府全部购买。在王安石变法以前，北宋与北方
牧区的马匹贸易主要形式就是券马。宋朝券马可追溯到太宗时期。太平兴
国六年（981 年），太宗"诏内属戎人驱马诣阙下者，首领县次续食，且禁
富民无得私市"[3]。这是最早的券马记载。同年十二月，太宗下令："蕃部
鬻马，官取良而弃驽，又禁其私市，岁入数既不充，且无以怀远人。自今
委长吏谨视马之良驽，驽即印识之，许民私市焉。"[4] 券马趋于完善，从
此券马贸易作为宋政府购买少数民族马匹的主要形式，在北宋熙宁以前存

[1]［元］脱脱，等.宋史·兵十二·马政：卷一百九十八［M］.北京：中华书局，1977：4932.
[2]［清］徐松.宋会要辑稿·兵二十四［M］.上海：上海古籍出版社，2014：9109.
[3]［元］脱脱，等.宋史·兵十二·马政：卷一百九十八［M］.北京：中华书局，1977：4933.
[4]［元］脱脱，等.宋史·兵十二·马政：卷一百九十八［M］.北京：中华书局，1977：4933.

在了很长一段时间。嘉祐年间达到了顶峰，仅秦州一处的年均券马数就达到了一万五千匹。"嘉祐以前，原、渭、德顺凡三岁市马至万七千一百匹，秦州券马岁至万五千匹。"[1]

券马的弊端主要是中间环节过多导致政府收市成本过高，而质量难以符合要求。嘉祐五年（1060 年）八月庚辰，欧阳修等朝臣议论券马利弊："'至于估马一司，利害易见，若国家广捐金帛，则券马利厚，来者必多。若有司惜费，则蕃部利薄，马来浸少。然而招诱之方，事非一体，请遣群牧司或礼宾院官一人至边，访蕃部券马利害。以此三者参酌商议，庶不仓卒轻为改更。'天子下其奏相度，牧马所奎等请如修奏。神宗即位，留意马政，於是枢密副使邵亢请以牧马馀田修稼政，以资牧养之利。而群牧司言：'马监草地四万八千馀顷，今以五万为率，一马占地五十亩。大名、广平四监馀田无几，宜且仍旧。而原武、单镇、洛阳、沙苑、淇水、安阳、东平等监，馀良田万七千顷，可赋民以收刍粟。'从之。"[2] 正如欧阳修在上书所说，收购券马时，利高卖马者多，利少卖马者少，秦州券马到京师一匹马值数万钱，比上等良马还高。朝廷开始尝试变革，元丰元年（1078 年），长期致力于西北抗击西夏的大臣薛向改任枢密副使，他曾支持推行过保马法，知道其危害，故在他主管马政时希望对朝廷养马有所改正。薛向经过调查，向朝廷报告券马的利弊，对券马制度进行改革，券马贸易并入市马贸易。后因此事遭到同僚的攻击，薛向被罢免，离开朝廷。薛向对马政的态度表现出国家重臣应有的责任和勇气，知错改错，坚持正确的发展道路，不惜断送个人仕途，值得后人尊敬。

宋朝还多次尝试在中原农耕区由农户养马以供军需。宋初民间饲养马匹的数量比较大。史料记载，北宋曾经强制性从民间括马，即国家强

---

[1] [元] 脱脱，等.宋史·兵十二·马政：卷一百九十八 [M].北京：中华书局，1977：4936.

[2] [元] 马端临.文献通考·兵考十二：卷一百六十 [M].北京：中华书局，1986：1390 下.

行从民间购买马匹，最多一次性括买马匹达 17 万余匹。宋朝时，藏匿马匹的人员将被入狱处斩，处罚可谓严厉至极。但到神宗熙宁年间，宋朝农户养马的数量已经很少了。王安石变法过程中推行保马法，试图振兴民间养马，规定河北、河东、陕西、京东西五路及开封府界诸县由农户自愿为官家养马，由官府购买马匹。熙宁六年（1073 年）正式颁行此保马法，在河东路，河北东、西路，永兴军路，秦凤路和开封府界推行。元丰三年（1080 年）二月末，朝廷又推行一项力度更大的养马条款，规定有一定经济条件的农户必须养马，史称"户马法"。绍圣三年（1096年），颁行了给地牧马法，给予养马农户牧地。但宋朝农户养马的数量一直呈下降趋势，宋民间养马之路愈走愈窄，农民叫苦，国家征不到足够的战马。

宋朝推动民间农户养马一再失败，原因是复杂而深刻的，有国家政策制定和执行中存在的偏差，有农业区的地理气候条件不适于养马的环境因素。最关键的原因是，宋时中原采用的精耕细作为核心的农业生产方式导致马匹退居力畜的辅助地位。汉、唐时期中原地区的农耕及货物运输一直大量使用大型牲畜劳作，但有一个问题值得注意，中古时期农业力畜结构逐渐演变为牛、骡和驴为主，马匹饲养役使不断下降，宋朝正是这个变化的转折点。如果宋朝不彻底调整经济结构和既成事实的农业生产方式，农户养马之路无法走下去。国家制定相关法律政策与整体经济生产冲突时，结局必定失败，古今中外皆无例外。

大宋最终做出了选择，通过和北方游牧政权开展马匹贸易成为获取马匹的主要途径。北宋政府于嘉祐年间将券马贸易并入市马贸易。宋代最主要的市马方式是省马，也叫纲马，即在边疆地区相邻的地方设置买马场所大量购买游牧民族的马匹。"天圣中，诏市四岁已上、十岁已下。既而所市不足，群牧司以为言。乃诏入券并省马市三岁已上、十二岁已下。明年，诏府州、岢岚军自今省马三岁、四岁者不以等第，五岁已上十二岁已下、骨格良善行者，悉许纲送估马司，馀非上京省马并送并州拣马司。"[1] 这种马匹交易方式并不可行，由于对马匹质量要求高，边疆游牧民族获利微薄，调动不起他们参与交易的积极性。朝臣还意识到，游牧政权利用护送马匹之际，可侦察缘边的道路，对边疆防御构成潜在危险。景祐元年，御史中丞韩亿言："蕃部以马抵永康军中卖，所得至少，徒使羌人知蜀山川道路，非计之得。"[2] 朝廷乃下诏取缔。健壮的马匹迅速通过管理部门扩充给边防军队。早在开元、天宝年间，唐朝就有一定规模的国家市马活动，安史之乱后，唐朝和回鹘等游牧民族的马匹贸易越来越受到重视。宋代全面推行市马制度，从唐朝开始尝试的市马贸易在宋朝挑起西北边疆马匹交易的大梁，以商业购置方式从游牧民族大规模扩充战马，最终成为宋朝马匹来源的主流。

边疆民族贸易中的马匹交易具有不确定性，中原王朝和边疆政权都无法权衡利弊。游牧政权一定程度上掌控着马匹战略资源，马匹贸易给草原带来了滚滚财源。民族贸易是游牧经济的生命线，建立长期的贸易关系符合游牧政权的长期利益。有效获取马匹资源，符合中原王朝的战略利益。对北宋来说，马匹交易得到西夏、回鹘、契丹或女真的积极响应，至少战马来源有了着落，可解军中燃眉之急。

掌握战马的战略资源，对北宋军事战略意义重大。马匹更适于草场放牧，在中原农耕社会力畜系统非马匹化的背景下，西夏等游牧政权有机会在发生战事时遏制宋朝的马匹来源。宋朝马匹来源主要在西北。西北党项李继迁起兵叛宋，党项供应马匹的来源受阻。宋真宗时期以高价招诱西北蕃部卖马，从吐蕃、回鹘、党项大量招马。宋朝一直没有放弃尝试生产力畜的努力，王安石变法中不惜强行推动不成熟的保马法，试图在农业区发展自耕农饲养马匹，但无果而终。北宋前中期，契丹、党项、吐蕃族由于

---

[1]［元］脱脱，等.宋史·兵十二·马政：卷一百九十八［M］.北京：中华书局，1977：4933.

[2]［元］脱脱，等.宋史·兵十二：卷一百九十八［M］.北京：中华书局，1977：4933.

多种原因纷纷内附于宋朝，宋朝利用内附的边疆民族发展力畜生产。边疆民族主要从事畜牧业生产，宋朝鼓励他们牧养马等大牲畜，为他们的畜牧业发展提供便利。利用依附的边民牧养马匹或许是宋朝掌握马匹资源的有效途径，北宋不惜冒险发动占领牧区的战事。在宰相王安石的支持下，熙宁五年（1072 年）五月，由王韶主持熙河开边，对吐蕃诸族发动战争，占领吐蕃腹地熙河、青唐产马牧区；熙宁八年（1075 年），宋廷在熙州（今甘肃临洮）、河州（今甘肃临夏）、洮州（今甘肃临潭）、岷州（今甘肃西和）、永宁寨（今甘肃甘谷）等地开设马市，这些地方成为北宋后期获取战马的基地。熙河开边持续约 30 年，直至北宋灭亡。

边疆宋朝马市范围逐步扩大，马市贸易已经步入常态化和制度化。河东地区、陕西地区、熙河地区等均有马市，宋朝和边疆政权都乐见大规模开展市马贸易。宋朝马市的马匹主要是西夏马匹、回鹘马匹和吐蕃马匹，其他西南地区的市马一般不适合用作战马，可作为其他力畜使用。宋朝市马花费巨大，初期多用丝织品、银钱等支付，苦苦维持战马来源。王安石变法虽经历保马法失败的打击，但宋代的改革家没有气馁，后来实施具有历史意义的茶马互市法。熙宁七年（1074 年），神宗采纳了熙河路经略使王韶的建议，以茶易马招抚吐蕃，立即派李杞赴四川筹办此事。当务之急是成立机构，统一管理榷茶买马事宜，并制定具体实施办法，使茶马贸易政策得以顺利实行。

马市交易是马政制度的衍生物，在宋朝时期得到充分发展。宋朝马市制度包含有丰富的商业因素，意味着这项制度终究会超越边疆军情的意义。在边疆马市车马欢腾的喧嚣里，蕴藏着西北畜牧业发展的动力之一，收获着农耕经济和草原经济交流的成果。当西北边疆狼烟散去，由战争催生的马市将转身转化为和平的贸易活动。作为马市组成部分的茶马互市在历史上鼎鼎大名，成为古代边疆商贸最醒目的标志，传承至明、清。由茶马互市延伸出的茶马古道闻名于世，赶马人及其骡马队组成的马帮奔波在西南和西北地区商贸通道上，成为边疆民间商贸的标志。这条飘着茶香、马蹄声声的民族贸易之路一直延续到 20 世纪，和现代贸易市场、交通道路毗邻而立，不断续写边疆建设的新篇章，堪称历史上的奇迹。1958 年川藏公路修通，1974 年滇藏公路修通，古老的茶马古道最后退出历史舞台。这条千年古道犹如古代边疆民族交流的活化石，承载着边疆民族交流的历史重任，穿越了漫长的岁月，给人们留下无限的遐思。

　　把商业因素运用到马政制度是宋朝的突出成就，双边商贸活动在边疆事务中的作用更加突出，极大地拓展了马政建设的思路。宋朝始终处于北方游牧民族的侵扰之下，战事不断，多次发生惨烈的战役，一退再退，最终被蒙古大军灭掉。虽然宋朝在军事上的成绩乏善可陈，但其支撑战争的后勤供给是令人刮目相看的，在唐末已经丧失大部分战马牧养地区的窘境之下，宋军基本保持了有效的战马来源，并保障了西北边界大军的粮草供给，长期与辽、夏、金抗衡。在横扫欧亚大陆的蒙古铁骑面前，宋朝坚持抗击的时间之久，超过被蒙古军队消灭的任何一个政权，宋朝虽败犹荣。

第五章

兵役峻厉

第一节 军籍文书见证兵民合一

一、军籍文书：游牧帝国的军事遗珍

汉文史书对游牧民族军队的记载很多，但至今未发现过对其军籍的记载。黑水城社会文书中保存有一批西夏军籍文书，这批文书中西夏军籍的内容是西北游牧帝国军事的第一手原始史料，记载了西夏征兵、军籍登记和军籍人员范围等的情况，具有重要的文献价值。这批文书残缺严重，加之用西夏文草书书写，文书内容有些可以释义，有些只能识别大意。

一般军籍文书结构可分为三部分：一是叙述属地、首领、时间等；二是将士和军队装备详细情况；三是朱点和押印。史金波先生首次将英藏黑水城西夏文字的军籍文书的主要内容进行了汉译。[1] 现在笔者将这批文书主要意思用现代汉语进行表述。

（一）Or.12380—0222、0222V 文书释义

1. 黑水属军首领莵移慧小狗，正军，登记

2. 军籍登记，天庆己未六年六月一日始，至天庆

3. 庚申七年五月底，登记有效，已确认。二十种

---

[1] 史金波. 英国国家图书馆藏西夏文军籍文书考释［J］. 文献，2013（3）:3.

图 5-1　Or.12380-0222V 西夏军籍文书

4. 正军四

5. 官马四

6. 甲一

7. 披一

8. 印一

9. 辅主九

10. 强卒七

11. 老卒一

12. 弱卒一

13. 一抄军中包括强、老、弱三种，三抄有马

14. 一抄首领觉移慧小狗，人员包括三种

15. 正军慧小狗……

16. 番杂甲：胸□、背□、胁□、接连结八、衣襟九、末四……

17. 十一、手头护二、项遮一、独目下三、喉面……

18. 二、更兜、关子、铁锁五、裹节袋等全

19. 番杂披：麻六、项五、肩一、胸三、喉噪二、末十二、盖

20. 三、结铁有、毡里裹袋等全

21. 辅主（此处原文无法识读）

22. 一抄（此处原文无法识读）

23. 正军（此处原文无法识读）

24. 辅主（此处原文无法识读）

25. 一抄（此处原文无法识读）

26. 正军（此处原文无法识读）

27. 辅主四

28. 二强讹（此处原文无法识读）

29. 一老（此处原文无法识读）

30. 一弱（此处原文无法识读）（此处有首领朱印）

31. 一抄（此处原文无法识读）

（二）Or.12380—1813 文书释义

1. 正军二

2. 官马一

3. 甲一

4. 披一

5. 印一

6. 辅主二

7. 一抄三种有

8. 一抄无有

9. 一抄首领（此处原文无法识读）

10. 正军（此处原文无法识读）

11. 番杂甲：胸五、背六、胁三、结连接八、衣襟九、末四

12. 臂膊护十二、手头护二、项遮一、独目下三

13. 喉面一、衣更斗、结袋等全

14. 番杂披：麻六、项五、喉二、末十、罩二、马头套等全

15. 辅主二（此处原文无法识读）

16. 一抄（此处原文无法识读）

17. 天庆乙丑十二年六月（此处原文无法识读）

18. 黑水属主簿（此处原文无法识读）

19. 九日（大字）（画押）

（三）Or.12380—3865 文书释义

1. 黑水属军首领布阿国吉，正军，完整登记

2. 军籍，天庆甲寅元年六月一日

3. 始，至天庆乙卯二年五月底，登记有效，已确认

4. 正军六

5. 官马三

6. 甲二

7. 披二

8. 印一

9. 辅主十强

10. 二抄三种有

11. 一抄马有

12. 三抄无有

13. 一抄首领布阿国吉，人员包括三种，三人，有马骡

14. 正军阿国吉五十

15. 番杂甲：胸五、背六、肋四、结连接八、衣襟九、末四

16. ……二、项遮一、独目下三……

17. ……铁索五、裹节袋等全

18. 番杂披：红丹色麻六、项五、肩护一、胸三

19. 喉嗓二、末十、罩二、马头套等全

20. 辅主二（此处原文无法识读）

21. 一抄布吉祥暖，人员包括三种

22. 正军吉祥暖二十五

23. 辅主二强（此处原文无法识读）

24. 一抄布吉射，人员四人

25. 正军吉射六十二

26. 辅主三强（此处原文无法识读）

27. 一抄布梁吉，人员二人，包括三种，有马

28. 正军梁吉六十二

29. 番甲：胸五、背六、颈一、二、襟六、末三、臂十、独

30. 木下四、头盔节结绳用等全

31. 番披：麻六、项五、肩护一、胸三、喉嗓二、末十、罩

32. 二、马头套节结绳用等全

33. 辅主一强（此处原文无法识读）

34. 一抄布讹爬，人员三人

35. 正军（此处原文无法识读）

36. 辅主二强盛（此处原文无法识读）

37. 一抄（此处原文无法识读）

38. 天庆乙卯二年六月（此处原文无法识读）

39. 十八大字，画押

　　最早对黑水城军籍文书进行研究的是史金波先生，经过近几年的翻译，他已识读出文书的部分内容及大致意思，完成对文书初步的解读和研究。"但仍有个别文字未能破解，只能暂留疑问，以待来日。原来军籍文书前后皆有具体年款。因此类文书残卷多，保存年款的文书有 14 件，最早的是夏仁宗乾祐壬子二十三年（1192 年），最晚的是应天四年（1209 年），都属于西夏晚期夏仁宗、桓宗、襄宗时期。较为完整的军籍有 8 件，按时间先后顺序有：俄编号 7916（乾祐壬子二十三年，1192 年）、8371（天庆戊午五年，1198 年）、4197（天庆庚申七年，1200 年）、5944（天庆十二年，1205 年）、4196（应天丙寅元年，1206 年）、4791（应天丙寅元年，1206 年）、4926—4（应天丁卯二年，1207 年），4201（应天己巳四年，1209 年）。"[1] 史金波先生通过对西夏军籍文书的研究，分析了西夏基层军事组织部分情况，并探讨了西夏军籍和户籍的关系。俄藏和英藏黑水城

---

[1] 史金波. 西夏文军籍文书考略——以俄藏黑水城出土军籍文书为例 [J]. 中国史研究, 2012（4）: 143.

军籍都出土于黑水城，均为西夏文书写的反映西夏军队的文书，文书的书写格式大致相同，开头注明军队属地、头目姓名、日期，然后列出配备军事装备详细情况，正军、辅军人员搭配，军士画押、主管部门画押、监察画押。

为了保持军事立国的理念，西夏军籍管理制度十分严格，军籍管理精细到对一页纸张都有标准要求。西夏法典《天盛改旧新定律令》卷六中专门辟一门为"纳军籍磨勘门"，说明西夏军籍登记法较为健全。黑水城军事文书中关于军籍的规定较详细，首先对军籍登录用纸有细致规定，诸院主簿、司吏每年纳簿时，写簿用纸，按簿上所有抄数，各自当取纸钱二十钱，由大小首领各自收取，当交主簿、司吏，不得超予。若违律超敛，则敛者以枉法贪赃判断，所超敛者应还原主。

掌管册纳军籍的政府机关是西夏重要机关监军司。公元 1036 年，元昊立十二监军司。具体掌管军籍事务的应该是主簿、司吏。西夏衙头调集十二监军司的兵权，是通过京师统军司的都统军兼任殿前司首领实现的，不是殿前司直接调集的。对于出现违反军籍法的行为，西夏王朝的处罚是十分严厉的。西夏《天盛改旧新定律令·纳军籍磨勘门》载，国内纳军籍法：每年畿内三月一日，边中四月一日，边地六月一日，监军司大人遣派头监册纳军籍。监军司大人迁延一至五日，免罚；迁延五日以上至一个月内，监军、习判各罚一马，都案罚钱七缗。迁延逾月，监军、习判悉降一官，罚一马；都案罚一马。案头、司吏依法治罪。司吏、主簿纳籍应预先造册，并经军首领用印。不预先造册，军首领未用印，迁延一日至五日，不治罪；迁延六日至一个月，有官罚一马，庶人杖十三；迁延逾月，一律徒二年。军首领已命司吏预先造册，司吏延误，军首领不治罪，军首领用印延误，司吏不治罪。国内军籍册纳，各地限期完成，畿内四十日，边中五十日，边地两月。[1] 按照西夏法律，西夏每年在内地、边中地区和边关分别进行一次例行的军籍造册，由监军司负责，拖延则受重罚，可被罚马、罚钱、降职，直至追究刑罚，军籍造册有明确期限。

西夏实行全民兵役制，在对外战争中，大贵族通过缴获战利品而获取巨额财富，成为战争的受益者，故而发动战争的热情极高；中小农牧主也可掠夺到一定数额的财富作服兵役的补偿。而广大的劳动者深受兵役之苦，他们出征作战要自备全部粮饷和大部分的军事装备，负担十分繁重，加之点集出征频繁，严重影响劳动者日常的农牧业生产。

中国史书对西夏军队的记载并不全面，对其军事体制的描述很少。军事文书作为中古时期最重要的军事文献，对西夏军队的军制装备作战等有准确的记录，展示出了中古游牧帝国军事机器的零部件构造和军队管理的高超水平，反映出了西夏军事的本质特征。黑水城军事文书就是西夏军籍管理的原始史料，可以和西夏法典的条款相互印证，勾勒出西夏军籍的完整画面。西夏军籍文书是中古时期游牧帝国军事史上独一无二的珍品，让我们首次看到了游牧军事力量管理的详细情况，其完善的军籍登记近似严酷，客观上反映出西夏封建政权对农牧民实施繁重的兵役压迫的历史事实。我们在这里可以毫不夸张地说，西夏军籍文书的发现给我们揭开了西北游牧军事帝国的千年面纱，让我们领略到了游牧帝国的剽悍风貌。

二、西夏征兵

这批军籍文书中记载的是黑水城监军司所属的一支基层部队，军官是党项人。通过分析俄藏和英藏军籍文书中记录的军丁姓名，可以看出军人由多民族构成，以党项人为主。军籍登记是西夏社会军事化的一种具体措

---

[1] 史金波，聂鸿音，白滨，译注．天盛改旧新定律令·纳军籍磨勘门：卷六［M］．北京：法律出版社，2000：255.

施，其作用是维持西夏峻厉的征兵制度，使西夏统治者征兵在法律上得到承认和保护，军籍登记和征兵登记构成了西夏兵役制度的核心内容。

从军籍文书看，西夏黑水城地区军卒的年龄偏大。西夏军籍文书记载的西夏承担兵役年龄的问题和西夏法典的相关规定基本上是一致的，西夏人从小到老终身承担兵役。西夏《天盛改旧新定律令·抄分合除籍门》规定：男孩，长到十岁者当于籍上注册。若违律，年及十至十四岁仍隐瞒不注册，正军隐瞒一至三人者，徒三个月，隐瞒三至五人者，徒六个月；隐瞒六至九人者，徒一年，十人以上一律徒二年。首领、主簿等知情不报，则当比照正军罪减一等。若其不知情者，不论罪。

西夏法律规定在应服兵役的男丁中患病、残疾者，经上级审验可免兵役。

法令还规定，如果某人健在，但为了逃避兵役，按死亡注销其名，若被注销者属成年，则犯者处以绞刑；若被注销者尚未成年，则犯者按盗律议罪，以钱抵当。

此外，若将健康成年人列为不宜从军者，则依据伪报人数，对罪犯比照正军、头领注销和不登记幼年、少年、成丁加等处罪。

新生男孩的入册登记，是西夏加强兵役管理条例的重要环节，新生男孩须严格按照程序造表入册，向上禀报。

西夏还奖励举报逃避男丁登记罪节，具体规定为：举发男丁一至二人不注册者，奖二十缗；举发男丁三至五人不注册者，奖三十缗；举发男丁六至九人不注册者，奖四十缗；举发十人以上不注册者，奖五十缗。奖赏举发罪节属于应登记而未登记，已成丁而登记为少年的，应按举发成年人隐瞒或逃避登记者给予半赏。此钱应由犯者支付，并革除正军军籍。

西夏的女丁也要求服兵役，谓之"麻魁"。《宋会要辑稿》载："康定元年九月，陕西经略安抚副使范仲淹言：'环庆路副都总管任福等破白

西夏铜印　藏宁夏固原博物馆
西夏铜印是西夏军队中军事首领的印章，刻有西夏文字。

豹城……又擒伪张团练及蕃官四人，麻魁七人……"[1]西夏堡寨中有随驻妇女，编入戍卒册籍中。西夏军中有女兵是西夏兵役制度的一大特点。据《隆平集》载，党项人互相结仇，"集邻族妇人，烹牛羊、具酒食，介（武装）而趋仇家，纵火焚之。其经女兵者，家不昌，故深恶焉"[2]。可看出西夏女丁出外打仗和党项族民俗是有关系的。关于西夏女兵的军籍文书还没有发现，其详细情况目前尚不知晓。

历史上，西夏征兵规模和范围很大，西夏点集出征的军员经常是数万，有时要达到十几万、二十万。公元 1098 年，太后梁氏亲将 30 万众与宋大战于平夏，故西夏确曾存在过扩大征兵的范围和比例的情况，应是无可怀疑的。

军籍文书中记载的人名属于什么阶层、职业，并没有相关的登记项目。西夏对服兵役的人员不记录其职业行当或许是因为西夏全民皆兵，西夏社会上几乎所有适龄人员都在征兵的范围。西夏具有军籍身份的人员范围有明确规定，主要包括语抵、柱趣、十乘、胜监、戏监、头主、真舍、调伏、拒邪、及御印以上官、及御印以下官、正溜、副溜、正首领、权检校、小首领、舍监、末驱、大检人、小检人、军首领、军卒、行监、大溜首领、小溜首领、首领下属人、军头监、大首领、正军、辅主、军头、大姓子孙承袭军等。

这种军籍身份兼具的情况可以确保西夏随时征集全社会各个阶层和职业的人员成为兵丁。

三、完备的军械装置

西夏法典记载了西夏军队的正规武器、盔甲装备。西夏《天盛改旧新定律令·军持兵器供给门》规定了配置战具人员的范围，从中也反映了西

---

[1]［清］徐松.宋会要辑稿·兵十四［M］.上海：上海古籍出版社，2014：8879.
[2]［北宋］曾巩.隆平集：卷二十［M］.台北：文海出版社，1967：879.

夏全民皆兵的性质。

西夏配置战具的军事人员和准军事人员分为九类：1. 独诱；2. 牧农主；3. 牧主；4. 农主；5. 使军；6. 朝臣僚属；7. 帐门后宿；8. 内宿后卫；9. 神策内外侍。各类人员配置的战具有所不同。

1. 独诱

正军：官马一匹、甲一副、披一件、弓一张、三十支箭、枪一支、剑一把、长矛杖一支、全套拨子手扣。

辅主：弓一张、二十支箭、长矛杖一支、全套拨子手扣。

负担：弓一张、二十支箭、剑一把、长矛一支、全套拨子手扣。

2. 牧农主

披甲二种，可于队溜中借用。参加临时点集，则无须永久注册。官马损失一匹可免赔偿，按边等法烙印，永久注册。

3. 牧主

正军：官马一匹、弓一张、六十支箭、箭袋一个、枪一支、剑一柄、囊一个、弦一根、长矛杖一支、全套拨子手扣。

辅主：弓一张、三十支箭、长矛杖一支、全套拨子手扣。

负担：弓一张、二十支箭、长矛杖一支、全套拨子手扣。

4. 农主

正军：官马一匹、剑一柄、弓一张、三十支箭、枪一支、囊一个、全套拨子手扣、弦一根、长矛杖一支。

辅主：弓一张、二十支箭、全套拨子手扣、长矛杖一支。

负担：弓一张、二十支箭、全套拨子手扣、长矛杖一支。

5. 使军

披、甲、马三种，官马按畜等注册，披、甲二种免予注册，比照牧农主法使军当编入队溜。战具如有损失，无力偿还，可免。烙印官马，永久注册。

正军：官马一匹、弓一张、三十支箭、枪一支、剑一柄、长矛杖一支、全套拨子手扣。

辅主、负担配置的战具相同：二十支箭、弓一张、剑一柄。辅主、负担均须参加点校，点校时配发弓箭、全套拨子手扣。

6. 朝臣僚属

正军：官马一匹、披一件、甲一副、弓一张、枪一支、剑一柄、全套拨子手扣、宽五寸革一张。

7. 帐门后宿

正军：官马一匹、披一件、甲一副、弓一张、箭百支、箭袋一个、银剑一柄、圆头橹一面、全套拨子手扣、五寸叉一柄、囊一个、弦一根、斧头两把、长矛杖一支。

辅主：弓一张、箭六十支、后毡木橹一面、全套拨子手扣、长矛杖一支。

负担：弓一张、箭二十支、全套拨子手扣、长矛杖一支。

8. 内宿后卫

正军：官马一匹、披一件、甲一副、弓一张、箭百支、枪一支、剑一柄、圆头木橹一面、长矛杖一支、全套拨子手扣、五寸叉一柄、弦一根、囊一个、斧头二把、铁笮篱一把。

辅主：弓一张、箭六十支、后毡木橹一面、长矛杖一支、全套拨子手扣。

负担：弓一张、箭二十支、长矛杖一支、全套拨子手扣。

9. 神策内外侍

正军：官马一匹、披一件、甲一副、弓一张、箭五十支、箭袋一个、枪一支、剑一柄、圆头木橹一面、全套拨子手扣、宽五寸革一张、弦一根、囊一个、斧头一把、长矛杖一支。

辅主：弓一张、箭三十支、后毡木橹一面、全套拨子手扣、长矛杖一支。

负担：长矛杖一支。

从军籍文书看出，西夏正军全部是骑兵，配有马匹，辅主有一部分配备马匹。由于文书残破，我们看不出相关军队配备兵器的记载，但根据西夏法典的相关条款，正军武器装备齐全，有弓一张、箭百支、枪一支、剑一柄、圆头木橹一面、长矛杖一支、全套拨子手扣、五寸叉一柄、弦一根、囊一个、斧头二把、铁笮篱一把，基本与西夏军籍文书一致。

西夏军籍对军队披甲装备记载详细。西夏的铠甲主要有两种：短甲片和全套护身甲，材料以毡加褐布、革、兽皮等为之。在西夏王陵出土的文物中，还能看到铜制金属铠甲。"甲片 52 片。大多残蚀，作长条柳叶形，可分两种。一种长 9.9 厘米、宽 2.1 厘米，圆端有三组缀孔，平端有二组缀孔，中部和近平端处各有一缀孔，孔径 0.3 厘米。另一种长 5.8 厘米、宽 1.8 厘米，圆端有三组缀孔，平端有一组孔眼，中部有一孔。少数甲片鎏金。"[1]

关于西夏军士的胄即盔，我们通过西夏的彩绘木版画可以比较清楚地了解其构造。"在西夏绘画中，圆盔带有一副后垂的软片（护耳），有时是朝上的，头盔上附有饰物。一副高的黑色头盔，像顶帽子而很有趣，有护片和头带"，"一种使甲士无懈可击的护具是脸罩。在一幅回鹘绘画中我们看到，面罩是一个附在头盔上的钟形金属套片，两目处留一条缝"[2]。关于西夏军士头盔的绘画较有代表性的有三幅：榆林窟 29 窟所绘的男供养人武官像，西夏 8 号陵墓室甬道墙壁上绘出的武士的形象，还有甘肃武威出土的彩绘木版画。男供养人武官像里的人物戴的头盔是这样的："戴金镂英雄冠，垂结绶，衣紫旋 ……束带"[3]。西夏陵墓甬道壁画上的武士形象比较简单，"身着战袍，手叉腰，佩剑，着护臂甲"[4]。甘肃武威彩绘木版画上的西夏武士所佩戴的头盔是毡制的，这些武士头戴毡盔，盔顶饰红结绶，穿宽袖战袍，手执月牙铲。这些图文资料让后人对西夏的头盔

---

[1] 宁夏回族自治区博物馆.西夏八号陵发掘简报［J］.文物,1978（8）.
[2] 特林德·卡坦斯基：西夏人的外貌、服饰和用具［J］.宁夏社会科学通讯, 1987(3).
[3] 王静如.敦煌莫高窟和安西榆林窟中的西夏壁画［J］.文物, 1980(9).
[4] 宁夏回族自治区博物馆.西夏八号陵发掘简报［J］.文物, 1978（8）.

有了直观的认识。

依据西夏《天盛改旧新定律令·军持兵器供给门》[1]，军士甲、披的尺寸就有几种规格：

甲胸五寸，头宽八寸，长一尺四寸；背七寸，头宽一尺一寸半，长一尺九寸；尾三寸，长一尺，下宽一尺四寸；头宽一尺一寸；肋四寸，宽八寸；裾六寸，长二尺五寸，下宽二尺四寸半，头宽一尺七寸；臂十四寸，前手口宽八寸，头宽一尺二寸，长二尺四寸；目下四寸，长八寸，口宽一尺三寸；腰带约长三尺七寸。

披河六寸，长一尺八寸，下宽三尺九寸；颈五寸，长一尺五寸，头宽一尺七寸，下宽九寸；背三寸、长九寸，下宽一尺七寸；喉二寸，长宽同六寸；尾十寸，长二尺八寸，下宽二尺九寸，头宽一尺七寸；盖二寸，长七寸，下宽一尺，头宽八寸。

军卒所配制的披、甲，其长宽尺度依披甲法实行。如调整战具，官库提供甲、披；如按簿校阅，披、甲损失应及时增补。

弓箭发展到了北宋仍然是骑兵和步兵作战中的主要兵器。弩实际上是弓的一个分支，是装有弩机的弓。弩和弓相比具有命中率高、射程远的特点。西夏军员配发的箭支，依官员等级高低而有不同。

十乘起至胜监，五十支箭；

暗监起至能监，百支箭；

头主起至柱趣，百五十支箭；

语抵起至真舍，二百支箭；

调伏起至拒邪，三百支箭；

涨围起至盛习，四百支箭；

茂寻以上，一律五百支箭。

---

[1] 史金波，聂鸿音，白滨，译注.天盛改旧新定律令·军持兵器供给门：卷五［M］.北京：法律出版社，2000:229.

西夏铁剑　藏宁夏博物馆

西夏锻铸的铁剑在宋朝享有"天下第一"的美誉，
深受欢迎。

西夏军用蒺藜　藏宁夏博物馆

蒺藜是古代常用的防御性武器，西夏军队装配有大量的军用蒺藜。

西夏铜头盔　藏宁夏西吉博物馆
　　铜头盔是西夏军队作战时戴的帽子，出土时保存完整外壳，衬里和悬挂装置则没有保存下来。

正军、辅主及负担，当按独诱之辅主战具配置执行。对照西夏军籍文书，我们可以印证关于西夏军队的若干问题。

西夏军队的武器装配在黑水城军籍文书中再次得到印证，可以确定西夏军队的披甲、武器、马匹装备十分齐全，军籍管理严格，在中世纪的西北边疆，西夏军队是一股军事素养很高的战斗力量。

第二节　军事帝国的面纱

一、西夏军队构成

西夏的军队主要由三部分构成：（一）宗族兵；（二）常备军；（三）族外军。

（一）宗族兵

宗族兵是西夏的基层兵力，数量最多。他们亦兵亦民，衣食自给。西夏军队的出征往往是举族拔帐，宋朝人的史料对此也有记载。党项"人人能斗击，无复兵民之别，有事则举国皆来"[1]。韩琦、范仲淹论边事也说党项人"种落散居，衣食自给，或忽尔点集，并攻一路，故其众动号十余万"[2]。

宗族兵，征为正军，必须同时补充一名"负担"，也可以递补正军中老弱者。西夏的宗族兵是征选而来的，在以族帐为单位的基础上，一帐（家）有二丁者，取一丁为正军，作为战斗人员，一丁为负担，作为随军杂役，二者合起来称"一抄"，四丁就是"两抄"。不能成足数的单丁，即三丁中的第三丁或四丁以上不足数的其他壮丁，号为"空丁"，他们要想成为

---

[1]［南宋］李焘.续资治通鉴长编：卷二百十七［M］.北京：中华书局，1995：5285.

[2]［南宋］李焘.续资治通鉴长编：卷一百四十九［M］.北京：中华书局，1995：3600.

正军，得组合另外一丁为负担，即所谓其中一人必须甘当后备杂役，成为其他正军的负担，而另一名身体健壮者应是正军的服役者。如果没有他丁可占，也可组合疲弱正军为军抄中的负担。

关于宗族兵的武器装备情况，《宋史》记载：凡正军给马、驼各一。《天盛改旧新定律令》则详细规定了甲胄兵杖之发放。如，牧主被编入正军，应配备官马、弓一、箭六十、簇囊、矛一、剑一、弦一、长槌杖一、护腿和护腕。所有杂役等每人配发锹一副，不配其他战具。除了配发武器装备外，国家还规定富裕耕、牧人自备或捐献甲胄、战马，若富有五十只羊和五头牛者，应献一匹马和一套标准甲胄。若富有二百只羊和二十头牛，本人应捐三种主要战具并登造入册。对党项羌族帐来说，五十只羊和五头牛以上财富应是一个相当可观的数字。换言之，凡达到这一标准的中等以上的民户，需自备甲胄战骑。如此看来，《隆平集》有关"凡年六十以下，十五以上，皆自备弓矢甲胄而行"[1]的记载并非无稽之谈。

（二）常备军

常备军是西夏军队中最精锐的部分，主要分为"侍卫军""铁鹞军""族外军"三种；特种部队包括炮兵、水兵、擒生军等。"侍卫军"是皇帝的护卫队，其士兵之优秀，装备之精良，非他军可比。

西夏骑兵最精锐的"铁鹞军"，更是从党项军中优选出的特殊兵种。"'铁鹞子'，贼中谓之'铁林'。骑士以索贯于马上，虽死不堕，以豪族子亲信者为之。"[2]这是一支重骑兵，是西夏最精锐的部队。

（三）族外军

主要分为两种类型。

---

[1] [北宋] 曾巩.隆平集 [M].台北：文海出版社，1967：879.
[2] [北宋] 范镇，东斋记事 [M].北京：中华书局，1986：20.

（1）郡、府、州、县、城、堡、寨等所领的地方戍卫部队，主要分布于河西走廊一带。族外军中不乏战斗力较强的武装。"山讹"是西夏族外军的中坚力量之一，属人马强悍的横山羌兵。

（2）由被俘获的汉、吐蕃、回鹘等非党项民族组成的兵种，如从被俘汉人中挑选的"撞令郎"，健壮的编充"前军"，被编成小部队，分散隶属于西夏各监军司，强迫他们送死。

《宋史》明确记载："得汉人勇者为前军，号'撞令郎'。若脆怯无他伎者，迁河外耕作，或以守肃州。"[1]其民族歧视政策是显而易见的。当然，对于汉族官吏、儒士，西夏统治者经常加以重用。

二、西夏兵种

西夏军队以骑兵为主，除了"铁鹞子"为主的骑兵，还有步兵（主要是步跋子）、后勤兵（主要是擒生军）、炮兵、水兵、强弩兵等，值得注意的是，西夏组建有正式的女兵部队。

（一）步跋子

西夏的步跋子以"铁鹞军"为前军，协同前进。步跋子轻足善走，适于峭壁山峦作战。《宋史》记载："西贼有山间部落谓之'步跋子'者，上下山坡，出入溪涧，最能逾高超远，轻足善走"[2]。西夏采古代兵家练兵用兵之所长，兵贵神速，在军事训练中，培养出了一支像"步跋子"这样的特殊兵种。

西夏军队作战，经常采用步、骑两兵种相辅而行的方式："用兵多立

[1]［元］脱脱，等.宋史·夏国下：卷四百八十六［M］.北京：中华书局，1977：14028-14029.

[2]［元］脱脱，等.宋史·兵四：卷一百九十［M］.北京：中华书局，1977：4720.

虚寨，设伏兵包敌，以铁骑为前军，乘善马，重甲，刺斫不入，用钩索绞联，虽死马上不坠。遇战则先出铁骑突阵，阵乱则冲击之，步兵挟骑以进。"[1]《宋史》还记载了西夏步、骑兵的绝技："有平夏骑兵谓之'铁鹞子'者，百里而走，千里而期，最能倏往忽来，若电击云飞。每于平原驰骋之处遇敌，则多用铁鹞子以为冲冒奔突之兵。山谷深险之处遇敌，则多用步跋子以为击刺掩袭之用。"[2]

（二）擒生军

擒生军实际上是西夏一支四处掠夺的特殊的后勤兵种。擒生军的掠夺包括两方面，一方面是直接掠夺粮食、财物，另一方面是大量掠夺缘边地区的青壮年人口到西夏从事农牧业生产，将其生产的物品再供应给军队。

西夏军队中擒生军有十万左右，战斗力不是很强，一般不直接从事军事活动。西夏的擒生军与辽军制有相同之处，通常情况下，士兵"赍粮不过一旬"。辽军"人马不给粮草，日遣打草谷骑四出抄掠以供之"[3]。

（三）麻魁

麻魁在西夏部队里实际上是直接能参加战斗的"女兵"，为西夏军中一支重要的补充力量。麻魁的强悍善斗，早在唐代已为世人所共知，她们曾劫过乌白池（今宁夏盐池县境内）的盐。

（四）炮兵

西夏"有炮手二百人号'泼喜'，陡立旋风炮于橐驼鞍，纵石如拳"[4]。

---

[1][元]脱脱，等.宋史·夏国下：卷四百八十六［M］.北京：中华书局，1977：14029.

[2][元]脱脱，等.宋史·兵四：卷一百九十［M］.北京：中华书局，1977：4720.

[3][元]脱脱，等.辽史·兵卫志上：卷三十四［M］.北京：中华书局，1977：397.

[4][元]脱脱，等.宋史·夏国下：卷四百八十六［M］.北京：中华书局，1977：14028.

（五）水兵

西夏还有专门的水兵，他们使用特制的"浑脱"作战，还伐木编筏。例如，公元 1041 年攻宋麟州、府州时，"元昊于河西伐木编筏，将为渡河计"[1]，他们都是西夏军队中的特种兵。

（六）强弩军

强弩军是西夏的弓箭部队。夏崇宗乾顺庶弟察哥根据多年战斗的经验教训，向乾顺建议："国家用铁鹞子以驰骋平原，用步跋子以逐险山谷。然一遇陌刀法，铁骑难施；若值神臂弓，步奚自溃。盖可以守常，不可以御变也。夫兵在审机，法贵善变。羌部弓弱矢短，技射不精，今宜选蕃汉壮勇，教以强弩，兼以标牌，平居则带弓而锄，临戎则分番而进，以我国之短，易中国之长，如此，无敌于天下矣。"[2] 可见，强弩军的民族成分既有西夏党项族的，也有汉族和其他民族的。

西夏军队中泼喜炮手有 200 人，步跋子、麻魁女兵、强弩军的数量有多大，史书没有记载，我们无法知晓这些兵种的规模及其在战争中所起的作用。

西夏各兵种的军事训练分为小规模分散训练和较大规模集中训练两种情况。据史籍记载，西夏各监军司下设都统军、副统军、监军使一员，以贵戚豪右领其职，不分蕃、汉。西夏境内的族落，虽然平时分散居住，但却是按部族为军事组织单位，居住在同一个区域内。平时，他们从事牧、农业生产，生产空隙之时，适当集中，由"教练使"等教以军事知识和技能，兼习战斗，这就是所谓的"兵居"。一有战斗，能迅速集合起来，出发参战。

---

[1]［清］吴广成.西夏书事校证：卷十五［M］.龚世俊，等，校证.兰州：甘肃人民出版社，1995：173.

[2]［清］戴锡章.西夏纪：卷二十二［M］.罗矛昆，点校.银川：宁夏人民出版社，1988：509.

西夏马牌　藏中国国家博物馆

西夏马牌为铜制，正面刻有西夏文"敕燃马牌"字样，可系绳穿挂固定在身上。

　　西夏军队有时也有较大规模的集中训练。西夏与契丹交恶，契丹兵深入夏境，夏将洼普兵败，梁太后"使练兵贺兰山，以责后效"[1]。这条材料说明，西夏仅贺兰山地区就有过较大规模的军事训练基地和较为集中的军事集训。

三、宗族兵及权力倾轧

　　宗族兵制是西夏军事体制的主要特征之一，拥有武装的宗族首领直接掌握着自己的宗族兵。宗族首领都是来自部落时期的贵族。党项宗族大姓由来已久，早在青藏高原时期，党项就"每姓别自为部落，一姓之中复分为小部落，大者万余骑，小者数千骑，不相统一"[2]。党项有细封氏、费听氏、往利氏、颇超氏、野辞氏、房当氏、米禽氏、拓跋氏，而拓跋最为强势。

　　内徙以后，党项仍是部落林立，以部落为单位组织军事力量。"广德年中，其部落先党项与其类意气不等，因聚党为兵相伐，强者有其马牛羊橐驼，其后支属更酬杀"[3]，"安史之乱"后，唐王朝为拆散吐蕃与党项的联系，把庆州的拓跋、野利等大族迁往今陕北一带。西夏建国前后，这些大族一直占有大量的牧场和农田，拥有成千上万的族众和族外的民众。党项和西夏历代酋长、君王都重视联络豪右，联姻大姓，以强宗大族为其统治的根基。李继迁在反宋和对外掠夺的过程中凝聚了党项诸部族的力量，建立起了以李继迁族系为中心的割据政权。李继迁族系首先和大族卫慕氏联姻。西夏建国后，野利氏、没藏氏、梁氏和李继迁族系并称为四大宗族。党项氏族时代，游牧于川、青、甘山谷地带部落武装的党项兵是松散的部落武装。党项人北迁到陕甘宁一带后，逐步在原有部落武装的基础上发展

---

[1] [清] 戴锡章. 西夏纪：卷十二 [M]. 罗矛昆，点校. 银川：宁夏人民出版社，1988:247.

[2] [后晋] 刘昫. 旧唐书：卷一百九十八 [M]. 北京：中华书局，1975:5290.

[3] [清] 董诰，等，编. 全唐文：卷七百三十七 [M]. 北京：中华书局，1983：7612-7613.

起来部族兵，"西界蕃部不下数十万帐。始犹互相捍拒，及继迁兵势浸盛，自灵州北河外、镇戎军、环州至鏊子山、贺兰山西、陇山内外、黄河以东诸族，无不帖服"[1]。经过李继迁的拉拢和打压，在传统的部落联盟基础上，西夏部落兵基本形成。1031年，元昊称帝建国，正式建立起了宗族兵。

元昊登基后颇为倚重野利大族，利用宗族势力加强统治。元昊配偶之一的野利氏，就是亲信重臣野利遇乞之妹。野利旺荣、野利遇乞兄弟依靠婚姻关系曾一度掌握西夏重权，他们分统着横山区域的羌族劲兵，军事势力很强大，对敢于反抗的宗族则无情杀戮。西夏的宗族兵是部族与地方性的军事组织的兼容体。元昊建国后，西夏的兵制逐渐完备，形成枢密院直接统辖的统军制和兼有部族性与地区性的地方监军司制的体系。军权逐步向皇帝手里集中，朝廷直接控制的常备军不断扩充。同时，各部落酋帅所控制的部族军事组织依然存在。党项强宗大族分布于西夏境内各地，并拥有自己的武装力量，成为强大的宗族兵。

宗族越大，其首领的官品就越高。贵族地主的经济特权和经济实力是西夏宗族兵制存在的经济基础，也就是说，宗族兵制在一定程度上适应了西夏封建制度的发展。他们首先是大土地占有者。宋神宗元丰四年（1081年）九月，讨伐夏国敕榜曰："其先在夏国主左右并鬼名诸部族同心之人，并许军前拔身自归，及其余首领能相率效顺，共诛国仇，随功大小，爵禄赏赐，各倍常科，许依旧土地住坐，子孙世世常享安荣。"[2]"依旧土地住坐"，明确反映了夏国主及党项贵族地主对土地的占有。西夏《天盛改旧新定律令·租地门》规定：诸大小臣僚，索求农田司、节亲主所属土地，自买日始一年之内当告转运司，注明地册，依法为租用调事。这里"索求"土地的臣僚就是大小不一的贵族地主。

---

[1]［清］吴广成.西夏书事校证：卷五［M］.龚世俊，等，校证.兰州：甘肃人民出版社，1995：64.

[2]［南宋］李焘.续资治通鉴长编：卷三百十六［M］.北京：中华书局，1995：7650.

　　宗族大姓在政治上的特权非常大，在法律上为西夏宗族兵制奠定了政治基础。除犯"十恶"罪外，其他种罪均可以用官来当。如，庶人获十三杖，徒三个月时：杂官十乘以上至胜监当受十三杖，应交十缗钱，暗监以上至拒邪罚马一。……庶人获二种死罪时：十乘官至胜监军，官、职、军皆革除，徒八年，日满依还旧往。[1] 宗族大姓为部落兵的酋帅。

　　史料中多有酋帅率领宗族兵大规模出征的记载："张浦兵还，德明遣万子等四军主悉其族兵取六谷，进图甘州。"[2]

　　关于西夏缘边地区的中小宗族首领，《西夏书事校证》记载，元昊给他们都署以观察（使）、团练（使）之号，让他们都"各将其种落兵"，官职、爵位均世袭。西夏军事制度中宗族兵制所起的作用非常大，乔幼梅先生对此有过精辟的论述："自李继迁起兵到元昊定军制，不仅承认党项强宗大族的现状，而且依靠强宗大族，利用他们为数可观的武装力量。西夏的全民兵役制，是以宗族兵制为基础的。高高在上的李继迁家族，同其他党项大族一样，都有自己的族兵，元昊正是在族兵制的基础上，整齐划一，建立了全民兵役制。可以这样说，西夏宗族兵制是全民兵役制的基础，而西夏全民兵役制是宗族兵制的一个发展。"[3] 元昊承认党项社会传统的宗族兵制，但前提是宗族大姓必须服从中央政权的指挥，接受包括国法或军法对宗族武装的约束。史书记载元昊称帝后，凡不服从指挥的宗族大姓坚决杀掉。在西夏初期，传统的宗族兵制和封建军事制度兼容起来。这样，西夏不仅在军事上能够保持强大的战斗力，而且有利于维系其封建统治。

---

[1] 史金波，聂鸿音，白滨，译注. 天盛改旧新定律令·罪情与官品当门：卷二 [M]. 北京：法律出版社，2000：139,144.

[2] ［清］吴广成. 西夏书事校证：卷九 [M]. 龚世俊，等，校证. 兰州：甘肃人民出版社，1995.

[3] 乔幼梅. 西夏兵制初探 [C] // 首届西夏学国际学术会议论文集. 银川：宁夏人民出版社，1988:58.

　　元昊之后，皇权有所削弱，外戚没藏讹庞专权。大首领没藏讹庞以外戚身份把未满周岁的稚子谅祚（夏毅宗）拥登上了王位，形成讹庞为首的三大将分治其国，讹庞担任国相。秉常时期，西夏历史上再次形成了以梁乙埋为首的贵族联合执政。秉常年仅七岁，母梁太后摄政，梁乙埋做国相，共同执掌军政大权。

　　在西夏内部权力争斗中宗族兵制往往成为宗族大姓维护自身权力的工具。谅祚联合了讹庞的政敌漫咩等将讹庞和他的家族处死，并杀配偶没藏氏。秉常亲政后，梁太后把秉常监禁在兴庆府。当时分领右厢兵马的仁多族便和梁氏一族处于尖锐对立的地位；统军禹藏花麻甚至向宋朝熙州（今甘肃省临洮县）送达了吁请讨伐梁氏、举族愿为内应的文书。直到西夏中后期，西夏王权与宗族大姓的冲突仍是政治上不稳定的一大根源。

四、盛妆淡去的军事民主制

　　西夏宗族兵制具有鲜明的特色，在军事动员、后勤供给和长途作战等方面所显示出的机动性、高自足性等优点，总是让宋军相形见绌。西夏的军事指挥系统是建立在宗族兵制和封建君主制双重基础上的，其特殊性表现在中央政权拥有指挥军队的权力，通过宗族大姓间接指挥宗族武装力量；宗族大姓所控制的宗族武装力量必须执行中央政权的相关兵役制度，接受中央政权相关军事法律的约束，宗族大姓通过军事联盟会议商议西夏重大军事行动。

　　在党项及早期西夏军事制度中，军事联盟会议是联结中央政权和宗族兵的纽带。西夏军事指挥系统的决策权实际上就属于军事联盟会议。党项社会早在氏族社会末期就形成了部落联盟。部落首领大多具有世袭的身份，他们对部落武装具有指挥权，并和其他部落形成事实上的军事联盟，其标志就是通过举行军事联盟会议来实行最高军事决策，这是典型的军事民主制度。大首领把自己的势力向其他部落扩展，同时还通过血缘关系和婚姻关系对其他部落施加感情和心理方面的影响，最终形成强大的部落联盟。西夏建国后，这种通过军事联盟会议的最高军事决策方式被延续下来。氏族时期的部落大首领发展为西夏社会的宗族大姓，部落武装力量演变为宗族兵制。《宋史》记载："宋宝元元年，表遣使诣五台山供佛宝，欲窥河东道路，与诸豪歃血约先攻鄜延，欲自德靖、塞门寨、赤城路三道并入"[1]，西夏的军事会议决策过程在《宋史》中也有明确的记载："每欲举兵，必率酋豪与猎，有获，则下马环坐饮，割鲜而食，各问所见，择取其长。"[2]西夏每次对外战争，都向强宗大族集结军队，遇关系重大的战役，在出兵前各部落首领要共同歃血盟誓，以表决心，战前则民主商议，制订作战计划。

保留有浓重的军事民主制残余，这是西夏军事制度突出的特点。西夏军事有崇尚旧俗的倾向，在西夏制度建设方面，西夏军制保留的党项原始制度和奴隶制度残余较多，从制度方面讲就是军事民主制遗风犹存，以适应党项人作为游牧民族所特有的习惯和风俗。随着西夏封建制度的发展，军事指挥权趋向于集中到中央，西夏的军事民主制残余呈日益淡化之势。西夏全国武装力量由中央与部落酋帅分割，而以血缘纽带形成下对上层层依附关系。宗族大姓的制约主要体现在军事决策机制上，但在军队指挥权上，中央政权拥有最高权力。

西夏驻守全国各地的军队由中央统一指挥。西夏军事制度大多数是模仿宋朝。西夏虽无禁兵之名，但其在各地驻防、屯戍之军队均应是由朝廷派出的军队，亦当属中央管辖之军队，而不是地方军队。《续资治通鉴长编》记载："置十八监军司，委酋豪分统其众。"[3]

[1]［元］脱脱，等.宋史·夏国上：卷四百八十五［M］.北京：中华书局，1977：13995.
[2]［南宋］李焘.续资治通鉴长编：卷一百一十五［M］.北京：中华书局，1995：2704.
[3]［南宋］李焘.续资治通鉴长编：卷四十一［M］.北京：中华书局，1995：2845.

　　如果有战事需要调集军队，宗族大姓在军事指挥上受到中央政权的约束。中央政权拥有"点集"军队的权力。"点集"是一处或多处监军司进行一次战役前兵员、兵械、兵粮从开始到结束的准备工作，其整个过程受到成文军法的严格约束。一般来说，投入具体战役兵力的多少，决定了点集的规模大小。投入具体战役的兵力愈多，点集的规模愈大，点集所需时间愈长，点集所占整体兵力的比例就愈高。从现在的汉文史料来看，点集与上述要素之间相互影响的准确程度还无法确知，但它们之间相互影响的密切关系肯定是存在的。

　　西夏战事点集分作左、中、右三路，西夏称得上大段点集的，兵力约在 10 万人。史料以元昊时期为详，以当时的布防兵力，加上卫戍亲军，合诸州计之，总兵力约 50 万人。中央政权对西夏军队的指挥权还表现在各地军队官员的委派方面。西夏驻守全国各地军队的统帅将领均由中央派出。

　　中央拥有对军队军事监察的权力。西夏为了监视常备军高级将领的行动，在统军、行主军中设立了监察机构"察司"。西夏边防的检查严格，专门设有巡边使一职。《天盛改旧新定律令》明确规定，担任巡边使的官员是有能力之军事巡检和通判。巡边使从职能上讲，可认定为具有监军性质的军事官员，其主要任务是每当战斗结束后，向上级呈报作战情况，根据巡边使的汇报，军中那些尽职忠勇的将领则加官等、获奖赏。元昊称帝后组建近卫军，守卫首都兴庆府和重镇西平府的"卫戍军"，即兴、灵之兵，其成员大都是西夏各部落酋豪的子弟。通过组建近卫军，便于元昊控制宗族大姓，防止他们图谋不轨。在军事联盟的体制下，宗族大姓自主权较大。"质子"是西夏军队中一种特殊的监察方式，对维护西夏军队的统一指挥是有所帮助的。

　　在西夏中央集权统治不断加强的背景下，党项军事民主制的残余迅速褪去。

　　"悉会诸族酋豪，刺臂血和酒，置髑髅中，共饮之。约先寇鄜延，欲自德靖、塞门、赤城路三道并入。酋豪有谏者，辄杀之。"[1]军事民主制是氏族社会的一种制度，广泛存在于原始社会瓦解阶段。军事民主制政治的历史背景是民主制，财产是公有制，部落联盟领袖则由部落会议推选产生，所有部落成员负有作战的责任。原始社会后期社会生产力大有提高，创造出了更多的物质财富。掠夺邻人的财富与人口以迫其为奴已成为部落的经常性职业，军事民主制应运而生，在人类发展史上留下了响亮的声誉，曾产生出了许多古老民族的第一代英雄。不管催生这个独特而短暂的制度的驱动力有多么可怕，它确实孕育着人类英勇、单纯和为了集体利益不惜奉献生命的大无畏精神。那是朦胧的人类社会，我们不能用今天文明社会的标准去衡量人类童年时的幼稚。对于原始社会瓦解后的军事民主制，恩格斯精辟指出："我们看到，在英雄时代的希腊社会制度中，古代的氏族组织还是很有活力的，不过我们也看到，它的瓦解已经开始：由子女继承财产的父权制，促进了财产积累于家庭中，并且使家庭变成一种与氏族对立的力量；财产的差别，通过世袭贵族和王权的最初萌芽的形成，对社会制度发生反作用；奴隶制起初虽然仅限于俘虏，但已经开辟了奴役同部落人甚至同氏族人的前景；古代部落对部落的战争，已经逐渐蜕变为在陆上和海上为攫夺牲畜、奴隶和财宝而不断进行的抢劫，变为一种正常的营生，财富被当作最高的价值而受到赞美和崇敬，古代氏族制度被滥用来替暴力掠夺财富的行为辩护。"[2]在中古时期历史舞台上，军事民主制是西夏军队乃至所有游牧帝国军队的面具，这个面具在游牧帝国初期往往可以掩盖主人的丑陋面目，但最终要被抛弃。西夏建国前后，李元昊戴着英雄的面具，利用蒙昧未开的党

---

[1] [南宋] 李焘.续资治通鉴长编：卷一百二十二 [M].北京：中华书局，1995：2880.

[2] [德] 恩格斯.家庭、私有制和国家的起源 [C] // 马克思恩格斯文集：第四卷.北京：人民出版社,2009：125.

元昊称帝（油画） 宋鸣 王雪峰 王印泉创作

项人，造就了西夏军事强盛的辉煌。但西夏贵族统治者对财富、权利的贪婪很快使他们露出了丑陋的真面目，盛装而出的军事民主制浓妆褪净，留下了累累伤痕之后，逐渐淡出了西北边疆的舞台。

五、西夏军事典籍

西夏翻译了大量的汉文军事著作，充实了西夏的军事理论，存世的从汉文翻译为西夏文的军事书籍有《孙子兵法》《黄石公三略》等。同时西夏人也编著了自己的军事法律著作，保留到现在的有两部：一部是《贞观玉镜统》，另一部是《天盛改旧新定律令》中的有关章节。《贞观玉镜统》主要讲军政和军律，而《天盛改旧新定律令》主要讲军队防守、集合、后勤、通信、间谍等方面的内容。

（一）《天盛改旧新定律令》相关军事法律的章节

《天盛改旧新定律令》卷四专门对西夏各级军事单位和各级官兵的任命、执行军务以及处罚条律做了规定。西夏的城、镇、堡、寨、哨卡、烽燧的各级官兵、军事辅助人员（包括妇女）的委任、戍守、侦察、烽火传递、城堡的修缮，以及犯罪行为和相应的处罚，在这一章中都有明确的规定。例如对犯罪和失职的处罚规定比较严格，具体条款如下：（1）对城、堡、镇、寨的主将任职以后，没按时到职的处罚；（2）对驻守在堡、寨内的军卒、妇女没坚守岗位者的处罚；（3）对收受贿赂而包庇离开岗位者的处罚；（4）对耽误公事者的处罚；（5）对擅自从边境上撤军并解散部队者的处罚；（6）对弃失城堡者的处罚；（7）对未及时发现来敌的哨长、哨卒的处罚；（8）发生越境投敌时，对没有发觉及追回的哨卡及其统兵官的处罚；（9）发现来敌时，哨卡要报告上司和邻近哨卡，上司要告知邻近城堡和居民，违者治罪；（10）对不执行宵禁令者，给予处罚；

（11）农、牧人擅自弃地或越界而走，主管官员要接受惩罚；（12）如果敌人进犯，有力量的部队要消灭它，力量不足时要监视它，否则要治罪；（13）对没有定期检修城池及其储备者的处罚；（14）敌军进犯时，没有及时点燃烽火或者烽火没有持续燃烧者，应治罪；（15）根据不可靠情报擅自调动兵马者，要治罪；（16）对投奔过来的异国人要调查，及时呈报上级，并对他们给予合理安排，否则要治罪。

《天盛改旧新定律令》卷五具体规定了军队军事装备的发放和检验条目，共计12条之多。具体条款如下：（1）军队甲胄兵器发放标准；（2）军用器械的统一尺寸；（3）军事装备定期检验制度以及对装备短缺或不合格等问题的治罪；（4）对举报者的奖赏；（5）补修战具具体时间的规定；（6）军械官犯罪撤职后空缺递补办法的规定；（7）各户按牲畜数额出具军事装备的规定；（8）以官马充私马上交者要治罪；（9）对不按期检验战具者的处罚；（10）对丢失战具者的处罚；（11）借检验战具之机敲诈勒索军卒者，或因贪贿出具假证明时的处罚；（12）对弄虚作假者的治罪。

《天盛改旧新定律令》卷六专门讲军队集合与出征的有关事项。例如：（1）凡军队点集时迟到或缺卯者，将被处罚；（2）凡军队出征时离队或滞留者，将被处罚；（3）凡官马、甲胄放在家中或沿途丢失者，将被处罚；（4）凡首领擅自准许从征人留家者，将被处罚；（5）凡擅自放走军卒回家者，将被处罚；（6）凡不按规定派徭役者，将被处罚；（7）凡不按规定传达军令，使军令传播中断者，将被处罚；（8）军队官兵严禁私自出卖官配的马匹和甲胄，否则将被处罚；（9）严禁官吏以粗劣战具和官马调换下属的优质战具和官马，否则将被处罚；（10）严禁调换、宰杀官马，否则将被处罚；（11）严禁典押官马和甲胄，否则将被处罚；（12）严禁毁坏配发或缴获的战马和甲胄，否则将被处罚；（13）严禁官吏占用军队的官马，否则将被处罚；（14）对官马、甲胄损坏、丢失后的补领手续的规定；（15）对亲属间馈赠钱财、支派徭役等的具体规定；（16）严禁官吏役使军队贫穷军卒当雇工的规定；（17）马的喂养与军人表册定期送交的规定；（18）表册纸张的领取和价格的规定；（19）严禁私自传阅军中表册的规定；（20）对军头领、宿卫等候选人入编手续的规定；（21）编伍规定；（22）对驻军地男孩登记制度的规定及对隐瞒者的处罚、举发者赏赐的规定；（23）男子十五岁开始为参军年龄的规定；（24）对无故注销活人名字处罚的规定；（25）家主释放奴仆或以奴为军者的规定；（26）对行军头领等的选拔、报批和任命的规定；（27）对任命异国人为头领的规定等。

《天盛改旧新定律令》卷七中，有关于异国归顺者编入各种军队的规定：（1）严禁侵占归顺者财产的规定；（2）对叛逃者回国的有关规定；（3）将俘虏变为私人奴仆的有关规定；（4）对奴婢逃跑，依军律处罚的规定；（5）大小军职人员叛逃后，对其亲属待遇的规定；（6）对知情不报者的处罚；（7）凡不积极追杀叛逃者的军职人员，将被处罚；（8）严禁私造、私藏兵器，否则将被处罚；（9）严禁军中有关人员泄露圣旨内容的规定；（10）严禁出卖人丁、马匹、甲胄、兵器出境的规定。

另外，卷十也有关于各级统兵机构的设置，以及监军司主要军职、人数的规定等。

（二）从汉文翻译为西夏文的军事书籍

1.《六韬》

《六韬》据传为周朝姜尚所著。《六韬》正式的确切著录始见于《隋书·经籍志》，其不失为一部内容丰富的兵书。宋元丰间把《六韬》列入《武经七书》之一，颁为武学必读之书，更产生了很大的影响。其中的一些军事思想，特别是军事与政治的关系，论述极为精到。

2.《黄石公三略》

《黄石公三略》，又叫《三略》，或叫《太公兵法》《黄石公兵法》《圯上老人兵法》。《黄石公三略》成书年代大约在东汉末年至魏、晋时期。传说它原来是姜太公的兵法之一，后来由黄石公整理修订，在下邳（今江苏省邳县）的圯桥上传授给张良（字子房）。张良经常阅读它，并根据这本《黄石公三略》辅佐汉高祖，灭楚亡秦，安邦定国，被封为晋侯。《黄石公三略》全书分为上略、中略、下略。

该书引《军势》等前代兵书之论，采儒、兵各家之长，系统阐释了政治军事谋略思想：在战略上，主张"获固守之，获厄塞之，获难屯之"，随机应变，"正奇"结合，以取得优势地位；在政治上，主张法无道，用贤人，揽人心，举义战，达到不战而屈人之兵的目的；在治军上，主张慎选将，善用兵，强调"仁贤之智，圣明之虑，负薪之言，廊庙之语，兴衰之事，将所宜闻"，"良将之养士，不易于身，故使三军如一心，则其胜可全"。

西夏文《黄石公三略》共三卷，西夏旧刻译本，译自汉文《三略》。另外，《经史杂抄》中也有夏译汉文兵书的内容。

3.《孙子兵法》

《孙子兵法》是我国最早最杰出的军事著作，大约成书于春秋时期。它全面总结了春秋以前的战争经验，提出了一系列带有普遍性的战争指导原则，对我国古代军事学术和战争实践都产生过重要的指导作用和深远影响。

《孙子兵法》一书最早著录于《汉书·艺文志》："《吴孙子兵法》八十二篇。"今传十三篇，为三国著名大军事家曹操整理并注释，可能有所删节。1972年银雀山出土的《孙子兵法》，除与今本《孙子兵法》十三篇相同的部分外，尚有《吴问》《四变》《黄帝伐赤帝》《地形二》《见吴王》五篇，残缺甚多，通称为孙子佚文。今本《孙子兵法》十三篇所据为《诸子集成》本。宋神宗元丰年间诏命选编武学（军事学校）必读的七部兵书为《武经七书》，而以《孙子兵法》冠其首。

在俄藏西夏文献中，夏译《孙子兵法》是比较重要的一部著作。译自汉籍的《孙子兵法》有两种：一为刊本，系《孙子兵法》三家注（曹操、李筌、杜牧）之译文，前后残缺，所附《孙子本传》亦不全。《孙子兵法》三家注共三卷，附《史记·孙子传》，西夏旧刻译本，唯内容歧异颇多。另一为写本，保存有行书残写卷一纸。

1979 年，俄籍学者克平整理出版的影本，底本显然是刊本。译文始"军争"篇之"莫难于军争"篇，终于"用间"篇。"地形"篇首有缺文，"九地"篇中自"入人之地深，背城邑多者，为重地"下李筌注文，至"死为不得"缺；自"历于廊庙之上"以下亦缺。又缺"火攻"篇全部至"用间"篇首"……不得操事者，七十万家"；下李筌注之"古者发一家之兵"译文亦不全。《孙子本传》至"士卒亡者过半矣。乃弃其步军"以下残缺。夏译所据底本为何尚不清楚，传世典籍无有《孙子兵法》三家注者。估计夏译底本是宋吉天保所集十五卷本，亦即《宋史·艺文志》所称"十家会注本"。这种底本到清朝时，由孙星衍、吴人骥所作校勘。夏译文与"会注本"之间虽然有若干小的差异，却不能证明为与"会注本"之三家注有不同的底本。所以，现在研究夏译《孙子兵法》都用孙星衍、吴人骥的校勘本。

（三）西夏军事法典《贞观玉镜统》

西夏人自己编写的军事著作并不多，遗留下来的目前可见的仅有两种，除了西夏《天盛改旧新定律令》中有关军事内容的条文外，另一种是《贞观玉镜统》。西夏文《贞观玉镜统》出土于黑水城遗址。《贞观玉镜统》是西夏官修的军事著作，最后经西夏帝王御批，是迄今所知西夏唯一的兵书单行本，又是罕见的我国少数民族古代兵书，非常有特色，对全面研究我国古代军事著作颇有价值。

国外学者都认为《贞观玉镜统》是一部军事法典，书中涉及有关军事的许多方面，包括选将、命将、组织机构、军政与赏罚律令等，其中以赏罚条格为主。如书中第一篇是军政军令篇，正文中有几处提到军事律令，第三篇第二十六条规定中有对隐瞒缴获物品的处理，第三十条规定中有对诬告罪行的处理。单就目前看到的残篇来说，它包括军律和军政两大部分，大部分内容还是以军律为主。

《贞观玉镜统》这部军事著作是西夏文雕版印刷书籍，蝴蝶装，左右双栏，线条粗细不均，也不顺直，装帧较为粗糙，但刻印的文字工整秀丽。空白处还点缀有似花叶、几何纹的小饰图，以增强美感。《贞观玉镜统》根据纸张和书框的大小，应有几个版本。俄罗斯学者克恰诺夫在《西夏军事法典——1101年至1113年的〈贞观玉镜统〉》一文中，将其分为三个版本：

第一种大开本以俄藏编号2617为代表。

第二种大开本以俄藏编号3481为代表。

第三种小开本以俄藏编号2616、2618、4183、4184、7766、7931为代表。

现存于俄罗斯的《贞观玉镜统》每篇的开头是条目目录，条目之后是本篇的篇名，最后是正文。每一段正文之前还有大小标题，大标题比正文高两格，小标题高一格。有几处在几条正文之前有一个说明。书中共有73面，包括序言、第一篇、第二篇、第三篇、第四篇，其中第一篇仅存条目一面；第二篇是条目和不完整的正文；第三篇是条目和基本上完整的正文；第四篇是条目和完整的正文。

在《西夏文写本和刊本》中，俄罗斯学者列出的《贞观玉镜统》残卷如下：

俄藏编号2616：页面24.7厘米×17.5厘米，文面20厘米×15.5厘米。每面9行，每行13字。残存第二章的第1页到第6页右，共11面。

俄藏编号2617：页面30厘米×18.5厘米，文面20厘米×15.5厘米。每面9行，每行13到14字。残存第二章的第4页左到第9页右，共10面。

俄藏编号 2618：页面 25 厘米 ×18 厘米，文面 20 厘米 ×15.5 厘米。每面 9 行，每行 14 到 16 字。残存第二章的第 7 页左到第 11 页，共 7 面。

俄藏编号 3481：页面 29 厘米 ×18 厘米，文面 20.8 厘米 ×16 厘米。每面 9 行，每行 14 到 15 字。残存第三章的第 1 页到第 3 页，第 5 页到第 7 页，共存 32 面。

俄藏编号 7766：页面 25 厘米 ×17 厘米，文面 21 厘米 ×15.5 厘米。每面 9 行，每行 14 到 16 字。残存第四章的第 2 页到第 8 页，另有最后一页和封皮，共存 16 面。

俄藏编号 7931：页面 25 厘米 ×17 厘米，文面 20 厘米 ×15.5 厘米。每面 9 行，每行 14 到 16 字。无页码，共存 7 面。

《贞观玉镜统》在我国兵书史、军事史、法制史上占有十分重要的地位。西夏贞观时期实行"将兵法"以前的武职记载在汉文史料中已相当稀少，但仍较详于实行"将兵法"以后的汉文史料的有关记载。某些资料的真实性是无可争辩的，然而凭借某些零散资料试图系统地说明西夏军事制度的某一特定问题，其结论的全面性不免受到影响。汇集汉文史册有关西夏军事制度的零星资料，研究这部原始文献，有助于我们从西夏军事制度的外部描述扩展到对其内部机制的观察与构想。

第三节　宋朝边疆忧患

一、范仲淹的家国情怀

有宋一代，宋朝北方边疆面临着生死存亡的危机，严重的军事冲突来自北方大漠新崛起的契丹、党项、女真和蒙古帝国。唐末五代以来，中原王朝在军事实力上和边疆游牧军事政治相比已处于下风，无法有效平定游牧力量对北方边疆的侵犯。宋朝开国以来实行重内轻外国策，北宋虽有庞大的军队，但战斗力大打折扣。经过 25 年长期的征战，北宋于 1004 年（宋真宗景德元年）和辽达成和平协议，宋每年送辽银 10 万两、绢 20 万匹，史称"澶渊之盟"，北宋用巨额赔偿换来了北方边疆的安宁。但 20 多年后，西北边疆的党项于 1038 年建立西夏帝国，开始大举入侵宋界，西陲处于危机之中。

11 世纪注定是中国边疆的纷乱之际，西夏军事力量的迅速发展对北宋边境的威胁日益加剧，党项骑兵和所有的游牧军队一样，装备精良，进攻猛烈，在西北复杂的地形和恶劣的气候条件下，其军事后勤供给却能轻而易举地加以保障。北宋宝元元年（1038 年）三月三川口之战，康定二年（1041 年）二月好水川之战，由于宋朝将士缺乏军事训练，中原无宿将精兵，军队连遭败绩。

宝元元年正月，范仲淹因谏被贬谪，途经江西彭泽县，特意拜祭狄梁公祠，这里供奉着唐代著名大臣狄仁杰。范仲淹满怀敬仰，挥毫写下一千九百零七字的《唐狄梁公碑》(见附录四：赵孟頫书《唐狄梁公碑》清拓本影印件)。"神犹正之，而况于人乎！公为宁州刺史，能抚戎夏。"[1] 狄仁杰曾出任宁州刺史(今甘肃宁县、正宁一带)。宁州位于西北黄土高原，山川交错，是游牧民族和农耕民族的交汇处，常常受到游牧铁骑的侵扰。在这篇著名的碑文里，范仲淹盛赞狄梁公一生功绩，包括他戍守西北边疆的事迹，抒发北宋仁人志士渴望报效国家的情怀。这一年秋天，西夏李元昊在西北称帝的消息传入中原，震动大宋朝野。

西陲危机把北宋具有家国情怀的一代士大夫们推到了历史的风口浪尖。范仲淹等北宋名臣受到朝廷重用，主持朝政改革，维护边疆安全。时年 52 岁的范仲淹临危受命，进京面辞仁宗。怀着报国之忠心，范仲淹背负朝廷使命，主持西北边防事，奔赴西北边疆军事对峙的前沿阵地。范仲淹亲眼看到宋朝大军在前线战场的窘境，大军在风沙里一日数战，水泉不得饮，自身消耗甚大，难以有效打击西夏骑兵的有生力量。一代名臣面对宋朝边疆危机，感慨汉唐之时拓疆万里之威，对宋朝西北边疆治理进行了深入思考。大将韩琦和范仲淹两人护疆时间最长，都名重一时，全面观察宋、夏历次战事，敏锐分析出边疆防御的关键之处：

兵家之用，先观虚实之势，实则避之，虚则攻之。今缘边城寨有五七分之备，而关中之备无二三分。若昊贼知我虚实，必先胁边城。不出战则深入乘关中之虚，小城可破，大城可围，或东沮潼关，隔两川贡赋，缘边懦将，不能坚守，则朝廷不得高枕矣。为今之计，莫若且严边城，使持久可守；实关内，使无虚可乘。西则邠州、凤翔为环、庆、仪、渭之声援，北则同州、河中府扼郿、延之要害，东则陕府、华州据黄河、潼关之险，中则永兴为都会之府，各须屯兵三二万人。若寇至，使边城清野，不与大战，关中稍实，岂敢深入？复

[1] ［北宋］范仲淹. 范仲淹全集·范文正公文集：卷十二［M］. 李勇先，王蓉贵，校点. 成都：四川大学出版社，2002：282.

命五路修攻取之备，张其军声，分彼贼势，使弓马之劲无所施，牛羊之货无所售，二三年间，彼自困弱。待其众心离叛，自有间隙，则行天讨。此朝廷之上策也。又闻边臣多请五路入讨，臣窃计之，恐未可以轻举也。[1]

　　他们的真知灼见最终得到当朝皇帝宋仁宗的重视。宋仁宗是一位有志向的帝王，他鼓励朝臣议朝政得失，探求攻守之策。宋朝开始酝酿新的对夏作战计划。范仲淹根据宋军和夏军骑兵交战的经验教训，提出稳守反击的作战方针。庆历四年（1044年）时任参知政事的范仲淹和大臣韩琦向朝廷提出抗击西夏的建议：

　　以此观之，各以边人为强，理固明矣。所以秦汉驱逐西戎，必先得山界之城。彼则远遁，然后以河为限，寇不深入。傥元昊归欵，则请假和策以待之，如未通顺，或顺而翻覆，则有可攻之策。非穷兵黩武，角胜于绝漠之外也。

　　臣等尝计陕西四路之兵，总数几三十万，非不多也。然各分守城寨，故每岁战兵，大率不过二万余人。坐食刍粮，不敢举动，岁岁设备，常如寇至，不知贼人之谋，果犯何路。贼界则不然，种落散居，衣食自给，忽而点集，并攻一路。故所统之众，动号十余万人。以我分散之兵，拒彼专一之势，寡不敌众，遂及于败。且彼为客，当劳而反逸；我为主，当逸而反劳。我若复用此计，彼劳我逸，则取胜必矣。[2]

　　范仲淹从宋、夏各自军事特点的角度准确分析了西北边疆战局。宋军的行动迟缓，粮草辎重庞大，每次出击需远行数百里。面对西夏轻捷骑兵，在乘风扬沙的气候里连续作战，时常将自身置于进不可前、退不可息的危险处境。唯有加强边关防御，达到持久可守，充实关内防备，才使西夏弓

[1] [北宋] 范仲淹.范仲淹全集·范文正公政府奏议 [M].李勇先，王蓉贵，校点.成都：四川大学出版社，2002:591.
[2] [北宋] 范仲淹.范仲淹全集·范文正公政府奏议 [M].李勇先，王蓉贵，校点.成都：四川大学出版社，2002:591.

马之劲无所施，牛羊之货无所售。他提出开展持久的消耗战，用大宋的国力拖垮敌人，指明维护西北边疆的长远战略战术思想。

根据范仲淹的军事部署，宋朝实施"横山攻略"，在以后几十年间成为宋、夏战争的焦点。横山攻略的战略战术主要有三点：一是宋军在鄜延、环庆、泾原路重新布置军力，鄜延、环庆、泾原三路大军相互配合，坚守反击；二是据险修寨，步步紧逼，消耗西夏军力；三是占领横山战略要地，逐步收复失地，逼西夏退兵，接受和平条款。宋朝终于找到了御敌的有效途径。横山位于陕西北部，是宋、夏的界山，以北属西夏，横山以南为宋，包括银州、夏州和宥州地区，是宋、夏战争的重要前沿阵地。范仲淹以后，宋朝军队在很长一段时间遵循此战略，事实证明是行之有效的，宋、夏军队进入对峙阶段，把国力不振的西夏帝国一步步逼近死路。

宋朝军队实行募兵制，招募百姓入伍，宋政府向他们发放生活物资和军事装备。这是世界历史上最早实行的募兵制，在军事史上具有划时代的意义，是中国封建社会高度发达的产物。募兵制是一种先进的制度，但实际运行中暴露出致命的缺陷。宋朝大批招募灾民和破产者入伍，以"寄招补军"的方式把他们安置、控制起来，实质上是防止农民危害封建统治。朝廷的初衷并不是强军御敌，故而在执行中导致的结果是军力衰弱，以及军队数量臃肿、军费负担沉重等问题。为解决募兵制的不足，宋、夏对峙中还出现了雇佣兵。范仲淹在边界大力推行雇佣当地少数民族为宋军作战的政策，组成弓箭手，作为横山攻略的重要一环。在西北有一批少数民族被称为熟户蕃部，长期接受汉文化，和宋朝关系较密切，其中包括羌、吐蕃及不隶属于西夏的党项人等。他们熟于战斗，吃苦耐劳，作战勇敢，将其雇佣到宋军实为上策。宋朝给弓箭手土地耕种，他们为宋朝作战，可以节省军费，扩大兵力。"又若戍兵防边之制，前世卒皆代更，俾之保障，为费甚大，故晁错建策，不如选常居者，为室屋具田器，及募民徙塞下，所以减赡边之用，得慑俗之便。中朝用是法于西陲，募土人为弓箭手，给田二顷，出一甲士；至三顷，乃出战马一匹，税租徭役悉为蠲复，器械粮饷俾其自给。"[1] 这是北宋在总结前朝经验的基础上，发展起来的边疆募兵制度。弓箭手是一支有生力量，活跃在宋、夏边界。王安石变法后，蕃族弓箭手成为西北弓箭手的主体，人数有数万人。他们戍守捍边、耕垦备战、战斗御敌，参加修筑工事等军事辅助工程。宋朝雇佣的形式有赏赐制，给参加对西夏作战的蕃民封官，赏金银、绢帛、钱财，赏赐闲田，紧急嘉奖等。蕃兵对北宋政府有效抗御党项的侵占掠夺起到良好的作用，其作为一支雇佣军，对古代军事制度的影响值得我们深入研究。

一别一念，夏去秋来。范仲淹两鬓染霜，鏖战西陲已逾两年。在一个深秋的不眠之夜，他感慨万千，在军帐挑灯填词一首名篇《渔家傲》：

秋思

塞下秋来风景异，衡阳雁去无留意。四面边声连角起。千嶂里，长烟落日孤城闭。

浊酒一杯家万里，燕然未勒归无计。羌管悠悠霜满地。人不寐，将军白发征夫泪。[2]

范仲淹主持西北军事期间，宋朝西北驻军战斗力不断加强，军中涌现出一批像狄青、种世衡那样的勇将，成为北宋一支劲旅。范仲淹主持西北防务期间，采用以仁为本的治军用人方略。"自古将帅与士旅同其安乐，则可共忧患，而为国家之用。故士未饮而不敢言渴，士未食而不敢言饥。而今边兵请给，粗供樵囊醋盐之费，食必粗粝，经逾岁年，不沾肉味。至有军行之时，羸不胜甲，弃而埋之，负罪以逋，未能远去，皆捕而斩之。"[3] 他为国效劳，以天下为己任，提倡将帅同甘共苦，强调要改善兵卒生活水准，

[1] [北宋] 曾公亮.武经总要前集：卷十八上 [M].北京：中华书局，1959:34.
[2] 唐圭璋，编纂.全宋词 [M].北京：中华书局，1965：11.
[3] [北宋] 范仲淹.范仲淹全集·范文正公政府奏议 [M].李勇先，王蓉贵，校点.成都：四川大学出版社：2002：709.

在此基础上严明军法，宋朝综合实力的潜在优势逐步显现。

中国是自给自足的小农经济，社会意识是家国一体的"家天下"格局。儒家文化提倡的伦理道德则是"忠孝重义"，儒家"忠"在政治上是对君主而言的，即所谓的出仕、从政和事君。但"忠"包含了丰富的积极向上的含义，内藏一种战斗精神。在国家和民族危亡时刻，这种精神可以上升到爱国主义的高度。忠君爱国合一的时候，儒家思想里顽强、勇敢的成分就会释放出来。范仲淹提到汉、唐拓疆万里的历史，足以看出他对捍卫疆土的信念，这是爱国意识的表现，并显示出巨大的生命力和感染力。儒家把"孝"从家庭引申为尽孝道的美德通称，作为人们的行为准则泛化到社会政治领域。"孝"观念在社会群体本位发挥作用，忠孝自然结合，结果是百姓对家庭的"孝"转化为对国家的忠，这样就使得百姓心甘情愿地去为国尽忠，达到举国上下一起承担起社会责任的崇高目的。以范仲淹为代表的宋朝士大夫充满忧患意识，背负国家使命，体现出儒家文化中最有价值的内容。虽然宋朝广大士兵未必知晓儒家学说，但他们淳朴地移孝作忠，犹如孝顺生身父母般地侍奉国家，显得那么高尚、那么可敬可爱。尽管忠孝有时会被封建统治者利用为强化统治的思想工具，但在抗拒西夏侵犯西北边疆中，宋朝士兵为国尽忠的行为是对古代爱国主义的最完美诠释。

庆历三年（1043 年）是宋朝欣欣向荣的年份，范仲淹任参知政事，富弼为枢密副使，主持朝政，开始了著名的庆历新政，推行厚农桑、修武备、减徭役等举措，社会效果明显，北宋步入一段繁荣时期，西北边疆转危为安。庆历四年（1044 年），宋、夏双方达成和议，西北边疆恢复和平。但新政触动了部分大官僚大地主的既得利益，实行时遇到强烈反对和阻挠。庆历五年（1045 年），主持"新政"的主要官员被排斥出朝廷，改革被废止。范仲淹是中国优秀传统文化的伟大践行者，是北宋具有家国情怀的士大夫中的典型人物。边疆烽烟召唤着一代仁人志士，他们身体力行，在国家危难之际挺身而出；游牧铁蹄催促着大宋栋梁走向边关，他们文武兼备，为边疆安宁付出了毕生心血。范仲淹在《岳阳楼记》中写道，"先天下之忧而忧，后天下之乐而乐"，意思就是把国家、民族的利益摆在首位，为国家的前途、命运担忧分愁。这句名言早已流传千古，成为中国古代儒家理想人格精神的象征，世世代代激励着中华儿女坚毅前行。

宋、夏战争中双方表现出来的精神力量值得关注。儒家文化中的家国情怀给宋朝将士催生出活力，军事民主制残余给西夏军队注入了生命力，在长期的军事对峙中，中原农业文化和草原游牧文化丰富的内涵充分表现出来。西夏军队战斗力之强在于西夏全民皆兵的军事体制，他们身上的勇敢和野蛮、机智和贪婪混合在一起，体现了游牧骑兵的一贯作风。西夏虽然在战争初期占尽上风，但人员伤亡和财产损失也比较严重，最终走向衰亡的不归之路。但历史上的胜利者并不属于宋朝，在宋朝艰难维护边疆安全的时候，中国历史和世界历史迎来重大的转折点，因为欧亚草原上的蒙古大军已经横空出世，欧亚大陆的格局将面临重新洗牌。13世纪初，成吉思汗统一蒙古诸部，公元1219—1260年的40多年间，蒙古铁骑先后进行了三次大规模的西征，建立起横跨欧亚的庞大帝国，震撼了世界历史，13世纪的历史注定属于伟大的一代天骄成吉思汗。

二、成吉思汗铁骑

成吉思汗是一名卓越的军事统帅，其伟大的军事思想和指挥艺术是中华民族一份珍贵的历史文化遗产。成吉思汗大规模对外扩张的战争是从攻打西夏开始的，从1205年起至1227年，出征6次，长达22年之久，在对西夏的一系列战争实践中，蒙古军队取得了丰富的作战经验，蒙夏战争对成吉思汗军事思想的形成和发展具有重要的影响。

大军前三次攻打西夏，是在蒙古建国后，其军队第一次离开蒙古高原本土，在地理环境和社会环境迥然不同的另外一个区域进行大规模的军事行动，都是成吉思汗亲自率领大军，出征的意义是十分重要的。蒙古军队攻夏除了一般的抢掠和侦察，最主要的是为了训练军队的战斗力，适应复杂的地理环境，提高军队离开蒙古高原本土，在各种形势下大规模展开军事行动的能力。蒙古军队试图在对西夏的战争中，锻炼一下蒙古人，以利将来对中原的战争。至12世纪末13世纪初，西夏已走向政治腐败、经济衰退、久滞失备的阶段。单纯从军事实力分析，强大的蒙古军队消灭西夏根本不用花费如此大的精力，战事也完全不用拉得如此之长。我们看看蒙古军队西征时的情况，完全占领和统治花剌子模用了一年多时间，蒙古军队第二次西征，部队集结都是在2至3个月完成的，这样部队每天平均行军速度达到90至95千米；攻占北俄罗斯时，只用了2个月零5天时间，每天的平均速度达到85至90千米；攻占南俄罗斯，只用了2个月零10天时间，每天进攻速度达到55到60千米；攻占匈牙利和波兰，只用了三个月的时间，每天进攻速度达到58到62千米。成吉思汗利用攻打西夏来演练军队的目的十分明显。

蒙古军队在攻打西夏的军事行动中首先面临的新问题是演练蒙古军队攻城的战术。城池争夺中的攻城与守城是农业社会冷兵器时代战争的重要组成部分。古代战争分为四大类型，即战、御、攻、守。战指野战进攻，御指野战防御，攻与守，则专指城池争夺中的攻城与守城。城堡和城池是随着农业社会经济的发展产生的防御阵地，城堡和城池的构筑技术在战争实践中也在不断完善。成吉思汗强大的骑兵缺乏攻打城镇的经验。成吉思汗在统一蒙古诸多部落的战争中，一直习惯于在原野上征杀，对手都是和他一样的游牧民族，蒙古军队基本上没有碰到坚守城镇的军队。而成吉思汗长久的战略是消灭金国和向外大规模地扩张，这样他的军队就不可避免地要培养出攻打城镇的战斗能力，西夏自然成为成吉思汗演练攻城战术的第一个实际敌手。

西夏的战略防御体系是以城塞防守为主，与金国相比较，长城在西夏边境防御体系中不占有重要位置，长城之防护相当薄弱，西夏城塞防守却很发达。西夏的城堡通常建有重要的战略要地，周围筑墙，中间是城堡的核心主楼，墙外挖护城河或壕沟，具有强大的防御作用。西夏建国之前，就初步建立起了边界堡寨系统，蒙古攻西夏均从西夏西线进兵，西夏在北部和西部边防以城池防卫为主，在重要位置建立起较大规模的边防重镇。根据西夏北部边境的自然地理环境，西夏北境军事力量的部署相应划分为东、西两部分。东部设有两道防线。第一道防线是沿着狼山、乌拉山、阴山（大青山）及黄河为屏障展开，主要用来防备契丹。第二道防线设在兴庆府西的贺兰山内。西部也设有两道防线，以肃、甘二州为第二道防线。西夏以上兵力部署形成了北部边境的两道防线，每道防线均以重兵把守。

在前四次攻夏战争中，蒙古大军有七次猛烈攻击西夏城堡战役，这就是蒙军三次攻破西夏边界堡寨，两次攻破兀剌海，两次围攻中兴府。1205年3月，成吉思汗第一次出征西夏。这次战争蒙古大军共攻占了三座规模较小的边界堡寨。蒙古大军先围攻边城——力吉里寨，又分兵一半东攻西夏定州(今内蒙古自治区阿拉善左旗定远营)之乞邻古撒。经过60天的围攻，终于攻克此二城。接着攻破落思堡寨，大掠而还。蒙古的第一次攻夏战争主要是侦察试探性进攻，攻打的都是规模较小的边界堡寨，并没有直接攻打城池。

在随后的第二次和第三次攻夏中，蒙古军队真正遇到了攻击城池的战斗，两次攻破西夏重要的边防城池兀剌海。第二次蒙、夏战争蒙古军队一开始打得并不顺利。1207年秋，蒙古军队攻击兀剌海。兀剌海城依靠坚固的城池，蒙古攻打40余日也没得手。在这次战役中，成吉思汗意识到蒙古军缺乏攻城作战的经验，所以多次攻而不克，他们需要解决攻城方法，提高军队攻城的技术和战术，以适应新的情况。成吉思汗决定使用火攻，令部下在几千只猫和小燕子的尾上拴了浇透油的麻絮，点上火下令齐放。处于惊恐状态的小燕子全部飞到城里，兀剌海到处起火。蒙古军趁机发起了总攻，成吉思汗的战士们在狂喊中攻破了城。次年春季，成吉思汗还军蒙古草原的斡难河营地。

成吉思汗指挥大军进行攻城实战演练的最大战役是第三次蒙、夏战争中围攻中兴府。1209 年 7 月，成吉思汗引军南下，大举进攻西夏。由于中兴府城墙都是用块石垒成的，坚固难攻，蒙古军使用射石机、撞城器、喷火油器械等破城武器都不起大作用，多次猛攻不破，围城月余，城仍不下。至 9 月，成吉思汗为求必克此城计，即下令筑堤提高水位，引黄河水灌城。中兴府城墙即将倒塌，突然河水决堤四溢，蒙古军营也被水淹，无法继续围城。夏主无奈而求和，蒙古与西夏议和后，成吉思汗便决定撤军返回漠北草原。1217 年 12 月，蒙古军渡过黄河，第四次出征西夏。木华黎长驱直入，很快包围了中兴府。面对蒙古军的强大攻势，西夏军无力抵抗，再次向蒙古请降。

蒙古大军攻城拔寨的战术是在蒙、夏战争和蒙、金战争中开始形成和发展的，他们学到了步兵攻坚的本领，改变了以往单纯依赖骑兵的战术，这是蒙古军战略战术的重大变化和进步。这样，蒙古军队就具备了打败各种对手的军事实力，才真正成为当时世界超一流的军事大国。蒙古军队以后军事扩张的对手都是定居国家，不再是统一蒙古的战役中所面对的游牧民族。几年之后蒙古军队创建了一种能够攻占城防设施的作战体制，组成了一支装备精良的攻城部队，在成吉思汗西征中，任何城防堡垒都已无法阻挡蒙古军队进军的步伐。

成吉思汗的军事思想丰富多彩，蒙古军队战略战术的核心是全纵深攻击战略。"全纵深攻击"指以强大的首次攻击力量破坏敌人全纵深的防御体系，迅速摧毁其防御力量的中坚力量，产生巨大的震慑效果，几路进攻部队相配合，给敌人以致命打击。其战略在实战中包括三个步骤：第一步，蒙古军队充分发挥骑兵的持久耐力和快速机动能力，先避实就虚，绕开敌人防守最强之处，出其不意地向敌人的纵深地带穿插、分割，让敌人原来的战略部署产生混乱。第二步，抓住战机，迅速抢占战略重地，四面包围敌人，诱敌入伏，歼灭其有生力量。第三步，在敌人实力遭受重创、军心受到震慑的局面下，逼其决战，达到歼灭敌人的目的。这种战略战术尚未成形，十三翼之战的失败就是因为一味硬打硬拼。蒙古军队中的全纵深大迂回战略是随着成吉思汗对外扩张的战争实践而逐步形成和发展起来的，而蒙、夏战争是最早实践成吉思汗全纵深大迂回战略的军事行动，是蒙古军队战略战术走向成熟的开始，到西征花剌子模，全纵深大迂回战略日臻成熟，蒙古军队日益强大，最终横扫欧亚大陆。

我们把前三次蒙、夏战争走向整体联系起来，可以将其看成是整个战争的三个阶段，全纵深大迂回战略的特点就清晰地展现出来了。西夏一向以对金、宋作战为主，东线国防配置设施牢固，而西线一直薄弱。蒙古攻西夏都选择其防守较弱的西线进兵。西夏对抗蒙古军队采取的防守战略是以城代营、以步为守、以骑为攻、重点设防、左右相援、全面抗击、逐步迟滞以消耗蒙古军，保存主力在中兴府、灵州腹心地区进行决战。西夏军队在北部疆土据守边寨之城。在阿剌筛山（今贺兰山）克夷门地区，构筑阵地进行重点设防；另外对东西两厢接合部的交通要地——兀剌海城，增加驻军，加强了防守兵力；对各守城军队，下了"严守州城，无令者出战"的死令，以图在全国范围内采取以城为营、以战为守的防守战略，而把主力集中配置在中兴府和灵州地区。战争第一阶段，成吉思汗1205年从额尔齐斯河回军，沿霍博河流域而南，再转向东，经察罕泊、鄂洛克泊南下至西夏居延海（今内蒙古自治区额济纳旗）东南25千米处，绕过西夏军事重镇黑水城，然后突然把军队转移到瓜州、沙州等地以北大肆进袭，再分兵一半东攻西夏定州（今内蒙古自治区阿拉善左旗定远营）。接着，指挥大军东行，至西夏之龙州（今内蒙古自治区临河县）。西夏根本无法判断蒙古大军的行进路线，遭受了重大打击，只有求和。战争第二阶段，成吉思汗于1209年秋，亲率大军南下，深入西夏腹地。绕过黑水城，直奔东西两厢之接合部，攻破交通要城兀剌海，使西夏军队无法相互接应。蒙古军又进攻右厢朝顺军司所在地——克夷门，克夷门位于阿剌筛山南端、中兴府西北约 40 千米，地形险要。成吉思汗采取诱敌离阵的战术，设伏全部歼灭敌人，西夏军队遭受重大打击。战争第三阶段，大军直逼西夏都城。蒙古军队充分运用了全纵深大迂回战略，党项君主向蒙古人称臣。全纵深大迂回战略的形成为成吉思汗灭金和西征提供了制定正确战略战术的经验。他的军队首次打败了一个强大的定居国家的军队，这是蒙古大军统一中国和征服世界的开始。

第四、第五次进攻西夏，蒙古军队主要采取了军事进攻与政治争取及稳定局势的方针。第六次出征西夏（1226 年），蒙古军兵分两路进攻。成吉思汗率主力，做出直逼中兴府的态势，以达到牵制西夏军主力机动作战的目的。同时分兵一部向守备薄弱的西部州郡进行远距离的战略袭击。然后，中途两路军会合，于浑垂山驻夏，再迂回敌后、深入腹地、断敌逃路，乱了其作战部署，使西夏方面错误地估计了战场形势，误认为成吉思汗在走老路，直捣中兴，就把几十万军队留守坚城，不敢出战，丧失了战争的主动权，从而导致全军覆没。

蒙古军攻伐西夏，在实战中已经锻炼和提高了自身的战斗力，学会了在多种不同地形条件下作战的新本领。成吉思汗在攻打城池的战斗中，灵活机动地制定作战指导原则和作战部署，第一次攻取兀剌海城时采取了火攻战术，第二次夺取该城时则用了强攻硬打的战术。第一次围攻中兴府时采用了水攻战术，久困长围，迫敌议和，第二次围攻时则采取"锁城法"，围而不打，断绝外援，逼敌缴械投降；对防守坚城和险要阵地的敌人，避免攻坚，力求在野战中歼灭敌人，以己之长，击敌之短。夏都中兴府，兵多城坚，不易攻破，因而采取了围其必救之地（灵州），诱敌离城，在野战中予以歼灭，最后中兴府之敌无力抵抗，只有走投降之路。

成吉思汗的全纵深攻击战略是当时历史条件下蒙古军队科学性和民族

性的高度结合。科学性是指他继承了中国古代孙子兵法的军事思想。先用计谋将对方制服，与孙子的"诡道"思想一脉相承。民族性是指这种战略符合蒙古民族的历史传统和生产方式，来源于蒙古族的围猎。中国古代北方少数民族的战略战术多少都带有纵深迂回攻击的特点，但成吉思汗的军事思想将其发展到了新的高峰。蒙、夏战争充分体现出他筹划和指导战争全局的才能，奠定了蒙古军队的基本战略战术。

攻灭西夏是蒙古帝国一统中国的序曲。成吉思汗病逝于西夏境内山清水秀的六盘山，临终留下灭夏、金政权的方略，为元代的建立奠定了基础。元代军队大举进攻南宋，1279 年，蒙古军队和南宋的老弱残兵在崖山展开最后的决战。南宋不敌蒙古大军，十万军民集体投海殉国，从年幼的皇帝、怀抱婴儿的母亲到受伤的将士，他们宁死不降，浮尸海上，昭示着一个民族不屈的决心。崖山之战最后的惨烈、悲壮是一次历史祭奠，是对大江南北惨遭铁骑蹂躏的哭诉，同时又是对中华文明无比生命力的诠释。"元初用兵多有天助"[1]，历史造就出蒙古骑兵的千古奇迹。

宋朝臣民不屈不挠捍卫的中原文化，乃是当时世界最先进的文化之一，值得告慰历史的是，元朝最终接受了先进的中华文明，顺应了依靠武力取得政权的落后民族只有接受当地先进文化的规律。法国史学家勒尼·格鲁塞指出："亚洲高原，更甚过于约南德斯笔下的斯堪的纳维亚半岛，它好像是民族的母胎，像亚洲的日耳曼国，它在'民族移动'的骚乱当中负有给古老的文明帝国重新塑造命运的使命。草原上游牧部落曾经定期地把他们的汗王安置于长安、洛阳、开封或北京，撒马尔罕、伊斯法罕，或大不里斯，科尼亚或君士坦丁堡的皇位上，这已经变成了一种历史的地理法则。但另外还有一相反的法则，即游牧侵略者慢慢地被古老的文明国家所吸收。现象是双重的，首先，是人口学上，那组成分散的贵族阶级的野蛮骑士们

---

[1]［清］赵翼.廿二史札记校证［M］.王树民，校证.北京：中华书局,1984:684.

蒙古军队出征　细密画　藏土耳其老王宫

蒙古骑兵　细密画　藏土耳其老王宫
蒙古铁骑军种齐全，有骑兵、步兵、炮兵和工兵，战斗力一流。

在稠密的人群中被埋没而消失了；其次，是文化人的现象，被击败了的汉族或波斯人的文明将要把横暴的战胜者征服、陶醉、昏睡和灭绝。"[1]蒙古帝国不久土崩瓦解，其在中国的继承者元朝旋即接受中原文化，五代十国以来的分裂局面在元代结束，统一的、多民族的中国历史得以向前发展。蒙古贵族统治中国没有超过百年，被农民起义的洪流彻底淹没，作为征服者的蒙古贵族不过是历史长河的过客。但元代的历史作用应予以肯定，有元一代进一步稳固了辽阔的中华疆域，西北边疆和内地一体化进程在元代得以加速推进。在元朝灭亡之后，蒙古民族继续生息在中国各地，他们长期和当地汉族及其他民族和睦相处，完全融入中华民族的大家庭，独具特色的游牧文化也为中国文明的传承、发展注入新的活力。

---

[1]［法］勒尼·格鲁塞.草原帝国［M］.魏英邦，译.西宁：青海人民出版社，1991:5.

第六章

干戈化玉帛

第一节　榷场文书：西北贸易的生动画面

一、榷场文书考释

榷场是指辽、宋、西夏、金政权在各自疆土接界地点设置的互市市场。《金史》对榷场的定义较为准确，"榷场，与敌国互市之所也。皆设场官，严厉禁，广屋宇以通二国之货，岁之所获亦大有助于经用焉"[1]。榷场贸易出现于 10 世纪末，结束于 13 世纪后期，历经近 300 年，是辽、宋、西夏、金时期隶属于不同政权的地区之间经济交流的重要途径。通过在边地州军设置榷场，由政府官员严格管理评定货色等级、兜揽成交、征收商税等在公平、互利条件下进行商品交换。金代文人刘迎用诗歌描写出了边境贸易对各民族百姓生活所起的重要作用。

淮安行（节选）

迄今井邑犹荒凉，居民生资惟榷场。

马军步军自来往，南客北客相经商。[2]

宋朝和辽、夏、金贸易规模甚大，是中古边疆经济活动的重要方面。官方设立的榷场、民间自发形成的和市及非法的私市贸易均为边疆民族贸易的场所。黑水城社会文书中存有一批珍贵的榷场文书，英国国家图书馆

---

[1] [元] 脱脱，等.金史·食货志：卷五十 [M].北京：中华书局，1975:1113.

[2] [金] 元好问，编.中州集：卷三 [M].北京：中华书局，1959:109.

保存有 2 件，俄罗斯科学院东方学研究所圣彼得堡分所保留有一批，下面对 2 件英藏榷场文书进行释义。

（一）汉文绢褐姜等收支历［Or.12380—3638（K.K.）］

（前缺）

1. ……刘屎……

2. ……等元带褐段，毛……

3. ……会为印记，仍将……

4. ……去，伏乞照会作何……

5. ……

6. ……段，白褐贰段，博买川……

7. ……捌分，准河北绢壹匹柒……

8. ……茶壹拾肆斤计肆匹柒……

9. ……姜贰拾柒斤计伍……

10. ……皂中纱伍匹……

（后缺）

（二）榷场残片［Or.12380—3673V（K.K.）］

（前缺）

1. ……榷场使兼拘……

2. ……申

3. ……府住户……

（后缺）

对于俄藏榷场文书与英藏榷场文书的考古学关系，孙继民先生考证得出结论：这一批俄藏榷场文书和英藏的 2 件榷场文书应为同组文书。[1]
最早发现这批俄藏文书的是日本学者佐藤贵保，他在 2006 年出版的《东
突厥斯坦出土"胡汉文书"综合调查》一书中，对这批文书进行了释读、
整理和研究。确定本组群文书的时间是 12 世纪中叶，复原出南边榷场使
文书的格式，初步揭示了"南边榷场使文书"的内涵及其对研究西夏与
金代贸易的意义。继佐藤氏之后，史金波的《西夏社会》一书也对榷场
使文书进行了研究。该书认为，拆自《大方广佛华严经》经帙的这批文
书为有关西夏贸易的文书，"系榷场使兼拘榷西凉签判检验商人货物，
依例收税的文书。……这类文书是向'南边榷场使'申报，具体由'南
边榷场使兼拘榷西凉府签判'上呈。……在《天盛改旧新定律令》中未
见西夏有'榷场使'的职官，而有'转运司'掌管经济诸事，或许转运
司的转运使是'榷场使'之西夏文称谓。西夏有都转运司设在首都，又
有各地转运司，其中有南院转运司。南院转运司或为南边榷场使司"[2]。
2009 年，杨富学、陈爱峰又在佐藤氏论文和史氏所论基础上，发表《黑
水城出土夏金榷场贸易文书研究》一文，对这批俄藏榷场文书进行了更
深一步的探讨。杜建录在《中国经济史研究》2010 年第 1 期发表《黑城
出土西夏榷场文书考释》一文，在文书释文、交易货物品类解释和地名
考释方面取得了进展。

二、西夏榷场管理与贸易

　　榷场文书提供了西夏南边榷场汉文文书的实物样本，反映了西夏官方
汉文公文制度、外贸统计制度、外贸管理体制和管理方式等。西夏实行通
商征税制，名目繁多，征收部门由中书、枢密、三司，以及地方府、州、

---

[1] 孙继民. 西夏汉文"南边榷场使文书"再研究 [M]. 历史研究，2011（4）.
[2] 史金波. 西夏社会 [M]. 上海：上海人民出版社，2007：154.

郡、县和军事部门经略司、监军司共同负责。陈瑞青先生通过研究俄藏榷场文书提出："西夏时期的三司与榷场之间存在密切的联系。由于西夏中枢三司在职能上掌管中央仓库，因此在与宋、辽、金进行官方榷场贸易中，扮演着榷场货源提供者和货物质量监管者的重要角色。这和宋代三司职能有着很大的不同。不仅如此，西夏在地方设置三司的做法也是宋代所没有的。俄藏 348 号文书所存文字尽管很少，但由于和其他榷场文书来源相同，因此对于揭秘榷场与三司之间的联系具有重要价值。通过考察我们知道，西夏榷场使文书中的三司应为南院行宫三司，是西夏在地方设置的专门负责财政的机构。这说明，西夏三司对于财政的管理触角已经延伸到地方。榷场作为西夏与金朝进行官方贸易的场所，其税收在三司监管之下进行；同时在三司之上还设置有银牌安排官所作为经略司主管财政的机构，一般由经略使兼任。在榷场管理体制中，它处于最高层级。榷场使—南院行宫三司—银牌安排官所，这三个层级基本上勾画出了西夏榷场的立体管理体制。"[1]他提出的西夏榷场管理三级体系的论点富有新意，但还不够详细。西夏榷场管理机构较为繁杂，相关官职设置的详细情况目前还不清楚，其具体运作程序亦有待进一步研究。

　　榷场对西夏经济社会十分重要，是西夏主要的财政收入来源之一。西夏实施了严格的管理制度，所有征收的钱财都要上交官方仓库统一管理，西夏榷场和仓库的关系密切，实际上是由仓库管理体系来实施榷场管理。西夏建国初期的中央政权和地方部落首领仅维持一种羁縻关系，强宗大族的势力仍然相当强大。"朝廷岁赐谅祚金帛，庞四族常分其半，首领入贡，辄货易图利，故四族盛强。"[2]西夏中期以后，主要由国家财政提供军队费用，仓库管理体制已相当完备。中书、枢密二省经常直接过问仓库的管理情况。

[1] 陈瑞青.略论西夏的三司与榷场［J］.黄河科技大学学报，2013（5）:93.
[2]［北宋］张方平.乐全集·谥曰康穆程公神道碑铭并序:卷三十六［M］.上海:上海古籍出版社，1986.

中书之下设三司，位列次等司，为全国最高掌管财政、仓政的重要机构之一。地方仓库分隶属于经略司和不隶属于经略司两大系统，但不论是哪个系统，均受所在监军司、府、郡、军、县的指挥。西夏法律规定，边中诸司所属官畜、谷物，承旨人三个月至一年一番当告中书、枢密管事处，属经略者，依次转告经略使处；不附属于经略者，各分处来告。[1] 中书、枢密、三司以及地方府、州、郡、县、监军司、经略司都有管理仓库的职责。仓库的物品主要来自以下几个方面：

（1）赐赠。西夏从宋朝获得的赐赠收入数额巨大。仅"庆历议和"后宋朝每年就岁赐绢十三万匹，银一万两，共二万斤。

（2）田赋。即农业税，主要有谷物与禾草两大类。

（3）和籴。即征余粮供官家食用。

（4）和买。即买卖双方自愿交换各种生产生活用品。

（5）苛捐杂税。即强迫老百姓缴纳种种钱物。

（6）官牧收入及牧业税。官牧场缴纳利润，个体牧民所属牲畜要缴纳牧业税。

（7）商税。西夏实行通商征税制，名目繁多。

（8）高利贷收入。西夏境内高利贷非常盛行。

（9）专卖。西夏实行榷酒制度。

（10）官营手工业。官营手工业为西夏库藏提供手工业制品。

（11）国内外贸易。西夏与宋、金等国设立榷场贸易，从中牟取暴利。

（12）籍没。西夏没收罪犯的财物。

西夏的榷场管理和仓库制密切联系，可以揭示西夏通过外贸获取利润的途径。经略司在西夏仓库管理方面起到重要作用。京师经略司在地方的驻泊机构经略处是地方具体管理榷场的机构，各地方监军司先于本司收取

[1] 史金波，聂鸿音，白滨，译注.天盛改旧新定律令·库局分转派门：卷十七［M］.北京：法律出版社，2000:529-530.

榷场货物入库，所属经略处接受库物，完成税收。西夏仓库的收支要上报主管局和中书、枢密的有关部门。西夏榷场收取的财物全部要上交国家仓库，这是西夏财政收入的重要来源。

经略司是西夏仓库人事任免的实际掌管机构，各级仓库的职官均由经略司委派、考核。经略司掌管属司盈能、副溜之后备人选。西夏《天盛改旧新定律令·行监溜首领舍监等派遣门》规定，监军司大人先于同院首领中遴选、确定，由刺史等官员联名荐议，经正将、副将上报经略司，再由经略司转请枢密院。西夏《天盛改旧新定律令》规定：库局分人任职满三年，应迁转者，依次由所属监军司、府、郡、侯、县、经略（司）磨勘。不隶属经略司之边中诸司（库局分人），径送京师磨勘司磨勘。属司大人、承旨、习判、都案、案头、司吏不得延误，限期磨勘……边中监军司、库、府、郡、县库局分人自迁转之日起，限十五日以内磨勘完毕，送报经略（司）决定是否迁转，再由经略司转呈京师管事处。诸监军司库存物资解送京师，所在地经略（司）掌管核查。[1]

西夏从榷场贸易获取的货物和钱财首先进入地方仓库，由监军司登记审核，在规定的期限内转送中央。对此，西夏法典有详备的规定。西夏《天盛改旧新定律令》规定：

（地方）监军司、库、军、郡、县仓物减耗，应派送（所辖）经略（处）查验。地方经略属司库物查验，须限日磨勘。

沙州监军司、瓜州监军司赶赴所属经略（处）库物磨勘，限期二十日，经略处磨勘所属监军司库物，限期二十日；转送京师，途中限期二十日；（京师）职管司磨勘，限期三十五日；都磨勘司磨勘，限期二十五日；赶赴京师职管司库物磨勘，限期四十日；京师职管司磨勘所属监军司库物，限期六十日；都磨勘司磨勘，限期五十日。

---

[1] 史金波，聂鸿音，白滨，译注.天盛改旧新定律令·行监溜首领舍监等派遣门：卷六［M］.北京：法律出版社，2000：543-544.

肃州监军司、黑山监军司，赶赴所属经略处库物磨勘，限期十五日；经略处磨勘所属监军司库物，限期二十日；转送京师，途中限期十五日；京师职管司磨勘，限期四十日；都磨勘司磨勘，限期三十日。

西院监军司、官黑山监军司、北院监军司，赶赴所属经略处库物磨勘，限期十日；经略处磨勘所属监军司库物，限期三十日；转送京师，途中限期十日；京师职管司磨勘，限期三十日；都磨勘司磨勘，限期三十日。

卓罗监军司、南院监军司、年斜监军司、石州监军司，赶赴所属经略处库物磨勘，限期十日；经略处磨勘所属监军司库物，限期三十日；转送京师，途中限期十日；京师职管司磨勘，限期四十日；都磨勘司磨勘，限期二十日。

北地中监军司、东院监军司、西寿监军司，赶赴所属经略司库物磨勘，限期十日；经略处磨勘所属监军司库物，限期二十五日；转送京师，途中限期十日；京师职管司磨勘，限期四十日；都磨勘司磨勘，限期二十五日。

韦州监军司、南地中监军司，赶赴所属经略处库物磨勘，限期十日；经略处磨勘所属监军司库物，限期三十日；转送京师，途中限期十日；京师职管司磨勘，限期三十五日；都磨勘司磨勘，限期三十五日。

鸣沙郡、大都督府，赶赴经略处磨勘库物，限期三十日；转送京师，途中限期十日，京师职管司磨勘，限期三十五日；都磨勘司磨勘，限期三日。

灵武郡、保静县、临河县、怀远县、定远县（以上属京师所属郡、县）赶赴所属（经略）司库物磨勘，限期十日；京师职管司磨勘，限期六十日；都磨勘司磨勘，限期四十日。[1]

西夏法律对榷场的管理主要体现在保障获取财物上。根据西夏法律，榷场的财物一般要在一个月左右完成入库程序，最长不超过 40 天。通过法律严格规范征收的时限，确保税收及时上交到国库。西夏榷场管理就是

---

[1] 史金波，聂鸿音，白滨，译注.天盛改旧新定律令·物离库门：卷十七［M］.北京：法律出版社，2000：543.

遵循仓库制收支货物，并没有专门设立相关的法律条文。现在研究榷场的时候，很多专家学者都忙着考证宋、夏榷场的管理如何严格，千方百计地搜集史料来论证官府派人如何具体整治榷场。但根据现有史料，我们看不出官府严格管控榷场的记载。我们认为，榷场的正常贸易具有很大的市场自主性，除了稽查违禁货物外，官府概不干涉榷场日常经营。

北宋时期宋、夏边界线在西北绵延达2000余里，榷场无疑是宋、夏之间官方最高级别的边界贸易市场，在这里进行大宗货物的交换。宋、夏之间的榷场最早设立于何时，史书没有明确记载。早在西夏建国之前，宋、夏之间就应该设有榷场，史书记载的宋、夏榷场最早是宋真宗景德四年（1007年）的保安军置榷场。宋仁宗宝元元年（1038年）西夏大举进攻北宋，宋仁宗决定中断宋、夏贸易。"陕西、河东缘边旧与元昊界互市处，皆禁绝之。"[1]宝元二年（1039年）二月，宋、夏关闭榷场贸易。庆历四年（1044年）宋、夏议和，榷场得以恢复。

关于榷场文书记载的是哪个榷场目前学术界还在争议，但有一点可以明确，西夏榷场都设置在宋、夏、辽、金边境地带的堡寨。北宋时期宋、夏边防线2000余里，东起麟、府，西尽秦、陇，边界地区开设了各族民众进行商贸的固定市场。榷场是规模最大、等级最高的官方指定的边贸市场，进行多种货物的贸易，在宋、夏、金经济发展中起到积极的作用。榷场贸易表现出各民族共同发展经济的意愿，实现共同维护边疆和平的目的，是一段化干戈为玉帛的历史佳话。

黑水城榷场文书生动描绘出了历史上各民族密切交往、互通有无的真实画面，透过残破纸面多处脱落的陈旧字迹，我们仿佛回到了数百年前的西北大地，越过战场遗留的尘沙，来自四面八方的商贩穿戴各异，语言不同，马背和车辆上载着花花绿绿的稀罕物，姜、毛皮、绸绢什么的，应有尽有，

---

[1]［南宋］李焘.续资治通鉴长编：卷一百二十二［M］.北京：中华书局，1995：2888.

热闹的吆喝声中间混杂着讨价还价的精明，他们不停地忙碌着，都在收获那一份边境和平的喜悦。纵观宋、夏历史，冲突与战争的次数虽然不少，但总是远远短于和平时光，历史上各民族人民和平友好、平等互助，这是榷场文书折射出的珍贵内涵。

第二节　居民生资唯榷场　南客北客相经商

一、宋、夏、辽、金边境堡寨互市

　　宋、夏缘边交易规模较榷场小的合法市场，宋人叫做"互市"。北宋在河东路、陕西路沿宋、夏边境一带的重要堡寨，如久良津、吴堡、银星、金汤、白豹、虾麻、折姜、浊轮谷、顺宁寨、赤沙川、橐驼口等地设互市。此外，见于史籍记载的互市还有并州、代州、东胜、绥州、麟州西、石州、秦州、环州、兰州等处。榷场与互市是宋、夏双方设置的合法市场，有固定场址，由官方派官员管理市场，稽查进出口货物，防止违禁品的进出口；双方各自征收商税。北宋参知政事文彦博记载："自来蕃汉客旅博易往还之处，相度设和市，须至两界首开置市场。差官监辖蕃汉客旅，除违禁物色外，令取便交相搏易。宫中止量收汉人税钱，西界自收蕃客税例。"[1]榷场和互市本质上是相同的，都是宋、夏双方共同管理的边境市场。宋、夏之间的正常贸易主要是通过榷场与互市，互市贸易市场规模较小，并且受宋、夏战争的影响，以及北宋政府对夏政策的变化而废置不常。但其贸易总量不容忽视，绝不会低于榷场。此外，贡使贸易也是宋、夏之间合法贸易的一种惯常形式。西夏使者"入贡至京者纵其为市"，终北宋一代都

---

[1] ［北宋］文彦博. 潞公文集·奏西夏誓诏事：卷十九［M］. 文渊阁四库全书（影印本）. 北京：商务印书馆，2005（39）：698.

是如此。但贡使贸易同样受宋、夏双方关系的影响，一旦双方关系恶化，贡使贸易也随之停止。西夏同北宋除了以上三种正常的合法贸易外，还长期存在着走私贸易，并且交易量大、持续时间长，对西夏人的社会生活影响较大。

西夏建国之前，宋、夏就初步建立起了边界堡寨系统。以后仍然不断修筑新的堡寨，在宋、夏战争中西夏还从宋朝夺取了相当数量的堡寨。宋朝大臣对西夏边防的新变化，有人主张顺其自然，认为"羌人生长射猎，今困于版筑，违所长，用所短，可以拱手待其弊，无烦有为也"[1]。也有人主张出兵破坏，因而宋、夏战争中争夺边界堡寨日益激烈。西夏堡寨的数量远远超过宋朝，平均每个边界州有40—50个，有学者估计西夏边防堡寨总数应超过400个，是北宋边防堡寨的两倍。[2]西夏在宋、夏边界修建的堡寨分布为六个地区，黑水城文书多有反映这一带社会风貌的记载。

（1）西夏与宋缘边州路相邻的绥、银、石、夏、龙、宵等州一带的堡寨。（2）西夏与宋河东路相邻的银州、石州一带的堡寨。（3）西夏与宋环庆路相邻的盐、灵等州一带的堡寨。（4）西夏与宋泾原路相邻的威、西安等州一带的堡寨。（5）西夏与宋秦凤路相邻的西安州、德顺军、会州一带的堡寨。（6）西夏与宋熙河路相邻的堡寨。这些堡寨中有一部分在宋代先属吐蕃，后属宋熙河路，一度被金攻占，后又划归西夏。西夏堡寨驻守的军队，一般每寨不超过1000人，战马不超过400匹。堡寨的将官有主将（寨主）、巡边使、指挥使、副指挥使、布阵、殿后将等。堡寨主要职能有防御北宋小股军队的侵扰，预防蕃部头领率部出逃，发生战事负责点集出征，管理下属的哨卡联防。西夏《天盛改旧新定律令》处罚堡寨官兵失职的规定比较严格，有三种情形要受到杖笞、革军职、除军籍、强制苦役等惩罚：（1）巡边使、城堡寨主收受贿赂，军卒擅离岗位。（2）堡

[1]［元］脱脱，等.宋史·何常：卷三百五十四［M］.北京：中华书局，1977：11166.
[2] 杜建录.西夏沿边堡寨述论［J］.宁夏社会科学，1993(5).

西夏铜币　藏宁夏博物馆

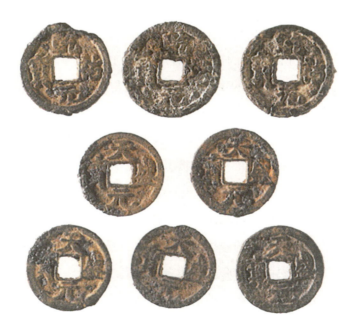

西夏铁钱　藏内蒙古博物馆

西夏钱币铸造精美，书法俊逸、流畅，在西夏境内商业贸易中推广使用。

寨的主将无故不到职的。（3）寨主擅自解散所属队伍。西夏在堡寨之下设有哨卡，哨卡设哨长一名，其下配置勇健之哨卒若干名，哨长的选任资格，须是具有领兵经验的低级首领、宫外队卫或负有特殊使命的官员。哨卡之间的联系频繁，如发现敌情，应迅速点燃烽火，逐级呈报上属，次第相传。此外，哨卡还兼有阻止缘边耕农、牧人越界或叛逃的任务。

　　宋、夏缘边修建的堡寨分布在今陕西、甘肃、宁夏、青海四省区。唐、五代史籍中未见党项人修建堡寨的记载。李继迁和元昊时期党项人开始陆续修建堡寨，夏崇宗乾顺时仿照汉制，在宋、夏交界处大修堡寨。宋、夏边界比较重要的堡寨就有 100 多个，这些堡寨有时属西夏，呈交叉盘结的局面。

宋、夏交界处分布在今宁夏境内的重要堡寨

序号	名称	地点	年代	公元	备注
1	浦洛河	宁夏盐池县惠安堡乡			
2	圣泉	宁夏灵武县石沟驿西			属西夏之灵州
3	折羌会	宁夏与甘肃环县界西			
4	平安寨	宁夏彭阳县城阳乡西			属宋原州
5	乾兴寨	宁夏彭阳县王洼乡南境			
6	飞泉寨	宁夏彭阳县北境	宋政和七年	1117	
7	绥宁寨	宁夏彭阳县孟城乡	宋庆历四年	1044	
8	细腰城	待考			
9	高平寨	宁夏固原市原州区县曹洼古城址	宋庆历二年	1042	
10	熙宁寨	宁夏固原市原州区北陆家古城址	宋熙宁元年	1068	
11	张义堡	宁夏固原市原州区张易乡古城址	宋熙宁五年	1072	
12	平夏城	宁夏固原市原州区黄铎堡乡古城址			
13	石门堡	宁夏固原市原州区黄铎堡乡寺口子	宋元符元年	1098	
14	荡羌寨	宁夏海原市原州区郑旗乡东境	宋元符元年	1098	
15	通峡寨	宁夏固原市原州区黑城乡北			
16	萧关城	宁夏海原县高崖乡草场古城址			
17	灵平寨	宁夏固原市原州区杨郎乡王浩古城址	宋绍圣四年	1097	
18	镇羌寨	宁夏西吉县沙沟乡大寨堡附近	宋大观二年	1108	
19	龙羊寨	宁夏海原县李俊乡南	宋元符元年	1098	
20	通远寨	宁夏固原市原州区七营乡海塘			

续表

序号	名称	地点	年代	公元	备注
21	胜羌寨	宁夏海原县李旺乡银平公路西	宋元丰四年	1081	
22	南牟会	宁夏海原县西安州古城址			
23	临羌寨	宁夏海原县贾塘乡东	宋元符二年	1099	
24	绥戎堡	宁夏海原县关桥乡境建置			
25	宁安寨	宁夏西吉县上白城子古城址	宋崇宁五年	1106	
26	宁戎寨	宁夏海原县盐池乡古城址	宋元符二年赐新名	1099	
27	得胜寨	宁夏西吉县硝河乡葫芦河西古城址	宋天圣六年	1028	
28	隆德寨	宁夏西吉县将台乡南大家集古城址			

宋、夏交界处分布在今甘肃境内的重要堡寨

序号	名称	地点	年代	公元	备注
1	疆柞寨	甘肃省华池县紫坊坪遗址			原为西夏盐州
2	淮安镇	甘肃省华池县怀安乡			
3	业乐镇	甘肃省华池县悦乐乡			宋建
4	柔远寨	甘肃省华池县城关			宋建（属庆州）
5	大顺城	甘肃省华池县山庄乡	宋庆历二年	1042	
6	东谷寨	甘肃省华池县怀安乡东			宋城遗址，属宋之庆州
7	西谷寨	甘肃省华池县元城乡西			
8	乌仑寨	甘肃省环县北			
9	兴平城	甘肃省环县洪德乡北吕家湾	宋元符元年	1098	
10	清平关	甘肃省环县山城乡	宋元符二年	1099	
11	安边城	甘肃省环县罗山川乡北境	宋崇宁五年	1106	
12	流井堡	甘肃省环县			
13	归德堡	甘肃省环县狄湾乡北			
14	虾唤寨	甘肃省天水市泰团庄东			属西夏盐州
15	颇耳关	甘肃省定西县鲁家沟乡北			
16	新泉寨	甘肃省靖远县大芦乡	夏永安二年	1099	属西夏会州
17	平西寨	甘肃省定西县鲁家沟乡	宋绍圣四年	1097	
18	通泉寨	甘肃省靖远县共和乡打拉池	宋崇宁二年	1103	
19	水泉堡	甘肃省靖远县小水乡			
20	静胜堡	甘肃省靖远县西北隅平乡			
21	龛谷	甘肃省榆中县	宋绍圣三年修复为堡	1096	原西夏存储粮草兵器之城
22	定远城	甘肃省榆中县定远镇	宋元丰四年	1081	原为西夏兰州

续表

序号	名称	地点	年代	公元	备注
23	阿干堡	兰州市南部阿干镇	宋元丰四年归宋	1081	
24	东关堡	兰州市东东岗镇	宋元丰四年	1081	
25	质弧堡	兰州市榆中地区	宋元丰五年	1082	
26	西关堡	兰州市西固城			
27	京玉关	兰州市河口	宋元符二年	1099	

宋、夏交界处分布在今青海境内的重要堡寨

序号	名称	地点	年代	公元	备注
1	通煌寨	青海省乐都县阿兰堡南	宋元符二年收复更名	1099	原名罗兀抹通城
2	安陇寨	青海省民和县西	宋元符二年收复	1099	原名陇朱黑城
3	保塞寨	青海省平安县西北白马寺	宋崇宁三年	1104	
4	宁西城	青海省湟中县多巴乡			
5	清平寨	青海省贵德县东南拉鸡山			
6	宣威城	青海省大通县	宋崇宁三年收复更名	1104	
7	绥边寨	青海省互助县南	宋崇宁三年	1104	

在边境密布的堡寨，互市是夏人、宋方换取物资的重要场所。互市范围大、数量多、分布广，双方关系恶化时，禁绝互市也就成了宋方困疲西夏的手段。西夏与北宋之间的商业贸易活动不仅仅是商业经济史的组成部分，也是宋、夏关系史的重要部分。西夏一般是用牧畜类产品、皮毛制品、青白盐、药物、玉石、硇砂、蜜蜡、宝剑、弓、宝镜及金银制品来换取战备物资和生活品，直接补充军粮。西夏建国前，地处银、夏之北的党项人民就用青白盐在缘边贸易粟麦，德明时曾要求在榷场大规模籴粮或货粮于宋。西夏建国后，随着农业经济的发展，粮食的输入量有所减少，但仍要大量输入谷物。西夏修建堡寨，除了军事目的，堡寨也是当地的政治、经济、文化中心，对研究西夏地方军事和经济发展都有重要意义。

二、宋、夏抚蕃策略与边境贸易

宋、夏边境榷场互市是双方边防抚蕃政策的产物，双方都企图通过和平手段来取得政治上的利益，同时最大限度地获取经济利益。"澶渊之盟"后，北宋采用"岁赐"来换取宋、夏边界的安宁，一度拒绝接收西夏的蕃部，"以夷制夷"的积极策略变成了"姑务羁縻"的消极防守。元昊继任党项政权首领后，宋、夏战火重燃。在三川口、好水川两次战役中宋军大败，形势非常严峻。在宋朝内臣边帅的疾呼下，招抚散居蕃部逐渐成为御边制夏的重要政策，设置"招抚蕃落司"。宋采取温和的抚慰政策，大规模实施招抚蕃部以制西陲的战略。

在招抚蕃部过程中，经济手段是宋朝的杀手锏。在边境地带开放权场，利用宋在经济实力上的绝对优势，安抚和控制边境的少数民族，用各项政策性的措施改善边境的社会环境，以求得政治军事上的利益平衡。北宋边防抚蕃部制度还包括通过封官授职、开展贸易、赐帛给资的办法招诱西夏境内的生蕃和被掳、被诱去的熟户，并通过经济贸易与缘边西北的蕃部结成松散的友好关系。

宋、夏、辽、金边境民族和人口的流动是非常活跃的。北宋对边境各个民族的跨越活动是持开放态度的。针对大批边民，宋招抚蕃部，在陕西诸路将帅中，范仲淹在环路的招抚最有成效。庆历元年五月，范仲淹调知庆州兼管勾环庆路都部署司后，招抚环庆600多名属羌首领。庆历二年春天，范仲淹又对800多名羌酋进行抚慰。"周行境内，入属羌聚落，抚以恩意如青涧焉。""夏戎既闻属羌不可诱，土人善射，烽火相望，无日不备，乃不复以环为意。"[1] 这一地带是权场、互市最集中的地区之一，在贸易活动的带引之下，诸多边疆民族纷纷投靠宋朝，为宋边境安宁起到积极推进作用。

西夏政权同时也实施了一系列的抚蕃策略。西夏境内多民族错综杂处，流动频繁，相应引起的民族纠纷常波及西夏与相邻其他民族政权的

---

[1] [北宋]范仲淹.范仲淹全集·东染院使种君墓志铭：卷十五 [M].成都：四川大学出版社，1991：354.

关系，如西夏与契丹的事例就较为典型。由于历史原因，在契丹居住着相当数量的党项人，处理契丹境内的党项人问题也外延成为西夏抚蕃制的内容，直接影响到西夏边疆防御的安全。而在西夏国内民族、部族的矛盾也极其复杂尖锐。"其俗多有世仇，不相来往，遇有战斗，则同恶相济，传箭相率，其从如流。"[1]特别是吐蕃势力和西夏时有冲突，西夏的边境民族问题十分尖锐。西夏在开展边境贸易的同时，还采用联姻或者蕃部结盟的方式，建立起较为稳固的军事联盟。

西夏和辽之间存在严重的民族纠纷。西夏的抚蕃边防制针对的不仅仅是北宋，还包括周边其他政权。辽圣宗开泰二年（公元 1013 年），居契丹西南属地的党项部落不堪征敛，叛逃于黄河北岸，其中葛党和乌迷两部不顾契丹阻止西迁投奔党项。李德明不理契丹的强烈反应，引起了契丹的嫉恨。西夏建国后，契丹境内的党项部落受招诱而投附西夏者不断增加，契丹认为这都是由于元昊使人诱之，两次遣使向西夏责问此事，而元昊态度傲慢。辽兴宗（耶律宗真）深以为耻，终于引发了重熙十三年（公元 1044 年）十月的一场辽夏大战。

从总体上讲，西夏招抚蕃部制度比宋朝要严密，李继迁在招抚蕃部方面卓有成效。北宋咸平五年（公元 1002 年），李继迁攻占灵州，招抚了大量的蕃部，从而奠定了西夏王国的南部疆域。后来李德明集中兵力欲攻占甘州回鹘，但未达到目的。直至北宋天圣六年（1028 年），李元昊率军攻占甘州，又占领了西凉府，全部夺取了河西蕃部。"恃其形势，制驭西蕃。"[2]西夏在控制了河西蕃部之后，就可以把军事打击的目标完全集中到北宋。西夏招抚蕃部制度和西夏封建采邑制是密切联系的，"与宋斗争中，李继迁大事招聚蕃族酋豪，分别授以刺史、军主、指挥使等职称，并让他们取

[1]［元］脱脱，等.宋史·宋琪：卷二百六十四［M］.北京：中华书局，1977：9129.
[2]［清］吴广成.西夏书事校证：卷十一［M］.龚世俊，等，校证.兰州：甘肃人民出版社，1995：126.

得占有一定量土地和属民的特权"[1]。西夏抚蕃不仅仅是为了边疆防御，也直接促进了西夏封建制度的建立和发展，其意义十分重大。

　　宋、夏的招抚蕃部策略远远超越了经济和军事的意义，双方困于内外多方面的民族矛盾，缘边蕃部的招抚制度既是对抗的手段，也是宋、夏处理民族问题的重要政策，边疆贸易就是在这样的社会背景之下走到了历史前台，大家通过平等贸易，化干戈为玉帛，其良好的结局远胜于征战、对峙和仇恨。西北边疆贸易成为宋、夏关系中一道和谐的风景线，成为一段值得传颂的历史佳话。

---

[1] 吴天墀. 西夏史稿［M］. 北京：商务印书馆，2010：153.

第三节　榷场与欧亚国际贸易

一、陆上丝绸之路的命运

宋朝时期，宋、夏、辽、金交界地带出现的榷场、互市，为中国古代边疆贸易注入了活力，西北的榷场、互市是典型的内地商贸交易市场，遍布西北边疆的重要交通道路和居民集聚区。边疆民族通过榷场得以广泛参与跨境贸易，发展边疆商贸交易，由此揭开了西北与欧亚大陆的国际贸易活动。

中古时期，欧亚大陆的东端和西端都出现了一批内陆贸易城镇，丝绸之路贸易的货物通过欧亚内地商业点向广大的内陆市场流通，内地商贸市场拓宽了中世纪的商业渠道，加快了欧亚大陆的商业活动，东西方国际贸易更加深入。在小亚细亚的欧亚交界地带，内地贸易市场集中在叙利亚和巴勒斯坦一带，死海附近的拜占庭东部边防重镇波斯特拉、叙利亚中部大马士革以北的哈马等都成为重要的内地商贸集散地。阿拉伯商人及后来意大利商人逐渐发展壮大，小亚细亚内地城市参加到国际贸易之中，使得传统港口城市的贸易大大扩展，形成海上和陆上贸易齐头并进的态势，成为11世纪以后欧亚国家贸易繁荣发展的关键因素。

陆上丝绸之路沿途民族众多，富有贸易传统，他们都渴望享受东西方国际贸易的红利。中古时期中亚国际贸易活动一直非常活跃，陆上丝绸之

撒马尔罕集市（水彩画）　藏俄罗斯艾尔米塔什博物馆

撒马尔罕是中亚最古老的城市之一，是丝绸之路上的贸易、手工业和集市中心，撒马尔罕随着历史的变化历经了繁盛与衰落，这幅作品反映出了撒马尔罕集市的繁荣景象。

中亚商队和公主远嫁　细密图　藏土耳其老王宫

　　丝绸之路贸易让中亚国家积累了巨大财富，这是一个好日子，庞大的商队簇拥着美丽的公主，开始了一次美妙的行程。

路整体上畅通无阻。古波斯土地上先后出现了塞尔柱帝国、花剌子模等，都是一代贸易强国，它们固有的贸易传统催生着陆上国际贸易通道长盛不衰。11—13世纪，中亚贸易城市有所发展。我们以中亚古城撒马尔罕为例。撒马尔罕的记载最早可以追溯到公元前5世纪。1212年，花剌子模统治中亚河中地区。1219年，撒马尔罕成为花剌子模首都。撒马尔罕是中亚最古老的商贸城市之一，是丝绸之路上重要的枢纽，连接着波斯帝国、印度和中国。花剌子模占据着撒马尔罕，长期控制着东西陆上贸易，利润不菲，古城撒马尔罕再次成为中亚丝绸之路的重要贸易中心。

　　欧亚贸易的货物丰富，有生活必需品，有奢侈品；有加工产品，有动植物。主要商品包括七大类：一是香料、香粉，二是生丝和绸缎，三是染料、毛织物、棉织品、毛皮，四是宝石、象牙、铁等金属，五是膏药和药材，六是马匹、供玩赏的野兽，七是奴隶、鸦片。最受欢迎的货物有樟脑、丁香、沉香、苏木、檀香、乳香、椰子、豆蔻、干姜等，还有铁、黄铜、龟贝和犀牛骨等，产品供不应求。同时，东西方贸易中的丝绸、宝石等传统货物依然畅销。盛行于奴隶社会的人口贩卖并没有消失，鸦片贸易有增无减，从南亚热带地区运输珍稀禽兽的交易数量不大，纺织品贸易量持续增加。丝绸之路在陆上和海上展开，促进了古代东西方贸易的繁荣。

　　不可否认，海上丝绸之路贸易越来越重要，海运输送能力超过陆地，大批商船从中国沿海港口开往阿拉伯，便捷而且运输成本低。海上丝绸之路兴起于唐、宋时期，随着造船、航海技术的发展，海上丝绸之路便成为欧亚国家贸易的主要通道，宋代的广州港、元代的泉州港等是世界著名的贸易港，但陆上通道并没终止。阿拉伯人在拜占庭和波斯的南部兴起，通过不断地对外征战，建立了一个地跨亚、欧、非三洲的庞大帝国，鼎盛时期领土达到1339万平方千米，东起印度河和中国边境，西至大西洋沿岸，北达里海，南接阿拉伯海。海上丝绸之路由广东、福建、浙江沿海港口出发，经中国南海、波斯湾、红海到达阿拉伯、北非和欧洲。阿拉伯帝国在欧亚大陆西端迅速扩张，欧亚大陆西端的丝绸之路实际上由阿拉伯帝国掌控。面对阿拉伯帝国称霸欧亚海上通道，其他贸易国家绝不会放弃自己的商业利益。阿拉伯兴起后，拜占庭为打破阿拉伯人的商业垄断，从君士坦丁堡到中国和印度就新增加一条商贸通道。"因为阿拉伯人已完全控制红海、波斯湾和横跨大陆的亚洲商路，而巴格达和埃及的穆罕默德教哈里发又使这有利的运输贸易尽量负担苛重的捐税，从而让西方消费者付出高价，所以，拜占庭帝国努力使那条经过中亚细亚而不受阿拉伯人控制的北方商路开放着。这一条商路，起自特勒比遵德，越过里海地峡，绕道里海南岸，从那里穿过鞑靼汗领土：麦尔夫、撒马尔罕、布喀拉等等达塔什干，再从那里前往印度或中国"[1]。丝绸之路国家贸易涉及不同国家、民族的利益，需考量国家秩序的变化，绝非简单的考量经济成本核算就可以决定陆上丝绸之路的存废。在中世纪东西方海运发达之际，海上贸易强国拜占庭对陆上商贸的抉择，说明陆上丝绸之路具有不可替代的历史作用。

11—13世纪陆上丝绸之路中国段的贸易出现了新变化。宋朝时期西北境内分布有回鹘、吐蕃、党项、契丹等民族，建立了沙州回鹘、甘州回鹘、西州回鹘政权，于阗政权及唃厮啰等诸多分散的民族政权组织。西夏、辽、金及控制西域的西辽、喀喇汗等都是强大的游牧组织，在丝绸之路上建立起强大王朝。回鹘人在西北贸易上势力最大，掌控丝绸之路中国段的贸易，主要从事中继贸易和货物中转，在东西方贸易中发挥着重要作用。1028年西夏灭甘州回鹘汗国，西夏王朝的领地直接连接新疆地区，西夏占据了丝绸之路中国段的大部分通道。西夏前期对民族贸易有一定程度的危害，但西夏中后期对丝绸之路上的商人采取友善之策，从国际贸易中获取丰厚利益。回鹘、大食的使者和商人途经西夏境内时，沿途可以从事贸易活动，西夏法典允许他们买卖非禁品，对粮食等战略物资贸易有限制。西夏法典

[1]［美］汤普逊.中世纪经济社会史：上册［M］.耿淡如，译.北京：商务印书馆，1961：424.

记载了对回鹘、大食人在西夏贸易行为处置的规定：向来到西夏的他国使者及商人出卖敕禁物时，其中属大食、西域等的使者、商人，如果他们已经越过西夏地界，则按去敌界卖敕禁物法判断。已起行，他人捕举告者当减一等，虽未起行但已准备出发的，则当减二等，举告赏亦按已起行、未起行赏法依次获得。此外其他国使人、商人来者，买物已转交，则与已过敌界同样判断。若买卖价格已言定，物现未转交者，当比未起行罪减一等。大食、西域等买卖者，骑驮载时死亡，及所卖物甚多，驮不足，说须守护用弓箭时，当向官府提出申请，按规定可购买使用。如果滞留不归，所需粮食允许买卖，如果启程旅行，则所需粮食可以买卖或者携带，但不允超额运走。若违律无有谕文，随意买卖，超额运走时，按卖敕禁法判断。[1] 西夏法典对买卖禁品者要处罚，但具体处罚措施不重，还可减罚，并且规定对违禁货物按等价买卖者，可以在视为未遂的减罚基础上，再减罚一级。这一条规定事实上可视为免罚条款，等同于变相鼓励贸易发生，如此的处罚规定实在值得令人玩味。西夏法律还有关于优待回鹘、大食商人、携带货物使者的规定，给他们提供驮畜，允许他们持有武器，包括进攻性的弓箭，西夏渴望国际贸易之心跃然纸上。

　　西夏通过岁币、贸易等方式获取宋朝货物，存在把宋朝的丝绸再转卖的行为，从中赚取差价，大食、回鹘商人自然成为西夏丝绸的大客户。西夏每年通过岁赐、回赐及贸易等途径从北宋获得大量丝绸。苏轼曾说过："（西夏）每一使至，赐予、贸易，无虑得绢五万余匹。归鬻之其民，匹五六千，民大悦。一使所获，率不下二十万缗，使五六至，而累年所罢岁赐，可以坐复。"[2] 明确指出西夏从事买卖宋朝丝绸的商业活动，而不是仅仅将获得的产品用于自身消费。陈爱峰等指出："回鹘将西域的商品贸易于

[1] 史金波，聂鸿音，白滨，译注.天盛改旧新定律令·敕禁门：卷七[M].北京：法律出版社，2000：281.
[2] [南宋] 李焘.续资治通鉴长编：卷四百五[M].北京：中华书局,1985：9863.

西夏，然后再由西夏转运至中原，同样的道理，中原的商品亦大量地通过西夏转运到回鹘商人手中。……西夏政府采取了多种鼓励性的优惠政策。其一，当大食、高昌回鹘商人用于运输的骆驼死亡或不够用时，或者所驮货物需要有人看护时，可告知当地政府由其帮助解决。其二，商人来时随身携带的粮食，在吃用不完时可就地出售；当其回还时，可在当地购买所需食粮，但不许超额运走，如有违犯，按买卖'敕禁物'论处。故而笔者认为，在西夏市场上交易的物品中，必有一部分来自回鹘，其他则大多产自大食、波斯等地，借由大食、回鹘商人之手而流入西夏。"[1]我们同意陈爱峰先生的观点，从宋、夏官方管理権场的有关规定看，获准进入権场交易的商人没有国籍和民族的限制。我们可以推测，西北権场容许回鹘及西域的商队参加交易，其中包括大食商人。

目前还没有发现西亚商队在権场交易的史料记载，但从中国古籍文献中可以找到西北権场交易西亚出产货物的记载。《宋会要辑稿》记载了一条熙宁四年的重要史料："咋于三月中，有大顺城管下蕃部数持生绢、白布、杂色罗锦、被褥、贕、茶等物至西界辣浪和市，复于地名黑山岭与首领岁美泥、咩比悖讹等交易，博过青盐、乳香、羊货不少。"[2]北宋西北边疆民族在边疆贸易市场用丝绸和乳香进行贸易。丝绸来源于宋朝，乳香产自西亚、北非，西北蕃部获得这些外来货物的主要渠道无非是権场和互市，都是顶级的奢侈品，而奢侈品的最大消费市场远在开封、杭州、巴格达、君士坦丁堡。边民手头的乳香和丝绸都在西北发生了再次贸易，分别来自欧亚多地区的货物在権场交易，向不特定的商团出售，再出现商人之间的转卖，最终多种货物流向不同的地区，这时候権场贸易已经成为国际贸易的参与者，権场实际上成为丝绸之路上的贸易点。西北権场中的部分宋朝货物进入丝绸之路贸易通道，通过西域和大食商人流入欧亚大陆西端。

---

[1]陈爱峰，杨富学.西夏与回鹘贸易关系考［M］.敦煌研究，2009（2）：99.
[2]［清］徐松.宋会要辑稿·食货：卷三十八［M］.北京：中华书局，1957：5482.

拜占庭神人纹鎏金银盘　藏甘肃博物馆
这是在中国丝绸之路上发现的重要的罗马文物，中间一圈浮雕是古希腊奥林匹司十二神的头像。

我们可以推断，在宋朝贡使贸易已经严重萎缩的历史背景下，榷场、互市贸易在欧亚国际贸易中占有一席之地。西北地区贸易繁荣，丝绸之路国际交流的深厚传统为内地与边疆、东方与西北持续的、大规模的跨境贸易奠定了基础，源源不断招引各方的商队来到西北从事商贸活动，这是中古时期国际贸易的最大成就之一。西北榷场一度是世界东西方商业的中转站，是欧亚大陆东部多种货物的集散地。与宋朝海上通商港口一样，西北榷场是宋朝先进国际贸易最早的起源地之一，也是丝绸之路陆上交通线的重要贸易点。陆上丝绸之路贸易与西北边疆榷场贸易互相促进，深化了陆上丝绸之路贸易。在西北人口聚集区，一批普通的堡寨成为跨界贸易市场，汇集各方货物，西北榷场初步具备开放型市场的特征。榷场贸易是陆上丝绸之路贸易史上创新的一种贸易形式，也是古代国际贸易中最规范的形式之一，是宋朝陆上丝绸之路的重要组成部分，对加强宋朝时期西北与内地、域外的商业关系起到重要作用。元朝时期西北榷场虽已退出历史舞台，但元朝欧亚陆上大通道迎来鼎盛时代，蒙古建立起世界古代交通史上罕见的驿站体系，形成了元朝以驿路为基本走向的欧亚商路网络。在丝绸之路开辟的2000多年里，西北一直是东西方国际贸易的陆上交通要道。

二、作为奢侈品的姜货

中古时期欧亚国际商贸最显著的变化之一是香料贸易空前繁荣。随着欧洲生产力的提高，欧洲市场香料销售额大幅上升，胡椒、丁香、麝香、肉桂和生姜等占据输入欧洲货物的首位。"进口货物，原来是奢侈品，而现在变为必需品了；它们在很大程度上影响了欧洲人的生活标准。新织品，像棉布和丝绸一类，新食品，像砂糖、香料、胡椒、生姜、东方的蜜饯水果一类，至少改变了欧洲的上层阶级的卫生和饮食，也有助于居民物质享

英国霍克森胡椒瓶　藏大英博物馆

这是一位罗马贵妇的半身像，她的头发、眼睛、嘴唇、耳环、项链、袖口、双肩的条状装饰和手持的卷轴被镀上了黄金，造型生动、华美，手里拿的银质胡椒瓶是当时很奢华的生活用品。

受的提高。"[1] 香料是一种从植物中提取的具有强烈香味或味道的植物性物质，可以提升食品香味，具有防腐功效。古代绝大多数为天然香料。澳大利亚学者杰克·特纳指出："随着交通往来的增加，欧洲人对香料的看法也慢慢发生了根本性的变化。它们不再是少数人独享的东西。中世纪的厨师们发明了数百种的用途，几乎没有哪一种食物是不放香料的，有一些供吃肉和鱼用的味道厚重的香料沙司，其中的香料五花八门、应有尽有，包括丁香、肉豆蔻仁、桂皮、肉豆蔻皮、胡椒及其他香料，经过研磨并与大量本地生长的草本植物和芳香品混合在一起。随后还有甜食，诸如加牛奶和香料熬成的甜面、香料和果干制的蜜饯，同时喝香料酒和啤酒。虽然烹饪的方法各个地方有很大差异，随时间的推移也在发生变化，一些变得时兴，另一些又可能渐为衰落，但中世纪烹调的总的基调一直没有变。"[2]

　　古代香料大多产于热带、亚热带。胡椒是胡椒科的一种开花藤本植物，原产于印度马拉巴尔海岸；丁香原产于印度尼西亚；肉蔻是一种坚果类植物，印度尼西亚和格林纳达产量大。肉桂即桂皮，是樟科常绿乔木，原产中国；生姜原产于东南亚热带地区，在中国广泛种植。生姜属姜科多年生草本植物，根茎供药用，鲜品或干品可作烹调配料，茎、叶、根均可提取芳香油，用于食品、饮料及化妆品香料中。中国适宜种植栽培生姜的耕地较为广泛，宋朝时期在中国中部、东南部至西南部广泛种植生姜。种植生姜工艺要求高，需要土地耕作层较深厚、土层疏松、土质肥沃，田地要具备良好的排水条件，田块必须深翻、耙细、整平，要选择块茎肥大、顶芽饱满完整的品种。生姜生长期间要求保持适当的播种密度，并看苗补肥，勤加培土，以防根茎裸露，影响作物的产量和口感。中国古代生姜种植技术一流，通过精耕细作生产出高产量、高品质的生姜。生姜原本产于东南亚，

[1] [美] 汤普逊. 中世纪经济社会史（上册）[M]. 耿淡如，译. 商务印书馆，1961：533.

[2] [澳] 杰克·特纳. 香料传奇 [M]. 周子平，译. 北京：生活·读书·新知三联书店，2007：121.

中国却成为世界生姜的最大产区，依靠的就是中国古代在种植栽培领域的先进技术和精耕细作的优良种植传统。

中国种植的生姜成为欧亚贸易市场的主要香料产品之一。西北榷场文书中多见姜货贸易，生姜是榷场的主要货物之一。生姜栽培区位于宋朝控制区域。"如生姜、陈皮之类，在北方亦皆阙乏。"[1]通过榷场贸易流入金、西夏。宋朝史书没有记载姜的价格，其在榷场交易的价格我们不得而知，就宋朝种植水平看，中国生产的生姜成本不会太高。据欧洲古代史料记载，包括姜在内的香料的市场价格非常昂贵。"在普林尼斯所著的《自然历史》一书中罗列了一个大概是由国家定价的香料牌价。胡椒是便宜的，每磅4古罗马便士，白胡椒差不多贵了一倍，要7便士一磅。一磅生姜6便士，一磅肉桂5到50便士不等。贵得多的是各种等级的桂皮油，不纯的每磅从35到300便士不等，纯的桂皮油则要高到1000到1500便士一磅。当时一名士兵的年俸是225便士，稍晚一些时候，一名自由日劳力每天大约可挣2便士。"[2]可见姜流入欧洲之后，已经身价百倍，成为名副其实的奢侈品。

根据宋朝管理海外贸易的机构市舶司的资料看，从海上运入中国的两大宗货物是珠宝和香料，包括乳香、龙涎香、龙脑、没药、血竭、苏合香油、蔷薇水、珍珠、玛瑙等；中国出口到阿拉伯地区的货物有丝绸、金、银、铜、铁、瓷器等，以各类植物纺织品为大宗，干姜不在宋朝海上出口的主要货物清单之列。中世纪世界史研究表明，印度香料主要从东方海运至欧洲，但对来自中国的干姜的运输路径没有明确说明。中国干姜确在欧亚大量销售，西北榷场文书记载了干姜交易，英藏黑水城"汉文绢褐姜等收支历文书"中第九句记载了姜货贸易："……姜贰拾柒斤计伍……"，俄藏

[1] ［南宋］徐梦莘. 三朝北盟会编：卷一百四十九［M］. 上海：上海古籍出版社，1987：1084.
[2] ［澳］杰克·特纳. 香料传奇［M］. 周子平，译. 北京：生活·读书·新知三联书店，2007：149.

编号 315 的榷场文书中记载有姜货："□肆斤计捌□……干姜叁斤陆分……
□贰……捌段白褐壹段博买到川……□贰拾陆赤贰寸半……干姜叁拾伍斤
计柒匹……捍纱贰匹计贰匹肆分……□□□壹匹计壹匹贰分……"在高利
润的诱惑之下，宋朝出现干姜走私的现象。南宋隆兴二年（1164 年），"西
北必用之物，而本处所无，如干姜、绢、布、茶货、丝、麻之类，访闻有
商旅私相搏易"[1]。《宋会要辑稿》称："旧制：以客人贩姜货、杂物至
场博易，多至楚州北神镇私渡过淮，遂行下瓜洲、扬州邵伯、高邮、宝应、
楚州淮阴、龟山税场，各置走历二道，往来交傅至本场博易，每月终，分
听取索点检结押。"[2] 从这些史料记载的情况看，走私姜货的流向是榷场，
而不是宋沿海港口，这可以从侧面证明姜货主要是通过陆上的榷场进入欧
亚市场。我们推测中古世纪东西方贸易中干姜是宋朝主要出口货物之一，
西北榷场是姜货主要流入欧亚的口岸，主要通过陆上丝绸之路通道，由不
同民族的商人以中继贸易方式，最终到达欧洲市场，干姜等榷场交易货物
让西北边疆与世界密切联系起来。我们期待有学者全面考证中世纪欧洲、
阿拉伯贸易城市的进出口原始记录，收集整理宋朝市舶司对沿海港口海外
货物史料，深刻研究丝绸之路姜货运输途径的真实情况。

三、通往巴格达的榷场国际贸易

中古时期欧亚大陆上已经发展起几座令人向往的大都市，那里有繁华
的街道、丰富的货物，居住着达官贵人、公子王孙，他们和家眷一起安逸
地生活。11—13 世纪，称得上大都市的有东亚大宋的东京城、中亚的撒马
尔罕、西亚阿拉伯的巴格达、东罗马的君士坦丁堡、欧洲新兴的威尼斯等。
它们都是世界商贸中心，聚集着巨大的财富，市场充斥着当时最时尚、贵

[1] [清] 徐松.宋会要辑稿·食货：卷三十八 [M].北京：中华书局,1957：5486.
[2] [清] 徐松.宋会要辑稿·食货：卷三十八 [M].北京：中华书局,1957：5486.

重的奢侈品。这些大都市通过丝绸之路的纽带，联系成一条商品交易和运输的繁忙通道。

东西贸易通道分为海路和陆路，陆上通道进出中国境内的重要关口就在西北边疆，以前名不见经传的西北小镇依托榷场、互市的兴起，在11—13世纪成为中国陆上连接欧亚著名大都市的桥梁。商队携带的从东京或者杭州收集的精美丝绢制品、瓷器等，从巴格达运来的香料、珠宝等货物交会在边关的榷场，这些只能在大都市见到的奢侈品堆积在狭小、简陋的堡寨之类的贸易场所。边境贸易总体上可以讲是秉持公平贸易、互惠互利的原则，无论西夏官员还是大宋官员都秉公执法，共同维护所有参与者的利益，税收的轻重可以另加评论。榷场贸易具有货物进出口自由、金融换算自由的特征，这种开放式的贸易形式无疑具有进步意义。

西亚地区是宋朝海外贸易的最主要伙伴。早在唐朝，西亚商人就是中国贸易的常客，他们沿着丝绸之路来中国经商。阿拉伯帝国建立后，吞并波斯，贸易活动向东发展，史书记载的大食向唐朝派遣的贸易使团多达40次。根据张星烺所编《中西交通史料汇编》的研究，大食向唐朝入贡的次数大致为40次之多。[1]阿拉伯商人与中国人通婚繁衍，在长安、洛阳等地开店列肆，鬻卖酒食、香药。[2]中古时期巴格达继承巴比伦成为西亚政治、经济、文化、宗教中心。巴格达位于底格里斯河两岸，距幼发拉底河仅30多千米，是东西方的交通要道，向北通往叙利亚和土耳其，向南延伸至波斯湾。阿拔斯王朝于公元762年迁都巴格达，经过4年施工，作为阿拉伯帝国都城。巴格达城为圆形，城墙各有等距离的4道城门，4条大街从中心区伸向城门，形似车轮辐条，城内建设有皇宫、官邸、清真寺、图书馆、花园等。8世纪中期至9世纪是巴格达的全盛时期，哈里发扩建巴格达城，城中遍布清真寺、图书馆、天文台、客栈、驿馆、市场、澡堂，市政交通

---

[1] 张星烺.中西交通史料汇编：第2册［M］.北京：中华书局，2003：707.
[2] 杨怀中.唐代的蕃客［C］// 伊斯兰教在中国.银川：宁夏人民出版社，1982：107.

设施完善。巴格达传承了巴比伦的宏达、繁华和庄重，跃居为古代著名的城市。阿拉伯史书记载："这个地方是一个优良的营地，此外还有底格里斯河使我们和像中国那样遥远的国家发生联系。"[1]在埃及著名历史学家艾哈迈德·本·阿里·盖勒盖珊迪（1355—1418年）所著的《文牍撰修指南》中，保存了第三任哈里发曼苏尔时期公牍局的一件文书，内容如下："凡得到此函的、居住在也门、印度、中国、信德等地的商人，即可准备动身前来埃及。他将看到我们做的比说的更多，将发现他遇到的忠诚的善行比这些保证更多，将来到一个生命财产能够得到充分保障的国度。"[2]由于国际商贸活动受到鼓励，巴格达经济繁荣，交通发达，商贾云集，店铺林立，设有专卖中国丝绸、瓷器的市场。

9世纪中叶以后，阿拉伯帝国衰落，西亚贸易却得到继续，并发扬光大。塞尔柱帝国统治下的巴格达依旧是"城市居民衢陌民居豪侈，多宝物珍段"[3]。这里的市场依旧繁荣，"巴格达的码头长好几英里，经常停泊着几百艘各式各样的船只，其中也有中国的大船……市场上除各省的货物外，还有中国的瓷器和丝绸、印度和马来群岛的香料"[4]。

欧亚大陆西端的中世纪贸易市场集中在小亚细亚一带，"在阿拉伯帝国与拜占庭帝国的贸易中，叙利亚北部的阿勒颇是一重要集散地。阿拉伯商人向拜占庭购进药材、锦缎、希腊丝、金银饰品与器皿，输出东方的丝绸、香料、宝石与棉布。阿拉伯人在与欧洲西部的贸易中，通常先把东方各国的商品转运到地中海沿岸的安提阿、阿勒颇、大马士革、的黎波里、法尔马、亚历山大等港口城市，然后由意大利商人（威尼斯商人居多）输往欧洲大陆。在欧洲需求的东方商品中，香料最受欢迎，当时的香料价格相当于黄

[1]［美］希提.阿拉伯通史［M］.马坚，译.北京：商务印书馆，1995：129.
[2]葛铁鹰.阿拉伯古籍中的中国［J］.阿拉伯世界，2004（3）：45.
[3]［南宋］赵汝适，撰.诸蕃志校释：卷上［M］.杨博文，校释.北京：中华书局，1996：110.
[4]［美］希提.阿拉伯通史［M］.马坚，译.北京：商务印书馆，1995：136.

金。香料主要产于南亚与东南亚地区，运输方便且利润丰厚，因而极具诱惑。"[1] 从中国、印度输入的货物在小亚细亚汇集，再往欧洲、北非销售，商品流通的范围扩大到欧亚多地的集市。美国学者汤普逊先生这样描绘中世纪欧亚大陆贸易的盛况："利凡得港口是古代商路的终点；这些来自波斯湾一端、美索不达米亚、波斯、印度和中国的商路，自古代以来，都辐集于地中海沿岸。叙利亚和巴勒斯坦两地构成一种类似亚洲和地中海间的缓冲国，经过这里，它们和欧洲维持接触。从海岸向后，有两座平行的山脉，两山之间是又深又宽的盆地。这双重的屏障，有时被横截的山路所切断，主要是在阿勒颇和安提阿之间，在霍木斯和的黎波里之间、在大马士革和太尔之间，商路就是通过这些地点的。像哈马和波斯特拉这一类的内地城市，因为成为从穆罕默德教腹地来的商路上的中途站而获得利益。后来，无孔不入的意大利商人渗入这些内地市场，甚至在阿勒颇和大马士革也设立了支店。我们也应谈到有些像米丹和伊布林那样的季节市集。在拜占庭和阿拉伯统治时代很出名的耶路撒冷九月市集，仍由十字军继续举行。从香宾市集来的商人们都会集在圣贞德城里。"[2] 汤普逊先生所说的利凡得是中世纪欧洲的一个地理习用名词，泛指东方，尤其是欧洲所说的近东地区，包括亚洲地中海沿岸的叙利亚等国家和地区及非洲东北部的埃及等地区。利凡得所指的地理概念的中心应该是小亚细亚或西亚美尼亚，对应的地理位置是安纳托利亚，位于亚洲西南部的一个半岛。该地区北临黑海，西临爱琴海，南濒地中海，东接亚美尼亚高原，历史上是欧亚文明联系交会的最前沿。古希腊贸易活动由爱琴海发展到地中海沿岸，波斯、马其顿、古罗马帝国、拜占庭、奥斯曼等的商贸浪潮一波接着一波，成为欧亚大陆西端的贸易中心。

10 世纪以后，丝绸贸易再度进入大幅增长时期，中世纪欧洲开始大量

[1] 潘树林.阿拉伯帝国的中介贸易 [J].阿拉伯世界，1996（2）：30.
[2]［美］汤普逊.中世纪经济社会史：上册 [M].耿淡如，译.北京：商务印书馆，1961：499.

输入丝绸，超过罗马帝国时期的丝绸消费。中世纪的欧洲经济经过不断发展，缓缓达到新高点，富裕起来的欧洲达官贵族喜欢上了奢侈品，丝绸制品需求旺盛，刺激了国际丝绸贸易。丝绸从中国传入欧洲已经数百年，从来都是奢侈品家族的宠儿，在历史上的一段时间，中国丝绸生产技术外人无法得知。不过，丝绸制品在唐宋开始亦不再是中国独家所有，印度、拜占庭、波斯故地先后掌握丝绸生产技术。中世纪欧洲丝绸业有长足发展。"在欧洲生丝的生产首先开始于拜占庭皇帝查士丁尼统治的530年。据传说桑种可能是藏在竹杖里从和田带回康斯坦丁，但是在12世纪以前，远东一直掌握着生丝的来源。10世纪西班牙的养蚕业也兴盛，12世纪则是西西里和意大利，丝织业（或丝毛）就在西方长期建立起来。意大利成了欧洲蚕丝的主要产地，其中心就在卢卡。"[1]但欧洲丝绸产品的数量和质量均逊色于宋朝，中国产丝绸仍然受到欧亚国家热捧。宋朝丝绸生产遍及大江南北，规模远胜唐代。全国各地有几十处织造场院，京城设置绫锦院、内染院、文绣院，杭州、苏州、成都的锦院，开封的绫院，润州的织罗局，梓州的绫绮场等，罗、绫、绢、纱、绮、缎、锦等均有。宋朝的中国丝绸继续通过陆上和海上丝绸之路畅销欧亚，得益于宋朝养殖和制造技术的全面提升。宋代发明的桑树嫁接技术在浙江湖州十分流行，桑叶质肥，桑树品种优良，利于育茧，丝茧产量和质量大为提高。纺织生产工具也在不断地改进，由手摇纺车和脚踏三锭纺车发展为水转大纺车生产，纺纱速度和质量大有提高。宋朝不再依赖丝绸技术封锁，面对丝绸生产遍布欧亚的局面，在世界范围里与丝绸生产的国家展开竞争，再次维护了中国作为丝绸第一强国不可撼动的国际地位。直到18世纪工业革命后，意大利、法国等发展近代丝绸机器工业，欧洲丝绸终于赶上了中国。

中国输入欧亚的商品中，干姜、丝绸和茶叶等大宗货物，在榷场文书

[1]［英］福布斯，等.西亚、欧洲古代工艺技术研究［M］.安忠义，译.北京：中国人民大学出版社，2008：132.

丝绸和瓷器贸易　细密画　藏土耳其老王宫

丝绸和瓷器是东西方贸易的主要商品之一，画作中来自不同国家的客商会集一堂，精美的物品让人流连忘返。

记载的交易货物名单中基本都可见到，足以证明榷场是档次很高的外贸场所。榷场贸易最终通达开封、杭州，向西到达巴格达、君士坦丁堡、威尼斯、热那亚和比萨等繁华至极的商贸之都。中古时期通过诸如西北榷场这样的贸易集市，东西方的大都市建立起经贸、文化交流，东西方贸易得以蓬勃发展，在全球范围掀起了不同文明大交流的热潮。中古时期东西方贸易活动给边远的西北堡寨带来了新的活力，榷场、互市不再是沉寂的乡间集市，榷场贸易连接着欧亚商品的流通。朴实的干姜、艳丽的丝绸，以及更多琳琅满目的货物汇集起来，犹如在历史的长河里飞溅起夺目的斑斓浪花。

第七章

遥望黑水城

第一节 发生在黑水城的高利贷剥削

一、天庆年间典当契约文书

中国古代使用契约的历史很长，从原始社会末开始使用萌芽状态的契约算起，截至民国时期，已有 4000 多年历史。将这些契约加以整理，纳入科学研究规划之中，对中国通史、经济史、土地制度史、阶级关系史、民法史、民俗史、汉语史等的研究有极大的促进作用。保存至今的契约原件以西汉中期的为最早，元代以前的很少。这些契约原件是我国古代契约资料中最宝贵的部分，按照时间先后，结合出土地点，我们可以看出黑水城契约文书在中国古代契约文书研究中的重要地位。

中国发现的历史上遗留的契约文书主要有以下六种。

1. 居延汉代契约。现存的汉代契约原件是在居延发现的，是居延汉简中的一部分，称之为"居延汉代契约"。居延在今内蒙古自治区西部额济纳旗，西汉时属于张掖郡居延都尉和肩水都尉辖区，东汉曾置张掖居延属国。在两汉时，这里一直是重要驻军区，近 60 年来，考古工作者在张掖采集或发掘到汉简有 3 万余支。这批契约的数量虽不多，但却是我国现存最早的一批契约原件，距今已有 2000 多年。

2. 新疆魏、唐契约。现存的自魏晋至唐后期的契约，主要发现于新疆地区。此外，在甘肃敦煌也发现有唐代后期的契约。新疆地区出土这类契约的地点很多，以地名契，可分为海尖契约、吐鲁番契约、龟兹契约、于阗契约。

3. 敦煌唐、宋契约。在清光绪二十五、二十六年（1899 年、1900 年），在敦煌发现有藏书，后为斯坦因和法国学者伯希和等大量盗走，今分藏在伦敦大英博物馆和巴黎国家博物馆。1910 年，清政府把残余部分调运北京，藏在今国家图书馆。

4. 徽州契约。徽州契约中的宋、元契约尚有 100 件左右，其他均为明清和民国契约。

5. 各地明清和民国契约。明清和民国契约原件在我国各地都有一些。现在大多数省级以上的图书馆、博物馆、社会科学研究机构及有文科的高等院校图书馆等，或多或少都有收藏。收有千件以上契约的单位不在少数，有数十件、数百件的很多。

6. 宋、元时期西夏人、畏兀儿人和吐蕃人契约。宋、元时期，今宁夏、甘肃、新疆等地的西夏人、畏兀儿人和吐蕃人留下大批契约，黑水城出土的契约是其中的重要组成部分。黑水城契约文书有用汉文写的，亦有用民族文字写的；有用中原王朝的年号纪年的，亦有用民族政权的年号纪年的，如西夏人用"天庆"年号。

黑水城契约文书是宋、元时期少数民族契约中的珍品。黑水城社会文书中保存有相当数量的契约文书，这对研究西夏、元朝的经济制度和商业活动价值极高，特别是保存完整的西夏时期系列借贷契约是研究中古西北社会经济不可或缺的史料。这批借贷契约文书不仅数量多，而且契约所表现的内容、形式、制度都显示出较高的立契水准，展示出我国西北古代民间社会运用契约规范借贷关系的原貌，其内容反映出古代北方游牧民族独特的法律文化传统。同时，西夏契约明显受到宋朝影响，在格式、法理等方面继承了宋朝契约的内涵。

《天庆十一年（1204 年）用衣物典麦契》最早由法国人马斯伯乐刊

布，收入他所撰的《斯坦因在中亚细亚第三次探险的中国古文书考释》一书中，并附有残契原件图片。[1]1961 年收入中国社会科学院历史研究所编《敦煌资料》第 1 辑中（中华书局出版）。英藏黑水城出土的汉文西夏《天庆十一年（1204 年）用衣物典麦契》在中国古代契约文书研究中占有重要的地位。学术界对英藏黑水城出土社会文书的研究最早就开始于契约文书，学术界首先对这批汉文西夏《天庆十一年（1204 年）用衣物典麦契》展开研究，由此拉开海内外学术界黑水城出土契约研究的漫长序幕。随着这批汉文西夏《天庆十一年（1204 年）用衣物典麦契》的公布和研究，中外学者对英藏黑水城出土契约文书给予高度的关注，其珍贵的史料价值得到学术界的公认。陈国灿先生是国内最早研究西夏天庆间典当残契的学者，他发表了《西夏天庆间典当残契的复原》一文。2007 年，河北师范大学陈静先生在《〈天庆年间裴松寿处典麦契〉考释》[2] 论文中指出该组文书应是正式的契约文书，并结合斯坦因相关文书，就其中所反映的典出粮食品种的变化以及手工业和游牧业等经济问题进行了探考。法人马斯伯乐刊布时遗漏了其中的四件残片，是收藏编号为 Or.12380—2731，2732，2733，2734 的四件。

（一）天庆十一年（1204 年）用衣物典麦契

A—F 收藏编号为 Or.8212—727，发掘编号为 K.K.II.0353；G—P 收藏编号为 Or.8212—728，发掘编号为 K.K.II.0270；Q 收藏编号为 Or.12380—2731，发掘编号为 K.K.；R 收藏编号为 Or.12380—2732，发掘编号为 K.K.；S 收藏编号为 Or.12380—2733，发掘编号为 K.K.；T 收藏编号为 Or.12380—2734，发掘编号为 K.K.。

---

[1] [法] 马斯伯乐. 斯坦因在中亚细亚第三次探险的中国古文书考释 [M]. 伦敦：英国国家博物馆，1953.

[2] 陈静.《天庆年间裴松寿处典麦契》考释 [J]. 文物春秋，2009（2）.

A.

（前缺）

1. 知见人李善 □……

2. ……初三日立文字人兀女浪粟今……

3. ……□□祆子裘一领于裴处……

4. □斗加三利小麦五斗加四利共本利大……

5. □斗五升其典不充限至来八月……

6. 任出卖不词……

7. 立文人兀女……

8. 知见人讹静……

（后缺）

B.

（前缺）

1. ……五月初四日立文……

2. ……马毯一条于裴处……

3. 小麦七斗其典不充限……

4. 卖不词

5. 立文人刘折兀埋（签押）

6. 同典人来兀哩兔（签押）

7. 知见人马能兔

（后缺）

图 7-1 天庆十一年（1204 年）用衣物典麦契（A）

图 7-2 天庆十一年（1204 年）用衣物典麦契（B）

C.

（前缺）

1. 天庆十一年五月五日文字人康……

2. 已旧皮毡一领于裴处典到□……

3. 共本利大麦九斗一升其典不充限……

4. 赎来时一任出卖不词

5. 立文人康吃……

6. 同典人马屈□□……

7. ……立文人夜利那……

（后缺）

D.

（前缺）

1. 天庆十一年五月初六日立文人吃……

2. 将自己旧皮毡一领于裴处……

3. □加四利共本利大麦四斗两升其典……

4. 月初一日不赎来时一任出卖

5. 立文人吃□□……

6. 知见人张猪狗（签押）

7. ……日立文字人栗吟……

8. ……裴处……

（后缺）

图 7-3 天庆十一年（1204 年）用衣物典麦契（C）

图 7-4 天庆十一年（1204 年）用衣物典麦契（D）

E.

（前缺）

1. 天庆十一年五月初七日立文字人夜贺尼……

2. 旧皮毡一领苦皮四张于裴处典

3. 三利共本利大麦一石六斗九升其典不……

4. 一日不赎来时一任出卖不词

5. 立文人夜贺尼……

6. 知见人张屈栗（签押）

7. ……立文字人张屈栗今将……

8. ……典到……

（后缺）

F.

（前缺）

1. 知见……

2. ……一年五月初九日立文人……

3. ……白帐毡一领皮毡一领于裴……

4. ……利共本利大麦一石九斗五升其……

5. ……日不赎来时一任出卖不词

6. 立文人夜利那征布（签押）

7. 同典人兀□□（签押）

（后缺）

图 7-5　天庆十一年（1204 年）用衣物典麦契（E）

图 7-6　天庆十一年（1204 年）用衣物典麦契（F）

G.

（前缺）

1.……立文人……

2.……□一条，……一领，于……

3.……□本利二石七斗。其……

4.……□日不见□……

5. 立文……

6.……□屈（签押）

7. 书……

（后缺）

H.

（前缺）

1.……□时，情乐一任出卖……

2. 立文字人夜……

3. 同典人夜……

4. 同典人……

5. 书契智见……

（后缺）

图7-7 天庆十一年(1204年)用衣物典麦契(G)

图7-8 天庆十一年(1204年)用衣物典麦契(H)

I.

（前缺）

1. 天庆十一年五……

2.……旧毯……

3.……小麦五斗……

4.……石其……

（后缺）

J.

（前缺）

1. 天庆十一年五月……

（后缺）

K.

（前缺）

1.……二日立文……

2.……皮毯一、旧……

3.……典到大麦四石……

4.……月一日将本利□……

5. ……乐，一任出卖不词

6. 立文字人……

7. 书契知见……

（后缺）

图 7-9　天庆十一年（1204 年）用衣物典麦契（I）

图 7-10　天庆十一年（1204 年）用衣物典麦契（J）

图 7-11　天庆十一年（1204 年）用衣物典麦契（K）

L.

（前缺）

1. 天庆十一年五月……

2. 皮毬一领，于裴……

3. 大麦一石三斗七……

4.……出卖……

（后缺）

M.

（前缺）

1.……□限日不……

2.……□讹兀令文（签押）

3.…… □□折兀埋

4.……唐惠清（签押）

（后缺）

N.

（前缺）

1. 天庆十一年五月……

2. 自己旧皮毬一□……

图 7-12　天庆十一年（1204 年）用衣物典麦契（L）

图 7-13　天庆十一年（1204 年）用衣物典麦契（M）

图 7-14　天庆十一年（1204 年）用衣物典麦契（N）

O.

（前缺）

1.……人□……

2.……于裴松寿……

3.……充，限当年……

4.……收赎之时……

5. 立文字人□折……

（后缺）

P.

（前缺）

1.……□……

2.……□□……

3.……兀□……

4.……□□……

（后缺）

Q.

1.……石，加三利……

2.……八月初一日□裴寿……

R.

（前缺）

1. ……天庆十一年……

2.……自己旧□……

3.……一石□斗加五利……

图 7-15 天庆十一年（1204 年）用衣物典麦契（O）

图 7-16 天庆十一年（1204 年）用衣物典麦契（P）

4.……刘氏……

5.……字人张屈栗（签押）

（后缺）

S.

（前缺）

1.……人康蒐兀蒐（签押）

（后缺）

T.

（前缺）

1. ……令嚢……

2.……大麦一石，糜……

3.……□三石七斗五升，日……

4.……□待夜出卖……

（后缺）

（二）天庆十三年裴松寿典当契约

A 收藏编号为 Or.12380—3771.1，发掘编号为 K.K.II.0232，高 14.5 厘米、宽 8.5 厘米。B 收藏编号为 Or.12380—3771.2，发掘编号为 K.K.II.0232，高 14.5 厘米、宽 17 厘米，9 行。C 收藏编号为 Or.12380—3771.3，发掘编号为 K.K.II.0232，高 13.5 厘米、宽 19.5 厘米，11 行。D 收藏编号为 Or.12380—3771.4，发掘编号为 K.K.II.0232，高 13.2 厘米、宽 8.6 厘米，6 行。李晓明、张建强先生发表的论文《英藏黑水城文献中一件西夏契约文书考释》[1] 对该

[1] 李晓明，张建强 . 英藏黑水城文献中一件西夏契约文书考释 [J]. 西夏研究 ,2012(1)：52.

文书进行了研究。

A.

（前缺）

1.……年三月初九日立文字人兀嚜遇令山今将

2.……□一段、次银钏子一对、旧被毡一片、旧□

3.……□鞍一具、苦□线二块，于裴松寿处典到……

4.……麦一石五斗加六利，共本□□□

5.……当年八月一日……

6.……一任……

7.……□……

（后缺）

B.

（前缺）

1.□□十三年三月廿日里立文字人□……

2.皮毯二领、旧羖羊皮禅衣一，于裴松……

3.五斗加五利，共本利二石二斗五升。其典不……

4.月一日将本利斛斗一并收赎。如限日不见……

5.乐，一任出卖不词

6.立文字人讹静你无……

7.书契知见人□□……

8.……三月廿日立……

9.立文……

（后缺）

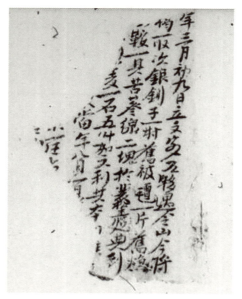

图 7-17　天庆十三年裴松寿典当契约（A）

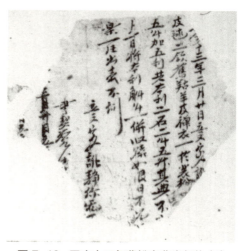

图 7-18　天庆十三年裴松寿典当契约（B）

C.

（前缺）

1. ……三年三月廿三日立文字人……

2. 赞单一，长二十四，于裴松寿处典到大□……

3. 本利四石五斗。其典不充，限当年八月一日将……

4. 一并收赎。如限日不见收赎之时，情乐一任出……

5. 立文字人保内皆埋（画押）

6. 知见人苏能粟（签押）同典人梁遇粟□……

7. 书契知见人李惠□□……

8. 天庆十三年三月廿一日立文字人兀嗲兀粟……

9. 花单三条、旧白毡三块，于裴松寿……

10. ……本利九石，其典……

11. ……赎。如限……

D.

1. ……加五利……

2. ……五升。其典不充，限……

3. ……一并收赎。如限日不见收……

4. ……不词。

5. 立文字人兀歹尥埋（画押）

6. 同典人兀歹□□□（画押）

（后缺）

图 7-19　天庆十三年裴松寿典当契约 (C)

图 7-20　天庆十三年裴松寿典当契约 (D)

英、俄两国分藏的西夏天庆年间典粮文契虽都出自黑水城，但贷出的粮食与利率却不尽相同。俄藏西夏天庆年间典粮文契，汉文写本，未染麻纸。西夏刻本《金刚般若波罗蜜经》裱纸，揭裱后编号为 TK49P 与 TK16V。行楷，墨色有浓淡。编号 TK16V 残存"其斛斗限至来八月初一日将本利斛斗计""同立文字人胡僧的 [画押]" "立文字人胡住儿"等字样。编号 TK49P，文契计 12 件。

（三）俄藏西夏天庆年间典当残契

1. 裴松寿处取到□子五斗加七利，共本子（五升）

2. 加五利□□……

3. 四月立文人胡住儿……

4. 裴松寿处取到利，共本利……

5. 其大麦限至来八月初一日交还，如限日不见交

6. 还之时，每一斗倍罚……

7. 五升，其□子限至来八月初一日交还，如限不见（左行倒粘字）

8. 还之时，每一斗倍罚一斗，与松寿麦用不同□□

9. ……得添还上件本利

10. 天庆十一年五月廿四日，立文约人夜□訛令鬼

11. 将自己旧□马毯二条于裴处典到大

12. 麦五斗……

13. 鬼名圣由鬼今

14. ……（画押）

15. 次男皆聂（画押）

16. 知见人马能鬼（画押）

17. 书文契人张□□（画押）

18. □银盏台尽一……

19. □绫袄子一领于裴处

20. □□本利小麦十六石一斗，其典

21. □□□将一任出卖，不词

22. □□□□□□

23. □□□□□

24. □□□□□□

25. 立文人曹……

26. 知见人……

27.……（画押）

28.……（画押）

29.……尚遇今将自己……

30.……大麦五斗加三利，共……

31.……限至来八月初一日

32. 立文人……

33. 同立文人……

34. 知见人……

俄藏天庆年文契订立时间跨度较大，从天庆六年到天庆十一年，前后相距 5 年。而英藏文书的年代都在天庆十一年和十三年，通过对俄藏和英藏文书对比研究，可以对文书的情况有更全面的了解，为西夏中晚期黑水城地区粮食借贷研究提供更多的史料。

二、西夏契约继承宋律

契约是人们自由意志的结果，是平等主体的当事人之间，基于合意而达成的设立、变更、消灭债的权利与义务的协议。契约是一种规范的法律文书，一般具有一定的行文款式和要素条款，民间契约和官府契约相比，因性质不同而在行文款式和要素条款上有所不同。西夏契约受西夏相关法律的约束，受唐、宋相关法律文书的影响，形成西夏契约的书面格式。

我们看到的英藏黑水城契约文书的书面格式分三部分。

契头：立契时间—双方姓名—标的物

内容：相关价格—行期限；双方约定的违约责任

契尾署名

陈炳应先生对西夏契约文书的画押进行了深入研究，指出了其画押的特点："汉文契约中各种人的画押是指印和印章，西夏人契约的画押是画符号，而且在同一份契约中，有各种不同的符号。"[1]西夏的契约是将立约的时间写在契头，上述介绍的几件文书，凡注明时间的都是如此，可以说这是一个较普遍使用的特点。

西夏人典当契约书面格式的另外一个独特之处，是契约上面要写典人子女亲属，中原传统契约一般是署上双方当事人、中人和书契人的姓名。中原古代契约不写卖地人的子女亲属。

宋代法律规定契约的书面格式比较规范："人户典卖田产，若契内不开顷亩、间架、四邻所至、租税役钱、立契业主、邻人、牙保、写契人书字，并依违法典卖田宅断罪"，"不依格式，并无牙保、写契人书字，并作违法断罪，不许执用"[2]。显然，西夏契约格式受到了宋朝的影响。

西夏天庆年间契约大致反映出了西夏契约的书面格式，对照西夏法律，契约格式体现了西夏法律的相关要求，用一定的书写格式来表现买卖、借贷、典当等契约关系。对经济活动中契约关系的性质及法律惩罚做出明确规定，为契约条款对当事人的权利义务的表述提供了规范性的

[1] 陈炳应. 西夏文物研究［M］. 银川：宁夏人民出版社，1985.
[2] ［北宋］窦仪. 宋刑统·典卖指当论竞物业：卷十三［M］. 北京：中华书局，1984：205

约束。

西夏法律在买卖、借贷、典当立文契的实施办法方面继承中原相关法律的特点，《天盛改旧新定律令》规定：诸人将使军、奴仆、田地、房舍等典当、出卖于他处时，当为契约。《天盛改旧新定律令·分持盗畜物门》有买卖、抵债、典当赃物的处罚规定。《天盛改旧新定律令·当铺门》规定：典当须有知证人；盗物不许典；典物本利相等，不许再加利；典物损毁或失盗当论价赔偿等。《天盛改旧新定律令·催索债利门》规定：负债不还治罪，承罪后限期还债。宋朝相关法律规定："应典卖物业或指名质举，须是家主尊长对钱主，或钱主亲信人当面署押契帖。或妇女难于面对者，须隔帘幕亲闻商量，方成交易。"[1] 这与中原封建法律的理念也是一脉相通的。

从黑水城契约文书可以看出，在西夏的经济领域存在广泛的契约关系，民间契约普遍使用，契约关系在西夏经济活动中运行可以在一定程度上促进西夏工商业的发展。但黑水城契约文书具有局限性，统治者对契约关系的干预十分强烈，具有对契约最终的处置权力，故西夏契约制度还不是相当发达。这是由封建社会的本质决定的，中国古代社会，契约主体的权利不可能得到完全的保障。以刑罚手段调整契约法律关系，是中国古代法律的一个特点，汉代有记载："坐不偿人责，过六月，免。"[2] 唐朝法律规定："诸负责违契不偿，一匹以上，违二十日笞二十，二十日加一等，罪止杖六十，三十匹加二等；百匹又加三等，各令备偿。"[3] 肖传林先生指出："中国有着几千年的封建历史，专制主义传统根深蒂固。在这样一个社会背景下，人们的思想被钳制着，致使契约的主体意志被扼制，造成个体权利的泯灭，而平等自由的观念也从来没有萌生过。

---

[1][北宋]窦仪.宋刑统·典卖指当论竞物业：卷十三[M].北京：中华书局,1984：205.

[2][东汉]班固.汉书·高惠高后文功臣表：卷十六[M].北京：中华书局,1962：561.

[3][唐]长孙无忌.唐律疏议·杂律：卷二十六[M].北京：中华书局,1983：485.

究其根本就是契约主体处于人身依附之下。另一方面，中国长期以来一以贯之的是自给自足的自然经济形态。在这种经济形态之下，商品经济极不发达。商品经济要求商品生产者能够自主地生产、销售自己的商品，而商品生产者之间在法律地位上具有平等的人格，一方不能把自己的意志强加给另一方；同时一方还要尊重另一方的权利。我国古代商品经济不发达，致使我国长期缺乏自由平等的观念，从而导致我国古代契约制度不发达，契约制度与现代契约制度格格不入。尽管契约在中国古代很早就出现了，且在古代社会家事、商事、行政和司法等各个领域广泛使用，但中国古代契约制度并不发达，契约仅具形式而已，且与身份紧密相连，因而缺乏现代契约精神。"[1]西夏法律继承了中原封建王朝的法律习惯，经常使用刑法处理民间契约关系。《天盛改旧新定律令·催索债利门》集中体现西夏王朝用刑罚方式以刑罚手段调整契约法律关系：因负债不还给，十缗以下，有官罚五缗钱，庶人十杖，十缗以上，有官罚马一，庶人十三杖。诸人放债，本利相等以后，不允取超额。若违律得多利时，有官罚马一，庶人十三杖。借债者不能还时，当催促同去借者，同去借者亦不能还……可令出力典债。《天盛改旧新定律令·出典工门》载：典押出力人失去人身自由，如果押处主人因其不作业者，击打等而致死者，徒一年。执械器而拷打逼迫致死者，徒三年。但诸典押出力人不许殴打、对抗、辱骂押处主人。若违律时，押处主人是庶人，则当面辱骂相争十三杖，殴打则徒一年，伤者当比他人殴打争斗相伤罪加三等，死亡则当绞杀。对有官人辱骂相争时徒一年，殴打则徒两年，伤时当比诸人殴打争斗相伤罪加五等，死则以剑斩。[2]从西夏律条可以看出，西夏在处理民间契约关系中滥用刑罚的严重程度超过宋朝法律。

---

[1] 肖传林.略论中国古代契约的特点 [J].湖北大学成人教育学院学报，2001(6)：39.

[2] 史金波，聂鸿音，白滨，译注.天盛改旧新定律令·出典工门：卷十一 [M].北京：法律出版社，2000：388.

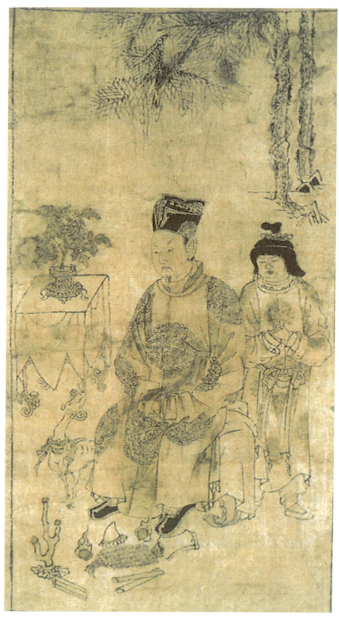

西夏官吏图　藏俄罗斯艾尔米塔什博物馆

西夏官品分十二品，官阶有 80 多阶，各种特权、待遇与礼遇都有差别。

三、黑水城农牧民的艰辛生活

西夏天庆年间典当残契有抵押物条款，且借谷物契的抵押物牲畜并不转移占有、使用、管理权，而典麦契的抵押物一领袄子裘则转移给出典人占有和管理。规定了借贷契约的性质和不转让抵押物占有、支配、收益权等法律要素。陈国灿先生在《西夏天庆间典当残契的复原》论文中对抵押品估价标准做了考证，粮食和皮货的估价如下：

袄子裘一领粮一石（大麦、小麦各五斗）

（新）皮裘一领粮一石（大麦三斗、小麦七斗）

（次）皮裘一领大麦一石

旧皮裘（上等）一领大麦七斗

旧皮裘（中等）一领大麦五斗

旧皮裘（下等）一领小麦三斗

马毯一条小麦五斗

白帐毡一领小麦五斗

苦皮一张大麦二斗

通过深刻分析西夏天庆年间典当残契，可见西夏统治集团对人民的剥削压迫之重。西夏老百姓在物品交换过程中受到封建商人集团的又一层盘剥，西夏天年庆间典当残契反映："第一，牧民拿皮毛作抵，其估价通常低于市价。第二，第三个月后，典出的粮食价值可净增30%或40%，而牧民抵押物却不能增值，即所谓'其典不充'。这样，牧民被压低价格剥削了一次，三个月后又被30%或40%的利率剥削了一次。这就是说，裴松不仅拿一石大麦在威福军地区当一石三斗在流通着，而且对牧民的皮毛物品以大大低于常价的价格来收进，这比一般直接的交换更能获利。可见，这种典当正是裴松对羌族牧民进行双重剥削的一种'商业骗术'，是一种惊人的不等价交换。"[1] 对契约反映西夏高利贷剥削的状况，学者也一直在研究。赵彦龙先生在《西夏时期的契约档案》中有详细的总结："西夏统治者为了维护高利贷者的利益，用法律的形式进行了规定，任何人不得违反。"[2] 这样一来，西夏的高利贷剥削就堂而皇之地合法化了。《天盛改旧新定律令·催索债利门》规定：全国中诸人放官私钱、粮食本者，一缗收利五钱以下，及一斛收利一斛以下等，依情愿使有利，不准比其增加。其本利相等仍不还，则应告于有司，当催促借债者使还。……若皆未能，则借债者当出工力，本利相等后，不允在应算利钱、谷物中收取债偿。若违律时，有官罚马一，庶人十三杖，所收债当归还。同去借者所管主人者，他人债分担数，借债者自己能办时，当还给。按照西夏法典规定，西夏官方就发放高利贷，民间的私高利贷更普遍，西夏高利贷活动十分盛行。西夏统治者在法律上保障了高利贷者对社会的剥削，对无力支付的老百姓实施严厉的处罚。通过西夏天年庆间典当残契，我们可以真切地看出西夏老百姓生计的艰难以及封建剥削阶级对人民劳动果实无孔不入的榨取。

西夏天庆年间典当残契还反映出西夏经济活动的真实面貌。黑水城地区是西夏政治经济文化较发达的区域，但从西夏天庆年间典当残契反映的问题分析，西夏的商品经济尚处于低水平阶段。一般来讲，在古代社会，货币交换在多大程度上代替以物易物的贸易形式，标志着其商品经济发展的程度，如果在社会的经济交往中，以物易物的交换形式占到主导地位，可以说明这个社会经济环境是相当闭塞的。西夏天庆年间典当残契真实地表现出了西夏商品经济的落后状态。典当货物的人是社会底层劳动者，为了生计典当家里的生活物品中包括一批当时属于贵重物品的皮货。我们注意到，他不是用皮货去典当一定数额的现金货币，而是直接去典当一家人生活所需的食物——粮食，这是物物交易的典型形

---

[1] 陈国灿.西夏天庆间典当残契的复原［C］//西夏史论文集，银川：宁夏人民出版社，1984.
[2] 赵彦龙.西夏时期的契约档案［J］.西北民族研究，2001(4).

式。如果说这份契约有可能是一种特殊情况，西夏社会底层劳动者在青黄不接的季节可能急需粮食来活命，不需要用货币去购买其他货物，为简化购买成本，就直接以皮货交换粮食，这种情况也是可以理解的。但契约中规定的违约责任同样是属于以物易物的形式，契约规定借款人违约，要向放高利贷者支付高额赔偿，处罚的形式不是向放高利贷者支付现金，而是赔偿一定数额的小麦。黑水城地区的当铺是有相当经济实力的经营机构，他们这些放高利贷者不收取现金，可以证明在西夏时期黑水城地区，以物易物在经济交易活动中占主导地位。

俄藏黑水城文献中存有另一件契约文书《西夏天盛廿二年（1170 年）寡妇耶和氏宝引母子卖地房契》（俄藏编号 5010 号），记载了民间田地买卖这种数额较大的交易活动也是采取以物易物的方式，立文约人有一块豢养牧畜及零散种植蔬菜的田地，有人用四匹骆驼交换，出售田地者和买田地者双方之间不存在现金交易，以货易货。这份契约规定出售田地不直接得到货币，而是交换到骆驼若干，如果双方出现违约现象，处罚的一方不被处罚钱，而是处罚等量的小麦。俄藏黑水城契约文书《西夏天盛廿二年（1170 年）寡妇耶和氏宝引母子卖地房契》和英藏黑水城契约文书确凿表明，以物易物的贸易形式盛行于民间，西夏多地的商品经济发展相当滞后。

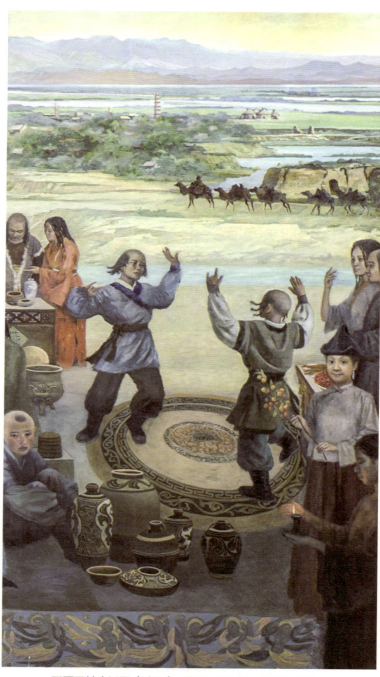

西夏百姓生活图（油画） 宋鸣 王雪峰 王印泉创作

第二节 黑水城文书与西夏基层社会管理

一、户籍账册类文书

在我国封建社会，户籍管理和租税征收是封建政权施行专制统治的主要手段之一，通过户籍管理控制人口，通过税收来征收社会财富，户籍和租税制度成为封建制度的重要组成部分。西夏的户籍和租税制度是很复杂的，文献资料的记载不多，也存在不少错误，增加了了解这项制度的困难。英藏黑水城户籍租税账册文书收藏在英国国家图书馆，这批文书可以对西夏史料提供考辨和补充，从微观角度来说明中古时期西北的社会经济和阶级关系状况。近年来，国内历史研究的学者开始利用黑水城户籍租税账册文书来研究西夏经济史。在中俄共同整理、出版《俄藏黑水城文献》过程中，史金波先生在俄罗斯科学院东方学研究所圣彼得堡分所整理西夏文献时，发现了一大批西夏文书，计有一千余号，包括户籍、军抄册、账册、契约、告牒、书信等。这是一项令人惊喜的收获。在英国藏的黑水城社会文书中，也发现了一批西夏户籍、账册残片。这些珍贵的原始资料对研究、认识西夏社会有极高的价值，其中有关西夏户籍、人口的文书虽多为残件，但这些宋、元时期的文书，保存了西夏时期黑水城地区户口、税收的第一手资料，虽残损严重，却弥足珍贵，是打开西夏社会家庭大门的钥匙。

英国藏黑水城出土的户籍账册类文书反映的西夏社会基层组织的最基

层一级，应该是迁溜（里），这是西夏独特的一级社会组织。《天盛改旧新定律令》规定，西夏农村十户遣一小甲，五小甲遣一小监，二小监遣一农迁溜。五十户正是法定社区单位。英藏的户籍册可能是以五十户为单位登记的。西夏社会基层组织有社会管理和军事管理的双重职责。迁溜（里）的职能包括对所辖住户户口、土地、牲畜及其他财产的登记，编制申报乡里籍账，负责催缴租税，同时管理西夏基层军事组织军抄。

英藏黑水城出土西夏户籍租税账册文书共 12 件，10 件是西夏文书写，2 件是汉文书写。

英藏黑水城文献保存的这一批发掘编号为 K.K. 的西夏户籍账册文书残页，对研究西夏户籍制度的重要性是不言而喻的。西夏户籍制度是建立在全民皆兵的基础上的，和中原王朝的户籍管理有很大的差异。从黑水城的户籍账册类文书可以看出西夏有完善的户籍编制，《天盛改旧新定律令》规定：西夏农户应将家中人口变化及时申报，防止虚杂，典册清洁，三年一番。这与中原王朝很接近，都是三年编制一次清册。从英藏黑水城西夏户籍文书可分析出西夏社会基层组织结构的详细情况，具有很高的研究价值。

英国藏黑水城出土的户籍账册类文书分为以下三种。

第一种是记载各户粮食往来账目。收藏编号为 Or.12380—2141，文书残页 1 片，草书，4 行，粮账册，残破严重，可识别的文字为"有四斛五斗……令册六斛麦……当还"。

第二种是记载生畜牧养类文书。收藏编号为 Or.12380—2781，写本，草书，户籍册，残破严重，可识别的文字为"其中有一户……乐宝族式男女……畜：一骆驼、一马、五十羊"。

第三种是详记人口和牲畜的户籍文书。收藏编号为 Or.12380—2135，文书残页 1 片，草书，户籍册，残破严重，可识别的文字为"一户饶尚……男女大小五人畜：三骆驼、五牛、一马"。

图 7-21　Or.12380—2141 西夏账册文书

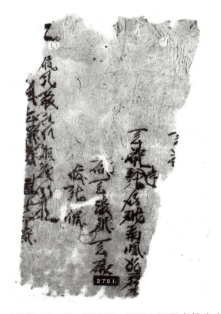

图 7-22　Or.12380—2781 西夏户籍文书

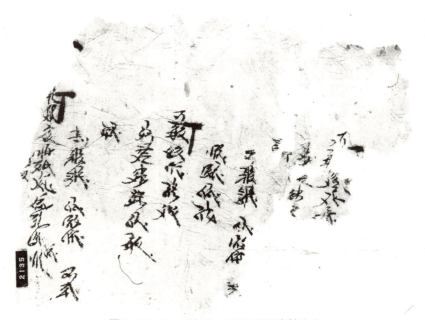

图 7-23　Or.12380—2135 西夏户籍文书

从户籍文书残页中可以看出，西夏的户籍中，除了记载人口资料外，还详细记载家庭牧养牲畜的情况，这反映出作为游牧民族发展起来的西夏封建社会，对牲畜业相当重视，也说明在黑水城区域，牧养业仍然是十分重要的。

二、西夏纳粮文书考释

英藏黑水城出土文书中新发现有关于西夏赋税中纳粮制度的文书残页，收藏编号为 Or.12380—2586，发掘编号为 K.K.，写本，7 行，似为纳粮规定。译文为：

1. 一等月……

2. 处共合……

3. 当令……其中一二种在（滞）

4. 全缴。住滞时有五斗杂（粮）中……

5. 弃去

6. （一等）日过时，五斗杂（粮），月过时一斛……

7. 中列座相聚时……

此件文书虽残破严重，但从中也可以看到西夏缴纳粮食有十分具体的规定，缴纳的种类有杂粮，若逾期不缴，按逾期的日、月给予处罚。英藏黑水城出土的这件有关纳粮的文书残片，对西夏税赋制度研究具有较为重要的价值，对俄藏的相关纳粮文书残缺的内容也是重要的补充。

西夏对农业租税有详细和严格的规定，《天盛改旧新定律令》集中很多农业租税条款，有"催缴租门""催租罪功门"等。但是关于租税收的具体规定，因《天盛改旧新定律令》有残失，内容不得而知，这就需要我们利用黑水城新发现的纳粮条款加以补充。《天盛改旧新定律令·租地门》规定：当指挥诸租户家主，使各自所属租，于地册上登录顷亩、升斗、草之数。转运司人当予属者凭据，家主当视其上依数纳之。[1] 所谓"租户家主"就是有耕地的纳税农产。农民应纳多种租税，要登录于册，按数缴纳。纳税迟缓要受法律制裁，同门规定：租户家主有地租、佣、草，催促中不速纳而住滞时，当捕种地者及门下人，依高低断以杖罪，当令其速纳。《天盛改旧新定律令》还规定了纳税的期限：各属郡县于每年十一月一日将收地租税的簿册、凭据上缴于转运，转运司十一月末将簿册、凭据引送京师磨勘司，磨勘司应于腊月一日至月末一个月期间磨勘完毕，若有延误都要获罪。

《天盛改旧新定律令》有关于农业的条款，但相关内容现在全部残缺，只能根据条文目录略知基层社会组织收缴租税的情况。西夏的农业税收远不止上述耕地粮税。《天盛改旧新定律令》规定：诸郡县转交租，所属租、佣、草当紧紧催促，收据当总汇，一个月一番，收据由司吏执之而来转运司。[2] 这说明西夏的赋税中除纳粮食地租外，还服劳役和缴纳草。在《天盛改旧新定律令》"农人利限门"中有"农主纳册法""鸣沙京师农主夫事草承担""对农主摊派麦草等"条目，但内容都已经遗失。

黑水城出土的西夏纳粮文书比较稀少，且残损严重。俄藏黑水城文献有三件关于纳粮的文书，英藏有一件，分别记录纳粮统计账和纳粮账籍的情况，均为西夏文草书书写。

我们将收藏在俄罗斯和英国的相关残片进行比较，可以获取比较完整清晰的史料，对西夏纳粮问题的认识将会更加准确。

第一，西夏赋税中的纳粮种类。西夏对纳粮的种类有明确的规定，《天盛改旧新定律令》记载：麦一种，灵武郡人当缴纳。大麦一种，

---

[1] 史金波，聂鸿音，白滨，译注. 天盛改旧新定律令·租地门：卷十五［M］. 北京：法律出版社，2000：496.

[2] 史金波，聂鸿音，白滨，译注. 天盛改旧新定律令·地水杂罪门：卷十五［M］. 北京：法律出版社，2000：507.

保静县人当缴纳。麻褐、黄豆二种，华阳县家主当分别缴纳。秫一种，临河县人当缴纳。粟一种，治源县人当缴纳。糜一种，定远、怀远二县人当缴纳。[1]

俄藏编号 4808 号文书记载的纳粮种类有大麦、麦子：

大麦四斗三升　麦一斗七

大麦六斗七升　麦一斗六升半

大麦六斗七升　麦一斗八升七

收藏编号为 Or.12380—2586 文书也记载了百姓纳粮包括杂粮类。通过这些文书，我们可以清楚地看到《天盛改旧新定律令》规定的西夏纳粮种类在社会中的具体执行情况，纳粮种类主要是麦类和杂粮。

第二，西夏百姓纳粮的比例和负担。俄藏 1755—4 号文书有上、下两件，皆为纳粮文书残页。上段四周皆残，草书，译文如下：

……五斗麦三斗七升半

……十亩税三斗七升半

……斗麦七升半

……山三十亩税三斗七升半

……斗麦三七升半

……一顷五十亩税一石八斗七升半

……石五斗麦三斗七升半

……吉七十亩税八斗七升半

……斗麦一斗七升半

……一顷三十九亩税一石

……斗三升七合半

史金波先生认为："由此地亩数和纳粮数知其税率，即每亩地缴纳税

[1]史金波, 聂鸿音, 白滨, 译注. 天盛改旧新定律令·催缴租门：卷十五［M］.北京：法律出版社, 2000：480.

杂粮十分之一斗，即一升，缴纳小麦四分之一升。"[1] 根据黑水城文书可分析出西夏百姓的纳税负担，让我们对西夏赋税制度有了清晰的认识。

第三，西夏纳粮滞纳处罚。收藏编号为 Or.12380—2586 的纳粮文书，明确记载了西夏征收赋税中滞纳处罚的规定，截至目前，这是我们首次发现有关西夏纳粮滞纳处罚的史料。西夏赋税制度非常苛刻，纳粮延时一日就要处罚五斗，而且是累加的处罚制度，滞纳超过一个月，就要把处罚加大到一斛，这样累计起来，滞纳处罚的强度是非常重的。从收藏编号为 Or.12380—2586 的纳粮文书中可以看到西夏百姓的税赋是十分沉重的。

西夏社会的粮食往来账目是比较多的，关于粮食账册的文书对分析西夏粮食问题很有价值。收藏编号为 Or.12380—2141 的文书是记录某户偿还粮食的账册，可以看出是一户人家欠了粮食，已经还了一部分，尚有一斛未还清。这户应该是普通百姓，一斛的粮食都不能凑足还账。为了还债，一家人有可能去借高利贷。该粮食账册由于残缺严重，我们无法确定该文书是官府账目还是民间往来，不知其是欠了官府的税粮还是借了私人的粮食。

---

[1] 史金波. 西夏农业租税考——西夏文农业租税文书译释 [J]. 历史研究，2005（1）.

第三节　城废人去

一、黑水城废弃之谜

从明代开始，这座千年古城逐渐遭到废弃。专家分析黑水城废弃的原因主要有两个。首先是元代、明初的战乱。明永乐初年，蒙古已明显分裂为两大部分，即西部蒙古的瓦剌和东部蒙古的蒙古本部，两部之间多次爆发军事冲突，瓦剌脱欢所立脱脱不花可汗率众袭击阿鲁台，《明史·鞑靼传》记载，1434 年"阿鲁台既死，其故所立阿台王子及所部朵儿只伯等复为脱脱不花所窘，窜居亦集乃路。外为纳款，而数入寇甘、凉"[1]。亦集乃路一带再次遭受战乱，对黑水城破坏极大。因战争攻城杜绝河道或因战乱河渠不修、水绝流而废弃，即流经黑水城的河渠先改道而后城废弃。斯坦因在 20 世纪初考察黑水城后指出，"黑城子之放弃由于灌溉困难的说法，有许多证据可以相信"[2]。

公元 1372 年，明朝大将冯胜攻破黑水城，攻城场景异常惨烈。额济纳旗流传着黑将军的故事，元朝黑水城守城将军叫作黑将军，他武艺高强，英勇善战。明军大将冯胜攻城不下，军队消耗严重，十分焦急。有人献计谋让他断绝黑水城的供水，可迫使元军投降。冯胜采纳此计，在黑水城上游令士兵修筑一道拦河坝，断绝下游的河水。黑水城元军失去水源，无法

[1]［清］张廷玉.明史·鞑靼传：卷三百二十七［M］.北京：中华书局，1977：8470.
[2]［英］斯坦因.西域考古记［M］.向达，译.上海：中华书局，1987：174.

抵抗，黑将军打开城门投降，黑水城之战结束。

但有专家不同意这个观点，陈炳应、梁松涛先生指出黑水城废弃在前，黑水河改道和垦区沙漠化在后。1433年前后，黑水城地区的人们虽然屡遭战乱，但仍然艰难地生活着，各种宗教社会活动仍然照常进行。1434年，可汗庭迁入亦集乃城，骤然增加很多官兵、居民，人数大增，更加热闹。1438年前后，毁灭性的战争突然降临，这里的兵民大部分被杀被俘，幸存的少量人也被敌军追逐而走，上述有资料为证，而河流改道的资料却丝毫未见。至于当地居民传说和景爱先生指认的黑水河故河道中的堤坝，确实是值得考虑的重要问题。但它是何时修筑的，传世文献及出土文书均无记载，就只有等待将来考古发掘来断代。但肯定不是洪武五年冯胜军队所筑。到底是1438年明军或瓦剌军、鞑靼军所筑，还是后来什么时候所筑，我们不能妄下断语，目前只能根据现有资料判断："应是黑水城被迫废弃后，由于自然方面和人为方面的原因而造成黑水河改道、水渠废弃的。"[1]

元末明初，黑水城经常处于战乱之中，瓦剌军队和鞑靼军队多次在黑水城发生军事对抗，瓦剌军队对亦集乃路的居民采用"迫逐"的办法，迫使他们归附。亦集乃路地区的城池、房屋、河渠、田园等受到破坏，居民无法生产、生活。战争因素无疑是黑水城被破坏的直接原因，当地自然环境的恶化和气候变化也有直接联系。黑水城废弃后，古城及周围的自然环境都发生了很大的变化。由于河流改道，没有了水源，古城逐渐被沙漠所包围。

二、清朝、民国时期的额济纳

根据史书记载，最晚在1438年，黑水城终废。经历宋、夏、元历代的起伏变迁，整个额济纳旗地区生态环境不断恶化，沙漠蔓延，千年古城

---

[1] 陈炳应，梁松涛.黑水城废弃的时间及原因新探［J］.宁夏大学学报：人文社会科学版，2009（2）.

黑水城最终变成了一座茫茫荒漠中的废墟，黑水城一带完全断绝了人烟。清乾隆十八年（1753年），设置额济纳旧土尔扈特特别旗。从俄国伏尔加河流域东归的土尔扈特部蒙古迁移到这里，额济纳重新有了人迹。土尔扈特是中国西北厄鲁特蒙古四部之一，土尔扈特明代游牧于塔尔巴哈台山一带雅尔地区的牧场（今新疆塔城地区西北），17世纪30年代，西迁至伏尔加河下游，在俄国沙皇统治之下自成独立游牧部落。乾隆三十六年（1771年），土尔扈特为反抗沙俄压迫，率领部众回国。清朝将土尔扈特的一部分安置在额济纳生活。额济纳民国期间直属国民政府蒙藏委员会，由宁夏护军兼辖，1928年隶属宁夏省政府管辖。

1908年12月，俄国人科兹洛夫进入黑水城遗址，掠取大量出土文献。科兹洛夫探险队在一座佛塔中发现了大量的西夏文物、文献，文献存放在今天的俄罗斯科学院东方学研究所圣彼得堡分所，文物存放在艾尔米塔什博物馆。

在20世纪初欧洲探险家的行列中，斯坦因是大名鼎鼎的人物，斯坦因姓名全称为马克·奥雷尔·斯坦因，1862年11月26日出生于布达佩斯，在牛津大学和剑桥大学研习东方古代语言和研究考古学。1888年起，斯坦因出任旁遮普大学拉合尔东方学院的首任院长，后来前后三次来到中亚探险。1914年5月，斯坦因结束敦煌沿线烽燧考察之后，取道玉门、酒泉，沿着额济纳河到达黑水城发掘，他发掘了城内几处寺庙、寺塔废址，城西的垃圾堆，城东北角的废塔遗址和河边塔基，获取了大批文献，总量为4000余件，全部残页编号约7000个。

内蒙古自治区人民政府于1964年在报请文化部文物局批准后，由内蒙古自治区文物考古研究所对黑水城进行测绘。黑水城遗址为西夏和元两座城址叠压在一起。外围大城是元代扩建的亦集乃路故城，即现在的黑水城遗址，全城平面呈长方形，东城墙延长为421米，新建南城墙和西城墙，周长为1590米，面积为157454平方米，比西夏时期扩大了2.8倍。城内东西向街为主干道，在东街和正街的两侧分布着密集的店铺和民居。考古发掘纪要记录了黑水城遗址的轮廓："从发掘、清理的结果显示，原先的西夏小城变成了商业居民区。小城内偏东处有 7 号院为寺庙遗址，位于正街和东街之间。小城外的东南隅有 6 号院为广积仓，用来贮存粮食。位于小城西墙处'中心高台'前为 5 号院寺庙遗址。而位于大城内靠近两门北侧的 1 号院为总管府遗址。2 号院与之相邻，且与 2 号院隔街而置的 3 号院一起被推测为诸王府第，缘于其形制与 2 号院相似且胜于 1 号院。位于大城西南处的 4 号院为寺庙遗址。由此可看出，小城大街两侧多分布店铺和民居，而总管府、广积仓等路府司属的官衙和住宅多分布于大城内。寺庙遗址散见城中。在东城门和西城门外，早年可以看到房屋的残迹，可推知这里是平民百姓的居住地区，可以称作东厢、西厢，文书中也出现过相关记载。""由于元朝有许多到此经商的阿拉伯人，且信奉伊斯兰教的人很多，他们可能居住在城外西南隅，因为至今这里还保留着一座规模宏大、颇为壮观的清真寺，清真寺附近还有伊斯兰墓地，与文书'西至城角同回坟墓'相印证。元代的亦集乃城喇嘛教相当流行，两城墙的北部，靠近北城墙的拐角，建有五座白色的喇嘛塔。其城南墙内外，北墙外以及晒城墙外还遗留有许多土塔。"[1]1983 年 9 月 10 日和 1984 年 8 月到 11 月，内蒙古考古部门再次对黑城遗址进行考古发掘。2001 年，黑水城成为国务院重点文物保护单位。

千年黑水城渐渐被历史遗忘，彻底远离历史的喧嚣与争乱。科兹洛夫、斯坦因留下了几张黑水城遗址的照片，将黑水古城最后定格在照相机的影像里。那些老照片，经过摄影的明暗对比效果处理，画面里的残垣露出一种细腻的质感，今天我们看上去不禁有几分悲凉，那里的一沙一石似乎都在诉说着岁月的沧桑。

---

[1] 内蒙古文物考古研究所和阿拉善盟文物工作站. 内蒙古黑城考古发掘纪要[J]. 文物，1987(7)：8.

土尔扈特一家人　摄于 1900 年　藏芬兰国家文物委员会

俄国科兹洛夫探险队

第八章

绚丽的科技文书

第一节　唐、宋科学技术在西夏的传播

一、西夏学习唐、宋手工业技术

隋唐时期，党项人冶铁和制造兵器的水平还十分落后，"然器械钝苦，畏唐兵精，则以善马购铠，善羊贸弓矢"[1]。为了改进武器，党项人用马羊交换中原地区的兵器。西夏建国后，政府统一掌握兵器制造，公元1040年，设铁冶务于夏州，"盖夏州多铁，州东设铁冶务，去河东麟府界黄河西约八十里"[2]。元昊在其东屋后设有冶锻工场，宋朝使臣杨告出使西夏，在官驿内听到附近传来打铁的声音"若千百人锻声"。西夏《文海》释"铁"条："此者矿也，使石熔为铁也。"西夏辞书《圣立义海》记载，巴陵峰"黑山郁郁溪谷长，生诸种树，熔石炼铁，民庶制器"。西夏《天盛改旧新定律令·罪则不同门》规定，将罪犯配往官方"熔铁处"服苦役。安西榆林窟西夏壁画《锻铁图》的发现，说明西夏的河西地区也有铁器生产。汉文史籍也记述了西夏冶铁的发展："横山亘衷，千里沃壤，人物劲悍善战，多马且有盐铁之利，夏人恃以为生。"[3]

党项族长期与宋、辽接触，宋、夏战争中有大量的工匠把先进的技术

[1]［北宋］欧阳修，宋祁，等.新唐书：卷二百二十一上［M］.北京：中华书局，1975：6217.

[2]［清］吴广成.西夏书事校证：卷十四［M］.龚世俊，等，校证.兰州：甘肃人民出版社，1995：162.

[3]［南宋］李焘.续资治通鉴长编：卷三百二十八［M］.北京：中华书局，1995：7893.

带到西夏。唐、宋时期，中国铁冶炼世界领先，西夏立国之时，中国的冶铁技术走在世界的前列。西夏的铁冶炼由最初向宋朝等周边政权学习、仿造，逐渐过渡到技术熟练，工艺创新，并在许多方面超过了同时代的宋、辽。我国早期炼钢技术最伟大的发明是"灌钢法"，灌钢法的发明应该在南北朝之前。南朝齐、梁时的陶弘景首先记载了"灌钢法"，北朝魏、齐间的綦母怀文曾用这种方法制成十分锋利的"宿铁刀"。在公元 1740 年坩埚炼钢法发明以前，世界各国一般都是采用熟铁低温冶炼的办法，钢铁不能熔化，铁和渣不易分离，碳分不能迅速渗入。我国发明的"灌钢法"，将生铁和熟铁一起加热，让先熔化的生铁液灌入疏松的熟铁空隙中，使熟铁增加碳分变成钢材，从而解决了这个难题。"灌钢法"的出现，能够使钢的产量和质量大大提高。经过隋、唐、五代和两宋，"灌钢法"又不断发展。

西夏人从中原地区吸收了中国传统的先进的冶铁技术，从而提高了西夏兵器制造的水平。首先表现在西夏人掌握了提高炉温的技术，竖式双扇风箱的使用，比用韦囊鼓风更进了一步，是后世制作抽拉风箱的过渡阶段。敦煌榆林窟西夏第三窟壁画《锻铁图》中，师傅一手执铁钳夹铁置于铁砧上，一手举铁锤，徒弟双手正举起铁锤，准备锻打。师傅身后一人正在推拉竖式双扇木风扇，风扇后面的炼铁炉燃起炽热的火焰。按图比例分析，木风扇约一人高，由一人操作，两扇箱盖板轮流一推一拉，可以不间断地鼓风。这种木风扇加大了鼓风量，即增加了供氧量，增强了氧气在炉中的穿透力，使燃料炭在炉中充分燃烧，提高了炉温，增强了物料中挥发成分的挥发性和炉料中碳酸盐的分解，有利于还原剂的还原，提高了冶炼强度。西夏使用长方形风箱表明西夏冶炼中的鼓风技术非常先进，李约瑟博士认为："这类风箱首次见于十或十一世纪的西夏榆林窟壁画，它无疑是日本脚踏大风箱的先导。"[1] 我国采用木风箱鼓风熔炼，比欧洲早五六百年。党项族能造

---

[1]［英］李约瑟. 中国科学技术史：卷四（第二册）［M］. 北京：科学出版社，2008.

出闻名遐迩的"夏国剑"，"证明西夏钢铁的冶炼水平、热处理技术及有关的化学、物理知识都居当时世界领先水平。"[1]敦煌榆林窟西夏壁画《生产工具图》，也形象地再现了斧、锯、锛、剪、尺、规等手工工具，其形制与近代十分相似。

西夏人淬火和回火技术也相当过关。通过"淬火"和不同温度下的"回火"相配合，获得了适应多种性能的钢制兵器。

二、西夏兵器制造工艺

西夏掌握了冷锻甲制作工艺。公元 1041 年，宋朝陕西安抚判官田况在上书言边事时指出："（夏人甲胄）皆冷锻而成，坚滑光莹，非劲弩可入。"[2]其法与青唐吐蕃锻铁基本一致，"凡锻甲之法，其始甚厚，不用火，冷锻之，比元厚三分减二乃成"[3]。这种技术要求冷锻形变量控制在百分之七十左右，形变量过大，锻甲的脆性也过大，容易被损坏，如果形变量过小强度就会变弱，也容易被损坏。沈括曾记载："镇戎军有一铁甲，椟藏之，相传以为宝器。韩魏公帅泾、原，曾取试之。去之五十步，强弩射之，不能入。尝有一矢贯札，乃是中其钻孔；为钻孔所刮，铁皆反卷，其坚如此。"[4]据说该甲由青唐吐蕃冷锻而成，掌握了冷锻技术的党项、羌人所锻之甲，亦当大致如此。西夏人掌握好了形变量的比例，才能锻造出高水平的冷锻甲。西夏冶铁和铁器加工位居当时世界前列，以刀、剑、弓为代表的西夏兵器十分精良，几种特殊的军事机械也很有特色，火药兵器尚处于初始阶段，但在战争中也发挥了一定作用。

---

[1] 王福良.西夏的兵器制造与化学 [J].宁夏大学学报 ,1999(2).

[2][清] 戴锡章.西夏纪：卷七 [M].罗矛昆，点校.银川：宁夏人民出版社，1988.

[3][北宋] 沈括.梦溪笔谈：卷十九 [M].北京：中华书局，2009：209.

[4][北宋] 沈括.梦溪笔谈：卷十九 [M].北京：中华书局，2009：209.

1. 西夏军事机械

汉文史料记载的西夏军事机械有以下几种。

（1）浑脱

西夏专门训练出了具有民族特色的水上"浑脱"部队，实际是作战使用的登陆艇。"浑脱"取材于牛羊皮，制成袋子，轻便而坚固，浮而不沉。把这样的袋子联接起来，便成了较大的筏子，提高了载重量，一个筏子一般可以在作战时载七八个兵卒。这些水兵既能战斗，又能运输作战物资，可以协同"铁鹞子""步跋子"各种部队联合作战，作用很大。"浑脱"又称"羊皮筏子"，沿用至今。

木筏也是西夏军队渡河使用的装备，公元 1041 年，攻宋麟州、府州时，"元昊于河西伐木编筏，将为渡河计"[1]。

（2）高车

高车是西夏军队攻城野战的先进兵车，适应大兵团作战，载重力很大。公元 1098 年，西夏"国主与其母亲自将攻平夏城，自己卯至壬辰，昼夜疾攻。成等守益坚，夏人乃造高车以临城，载数百人填壕而进。俄有大风震折，夏人一夕遁去"[2]。句中"临城"可见高车之高，登车可与城上守军对战，俨然一个庞然大物，然而不能抵御大风，可见其结构尚不够合理。西夏军队还有其他的军事装备，公元 1084 年攻兰州时使用的云梯革洞，公元 1126 年攻震威城时使用的木鹅梯冲，其用途类似于前面讲到的高车，都是攻城用的军事装备。

（3）旋风炮

西夏的"旋风炮"则是一种犀利的射远型兵器，可以将石块向任意方向抛射。对"旋风炮"的解释现在仍有争议，有人认为是使用火药发射，

---

[1]［清］吴广成.西夏书事校证：卷十五［M］.龚世俊，等，校证.兰州：甘肃人民出版社，1995：173.

[2]［清］戴锡章.西夏纪：卷二十一［M］.罗矛昆，点校.银川：宁夏人民出版社，1988：247.

有人认为是用机械抛掷。我们认为"旋风炮"完全可分为火药发射和机械抛掷两种。

2. 西夏火药技术

我国的炼丹有悠久的历史。炼丹是以硝石、硫黄、木炭等为原料，按照一定比例配方，置放在火炉里烧成丹的。硝石、硫黄、木炭这三样东西达到一定温度后，会散发大量气体，如不严加控制，就会引起膨胀、发火以至爆炸。炼丹过程中这种爆炸现象时有发生，丹未炼成，"火药"却倒"炼"出来了。勤劳而又智慧的中国人发明了火药后，用之于军事。在箭头部分缚上火药，加引线，作战时，把引线点上火，用弓射向敌方，烧杀敌人，叫"火箭"。把火药做成火药包装在抛射机上，抛入敌群，落地燃烧，叫"火炮"。在使用"火箭""火炮"的同时或稍后，大约 10 世纪末，在战场上又出现了"火蒺藜"等。这也是用火药做成火药包，火药包上装有引线，点燃后抛向敌人，能使敌人烧伤中毒，或直接把敌人刺死，增强了杀伤力。

中国在宋、辽、金时代，已进入冷兵器和火药兵器并用时代。宋朝最先掌握火药制造技术，并对外严格保密。但辽朝最晚到辽道宗时，亦已掌握了火药制造技术，在"燕京日阅火炮，令人于南界榷场私买硫黄、焰硝"[1]。当时的火炮并非管状火器，而是以人力抛石机抛射火药球，作为燃烧性兵器。

宋、辽、金时代，炮兵已成为专门兵种。辽朝设炮手军详稳司，掌火炮之事。宋朝设有"飞山雄武""宣毅床子弩"，"炮手"也是专业炮兵。金朝末年，也有"炮军万户""炮军总帅"等官衔。因高级军职官的滥设滥授，炮军总帅和万夫长所部，兵力不会很多，但确为专业炮兵无疑。西夏的泼喜骆驼鞍架上旋风炮，极利于沙漠作战，西夏"泼喜"旋风炮发出的拳头大的石弹，不是能爆炸的火器，很可能是一种能发射的炮石弹，但是否使用火药发射，目前还不清楚。

---

[1]［南宋］李焘.续资治通鉴长编：卷二百七十五［M］.北京：中华书局，1995：6738.

　　尽管宋严格保密火器的生产技术，但此技术还是传入了西夏。西夏人究竟是直接从宋朝还是从辽、金朝获得火药技术，尚无法确定。金人的火药制造技术自然是在灭辽战争中得自于辽人的，故在攻宋之初即已使用火炮。金军攻宋蕲州时，使用铁火炮，"每一炮继以一铁火炮，其声大如霹雳。""其形如匏状而口小，用生铁铸成，厚有二寸"，一宋兵被金人以"铁火炮所伤头目，面霹碎，不见一半"[1]。据史书记载，西夏和金朝在抵抗蒙古军队时都使用了火器。公元1224年，蒙古兵围沙州时，"兵夜穴城以入。守将籍辣思义纳火穴中，蒙兵多死，思义守城如故。"[2]天光元年（1232年），金军守开封，"其守城之具有火炮名'震天雷'者，铁罐盛药，以火点之，炮起火发，其声如雷，闻百里外……火点着甲铁皆透"。金军又使用"飞火枪，注药，以火发之。辄前烧十余步，人亦不敢近"[3]。据说当时蒙古攻城军特别畏惧金军的这些火器。

　　金人在火器制造方面成绩较为突出，在对抗蒙古军队中甚至使用了类似火枪的武器。天光二年（1233年），金哀宗逃至归德府，蒙古军接踵追击。金将蒲察官奴画斫营之策，军中阴备火枪，率忠孝军"持火枪突入，北军不能支，即大溃，溺水死者凡三千五百余人，尽焚其栅而还"。"枪制，以敕黄纸十六重为筒，长二尺许，实以柳炭、铁滓、磁末、硫黄、砒霜之属，以绳系枪端。军士各悬小铁罐藏火，临阵烧之，焰出枪前丈余，药尽而筒不损。盖汴京被攻已尝得用，今复用之。"[4]可知引处之"火枪"，即前述之"飞火枪"。

　　辽、金、夏军队中的火器都来源于宋。西夏的火药兵器相对迟缓，与同时代的辽、金、蒙古军队相比还有一定的差距，西夏火药兵器的种类很少，在军事行动中发挥的作用较有限。

---

[1] [南宋] 赵与褒.辛巳泣蕲录 [M].北京：中华书局，1985：21.

[2] [清] 吴广成.西夏书事校证：卷四十二 [M].龚世俊，等，校证.兰州：甘肃人民出版社，1995：492.

[3] [元] 脱脱，等.金史·赤盏合喜：卷一百十三 [M].北京：中华书局，1975：2496,2497.

[4] [元] 脱脱，等.金史·蒲察官奴：卷一百十六 [M].北京：中华书局，1975：2548.

西夏锻铁图　榆林窟壁画

　　西夏锻铁图是迄今所知中国最早的带双木扇鼓风器的锻铁图，亦是研究西夏锻铁技术及与中原冶金技术联系的珍贵资料。

西夏科技（油画）　宋鸣　王雪峰　王印泉创作

西夏童子飞天　敦煌壁画
　　童子天花流云中散花飞去，这是西夏壁画特有的优美形象，我们可以感受到西夏往昔在科技文化上的辉煌成就。

第二节　西夏造船条款考释

一、西夏造船条款文书考释

英藏《天盛改旧新定律令》残卷新发现《造船及运行牢固等赏》文书一件，收藏编号为 Or. 12380—1959，残页，残高 17.2 厘米、宽 15.5 厘米，刻本，版心可见"律令第十八"字样，具有重要的史料价值。个别句子残损严重，字迹多处脱落，但内容还比较完整。这部分内容是以前俄藏《天盛改旧新定律令》版本中遗失的部分，特别是其中涉及西夏造船的内容是西夏舟船制造工艺的重要史料。1987 年，俄罗斯西夏学者克恰诺夫教授将自己研究这部稀世文献的著作及西夏文本影印全部刊出。1988 年，宁夏社会科学院将西夏文本《天盛改旧新定律令》1—7 集译成汉文出版。1994 年，中国社会科学院民族研究所史金波、聂鸿音、白滨三位先生在进一步研究的基础上，将《天盛改旧新定律令》20 卷翻译出版，为专家学者的研究提供了极大的便利。英藏《天盛改旧新定律令》中的造船及运行的条款，可以补充俄藏版的相关内容。《造船及运行牢固等赏》文书释文如下：

1.……八种数当得……铁匠者

2.三坨茶，二匹绢等五种当得

3.□若自十二年以上堪行用者，赐赏依前述，□法当得

4.又一官已升，其中木匠、铁匠、船主、庶人不得诉讼

5. 二两银、绢大衣一等三种数当得……

6. 前有渡船一乘以外，多利年限满……者

7. 居分人可堪几乘，依□□官并当赐……

Or.12380—1959 文书的内容与《天盛改旧新定律令》"舟船门"第八条"造船及运行牢固等赏"条款一致，均涉及对造船人员的奖惩条款。我们可以确定"造船及运行牢固等赏"是《天盛改旧新定律令》"舟船门"第八条的内容，能够补充俄藏版本缺失的部分内容。

"造船及运行牢固等赏"条款明确规定，西夏工匠从事劳役可以得到一定的货币及实物补偿，包括银两、茶叶和绢帛等贵重物品。"造船及运行牢固等赏"中第二句记载："三坨茶，二匹绢等五种当得。"西夏造船的工匠可以得到三坨茶叶和二匹绢及其他物品。另外，西夏工匠还可以得到额外的奖励，"造船及运行牢固等赏"中第五句奖励工匠条款规定，"二两银、绢大衣一等三种数当得"，工匠等造船质量好，没有被追究法律责任，可获得财物奖励。西夏工匠日常劳作中除了可得茶、绢等生活用品，还配发定额的粮食。《天盛改旧新定律令》卷十三"逃人门"规定，被处罚的匠人到官府指定的场所从事手工劳动，配给他们的粮食将被减少，这说明西夏工匠劳动时可以得到官府的粮食补偿，用以养家糊口。

西夏制造舟船的史料稀少，目前还没有西夏大中型运输船的考古发现，从英藏《天盛改旧新定律令》残卷发现有关造船的条款中，我们可以看出西夏制造大中型木制船的历史。"造船及运行牢固等赏"条款中，记载有多种工匠参建舟船，包括铁匠等，如果是造浑脱、木筏之类的水上交通工具不需要铁匠参建，该条款所说的造船应该属于大中型运载木制船。西夏有制造御舟的记载，《天盛改旧新定律令》中有这样的规定：御舟不固定者，工匠人员等当绞杀。[1] 西夏皇帝时有乘船出行的习惯，皇家御舟应该属于

---

[1] 史金波，聂鸿音，白滨，译注．天盛改旧新定律令·舟船门：卷十八［M］．北京：法律出版社，2000：563.

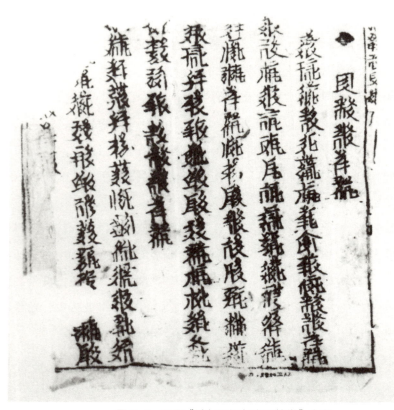

图 8-1 西夏《造船及运行牢固等赏》文书

豪华舟船，可见西夏能够制作出高端水上交通工具。

中国古代的木制船制造技术很发达，唐、宋时期，中原地区先进的科学技术传播到了党项，西夏建立后积极吸收宋朝的科技文化，制造业有了飞速发展。古代手工制造木船的工序繁复，整个木船制作工艺要求极高，工艺难度很大，要务必确保船体质量，因为在水中出现破裂、颠覆等，就会造成严重后果。《天盛改旧新定律令》"舟船门"第二条，"大意制作（粗制滥造）舟船坏"，其内容就是针对舟船质量的，通过法律条文的形式，对造船质量予以法律保障。《天盛改旧新定律令》"舟船门"第四条，"期限未满船坏船沉失人畜物"，这是针对在船体没有超载的情况下，出现船体损坏导致沉船的事故；第五条，"制船未牢固水中坏"，这是针对船水中解体的事故。舟船门将这两种严重的质量问题列入法律条款，使得造船质量责任明晰化，目的是确保造船质量。造船的第一道工序是准备所需材料，《天盛改旧新定律令》"舟船门"第三条内容是"盗减应用（盗窃偷减用料）"，目的是把好造船的材料关，防止有人恶意减少、占用造船材料。

古代制造木制船的工艺程序复杂，包括断料、配料、破料；最后是分板、拼板、投船、打油，同时辅以铁钉、麻丝、石灰等多种辅料，成船之后还要进行船板防腐，使船体经久耐用，一般要经过十多道工序才能最终制造出合格的木制船。西夏法律对造船的工艺要求非常严格。西夏设有掌管官府手工业的部门，有铁工院、木工院、刻字司、制药司、织绢院、砖瓦院、出车院等，造船业就涉及其中铁工院、木工院等部门。"舟船门"第六条"铁钉未及式样"，对造船的铁钉使用做出了详细规定。西夏铁冶炼与加工业技术比较发达，掌握了铁的开采、冶炼和加工技术。铁工院是掌管冶铁和铁器加工的部门，《天盛改旧新定律令·物离库门》[1]记载的铁器种类繁多：

"一斤耗减八两"的铁器：镢头、斧头、铁钉、铁凿、斩刀、屠刀等

---

[1]史金波，聂鸿音，白滨，译注.天盛改旧新定律令·物离库门：卷十七［M］.北京：法律出版社，2000：555—556.

粗铁器。

"一斤耗减十两"的铁器：铁钉、常留、灯炷、火炉、火锹、铁罐、火盘、熨斗、城叉、锯、锥耙、辔铁、镫、锁簧、细钩、铡刀、钥匙、锹头等细铁器。

"一斤耗减十一两"的铁器：黑铁、锯、刀、剑、剪刀、边条、耙叶、锡罐、大小铁叶、金木护胸、枪下刃等水磨铁器。

从中我们可以看到，西夏工匠已掌握了锻、铸、焊接、抛光、切削、钻孔、拉丝等工艺技术，能够生产镢头、斧头、铁钉、铁凿、铁锯和大小铁叶等，这都是造船所需的基本工具和金属配件。

西夏境内森林资源较为丰富，为西夏造船业发展提供了大批优质木材。银川平原西部的贺兰山近南北走向，绵延 200 多千米，宽约 30 千米，海拔多在 2000—3000 米，山体峰峦重叠，森林丰富，《圣立义海》第二章第四品 "山之名义" 记载，贺兰山 "有种种林丛树果、芜荑药草，藏有虎豹鹿獐"[1]。贺兰山出产的木材以云杉、油松为主，其余为山杨、山榆、桦树。古代造船主要采用杉木、松木，《天工开物》在 "舟车第九" 中记载："凡木色桅用端直杉木，长不足则接，其表铁箍逐寸包围。船窗前道皆当中空阙，以便树桅。凡树中桅，合并数巨舟承载，其末长缆系表而起。梁与枋樯用楠木、槠木、樟木、榆木、槐木。栈板不拘何木。舵杆用榆木、椰木、槠木。关门棒用周木、椰木。橹用杉木、桧木、楸木。此其大端云。"[2] 贺兰山出产的主要木材云杉属松科，高达 45 米，胸径达 1 米，节少，材质略轻柔，树干端直，纹理顺直；油松为松科，高达 30 米，胸径可达 1 米，油松的主干挺直，木材富含松脂，耐腐防虫，均为造船的主要材料。云杉用来制造船橹、船桅，云杉、油松用来制造船侧板和底板，榆木用来制造舵杆。

由于 "舟船门" 内容散失，只保留条目，现在无法看到这部分涉及西夏工艺的珍贵资料。我们只能确定，西夏法律文件中用明文条款的形式规

---

[1] 克恰诺夫，李范文，罗矛昆．圣立义海研究：卷二 [M]．银川：宁夏人民出版社，1995.
[2] [明] 宋应星．天工开物：中篇舟车第九 [M]．上海：上海古籍出版社，1998:239.

定了造船的规模、参与人员及质量标准，说明西夏已经具备了制造大中型木制船的成熟技术，同时有优质木材提供丰富的原材料，应该说西夏完全具备批量生产船只的实力。《天盛改旧新定律令》在西夏实施较长时间，我们可以推断，西夏历史上发生了较大规模的造船生产活动。

西夏独特的地理环境使得西夏需要发展水上交通，可以说西夏经济社会需求催生了西夏造船业。造船业为西夏水上交通发展打下了基础。

历史上西夏地理交通位置优越，地处丝绸之路要道，是唐、宋时期的东西交通主线，经过西域可抵波斯、大食等。西夏连接回鹘、吐蕃、辽、金，东面通达宋朝。西夏时期境内交通发达，还形成了以都城兴庆府及周边州为中心的交通线路。由于西夏都城兴庆府、灵州等重要地区位于黄河岸边，故西夏水路是其交通体系中重要的组成部分，历史上形成数量众多的渡口，史料记载的重要渡口有横城堡、李祥堡、广武城、张义堡、青铜峡等，《天盛改旧新定律令》记载的渡口就有 24 个之多，民间的渡口则更多。西夏对渡口的管理十分严格，《天盛改旧新定律令》卷十一专设"渡船门"，其中规定：河水上置船舶处，左右十里以内，不许诸人免税渡船。倘若违律时，当纳三分税，一分当交官，二分由举告者得。船舶左右十里以外有渡船者，不许船主诸人等骚扰索贿。[1]从这些法律规定可以看出，西夏对渡船的使用有严格规定，不仅要求渡船使用依法上税，同时还保护渡船的营运，严禁发生干扰船主的违法行为。

西夏民间的船筏使用也非常广泛，北宋大臣王延德出使边疆地区，在行记中记载了契丹、党项、鞑靼、高昌回鹘等民族聚居之地的风土人情、物产资源、地理环境以及人民生活状况。他出使西北，看到"次历第女喝子族，族临黄河，以羊皮为囊，吹气实之浮于水，或以橐驼牵木筏而渡"[2]。

[1]史金波，聂鸿音，白滨，译注.天盛改旧新定律令·渡船门：卷十一［M］.北京：法律出版社，2000：392.
[2]［元］马端临.文献通考·四裔考十三：卷三百三十六［M］.北京：中华书局，1986：26395.

可见西夏在黄河口岸使用船筏渡河运输是十分普遍的，黄河边的普通人家就有木筏、浑脱多种水上运输工具。西夏船筏成为三大主要的交通工具之一，可以和驮畜、人畜力车并列，说明西夏具备较为发达的造船技术。

二、西夏工匠的生活

西夏法律的相关条款说明，西夏向工匠发放货币和兼有货币职能的绢帛，这方面的记载是第一次发现。西夏工匠的史料稀少，特别是涉及西夏工匠待遇及分配收入的史料一直是空白，英藏《天盛改旧新定律令》残卷新发现这部分"造船及运行牢固等赏"条款明确规定，西夏工匠从事劳役可以得到一定的货币及实物补偿，包括银两、茶叶、绢帛等贵重物品。西夏的茶、绢和银来自宋朝，公元 1044 年，庆历和议后，宋每年以岁币形式给西夏 15 万匹绢、7 万两银和 3 万斤茶叶。当时绢帛不仅仅是一种商品，同时兼具货币职能，绢帛"又可作为支付手段，用于税收、官方财政调拨、官员军兵俸禄、朝廷例赐、朝廷赏赐、岁币等，还可作为支付手段，用于刑法计赃，向蕃族买马"[1]。宋、夏马匹买卖是双方重要的贸易形式，宋朝购买马匹主要用茶、绢和银来支付。在宋、夏的各项贸易中，宋朝都大量使用茶、绢和银，范仲淹谈到宋、夏贸易时就指出："朝聘之使，往来如家。牛马驼羊之产，金银缯帛之货，交胜其利，不可胜纪。"[2] 可见宋朝流向西夏的银两和贵重物品的数量比较庞大。西夏通过北宋的岁赐和向宋出售马匹，获得了大量的银、茶和绢，有经济实力向工匠发放钱物。

当时茶叶价值不菲，很受西夏社会喜爱，"每马一匹，支茶一坨，如

[1] 汪圣铎.试论宋代绢帛的货币功能［J］.中国经济史研究，2004(3).

[2] ［北宋］范仲淹.范仲淹文集·范文正公政府奏议［M］.杨勇先，王蓉贵，校点.成都：四川大学出版社，2002：245.

马价高，茶价少，绸、绢及现钱贴支"[1]。宋夏贸易中，一坨茶价值超过一匹马。西夏工匠造船可得补偿三坨茶，相当于得到三匹马。而根据史料记载，西夏有的贫困农牧民家中是没有马匹的。

宋朝的绢帛是特殊物品，在一定程度上具有货币的某些职能。史载宋真宗咸平六年（1003年），宋朝在官方籴买中使用绢充当交换媒介，"咸平六年，出内府绫罗锦绮，计直百八十万贯，与河北转运使定价市籴籴粟实边"[2]。宋、夏边境榷场贸易中，绢作为价值尺度之一得到了各方的认可。

《天盛改旧新定律令》中没有记载补偿工匠的绢属于何地所产，宋代盛产绢以河北绢最负盛名，四川、两浙也生产绢，但没有河北绢市场价格高。"至元丰四年……漕司差属官一员在京师，以朝廷岁赐户部钱收钞，长安以至诸路州县商贾通，物价尚平。川绢二千一匹，河北、山东绢差贵三二百，他物准此。"[3]河北绢价格要高出15%的样子，孙继民、许会玲先生曾据文书当中之"博买川绢价""税川绢"及"准河北绢"三数，推断出西夏匹与尺之间换算关系为1匹＝35尺[4]，由此推算西夏工匠获得的二匹绢相当于70尺，数量比较可观。

西夏在对外交易中也使用银两支付，天圣六年（1028年）西夏"遣贺正旦人到阙，以钱银博买物色"[5]，"造船及运行牢固等赏"记载，西夏在境内发放补偿中也使用了银两，说明白银在西夏使用较为普遍。西夏工匠等参与造船人员获得的奖励是白银二两，数额应该是比较大的。公元1064年，宋朝在秦、陇、仪、渭、泾、原、邠、宁、环、庆、鄜、延等十二州招募义勇，"遇召集防守，日给米二升，月给酱菜钱三百"[6]。按

[1]［清］徐松.宋会要辑稿·兵十四［M］.上海：上海古籍出版社，2014：8879.

[2]［元］马端临.文献通考·市籴考二：卷二十一［M］.北京：中华书局，1986：207.

[3]［南宋］李焘.续资治通鉴长编：卷五百一十六［M］.北京：中华书局，1995：12269

[4]孙继民，许会玲.西夏榷场使文书所见西夏尺度关系研究［J］.西夏研究，2011(2).

[5]［南宋］李涛.续资治通鉴长编：卷二百三［M］.北京：中华书局，1995：4915.

[6]［元］脱脱，等.宋史：卷一百九十一［M］.北京：中华书局，1977：4734.

照北宋时期"入钱二千当银一两"，奖励西夏工匠的二两白银相当于宋朝雇佣义勇大半年的酱菜钱。

西夏官府付给造船工匠有通用货币白银和兼有货币职能的绢帛，这说明西夏不仅仅是付给工匠物品补偿，而是有给工匠直接支付货币的，可以说西夏官府工匠管理中存在一定程度上的雇佣关系。由于《天盛改旧新定律令》关于工匠管理的条款有缺失，我们无法确定西夏造船工匠的身份是官匠还是民匠，但从现存的"造船及运行牢固等赏"来看，该条款并没有明确划分工匠的身份，西夏所有参加造船的人员都可以依法获得茶、绢和银奖赏及补偿，说明西夏工匠劳役不是无偿的。

西夏法典《天盛改旧新定律令》中有关西夏工匠管理的条款较多，涉及西夏工匠的户籍管理、法律处罚、官职升迁等。《天盛改旧新定律令》规定，正军犯逆罪，同抄中有工巧技艺者不当连坐，任重职抄内正军应补续。说明西夏的工匠入"抄"，即编入西夏基层社会组织。西夏实行兵民合一的社会组织制度，将成年男丁及家属都纳入了"抄制"，西夏的"抄制"既是西夏最基层军事组织的最小军事单位，也是西夏家庭以外基层社会管理的最小组织单位，普遍实行在京畿、农区和牧区。西夏的军抄承担着向国家纳租税、派送差役和兵役的义务。按照西夏基层组织管理，各户都各归本业，或务农、务牧、务工，在地方上接受当地府、州、军、郡、县、城、堡、寨的各级行政及军事部门的管理。西夏基层组织有军迁溜之称，由若干个抄组成，《天盛改旧新定律令》卷十五"纳领谷派遣计量小监门"中还规定了负责户籍等管理的西夏基层组织机构：各租户家主由管事者以就近结合，十户遣一小甲，五小甲遣一小监等胜任人，二小监遣一农迁溜，当于附近下臣、官吏、独诱、正军、辅主之胜任、空闲者中遣之。农迁溜平时务农，遇战事紧急动员，原来的"农迁溜"变成"军迁溜"。由此可见，西夏工匠编入基层户籍单位，接受基层社会的统一管理。

《天盛改旧新定律令》明确规定入抄的西夏工匠不受连坐的刑罚，对确定西夏工匠非"官奴"身份具有重要意义。西夏刑法连坐制度是西夏主要刑罚之一，包括侵犯皇权罪、侵害人身罪、职务犯罪、军事犯罪、侵犯财产罪等多种罪行都连坐。除了西夏的皇室贵族，只有僧人、道士和工匠等少数普通百姓可以不连坐，说明西夏工匠在一定程度上和一定范围内享有减免刑法处罚的优待，西夏工匠的法律地位有所提高。

第三节　黑水城出土历书和医方

一、黑水城出土历书

西夏在建国以前很长的一段时期没有历法。德明请以"仪天历"颁赐，才开始有党项使用历法的记载。元昊称帝后，"自为历日行于国中"，但西夏自己制定历法的具体情况不见记载和实物，无从查考。天授礼法延祚八年（1045 年）十月，西夏实行宋朝天圣元年制定的"崇天万年历"。大安十一年（1085 年），宋哲宗又以"奉天历"赐嵬名秉常。宋朝每年孟冬将下一年历法颁布实施西夏，定为常例，一直到正德六年（1132 年），由于嵬名乾顺依附金朝日久，宋朝不再颁布实施，西夏才停止使用宋朝所颁赐的历法。据《天盛改旧新定律令》，西夏设有"大恒历司""史卜院"和司天、太史等主管天文、历法的机构和官职。从近年甘肃新发现 1145 年的日历残件可以看出，宋朝虽然停止了对西夏的历法颁布实施，但西夏以后所施行的历法，仍和汉族地区一样，以干支记时日，而且每月朔日干支的推算很难确定。

英藏黑水城历书共有 10 件，西夏历书 4 件，元历书 6 件。

西夏历书中，有 3 件文献保存得比较完整，其中包括西夏文历书 1 件、汉文历书 1 件、西夏文—汉文合璧历书 1 件。

图 8-2　西夏文—汉文合璧历书《西夏天授礼法延祚十年（1047 年）历书》

（一）未定名西夏文历书

Or.8212—2919（K.K.），1 页，高 8 厘米、宽 9.4 厘米，表格式，存西夏文字 1 行。史金波先生做了初步考释。因所遗留部分太少，不能反映具注历日的整体形式，只能结合西夏汉文具注历日的形式加以推测。

（二）西夏文—汉文合璧历书《西夏天授礼法延祚十年（1047 年）历书》

Or.12380—3947（K.K.），经陈炳应教授考订为西夏天授礼法延祚十年（1047 年）历书。此件不仅是现存西夏最早的历书，也是目前所知最早有二十八宿的历书，它比原认为最早使用二十八宿的南宋宝祐四年（1256 年）历要早 209 年，具有重要的学术价值。

（三）汉文历书《宋嘉定三年庚午岁（1210 年）具注历日》

Or.8212—818（K.K.），该件为 13.5 厘米 ×10.2 厘米的小残片，中国文物研究所邓文宽先生对其进行了考订，确定该历日残片为《宋嘉定三年庚午岁（1210 年）具注历日》。天文历法文献专家邓文宽主要从事敦煌吐鲁番文献研究和隋唐五代史研究，他是目前国内天文历法文献专家中研究黑水城历书文书的代表人物。他在黑水城历书文书研究领域的成果，说明黑水城历书文书在中国古代天文历法文献研究中占有重要的地位。

西夏历书种类丰富，是西夏历法的文字载体，西夏历书深受中原文化的影响，同时保存党项和其他北方边疆民族文化的特色，使得西夏历书具备了种类多种多样的特点。黑水城出土的西夏历书可以分为三种形式，即西夏文历书、汉文历书和西夏文—汉文合璧历书，反映出西夏多种文化交融的情况。西夏历书的纪年方式也各有不同，也可以分为三种，按照月份的历书、按照年份的历书和按照天日的历书。西夏历书无统一格式，在中国古代各朝代中，西夏历书的形式和纪年方式保持鲜明的独特性。

　　西夏历书和历法深受宋朝的影响,是在宋朝历书和历法的基本理念及形式内容的基础上发展起来的。西夏历法与宋朝关系密切,随着双方关系好恶宋朝对西夏颁历时续时停。但从西夏存留历书看,无论是颁历时期,还是停颁时期,西夏历书与宋朝历书均完全一致,是阴阳合历。当时中国的历法计算和历书的制定具有先进水平。西夏的历书借鉴中原历法的成就,也有和中原地区相同的科学水平。

　　西夏历书的科技文化具有丰富的内涵和珍贵的史料价值。中古时期是农牧业社会,当时的历法和历书是为农牧业生产提供服务的。历法和历书中体现出一定时期该社会发展阶段的科技水平和当时人们对宇宙世界的认识。西夏历书对二十八宿的运用是很先进的,对二十四节气的认识也十分普及。史金波先生指出:"西夏的历书内容丰富,科技含量高。其中有的历书在已知的中国历书中使用二十八宿的时间最早,它比原认为最早使用二十八宿的南宋宝祐四年(1256年)历要早两个世纪。有的历书残历所注入的一些神煞内容比已发现的中原王朝历书更加丰富。这些使西夏历书具有更重要的学术价值。西夏的历书负载了丰富的西夏文化内容。比如关于二十四节气的西夏文名称,始终未能发现,连记载西夏民俗最多的《番汉合时掌中珠》《杂字》《圣立义海》等都没有记录。而在西夏历书中却有西夏文二十四节气的全部名称。"[1]

　　对西夏历书残片断代难度较大,特别是英藏黑水城出土历书,数量少,残破程度高。国内学者通过深入研究,在断代研究方面取得了可喜的成绩。中国通行的历书是阴阳合历,它是根据恒星运行状况(二十八星宿)、地球在太阳系的位置以及月球运行情况而制定的,从正月到十二月,可以推知太阳系的运行状况,从初一到十五,可以表示出月亮的运行情况,而使用天干地支纪年纪月纪时,就把六十年的天文周期整体宏观而又细致周密地揭示出

[1] 史金波.西夏历法和历书[J].民族语文,2006(4):1.

来，用八个汉字表示年、月、日、时，天文背景和生存状况就一目了然了。只看中国历书，知道何年何月何日何时，就知道天文气象如何，就知道气候物候怎样。目前，对黑水城历书的断代主要有三种方法：（1）利用中国古代朔日干支和大小月的体系来推断。（2）利用《廿史朔闰表》《三千五百年历日天象》等工具书，进行大范围的检索。（3）根据《时宪书》和黑水城文献相关资料，从印本历日的格式对断定黑水城历书的年代提供旁证。

二、西夏医方

（一）医书《孙真人千金方》残页

西夏医药是古代中国北方游牧民族传统医学的瑰宝，与唐、宋时期的中医学一样，都是中国古代传统医学的组成部分。西夏医药学在历史发展的传承中，保存了珍贵的医学文献。由于西夏和中原地区历史和文化背景的差异，西夏医药学的发展水平也有很大的特点。西夏医药文献作为西夏医学知识主要载体，体现出西夏在学习中国古代民族医学的基础上，传承和创新了独特的党项民族医药学的历史贡献，具有重要的历史文化价值。同时，民族医学知识主要载体的医药文献也承载着西夏人特有的精神价值、思维方法，对西夏医药文献进行保护与整理，是保护我国传统医药文献的一个重要组成部分。

西夏建国前，党项人没有自己的医药学，人们治病主要依靠传统巫术，历史记载"有疾但占筮，令厮者送鬼或迁他室谓之闪病"。元昊建立西夏封建王朝后，社会经济得到迅速发展，西夏广泛汲取宋朝的科技文化，包括中医，西夏的医药学进步很快。根据《天盛改旧新定律令》记载，西夏还设有"医人院"，隶属三品，出版了《孙真人千金方》等医学著作，在学习继承中原医药学的基础上，创立起独特的西夏医药学体系。留存下来的西夏医药文献资料数量有限，残本较多，但都具有较高的学术价值。对这些材料的全面整理与研究，可以帮助我们增添对传统医药文献的认识，特别是有助于增加对 11—14 世纪西北民族（西夏、元朝、金）地区医药状况以及医疗水平的基本了解。

　　医书《孙真人千金方》残片是黑水城出土的重要医药文献，英藏《孙真人千金方》收藏编号为 Or.8212—731，本文书还录于马斯伯乐《斯坦因中亚细亚第三次探险所获中国古文书考释》第 197 页。文书为刻本，释文如下：

　　（前缺）

　　1.……阴弦即因胸痹而痛所……

　　2.……胸痹心痛者，以其……

　　3.……也胸痹喘息之病。欬唾背……

　　4.……蒌汤主之。

　　5.……斤半生姜肆两枳壳贰两。

　　6.……服一升，日三。

　　7.……服噎塞，习习如痒，喉中涩燥。

　　（后缺）

　　俄藏《孙真人千金方》残卷，编号 TK166，刻本，蝴蝶装。页面 32 厘米 ×10 厘米，面 14 行。

　　唐代大医学家孙思邈的名著《千金方》，共 30 卷。该书对中医学发展起到承前启后的作用，具有较高的文献价值和学术价值。西夏刻印了这部医学著作。但和目前流传下来的版本有很大不同，引起了学术界的广泛关注。李继昌在《列宁格勒藏〈孙真人千金方〉残卷考索》一文中，将俄藏 TK166《孙真人千金方》文书卷十四首页与江户医学本做了比较，认为此件文书为 11—13 世纪民间作坊雕本。[1] 惠宏女士在《俄藏黑水城汉文医

[1] 李继昌.列宁格勒藏《孙真人千金方》残卷考索［J］.敦煌学辑刊，1988（1、2 合刊）.

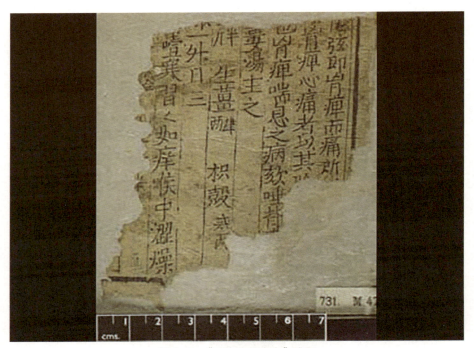

图 8-3 《孙真人千金方》残页

药文献概要》一文中对俄藏《孙真人千金方》做了简单介绍，汇总了前人对其的研究成果。[1]毛永娟发表的《俄藏黑水城〈孙真人千金方〉残页考释》，以俄藏黑水城 TK166 号《孙真人千金方》文书为中心，与日藏《孙真人千金方》进行比较研究，以探讨其重要价值和意义。毛永娟认为："唐代孙思邈所撰《千金方》，是中外医学史上的重要著作，较为系统地总结和反映了唐以前我国的医学水平。俄藏本《孙真人千金方》的问世，更是具有重要意义。俄藏本《孙真人千金方》，在宋校本广泛刊行的情况下流传下来，因未经宋臣校订，使我们得以目睹孙氏原书原貌，是弥足珍贵的。静嘉堂本也是未经宋校本，经上文比较论证之后，可知俄藏本《孙真人千金方》刊刻时间稍晚，内容准确性更高，从版本学和校勘学角度而言，价值更大。"[2]

英国国家图书馆收藏的黑水城出土汉文医药文献，多为残片，包括《大沉香丸》《脉法医方》《孙真人千金方》等。对英藏黑水城出土医方文书的研究开始于敦煌医药文献研究整理，马继兴先生将编号 Or.8212—1343 的《脉法医方》辑入敦煌医药文献，拟题为"不知名脉法残片"，误将其定为敦煌文书，在《敦煌医药文献辑校》[3]一书中全文辑录。但马继兴先生对医方内容的研究是很有见解的。

在中国历史上，中医经过长期的临床实践，形成较为完整的科学体系。中医的医学理论富有中国传统的辩证法精髓，从病理、诊治到药材的采集、加工，都取得了辉煌的成就。中医内科古称"疾医""杂医""大方脉"，对妇科、肠道病等常见病运用多种治疗手段和科学的组药配伍，世代传承下来。西夏作为中国历史上边疆游牧民族建立的政权，充分学习中原的中医知识，同时还保留党项族独特的治疗经验，存留下来一批宝贵的医药文献。

---

[1] 惠闵.俄藏黑水城汉文医药文献概要［J］.国医论坛，2005（1）.
[2] 毛永娟.俄藏黑水城《孙真人千金方》残页考释［J］.历史研究，2011（12）.
[3] 马继兴.敦煌医药文献辑校［M］.南京：江苏古籍出版社,1998:64.

（二）西夏不知名妇科风湿病药方

中医妇科发展较早，汉代出现了一批妇产科专著。马王堆汉墓出土的《胎产书》是现存最早的妇产科专著。《汉书·艺文志》记载有《妇人婴儿方》，但《张仲景疗妇人方》一卷已散佚。中医认为，导致妇女疾病以寒、热、湿为多发，脏腑、经络、气血活动衰退，另外是房事不节、饮食失调、劳逸过度、跌打损伤等外因。西夏治疗妇科疾病的医方充分体现了党项的医学理念，涉及对妇科多种疾病的治疗，既有西夏继承中原医学的方面，也有西夏独特的医疗创新之处。英国藏西夏文献中的治疗妇科疾病的医方，在妇科治疗理念上独具特色。

西夏文不知名妇科风湿病药方（Or.12380—3497）是专门治疗妇女产后风湿病的，前后部分文字残缺，中间部分保存大致完好。药方是西夏文，大致内容翻译如下：

> 生浊血水湿热有痰病人，脓血不断，服用清熬汤剂三五日，治疗病人生产后风湿病滞者，红葡萄煮汤中。夜晚不适者，喝汤吃饭不畅者，鱼加糖参汤，严重风病滞血者，加煮枸汤，与水、酒一锅中煮，乃有效悬协之药方。患湿病者，一副药方加白陈米两钱，酒五钱，巴豆半两，研磨。连续服用此药，药味如内，利于背肩病疼，风寒，肾下病闭。

中医过去将风湿病称为痹症，现又因痹症的范畴太广泛，所以又称为风湿病。早在《黄帝内经》出版时的春秋战国末年，就已经对风湿病有了一定的认识，到了东汉的张仲景已发明了不少治疗风湿病的有效方剂，如乌头汤等。几千年来，中医中药一直在防治风湿病方面起着重要的作用。产后风湿病是指妇女产后感受风湿寒邪所引起的肌肉关节酸困、疼痛为主要表现的疾病。本病主要以全身肌肉关节的疼痛、怕风、怕冷为主要表现，但受累关节和肌肉无红肿，故而将其称为"产后风湿病"。中医认为，产后风湿除见风湿病共有的症状外，均有气血不足或肝肾亏虚的表现。但其

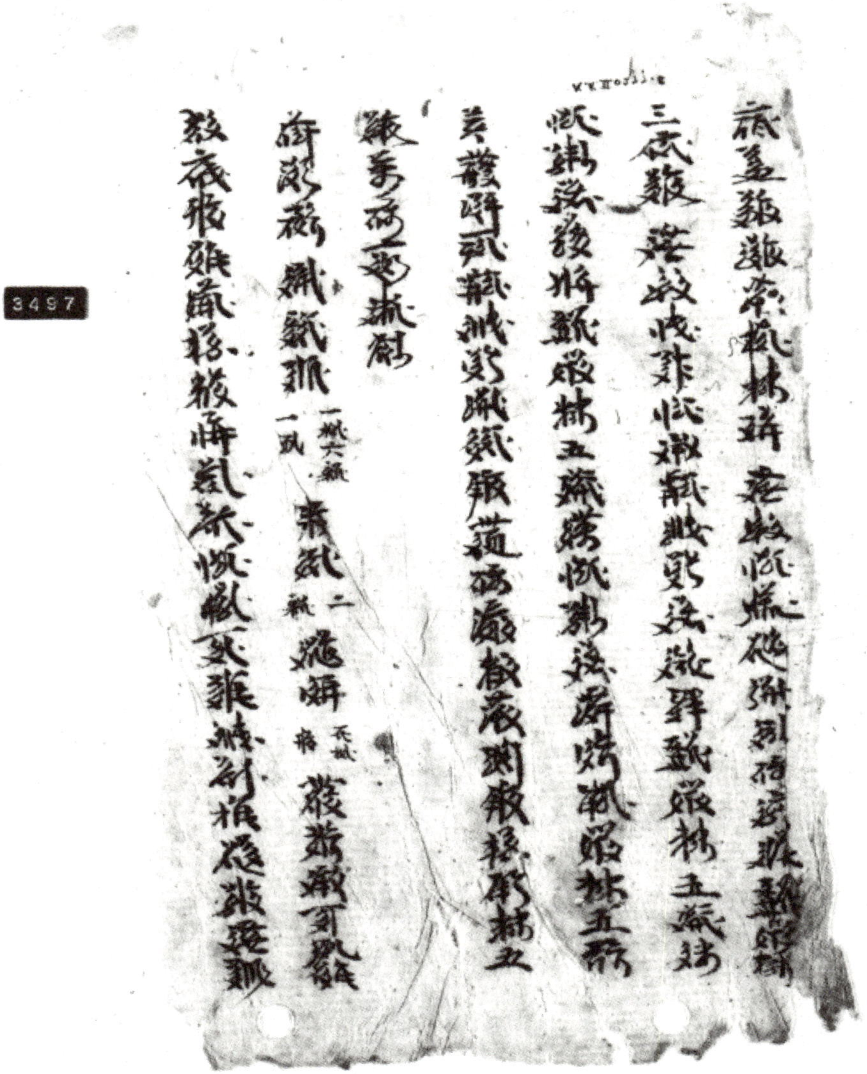

图 8-4　西夏文不知名妇科风湿病药方

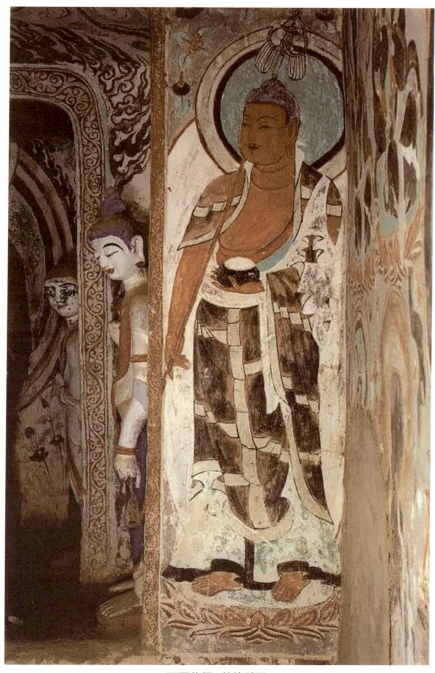

西夏药师　敦煌壁画

症候有以正虚为主者，亦有以邪实为主和虚实夹杂者。女人阴内出血不止有多种症状。中医对女人妇科出血的认识是很全面的，对每种症状也是分别开展治疗。

西夏文不知名妇科风湿病药方继承了中医的医药理念，体现出综合治疗方法，强调补气益血。我们看到，药方中有人参、白陈米、巴豆、枸杞等，与水、热酒一锅中煮，再给病人使用，产后风湿因有产后伤气耗血、气血不足、肝肾亏虚之特点，治疗之时，除辨证运用祛风、散寒、除湿、清热等祛邪之风湿之法外，还须注意扶正。重视益气养血、补益肝肾之法。审其虚实，或先标后本，或标本同治，这些都是中医所倡导的重要方法。西夏文不知名妇科风湿病药方在某些方面与传统中医略有不同，传统中医遵循补益勿过壅滞、风药勿过辛散、祛湿勿过刚燥、清热勿过寒凉，一般不使用带血带肉的药品，但西夏文不知名妇科风湿病药方中使用酒料熬制，表现出明显的游牧民族的特点，值得我们重视。在研究古代西北边疆民族妇科医学发展史中，西夏文不知名妇科风湿病药方占有重要的地位。

附录一　黑水城出土部分社会文书一览表

A. 黑水城出土军政文书

一、军事文书

1. 元某夜西番达达贼人诡称使臣犯边事文书残片

收藏编号 Or.8212

2. 甘肃行省起遣逃军文告

收藏编号 Or.8212

3. 黑水城屯戍支用官粮册

收藏编号 Or.8212

4. 亦集乃路广积仓具申季报粮斛并放支军人季粮事呈文

收藏编号 Or.8212

5. 岭北行省打造军器用粮事呈文

收藏编号 Or.8212

6. 西夏军籍

收藏编号 Or.12380

7. 造船及运行牢固等赏文书

收藏编号 Or.12380

二、官府文书

1. 元河渠司上亦集乃路总管呈文

收藏编号 Or.8212

2. 元除即告报百户文书残片

收藏编号 Or.8212

3. 元撒昔宁肃王开读圣旨残文书

收藏编号 Or.8212

4. 元圣旨目录残片

收藏编号 Or.8212

5. 元某司墨印笺

收藏编号 Or.8212

6. 元复检千户所骑文书残片

收藏编号 Or.8212

7. 元拘府官残片

收藏编号 Or.8212

8. 元亦集乃路站赤正从人食用账

收藏编号 Or.8212

9. 元昝剌文书残片

收藏编号 Or.8212

10. 元呈文断片

收藏编号 Or.8212

11. 元头曹司残片

收藏编号 Or.8212

三、状捕文书

1. 元为强行关去本家地内浇灌事残状

收藏编号 Or.8212

2. 元至元三年罪犯文书残片

收藏编号 Or.8212

3. 元刑房追问贼人忽幸事残呈

收藏编号 Or.8212

4. 元刑房追问亦速等被盗驼马公事残呈

收藏编号 Or.8212

5. 元至正二十六年梁撒南白状

收藏编号 Or.8212

6. 元巧元告状残片

收藏编号 Or.8212

7. 元告空闲草地文书残片

收藏编号 Or.8212

8. 元僧人状

收藏编号 Or.8212

B. 黑水城出土契约文书

一、西夏文文书

1. 西夏粮契

收藏编号 Or.12380

2. 西夏借贷契约

收藏编号 Or.12380

3. 西夏借贷文书

收藏编号 Or.12380

4. 西夏牲畜买卖或典当契

收藏编号 Or.12380

二、汉文文书

1. 西夏天庆十一年 (1204 年) 用衣物典麦契

收藏编号 Or.8212

2. 天庆十一年（1204 年）用衣物典麦契

收藏编号 Or.12380

3. 元做买卖事残片

收藏编号 Or.8212

4. 元泰定二年（1325 年）借调钞契稿

收藏编号 Or.8212

5. 元至顺三年（1332 年）残凭

收藏编号 Or.8212

6. 元借据

收藏编号 Or.8212

7. 西夏天庆十三年裴松寿典当契约

收藏编号 Or.12380

C. 黑水城户籍租税账册文书

一、西夏文部分

1. 西夏户籍

收藏编号 Or.12380

2. 西夏残账

收藏编号 Or.12380

3. 西夏户籍册残片

收藏编号 Or.12380

4.西夏账册文书

收藏编号 Or.12380

5.纳粮文书

收藏编号 Or.12380

二、汉文部分

1.元征税册残片（原件图书馆遗失）马斯伯乐编号 M511

发掘编号 K.K.

2.元畜牧文书

收藏编号 Or.8212

3.元某府处分官驼只宰杀食用事

收藏编号 Or.8212

4.元宰杀食用事文书

收藏编号 Or.8212

5.粮册残片

收藏编号 Or.8212

6.元检籍田文书

收藏编号 Or.8212

7.元牲畜食用账

收藏编号 Or.8212

8.元上师布施小麦残片

收藏编号 Or.8212—805

9.元残账

收藏编号 Or.8212

10.元麦账残片

收藏编号 Or.8212

11. 元牲畜用账

收藏编号 Or.8212

12. 元驾车及牲畜等账

收藏编号 Or.8212

13. 元催运米粮文书残件

收藏编号 Or.8212

14. 元杂物账残件

收藏编号 Or.12380

15. 西夏马草料账册残件

收藏编号 Or.12380

16. 西夏榷场文书两件

收藏编号 Or.12380

D. 黑水城历书

1. 历书残片

收藏编号 Or.8212

2. 汉文历书《宋嘉定三年庚午岁（1210 年）具注历日》

收藏编号 Or.8212

3. 元印本具注历书

收藏编号 Or.8212

4. 未定名西夏文历书

收藏编号 Or.8212

5. 西夏文—汉文合璧历书《西夏天授礼法延祚十年（1047 年）历书》

收藏编号 Or.12380

E. 黑水城出土星占文书

不知名星占文残页

收藏编号 Or.12380

F. 黑水城出土医方

1.《孙真人千金方》

收藏编号 Or.8212

2. 药方残片

收藏编号 Or.8212

3. 医方残片

收藏编号 Or.8212

4. 脉法医方

收藏编号 Or.8212

5. 不知名妇科风湿病药方

收藏编号 Or.12380

G. 其他文书

1. 元呈员外相公封题

收藏编号 Or.8212

2. 元书信封题残片

收藏编号 Or.8212

3. 元家书残片

收藏编号 Or.8212

4. 元书信残片

收藏编号 Or.8212

5. 写本《蒙求》残片

收藏编号 Or.8212

6. 武业学子

收藏编号 Or.12380

7. 婚嫁文书

收藏编号 Or.12380

附录二　本书引用黑水城社会文书释文汇编

一、黑水城屯戍支用官粮册

藏英国国家图书馆

编号 Or.8212—753

见本书第三章第四节

（前缺）

1. □□柒佰柒拾伍石肆斗捌升□□

2. □□石捌斗玖升捌合□□

3. □□二年黄米玖佰捌拾捌石伍斗一升贰□

4. 大三年黄米壹阡壹佰玖拾肆石（斗捌）□□

5. 至大四年宁夏运粮万户府推送到（屯）粮黄米贰阡□□

6. 大德十一年黄米壹阡柒佰柒拾伍石肆□□□升□□□

7. 至大三年黄米玖佰捌拾捌石伍斗壹升贰合□□

8. □一（项）至大三年七月□亦老合儿翼揩除还官□□

9. 合行作数计合中至大三年□□□

10. □□贰石捌斗贰升

11. 和中至大□□□黄米陆佰捌拾壹石伍斗贰升

12. 屯粮至大贰年大麦肆拾壹石捌斗玖升捌合

13. □□四年十一月内蒙

14. 省府差来官乞答□□

15. 大二年已支□粮□□

16. 册内作至□□

17. 计黄米□□

18. 十二月内蒙

二、亦集乃路广积仓具申季报粮斛并放支军人季粮事呈文

藏英国国家图书馆

编号 Or.8212—754

见本书第三章第四节

1. 呈□□□禀亦集乃路广积仓照得至正十九年正月至三月终春季三个月季报粮斛已行

2. 呈了当外，据四月至六月终夏季三个月季报粮斛未曾具申

3. 实有见在粮斛取八年保结开坐合行具申付乞

4. 旧（营）粮壹仟肆佰壹拾石令二斗柒合玖勺叁抄

5. 小麦玖佰肆拾石壹斗叁升捌合陆勺贰抄令陆（五）升九（二）合三（七）勺一（六）抄

6. 大麦肆佰柒拾石令陆升玖合叁勺壹抄

7. 已支陆佰六拾柒石五斗柒升柒合六勺一抄□作大麦

8. 三勺一帖寒字陆拾伍号放支朵立只（等莫）

9. 麦柒拾石玖拾捌升陆合陆勺陆抄伍作

10. 一帖寒字柒拾壹号放支蒙古元帅府

11. 军人春季三月杂色大麦壹拾柒石令壹升三合

（后缺）

三、黑水守将告近禀帖

藏俄罗斯科学院东方学研究所圣彼得堡分所

编号 2736

见本书第三章第四节

黑水守城管色持银牌赐都平宫走马波年仁勇禀。兹（有）仁勇有少出身学途，原籍鸣沙乡里人氏，因有七十七高龄老母在堂守畜产，今母病重，而妻儿子女向居故里，天各一方，迄不得见，故送次呈请转任，迄放归老母近处。彼时因在学与老弓都统相处情感不洽，未蒙见重，而原籍司院亦不获准，遂致离家多年。此后弓首亦未呈报。今国基已正，对上之德暨诸大人父母之功已显，卑职亦得脱死难，当铭记恩德。唯仁勇原籍司院不准调运鸣沙窖粮，远边之人，贫而无靠，唯恃食禄各一，所不足当得之粮无着，今食粮将断，恐致赢瘦而死，仁勇不辞冒犯，以怜念萱堂等，迄加恩免除守城事，别遣军将来此……仁勇则请遣往老母近处司（院）任大小职事，当尽心供职。是否允当，专此祈请议司大人慈鉴。乾定申年七月，仁勇。

四、申亦集乃路总管府验粮文

藏俄罗斯科学院东方学研究所圣彼得堡分所

编号 TK204

见本书第三章第五节

（前缺）

1. 六斗

2. 前申收粮一十五石□□

3. 小麦一十石□□

4. 大麦五石二斗

5. 今申二十九日实收粮三十二石七斗

6. 小麦二十一石八斗

7. 大麦一十石令九斗

8. 右具如前伏乞

9. 亦集乃路总管府

10. 照验谨具

五、西夏马草料文书

藏英国国家图书馆
见本书第四章第三节

（一）Or.12380—3178 文书

A.

（前缺）

1. 部署下马贰匹，内一匹拾分

2. 壹匹伍分：请十一月二十，一日食

3. 从二十六日至二十六日终，计二

4. 日；请二十八日至十二月五日终

5. 计七日，共计壹拾日食

6. 糜子贰石□斗贰升，草贰□

（后缺）

B1.

（前缺）

1.……

2.……束

3.……□分肆匹

4.……至廿八日终

5.…… □束

B2.

（前缺）

1.……二十九日至

2.……柒日食

3.……□重哎

4.……捌斗

（后缺）

C.

（前缺）

1. 陆分，支□□□在等下

2. 马壹拾陆匹，各□十一月□

3. 三日，准□日食

（后缺）

D.

（前缺）

1.……

2.□一匹十分，二匹各五分

3.□十一月二十七日一日食，共计二日

4.□子壹石贰斗陆升，草壹拾贰束

5.……

（后缺）

（二）Or.12380—3179 文书

A.

1.……壹拾□□……

2.□保万通等下马壹拾贰

3.匹，内叁匹草料十分，玖匹

4.各草料五分，从十二月四日至

5.五日，计准二日食

6.糜子贰斗，草贰束，支□□□

7.□□马三匹……

（后缺）

B.

（前缺）

1.……斗□升，草捌束……

2.……等下马壹拾……

3.……草料拾分，肆匹各……

4.……二月四日，壹日食

（后缺）

C1.

（前缺）

1.……

2. 至二十四日终，计□日……

3. 请至十二月三日请……

（后缺）

C2.

（前缺）

1. □……

2. 师翁……

3. □……

（后缺）

D.

（前缺）

1. 二十六日至十二月四……

2. 八日共计玖日食

3. 一匹草料拾分

4. 二匹草料伍分

5. 糜子玖斗捌升，草玖束……

6. 医交张崇并……

（后缺）

E.

（前缺）

1.……□下马叁匹

2.……□子下壹拾匹

3. 西蕃业示嘿八马壹拾陆匹

4. 左移泥巾腻马五匹

5. 军主讹藏觅觅下壹拾壹匹

6. 伽泥都工舍马壹匹

（后缺）

六、军籍文书

藏英国国家图书馆

编号 Or.12380—0222、0222V

见本书第五章第一节

1. 黑水属军首领觅移慧小狗，正军，登记

2. 军籍登记，天庆己未六年六月一日始，至天庆

3. 庚申七年五月底，登记有效，已确认。二十种

4. 正军四

5. 官马四

6. 甲一

7. 披一

8. 印一

9. 辅主九

10. 强卒七

11. 老卒一

12. 弱卒一

13. 一抄军中包括强、老、弱三种，三抄有马

14. 一抄首领觅移慧小狗，人员包括三种

15. 正军慧小狗……

16. 番杂甲：胸□、背□、胁□、接连结八、衣襟九、末四……

17. 十一、手头护二、项遮一、独目下三、喉面……

18. 二、更兜、关子、铁锁五、裹节袋等全

19. 番杂披：麻六、项五、肩一、胸三、喉嗓二、末十二、盖

20. 三、结铁有、毡里裹袋等全

21. 辅主（此处原文无法识读）

22. 一抄（此处原文无法识读）

23. 正军（此处原文无法识读）

24. 辅主（此处原文无法识读）

25. 一抄（此处原文无法识读）

26. 正军（此处原文无法识读）

27. 辅主四

28. 二强讹（此处原文无法识读）

29. 一老（此处原文无法识读）

30. 一弱（此处原文无法识读）（此处有首领朱印）

31. 一抄（此处原文无法识读）

七、军籍文书

藏英国国家图书馆

编号 Or.12380—1813

见本书第五章第一节

1. 正军二

2. 官马一

3. 甲一

4. 披一

5. 印一

6. 辅主二

7. 一抄三种有

8. 一抄无有

9. 一抄首领（此处原文无法识读）

10. 正军（此处原文无法识读）

11. 番杂甲：胸五、背六、胁三、结连接八、衣襟九、末四

12. 臂膊护十二、手头护二、项遮一、独目下三

13. 喉面一、衣更斗、结袋等全

14. 番杂披：麻六、项五、喉二、末十、罩二、马头套等全

15. 辅主二（此处原文无法识读）

16. 一抄（此处原文无法识读）

17. 天庆乙丑十二年六月（此处原文无法识读）

18. 黑水属主簿（此处原文无法识读）

19. 九日（大字）（画押）

八、军籍文书

藏英国国家图书馆

编号 Or.12380—3865

见本书第五章第一节

1. 黑水属军首领布阿国吉，正军，完整登记

2. 军籍，天庆甲寅元年六月一日

3. 始，至天庆乙卯二年五月底，登记有效，已确认

4. 正军六

5. 官马三

6. 甲二

7. 披二

8. 印一

9. 辅主十强

10. 二抄三种有

11. 一抄马有

12. 三抄无有

13. 一抄首领布阿国吉，人员包括三种，三人，有马骡

14. 正军阿国吉五十

15. 番杂甲：胸五、背六、胁四、结连接八、衣襟九、末四

16. ……二、项遮一、独目下三……

17. ……铁索五、裹节袋等全

18. 番杂披：红丹色麻六、项五、肩护一、胸三

19. 喉嗓二、末十、罩二、马头套等全

20. 辅主二（此处原文无法识读）

21. 一抄布吉祥暖，人员包括三种

22. 正军吉祥暖二十五

23. 辅主二强（此处原文无法识读）

24. 一抄布吉射，人员四人

25. 正军吉射六十二

26. 辅主三强（此处原文无法识读）

27. 一抄布梁吉，人员二人，包括三种，有马

28. 正军梁吉六十二

29. 番甲：胸五、背六、颈一、二、襟六、末三、臂十、独

30. 木下四、头盔节结绳用等全

31. 番披：麻六、项五、肩护一、胸三、喉嗓二、末十、罩

32. 二、马头套节结绳用等全

33. 辅主一强（此处原文无法识读）

34. 一抄布讹爬，人员三人

35. 正军（此处原文无法识读）

36. 辅主二强盛（此处原文无法识读）

37. 一抄（此处原文无法识读）

38. 天庆乙卯二年六月（此处原文无法识读）

39. 十八大字，画押

九、榷场文书

藏英国国家图书馆
见本书第六章第一节

（一）汉文绢褐姜等收支历（编号 Or.12380—3638）

（前缺）

1. ……刘屎……

2. ……等元带褐段，毛……

3. ……会为印讫，仍将……

4. ……去，伏乞照会作何……

5. ……

6. ……段，白褐贰段，博买川……

7. ……捌分，准河北绢壹匹柒……

8. ……茶壹拾肆斤计肆匹柒……

9. ……姜贰拾柒斤计伍……

10. ……皂中纱伍匹……

（后缺）

（二）榷场残片（编号 Or.12380—3673V）

（前缺）

1. ……榷场使兼拘……

2. ……申

3. ……府住户……

（后缺）

十、天庆十一年(1204 年) 用衣物典麦契

藏英国国家图书馆

编号 Or.8212—727, 728；Or.12380—2731，2732，2733，2734

见第七章第一节

A.

（前缺）

1. 知见人李善 □……

2.……初三日立文字人兀女浪栗今……

3.……□□袄子裘一领于裴处……

4. □斗加三利小麦五斗加四利共本利大……

5. □斗五升其典不充限至来八月……

6. 任出卖不词……

7. 立文人兀女……

8. 知见人讹静……

（后缺）

B.

（前缺）

1.……五月初四日立文……

2.……马毯一条于裴处……

3. 小麦七斗其典不充限……

4. 卖不词

5. 立文人刘折兀埋（签押）

6. 同典人来兀哩嵬（签押）

7. 知见人马能嵬

（后缺）

C.

（前缺）

1. 天庆十一年五月五日文字人康……

2. 已旧皮毯一领于裴处典到□……

3. 共本利大麦九斗一升其典不充限……

4. 赎来时一任出卖不词

5. 立文人康吃……

6. 同典人马屈□□……

7.……立文人夜利那……

（后缺）

D.

（前缺）

1. 天庆十一年五月初六日立文人吃……

2. 将自己旧皮毯一领于裴处……

3. □加四利共本利大麦四斗两升其典……

4. 月初一日不赎来时一任出卖

5. 立文人吃□□……

6. 知见人张猪狗（签押）

7.……日立文字人粟吟……

8.……裴处……

（后缺）

E.

（前缺）

1. 天庆十一年五月初七日立文字人夜贺尼……

2. 旧皮毯一领苦皮四张于裴处典

3. 三利共本利大麦一石六斗九升其典不……

4. 一日不赎来时一任出卖不词

5. 立文人夜贺尼……

6. 知见人张屈粟（签押）

7.……立文字人张屈粟今将……

8.……典到 ……

（后缺）

F.

（前缺）

1. 知见……

2. ……一年五月初九日立文人……

3. ……白帐毡一领皮毯一领于裴……

4. ……利共本利大麦一石九斗五升其……

5. ……日不赎来时一任出卖不词

6. 立文人夜利那征布（签押）

7. 同典人兀□□（签押）

（后缺）

G.

（前缺）

1. ……立文人……

2. ……□一条，……一领，于……

3. ……□本利二石七斗。其……

4. ……□日不见□……

5. 立文……

6. ……□屈（签押）

7. 书……

（后缺）

H.

（前缺）

1. ……□时，情乐一任出卖……

2. 立文字人夜……

3. 同典人夜……

4. 同典人……

5. 书契智见……

（后缺）

I.

（前缺）

1. 天庆十一年五……

2. ……旧毯……

3. ……小麦五斗……

4. ……石其……

（后缺）

J.

（前缺）

1. 天庆十一年五月……

（后缺）

K.

（前缺）

1. ……二日立文……

2. ……皮毯一、旧……

3. ……典到大麦四石……

4. ……月一日将本利□……

5. ……乐，一任出卖不词

6. 立文字人……

7. 书契知见……

（后缺）

L.

（前缺）

1. 天庆十一年五月……

2. 皮毯一领，于裴……

3. 大麦一石三斗七……

4.……出卖……

（后缺）

M.

（前缺）

1.……□限日不……

2.……□讹兀令文（签押）

3.…… □□折兀埋

4.……唐惠清（签押）

（后缺）

N.

（前缺）

1. 天庆十一年五月……

2. 自己旧皮毯一□……

O.

（前缺）

1.……人□……

2.……于裴松寿……

3.……充，限当年……

4.……收赎之时……

5. 立文字人□折……

（后缺）

P.

（前缺）

1.……□……

2.……□□……

3.……兀□……

4.……□□……

（后缺）

Q.

1.……石，加三利……

2.……八月初一日□裴寿……

R.

（前缺）

1. ……天庆十一年……

2.……自己旧□……

3.……一石□斗加五利……

4.……刘氏……

5.……字人张屈栗（签押）

（后缺）

S.

（前缺）

1.……人康甍兀甍（签押）

（后缺）

T.

（前缺）

1.　……令嚎……

2.……大麦一石，糜……

3.……□三石七斗五升，日……

4.……□待夜出卖……

（后缺）

十一、天庆十三年裴松寿典当契约

藏英国国家图书馆

编号 Or.12380—3771

见第七章第一节

A.

（前缺）

1.……年三月初九日立文字人兀遇令山今将

2.……□一段、次银钏子一对、旧被毡一片、旧□

3.……□鞍一具、苦□线二块，于裴松寿处典到……

4.……麦一石五斗加六利，共本□□□

5.……当年八月一日……

6.……一任……

7.……□……

（后缺）

B.

（前缺）

1.□□十三年三月廿日里立文字人□……

2. 皮毯二领、旧羖羊皮裆衣一，于裴松……

3. 五斗加五利，共本利二石二斗五升。其典不……

4. 月一日将本利斛斗一并收赎。如限日不见……

5. 乐，一任出卖不词

6. 立文字人讹静你无……

7. 书契知见人□□……

8.……三月廿日立……

9. 立文……

（后缺）

C.

（前缺）

1.……三年三月廿三日立文字人……

2. 赞单一，长二十四，于裴松寿处典到大□……

3. 本利四石五斗。其典不充，限当年八月一日将……

4. 一并收赎。如限日不见收赎之时，情乐一任出……

5. 立文字人保内皆埋（画押）

6. 知见人苏能栗（签押）同典人梁遇栗□……

7. 书契知见人李惠□□……

8. 天庆十三年三月廿一日立文字人兀兀栗……

9. 花单三条、旧白毡三块，于裴松寿……

10.……本利九石，其典……

11.……赎。如限……

D.

1.……加五利……

2.……五升。其典不充，限……

3.……一并收赎。如限日不见收……

4.……不词。

5. 立文字人兀歹觅埋（画押）

6. 同典人兀歹□□□（画押）

（后缺）

十二、西夏天庆年间典当残契

藏俄罗斯科学院东方学研究所圣彼得堡分所

编号 TK49P

见本书第七章第一节

1. 裴松寿处取到□子五斗加七利，共本子（五升）

2. 加五利□□……

3. 四月立文人胡住儿……

4. 裴松寿处取到利，共本利……

5. 其大麦限至来八月初一日交还，如限日不见交

6. 还之时，每一斗倍罚……

7. 五升，其□子限至来八月初一日交还，如限不见（左行倒粘字）

8. 还之时，每一斗倍罚一斗，与松寿麦用不同□□

9. ……得添还上件本利

10. 天庆十一年五月廿四日，立文约人夜□讹令鬼

11. 将自己旧□马毯二条于裴处典到大

12. 麦五斗……

13. 鬼名圣由鬼今

14. ……（画押）

15. 次男皆聂（画押）

16. 知见人马能鬼（画押）

17. 书文契人张□□（画押）

18. □银盏台尽一……

19. □绫袄子一领于裴处

20. □□本利小麦十六石一斗，其典

21. □□□将一任出卖，不词

22. □□□□□□

23. □□□□□

24. □□□□□□□

25. 立文人曹……

26. 知见人……

27. ……（画押）

28. ……（画押）

29.……尚遇今将自己……

30.……大麦五斗加三利，共……

31.……限至来八月初一日

32. 立文人……

33. 同立文人……

34. 知见人……

十三、户籍账册类文书

藏英国国家图书馆

见第七章第二节

（一）Or.12380—2141 文书

有四斛五斗……令册六斛麦……当还

（二）Or.12380—2781 文书

其中有一户……乐宝族式男女……畜：一骆驼、一马、五十羊

（三）Or.12380—2135 文书

一户饶尚……男女大小五人畜：三骆驼、五牛、一马

十四、纳粮文书

藏英国国家图书馆

编号 Or.12380—2586

见第七章第二节

1. 一等月……

2. 处共合……

3. 当令……其中一二种在（滞）

4. 全缴。住滞时有五斗杂（粮）中……

5. 弃去

6. （一等）日过时，五斗杂（粮），月过时一斛……

7. 中列座相聚时……

十五、租税文书

藏俄罗斯科学院东方学研究所圣彼得堡分所

编号 1755

见本书第七章第二节

……五斗麦三斗七升半

……十亩税三斗七升半

……斗麦七升半

……山三十亩税三斗七升半

……斗麦三七升半

……一顷五十亩税一石八斗七升半

……石五斗麦三斗七升半

……吉七十亩税八斗七升半

……斗麦一斗七升半

……一顷三十九亩税一石

……斗三升七合半

十六、造船及运行牢固等赏

藏英国国家图书馆

编号 Or.12380—1959

见本书第八章第三节

1.……八种数当得……铁匠者

2. 三坨茶，二四绢等五种当得

3. □若自十二年以上堪行用者，赐赏依前述，□法当得

4. 又一官巳升，其中木匠、铁匠、船主、庶人不得诉讼

5. 二两银、绢大衣一等三种数当得……

6. 前有渡船一乘以外，多利年限满……者

7. 居分人可堪几乘，依□□官并当赐……

十七、孙真人千金方

藏英国国家图书馆

编号 Or.8212-731

见本书第八章第三节

（前缺）

1.……阴弦即因胸痹而痛所……

2.……胸痹心痛者，以其……

3.……也胸痹喘息之病。欬唾背……

4.……蒌汤主之。

5.……斤半生姜肆两枳壳贰两。

6.……服一升，日三。

7.……服噎塞，习习如痒，喉中涩燥。

（后缺）

十八、西夏文不知名妇科风湿病药方

藏英国国家图书馆

编号 Or.12380—3497

见本书第八章第三节

生浊血水湿热有痰病人，脓血不断，服用清熬汤剂三五日，治疗病人生产后风湿病滞者，红葡萄煮汤中。夜晚不适者，喝汤吃饭不畅者，鱼加糖参汤，严重风病滞血者，加煮枸汤，与水、酒一锅中煮，乃有效悬协之药方。患湿病者，一副药方加白陈米两钱，酒五钱，巴豆半两，研磨。连续服用此药，药味如内，利于背肩病疼，风寒，肾下病闭。

附录三　英藏黑水城草书文书
（未释读部分）影印件

一、西夏文草书契约文书 11 件

1. 西夏粮契

收藏编号 Or.12380

2. 西夏粮契

收藏编号 Or.12380

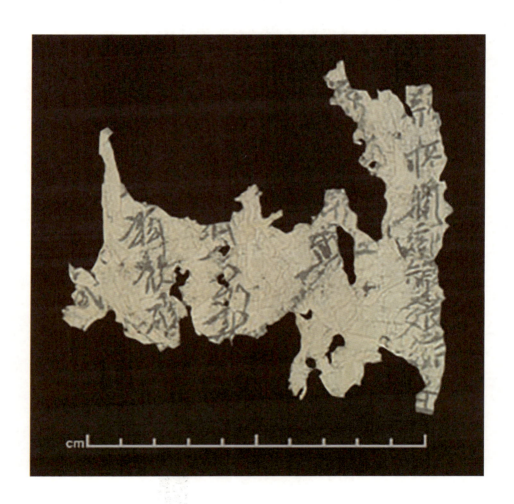

3. 西夏契约

收藏编号 Or.12380

4. 西夏粮契

收藏编号 Or.12380

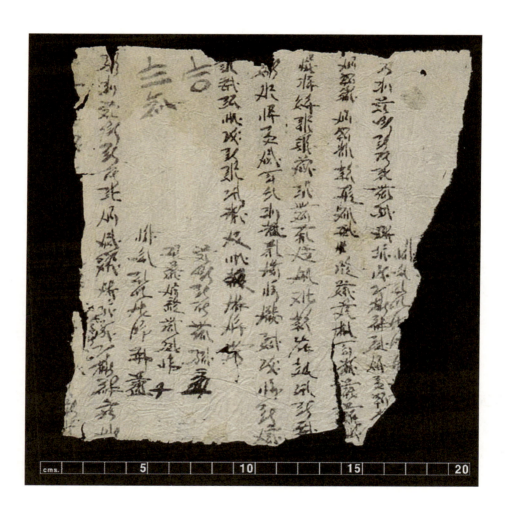

5. 西夏粮契

收藏编号 Or.12380

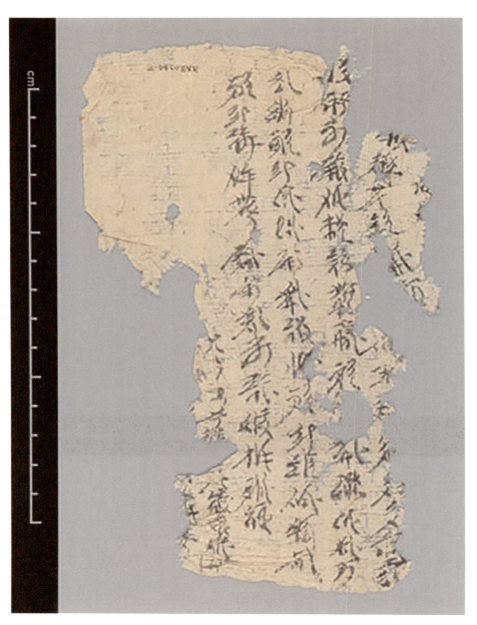

6. 西夏粮契

收藏编号 Or.12380

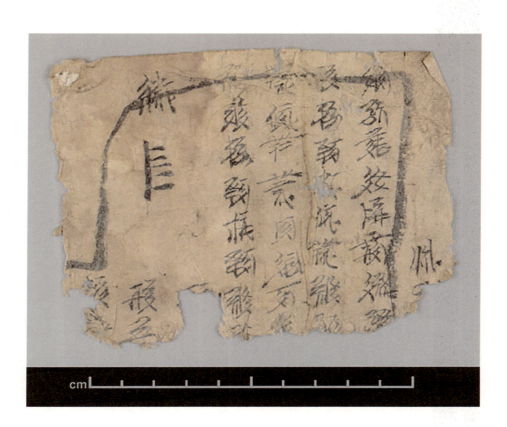

7. 西夏契约

收藏编号 Or.12380

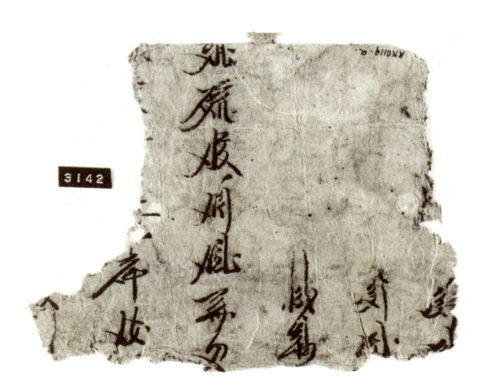

8. 西夏借贷契约

收藏编号 Or.12380

9. 西夏借贷文书

收藏编号 Or.12380

10. 西夏牲畜买卖或典当契

收藏编号 Or.12380

11. 西夏契约

收藏编号 Or.12380

二、西夏文草书军事文书 5 件

1. 西夏军籍文书

收藏编号 Or.12380

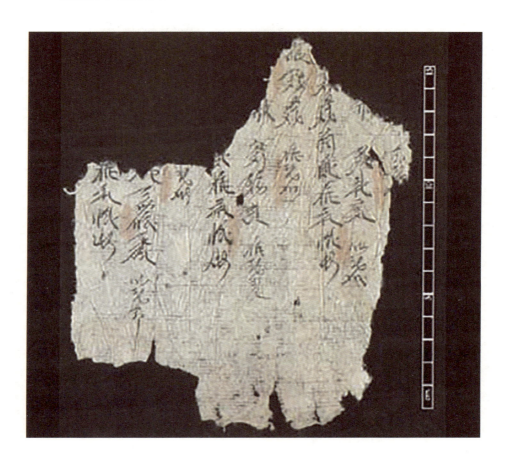

2. 西夏军籍文书

收藏编号 Or.12380

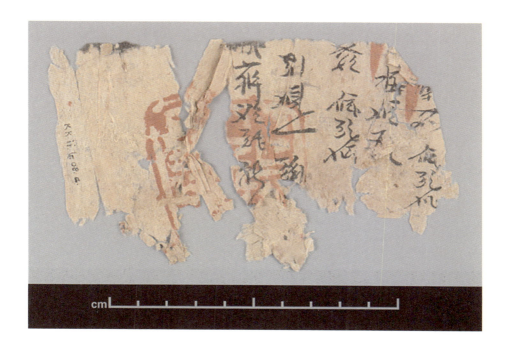

3. 西夏军令状文书

收藏编号 Or.12380

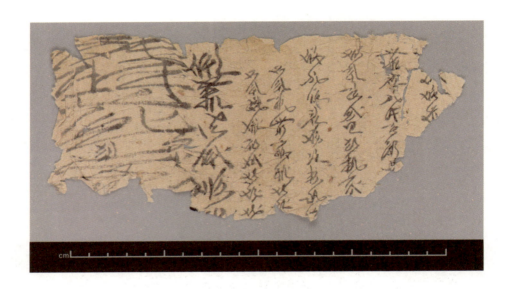

4. 西夏军籍文书

收藏编号 Or.12380

5. 西夏军籍文书

收藏编号 Or.12380

三、西夏文户籍账册草书文书

1. 西夏账册

收藏编号 Or.12380

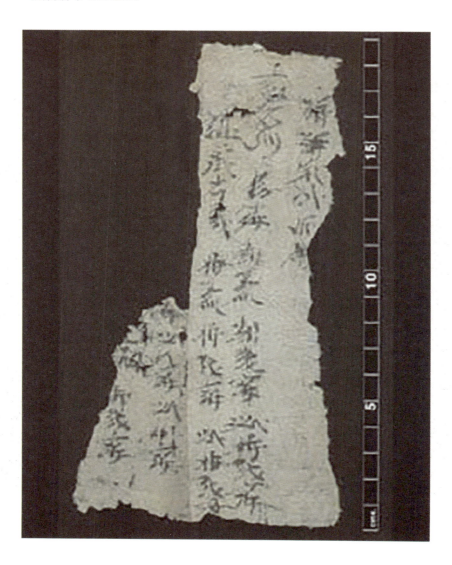

2. 西夏账册

收藏编号 Or.12380

3. 西夏户籍

收藏编号 Or.12380

4. 西夏户籍

收藏编号 Or.12380

附录四　书中引用碑文影印件

一、赵孟頫书《唐狄梁公碑》清拓本影印件

见本书第五章第三节

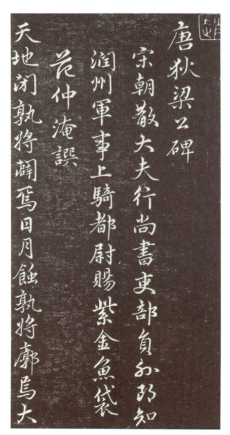

萬里之憂詣長史府靖代行時長史司馬方

貽睡不愜感公之義歡如平生于嗟乎與人

交而先其憂憂況君臣之際乎公為大理丞決

諸道滯獄萬七千人天下伏其平武衛將軍

權善才坐伐昭陵栢高宗命戮之公執奏不

迴太行山反瞻河陽見白雲孤飛曰吾親在

其下久而不能去左右為之感動詩有陟

岵陟屺傷君子于役弗忘其親之深于嗟乎

孝之至也忠之所繇生乎公嘗以同府掾當

使絕域其毋老庚公謂之曰李何重大夫人

则与卿长保富贵否则无渡得与卿相见
矢乃从容对曰太子天下之本之一摇而天下动
陛下以一心之欲轻天下之动武太宗百战取天
下授之子孙三旦何与写昔高祖寝疾令陛
下权亲军国陛下卷有神器数十年又将

却上怒曰役致我不孝左右筑公令出公前曰
陛下以一树而杀一将军张释之所谓假有盗
长陵一抔土则将何法以加之臣窃奉诏隔
陛下不道帝意解善才浮恕死于咄乎轨
法之官患在少思公獨爱君以仁何所存之

朕之臣社稷之臣也已而謂曰今日國老與汝
天子以獎秦曰還宮垂儀孰為太子復置廬
陵王于龍門備禮以迎中外大悅于嗟乎天下
之業斷天下之疑其至誠如神雷霆之威不得
而變乎則天嘗命公擇人公曰欲何為曰可將

以三思為後如天下何且姑與母孰親子與姪孰
上立廬陵王則陛下萬歲後享唐之血食立
三旦則宗廟垂祔姑之禮匡不敢愛死以奉策
陛下其圖焉則天感泣命褁篋使廬陵王拜
公陷絕于地則天命左右起之拊公背曰吾

相者兮曰如求文章則今宰相李嶠蘇味道
是矣豈文士握齪且浮奇才以成天下之務乎
荊州長史張柬之真宰相才誠老矣一朝用
之尚能竭其心乃召拜洛州司馬他日天問人
柂公對曰臣前言張柬之雖遷洛㣨猶未用
為政秋官侍郎及公為相累結誅張易之輩
及正中宗復則天為太后于嶬乎薄文華重
才實其知人乄深乎公之勳德不可備言号論
㳽散十萬言李邕載之㣨傳論者謂松栢
亦天金石不柔受柂天為公為大理延㧖天

太伯李子伍負四廟曰安使無功盍食以乳明
稻之祀于嗟乎神獼四之而况柞人乎公為寧
州刺史然撫我夏郡人紀之碑及遷豫州會
越王乳没緣坐七百人籍没者五千口者使
趣約刑公緩之密表以闻曰臣言似理遂人不言

奉乎高宗幸汾陽宮道出妬女祠下彼俗謂
盛服過者必有風雷之災甚和毁無萬人莫
開御道公為知頓又四天子之行風伯清塵雨
師濯道彼何害焉遂命罷其俊又公為江
南巡捈使奏毁淫祠千七百所存惟夏禹

能乎叶寧相張光輔承師平越王之亂將士
貪暴公拒之不應光輔怒曰州將自元帥郎對
曰公以三十萬眾除一亂臣彼脅從軍閭王師
未乘城而降者萬計公縱暴兵殺降以為功以
無辜之人肝腦塗地如淂尚方斬馬劍加於臣頸

則孤陛下好生之意表成沒畋不能定彼戚非本
心惟陛下於馬勒貸之流于九原郡道出寧
州舊治父老迎而哭之曰我狄使君活汝軍
邯相攜哭于碑下齋三日而去于嗟乎古謂
民之父母公則過焉斯人也死而生之坐父母之

雖死不恨光輔不能屈秦公不遜左遷復州刺
史于嗟乎孟軻有言威武不能挫是為大丈夫
其公之謂乎公為地官侍郎同鳳閣鸞臺平
章事為來俊臣誣構下獄公曰大周革命萬物
惟新唐朝舊臣甘從誅戮曰家人告変得免死

彭澤令獄吏當抑公誣引楊執柔公曰天乎
吾何能為以首觸柱流血被面彼懼而謝焉于
嗟乎臨穽之中不義不為況廟堂之上乎契
丹陷冀如起公為魏州刺史以禦焉時河朔震
動咸驅民保郭郭公至下令曰百姓復尒業寇

由敕河北以安反側朝廷從之于嗟乎四方之事

知無不為豈虛為清談而已乎公在相日中宗

幽房陵則天欲立武三思為儲嗣一日問群臣

可否衆皆孫賀公退而不荅則天曰無迺有

異謀乎對曰有之昨陛下命武三思募武士

未嘗自當之狀聞風而退魏人為之立碑未幾

入相請罷戍疏勒等四鎮以肥中國又請罷安

東以息江南之饋輸識者韙之北狄再寇趙

定間公出為河北道元帥狄退就命公安撫大

使薊為宍厥所脅從者咸逃散山谷公請

何對曰武者陛下之姓相王廬陵王陛下之羽
翼也是可折乎時三思在側怒甚色則天
以公屢言不奪一旦感悟乿中使密召廬陵
王稱衣而入人莫知者迤令公坐于簾孙而問
曰我欲立三思群臣莫不可者惟公一言沮之

歲時浸數百人及命廬陵王代之數日之間應
者十倍臣知人心未厭唐也則天央命榮出又
一旦則天謂公曰我夢雙陸不勝者何對曰夢
陸不勝宮中血子也復命榮出又一旦則天有
廬公入問鼎中則天曰我夢鸚鵡雙翅折者

戛嗚呼武暴如火李寒如灰何心不隨何
力可四我公衰傷極天之上莲長風而孤
骞邁大川以獨抗金可革以不可革瓢為
手刳地可動為不可撥瓢為乎方一朝感
道羣陰披攘天子既臣而皇天下既周而唐

子而不屈在豫州曰拒元帥而不下及居相位
而能復廢主以正天下之本豈非劉正之氣出
乎誠性見乎事業當時優游薦紳之中顛
而不扶危而不持者何旦道哉故系之云
商有三仁朿牧其滅漢有四皓正於末

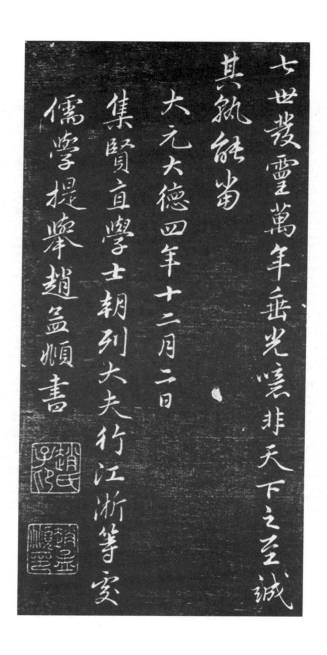

七世蒸靈萬年垂光噴非天下之至誠

其孰能與

大元大德四年十二月二日

集賢直學士朝列大夫行江浙等處

儒學提舉趙孟頫書

二、清容居士集·华严寺碑文影印件（四部丛刊景元本）

见本书第三章第三节

侯釁在掌言庚于學有耄有任亦毗其角亦飲其醑言
孜耆耄頴川之流其下黍稌嗟余遠祖及我鯀蓁是播
是麰曷余敢震侮頴水之湄戢戢其牛利言簧將復
其陂陂云當復云誰之來邦君痛痛維衡大夫大夫言
邁匪慍斯怒有羣者居而豚肩進其粲矣曰我不敢嘗
陂既完矣大夫旋矣熟而豚肩進其粲矣曰我不敢嘗
爾歸爾鄉蕎門之柏烏飛彭彭中田之盧椅桐稜稜云
昔不如今永歌以康侯歸其組三載云遠許民之思復

欽定四庫全書　清容居士集

日以旦侯車在東彼從如龍侯車偃里誰為之朋有弁
斯綵大庭圖圉瘁躬在公匪食其餐式昭去思攻珉以
鑱嗣初維終慎永我傳

華嚴寺碑

太祖皇帝肇定區夏視居庸以北為內地戶族散處皆
安其蘭易在憲宗皇帝時將有事西南底慎舊章建置
靡迄時則世祖皇帝治軍和林相厥地利曰維濼陽展
親會朝玆為道里得中稽衆契龜貪告允吉因城而名

之日開平焉歲在庚申世祖承大願服建國改元削僭
靖亂宗王殊邦奉貢效犖咸會同于開平縣是定為上
都大興為大都兩京之制協於古昔矣省方有常庶職
攸叙商旅子來置而勿征首建廟學乾艮二隅立二佛
寺曰乾元曰龍光華嚴復立老子宮於東西化俗警蒙
相須以成具訓淵遠將以為民則仁宗皇帝在

欽定四庫全書　清容居士集

東宮如華嚴惕然永思粵維皇祖置慮弘廓建都功業
弗克崇闡紹聞是我子孫不大彰顯爰命守臣臣某撤
而廣之踰十年將成仁宗陟方繼天體道敬文仁武大
昭孝皇帝北巡狩回上都首章華嚴寺曰列聖在天神
化合一朕罔敢有替逮修聖明將於是有在廣植冥福
神御周流宜得以屆止其以先帝所構殿鎮于後維五
方佛像在世祖時素有感異復廣大殿以居之梵相東
西挾翼以從凡尊事棲息悉如其教以備又別賜吳田
百頃安食其衆至治三年夏六月丁卯丞相入宿衛上
都留守司同知臣某傳旨命翰林宜為碑紀其成績俾

萬姓蒙社稷得以昭朕奉思臣桷竊呂為天地生物無

心以成維聖人有憂則曰物有不齊皇極是訓大雄氏

則亦曰性本至善邊以隨欲由妄生性日益昏故為

物為變至於摩盪輡輵生死靡分於是有懺解之說焉

有追崇之說焉使生得以斷死得以離則本性湛空無

有垢累道矣病矣華嚴設辭以富貴為喻終之以返真

復初俾世之所景慕由境以入因境而悟入於無相其

於喻也深有言矣世祖命名亦將以警夫迷俗愍濟羣

欽定四庫全書

清客居士集

動與前聖相合者實在是聖聖繼承靡有銖異臣桷屢

從屬車聞首主是山者曰至溫師以妙密縝緻為本行

傳宗洞山與太保劉文貞公秉忠為方外交磊落有大

計因得見世祖於潛邸陳對明朗遂大器之六傳曰惟

壽今授司徒際遇隆赫於法祖有光壽能文辭守其道

專固則永昌傳謹再拜稽首為之銘曰

於赫世祖武緯文經廣莫相攸堅塘斯城鑒觀羣生厥

性有恒驕騖怠闘失常是行沈昵昏惑執妄是成維政

與德具訓以儆善本性初為明為靜狩與覺皇功始成

定或喻呂空解境空悟真慧永證輝煌華嚴

窮珍極瑰龍伏藻井雲疑瑤臺積香浮浮側瓴枚枚茎

稚畢觀心捋膽摧相既永離虛空如埃世祖稽古是則

是效曁于仁皇益闡乘教維皇御極志廣孝曰列聖

在天鴻績靡報顧瞻咨嗟展飾殊妙錫福兆民列聖之

心拯彼大迷覺皇具陳謨烈顯承如歲之春物無瘝疵

膏熙沐淳德萬卜年刻銘堅珉

興福頭陀院碑

欽定四庫全書

清客居士集

興福院在都城保大坊北院既成其主僧尼捨塵以其

狀來謁曰捨塵王姓膠州即墨人也家世素奉佛今之

言佛教有三禪以喻空教以顯實律則攝其威儀形色自

絕非鼎立以陳融會莫究惟頭陀教吾佛宣演形色自

然泪其紛惱集焉外守或慚內持益離矣教始於西

之將釋諸塵以成安樂若是者誠有端緒矣教始於西

竺盛於齊梁皇元建國今其教凡十傳捨塵始與其徒

参考文献

［1］ ［西汉］司马迁．史记［M］．北京：中华书局，1959.

［2］ ［东汉］班固．汉书［M］．北京：中华书局，1962.

［3］ ［南朝宋］范晔．后汉书［M］．中华书局，1965.

［4］ ［后晋］刘昫．旧唐书［M］．北京：中华书局，1975.

［5］ ［北宋］司马光．资治通鉴［M］．北京：中华书局，1956.

［6］ ［北宋］欧阳修，宋祁，等．新唐书［M］．北京：中华书局，1975.

［7］ ［明］宋濂．元史［M］．北京：中华书局，1976.

［8］ ［北宋］宋庠．元宪集［M］．北京：中华书局，1985.

［9］ ［南宋］陈均．皇朝编年纲目备要［M］．许沛藻，金圆，点校．北京：中华书局，2006.

［10］ ［北宋］沈括．梦溪笔谈［M］．北京：中华书局，2009.

［11］ ［北宋］范仲淹．范仲淹全集［M］．成都：四川大学出版社，1991.

［12］ ［南宋］李焘．续资治通鉴长编［M］．北京：中华书局，1995.

［13］ ［北宋］曾巩．隆平集［M］．台北：文海出版社，1967.

［14］ ［南宋］赵汝愚．宋朝诸臣奏议［M］．北京大学中国中古史研究中心校点整理．上海：上海古籍出版社，1999.

［15］ ［北宋］司马光．涑水记闻［M］．邓广铭，张希清，点校．北京：中华书局，1989.

［16］ ［清］戴锡章．西夏纪［M］．罗矛昆，点校．银川：宁夏人民出版社，1988.

［17］ ［北宋］欧阳修．欧阳修全集［M］．李逸安，点校．北京：中华书局，2001.

［18］ ［北宋］苏轼．苏轼文集［M］．孔凡礼，点校．北京：中华书局，1986.

［19］ ［宋］司义祖，等，点校．宋大诏令集［M］．北京：中华书局，1997.

［20］ ［北宋］李昉，等．太平御览［M］．上海：上海古籍出版社，2008.

［21］ ［北宋］王钦若，杨亿，等．册府元龟［M］．北京：中华书局，1960.

［22］ ［南宋］李纲．梁谿集［M］．台北：台湾商务印书馆股份有限公司，1986.

［23］ ［北宋］包拯．包拯集校注［M］．杨国宜，校注．合肥：黄山书社，1999.

［24］［南宋］李心传.建炎以来朝野杂记［M］.北京：中华书局，2000.

［25］［南宋］徐梦莘.三朝北盟会编［M］.上海：上海古籍出版社，2000.

［26］［北宋］夏竦.文庄集［M］.台北：台湾商务印书馆股份有限公司，1985.

［27］［北宋］邵伯温.邵氏闻见录［M］.李剑雄，刘德权，点校.北京：中华书局，1983.

［28］［清］王夫之.宋论［M］.北京：中华书局，2008.

［29］［元］马端临.文献通考［M］.北京：中华书局，1986.

［30］［清］吴广成.西夏书事校证［M］.龚世俊，等，校证.兰州：甘肃人民出版社，1995.

［31］［清］徐松.宋会要辑稿［M］.北京：中华书局，1957.

［32］［清］吴楚材，吴调侯，编.古文观止［M］.北京：中华书局，1959.

［33］［清］董诰，等，编.全唐文［M］.北京：中华书局，1983.

［34］[英]斯坦因.西域考古记[M].向达，译.北京：中国旅游出版社，2017.

［35］[英]斯坦因.斯坦因中国探险手记[M].巫新华，伏霄汉，译.沈阳：春风文艺出版社，2004.

［36］[美]丹尼斯·塞诺.论中央欧亚[M].北京大学历史系民族史教研室，译.北京：中华书局，2006.

［37］[美]巴菲尔德.危险的边疆：游牧帝国与中国[M].袁剑，译.南京：江苏人民出版社，2011.

［38］[美]塞缪尔·亨廷顿.文明的冲突与世界秩序的重建[M].周琪，译.北京：新华出版社，2010.

［39］[俄]柯兹洛夫.蒙古、安多和死城哈喇浩特国[M].王希隆，丁淑琴，译.兰州：兰州大学出版社，2011.

［40］程龙.北宋西北战区粮食补给地理［M］.北京：社会科学文献出版社，2006.

［41］韩荫晟.党项与西夏文献资料汇编［M］.银川：宁夏人民出版社，2000.

［42］漆侠.宋代经济史［M］.北京：中华书局，2009.

［43］朱瑞熙.宋代社会研究［M］.台北：弘文馆出版社，1986.

［44］［日］小岩井弘光.宋代兵制之研究［M］.东京：汲古书院，1998.

［45］白寿彝.中国通史［M］.上海：上海人民出版社，2000.

［46］陈群.中国兵制简史［M］.北京：军事科学出版社，1989.

［47］陈述.契丹社会经济史稿［M］.北京：生活·读书·新知三联书店，1963.

［48］程民生.宋代区域经济［M］.开封：河南大学出版社，1992.

［49］李清凌.西北经济史［M］.北京：人民出版社，1997.

［50］刘庆，毛元佑.中国宋辽金西夏军事史［M］.北京：人民出版社，1994.

［51］刘建丽．宋代西北吐蕃研究［M］．兰州：甘肃文化出版社，1998．

［52］钱穆．古史地理论丛［M］．台北：东大图书有限公司，1982．

［53］史继刚．宋代军用物资保障研究［M］．成都：西南财经大学出版社，2000．

［54］粟品孝．南宋军事史［M］．上海：上海古籍出版社，2008．

［55］谭其骧．中国历史地图集［M］．北京：中国地图出版社，1982．

［56］陶懋炳．五代史略［M］．北京：人民出版社，1985．

［57］王晓燕．官营茶马贸易研究［M］．北京：民族出版社，2004．

［58］王曾瑜．宋朝兵制初探［M］．北京：中华书局，1983．

［59］吴天墀．西夏史稿［M］．北京：商务印书馆，2010．

［60］谢成侠．中国养马史［M］．北京：科学出版社，1959．

［61］杨浣．辽夏关系史［M］．北京：人民出版社，2010．

［62］中国军事编写组．中国军事史［M］．北京：解放军出版社，1987．

［63］李华瑞．宋夏关系史［M］．北京：中国人民大学出版社，2010．

［64］史金波．西夏社会［M］．上海：上海人民出版社，2007．

［65］李范文，主编．西夏通史［M］．银川：宁夏人民出版社，2005．

［66］杜建录，史金波．西夏社会文书研究［M］．上海：上海古籍出版社，2012．

［67］邓广铭．邓广铭治史丛稿［C］．北京：北京大学出版社，2010．

［68］曾瑞龙．拓边西北：北宋中后期对夏战争研究［M］．北京：北京大学出版社，
2013．

［69］葛金．两宋社会经济研究［M］．天津：天津古籍出版社，2010．

［70］孙继民，等．俄藏黑水城汉文非佛教文献整理与研究［M］．北京：北京师范大
学出版社，2012．

［71］史念海．陕西军事历史地理概述［M］．西安：陕西人民出版社，1985．

［72］杜建录．西夏与周边民族关系史［M］．兰州：甘肃文化出版社，1995．

［73］王天顺．西夏战史［M］．银川：宁夏人民出版社，1993．

［74］史金波，聂鸿音，白滨，译注．天盛改旧新定律令［M］．北京：法律出版社，
2000．

［75］［美］兰登·华尔纳．在中国漫长的古道上［M］．姜洪源，魏宏举，译．乌鲁木齐：
新疆人民出版社，2001．

［76］李干，周社征．中国经济通史［M］．长沙：湖南人民出版社，2002．

［77］景爱．居延沧桑——寻找消失的绿洲［M］．北京：中华书局，2005．

［78］李剑农．中国古代经济史稿［M］．武汉：武汉大学出版社，2006．

［79］任树民．北宋西北国防城寨的建筑规模及其战略地位［J］．中国边疆史地研究
1994（4）．

［80］刘治立.北宋在环庆原诸州的防御措施［J］.西夏研究，2001（1）.

［81］陈柏萍.北宋政权与西北吐蕃各部的关系［J］.青海民族学院学报：社会科学版，2003（4）.

［82］颜丙震.范仲淹在宋夏战争中的民族政策［J］.绥化学院学报，2010（2）.

［83］王绚，侯鑫.堡寨聚落形态研究［J］.西北工业大学学报，2010（6）.

［84］杜林渊，张小兵.陕北宋代堡寨分布的特点［J］.延安大学学报，2008（3）.

［85］左长缨.以榷场贸易为主的西夏贸易［J］.宁夏社会科学，2008（3）.

［86］李新贵.北宋陕西安抚使路协同作战法探析［J］.军事历史研究，2009（2）.

［87］金勇强.环境冲突视野下的宋夏战争［J］.延安大学学报，2009（5）.

［88］陈玲.论唐代的马政思想［J］.厦门大学学报：哲学社会科学版，2008（2）.

［89］陈大为.论夏宋贸易对北宋的影响［J］.开封大学学报，2006（1）.

［90］何平立.略论北宋马政对国防军政之影响［J］.军事历史研究，2009（1）.

［91］霍贺.浅析宋代的对外贸易［J］.青海社会科学，2006（1）.

［92］李清凌.北宋的西北人口［J］.河西学院学报，2002（4）.

［93］李延.北宋西北少数民族地区的生熟户［J］.思想战线，1992（2）.

［94］林文勋.宋代西南地区的市马与民族关系［J］.思想战线，1989（2）.

［95］刘勇明.唐宋之际马政变革研究［D］.硕士学位论文，南京师范大学，2008.

［96］陆庆夫.论甘州回鹘与中原王朝的贡使关系［J］.民族研究，1999（3）.

［97］裴一璞，唐春生.宋代四川与少数民族市马交易考述［J］.重庆师范大学学报：哲学社会科学版，2010（3）.

［98］彭向前.辽宋西夏金时期西北民族关系研究［D］.博士学位论文，河北大学，2004.

［99］尚平.中唐至北宋前期西北市马贸易的变化及动因［J］.湖北师范学院学报：哲学社会科学版，2003（1）.

［100］孙建权.略论金末战马的供应与马政［J］.东北史地，2010（3）.

［101］王自艳.北宋马政概述［J］.濮阳职业技术学院学报，2008（2）.

［102］魏天安.宋代监牧制度及其兴衰［J］.中国社会经济史研究，2010（4）.

［103］向红伟.论唐代陇右马政衰败与西北地区吐蕃化［J］.甘肃农业，2006（6）.

［104］谢天开.宋代蜀地茶马互市特殊形式刍议［J］.农业考古，2008（3）.

［105］张显运.浅析北宋前期官营牧马业的兴盛及原因［J］.东北师大学报：哲学社会科学版，2010（1）.

［106］张显运.宋代畜牧业研究［D］.博士学位论文，河南大学，2007.

［107］邓前程.从自由互市到政府控驭：唐、宋、明时期汉藏茶马贸易的功能变异［J］.思想战线，2005（3）.

后 记

我从兰州大学毕业后分配到宁夏社会科学院历史研究所工作，从事西北史地和西夏历史文化的史料整理，开始接触到黑水城文献。20世纪80年代，收藏于俄、英的黑水城文献仅有零散刊布，中国学术界对流失海外的这批珍贵文献知之甚少，未来的道路并不明朗。历史文献收集整理工作枯燥且漫长，有发现新资料的喜悦，有研究中的困惑，我收集的每一件残破文书都见证一段自己成长的往事。在学术田地里深耕细作，从那时起就成为我一生的选择。

随着中国改革开放，我们与国际学术界的交流逐渐增多。21世纪初，宁夏社会科学院、北方民族大学联合英国国家图书馆，启动"英藏黑水城文献整理研究"项目，我成为该项目组的骨干人员。经过项目组数年工作，从2005年起陆续出版发行大型学术著作《英藏黑水城文献》，我为副主编。完成该书的编撰工作后，我根据个人学术兴趣和专长，继续深化英藏黑水城文献的整理研究工作，着手进行"英藏黑水城出土社会文书"专题研究，并成功申报国家社科基金项目，前后历时五年研究，顺利结项。

我的研究工作得到英国学术界的关注，英国伦敦大学亚非学院发来邀请书，欢迎我去做访问学者一年。伦敦是世界上消费最高的城市之一，在那儿生活和研究的花费是国内一个普通家庭无力负担的，尽管英方给我提供一定的资助，但我还是凑不够出国的费用。有一天，我偶然看到一个教育部门的文件，国家留学基金专家组来到西北地区选拔科研人员出国留学。

我赶紧报了名，积极参加专家组多项考察和严格面试，向他们陈述英藏黑水城文献整理研究项目。专家组认可了我的研究方案，同意委派我赴英。但我还无法轻松下来，因为我必须通过国家出国英语考试，才可最终得到资助。就在这时，院领导全力支持我出国访学，让我休公假半年，去北京语言大学参加英语强化培训，这极大地鼓舞了我。英语考试难度很大，淘汰率超过九成，培训班里大多是刚出校园的年轻人，他们都处于学习知识，尤其是学习外语的黄金年龄。人到中年的我去和他们同桌考试，我确实感到力不从心，但我已别无选择，国家留学基金寄托着最后的一丝希望。

英语终于过关了，一个黄叶飘落的深秋时节，我飞抵伦敦，开始了期盼已久的英伦访学。伦敦大学亚非学院的老师和工作人员细心安排我的学习和工作，协调英国国家图书馆，为我查阅黑水城原始文献提供各种便利。特别让我难忘的是，我有幸得到伦敦大学亚非学院著名考古学者威特菲尔德先生、英国国家图书馆著名汉学家吴芳思女士等的指导，有机会和德高望重的欧洲一流学者一道深入研究黑水城文献，我相信这段经历一定会让我受益终身。

就在我快要结束在英学习工作时，家里传来老父亲病危的消息。如果我不马上回国，有可能留下终身的遗憾，但文献整理还有一部分工作没完成，我陷入两难境地。最后我狠下心继续留在伦敦，按计划完成所有整理工作。2012 年底，我赶回家里，总算见到了父亲最后一面，可以说，老人一直等到儿子回来才闭上眼睛。我家祖籍河北，父亲早年投身革命，新中国成立后转业在内地大城市工作。20 世纪 50 年代，他响应国家支援边疆号召，带着全家扎根大西北。我在西北边远小城出生、长大，成为地道的西北人，而我父母双亲的生命就先后凋谢在这片黄土地。我默默收拾遗物，父母当年在工作岗位上留下的一沓沓书信笔记、照片早已陈旧泛黄，当年政府颁发的纪念章上亦锈迹斑斑。睹物思人，我犹如看到父辈在西北建设的风雨之中一路走远的背影，感到那么亲切，那么难以忘怀。此时我仿佛真正懂得了自己多年来从事文献研究工作的意义。黑水城社会文书不就是古人留给我们后来者的遗物吗？整理研究历史文书不就是对祖先开发西北最好的纪念吗？我把父母生前的文字、照片整齐放到书架上，紧挨着从英国带回的黑水城文书资料。接下来我集中精力把手头的资料、笔记进一步完善，写出初稿，书名定为《英藏黑水城出土社会文书研究：中古时期西北边疆的历史侧影》。

书稿定稿后，交给学院审议，学院领导非常支持本书出版，我们和新华出版社很快签订了出版协议。2016 年春节后上班没几天，新华出版社通知我，我的书稿获得国家出版基金项目资助。这是一次意外的收获。我再次对自己走的道路充满信心，我多年来秉持"从大处着眼，从小处着手"的治学理念，试图把黑水城社会文书研究融入中华文明在西北边疆传承的历史背景，让人们对西北各民族交流、融合的历史渊源有更加清晰的理解，对西北边疆开发治理的艰辛历程有更为深刻的认识。

在本书即将出版之际，我要衷心感谢国家社科基金委、国家留学基金委和国家出版基金委，国家有关部门的支持是我从事研究的重要支撑，本书的出版离不开国家对学术事业的大力指导、资助。

我要衷心感谢宁夏社会科学院的张进海书记、张廉院长、郭正礼副院长和刘天明副院长，感谢各位领导多年来对我的关心、支持。我还要感谢新华出版社编辑部的贾允河和王晓娜两位主任，他们尽显决策魄力，大胆把这部书稿申报国家出版基金项目，最终让我们收获 2016 年国家出版基金资助的硕果。我还要感谢宁夏人民出版社资深编审龙城顺先生，他已经 88 岁高龄，还对本书清样做了认真的审读和修改。

中国社会科学院的史金波先生、聂鸿音先生和河北省社会科学院的孙继民先生是黑水城文献研究的泰斗，我经常得到他们的指教，受益匪浅。聂鸿音先生，汉语大词典编纂处编审、复旦大学文史研究院特约研究员徐文堪，中国遗产研究院葛承雍（国家文物局文物出版社原总编辑）在百忙之中为本书写序。他们的大家风范让我由衷敬佩，书稿付梓在即，对他们的辛勤付出，谨表示最诚挚的谢忱。

我还要感谢宁夏社会科学院各位同人，贾常业先生、姜歆先生在黑水城文献研究上造诣颇深，我们在一起共事多年，我经常在学术问题上向他们请教，彼此成为事业上的伙伴。宁夏社会科学院张东祥先生参与了本书的编校工作，在此表示衷心感谢。

英国国家图书馆无偿提供黑水城文书图版，同时本书参考了《英藏黑水城文献》《斯坦因第三次中亚考古所获汉文文献（非佛教部分）》刊布的文献图版，在此，一并表示衷心的感谢。

我的妻子吴静梅女士多年来一直协助我的工作，她大学历史系毕业，具有深厚的史学功底。她在完成自己的工作之余，始终陪伴我整理文献，多年来任劳任怨，无论家里遇到什么困难，脸上总是带着淡淡的微笑，我在这儿想对她说一声谢谢！

岁月如梭，我从年轻时的憧憬向往，到成年后的奔波忙碌，匆匆地，几十年过去了。如今展现在眼前的，是各位长辈、同人在研究工作中的优异成绩，是年轻一代学者在学术界的迅速成长，这些对我都是一种鼓励和鞭策。最后，我要说，希望和大家携手共进，再攀科学高峰。

许生根

2017 年 6 月于银川